普通高等教育"十三五"规划教材

中国税制

李雪筠　李金荣／主　编
刘德成　刘献灿／副主编

立信会计出版社
LIXIN ACCOUNTING PUBLISHING HOUSE

图书在版编目(CIP)数据

中国税制 / 李雪筠,李金荣主编. —上海:立信
会计出版社,2019.7
　　ISBN 978 - 7 - 5429 - 6160 - 0

　　Ⅰ.①中… Ⅱ.①李… ②李… Ⅲ.①税收制度-中
国-教材 Ⅳ.①F812.422

　　中国版本图书馆 CIP 数据核字(2019)第 091672 号

策划编辑　　王斯龙
责任编辑　　王斯龙
封面设计　　南房间

中国税制

出版发行	立信会计出版社		
地　　址	上海市中山西路 2230 号	邮政编码	200235
电　　话	(021)64411389	传　　真	(021)64411325
网　　址	www.lixinaph.com	电子邮箱	lixinaph2019@126.com
网上书店	http://lixin.jd.com		http://lxkjcbs.tmall.com
经　　销	各地新华书店		

印　　刷	江阴市天源印刷有限公司	
开　　本	787 毫米×1092 毫米	1/16
印　　张	20	
字　　数	512 千字	
版　　次	2019 年 7 月第 1 版	
印　　次	2019 年 7 月第 1 次	
印　　数	1—3100	
书　　号	ISBN 978 - 7 - 5429 - 6160 - 0/F	
定　　价	45.00 元	

如有印订差错,请与本社联系调换

前　言

随着我国现代市场经济体制的建立和发展,税收在国家治理中的重要作用日益凸显,税收问题日益成为社会各界高度关注的焦点与热点。"十八大"以来,我国财税体制与政策改革步伐逐渐加快,税收政策及相关法律法规处于不断的调整变化之中,《中国税制》教材内容急需更新。为了满足经济类和管理类专业学生及税务人员、企业管理人员、企业财务人员学习和业务的需要,河北经贸大学财政税务学院税务系教师组织编写了这本《中国税制》教材。

"中国税制"课程是高等院校财政学类专业的核心课程、工商管理类专业的专业基础课程。目前,国内大多数高等院校,根据开设此课程的学科属性和各专业课程的关系,将其定名为"国家税收""中国税制"或"税法"。河北经贸大学财政学类专业此课名为"中国税制",工商管理类专业如会计学、财务管理、审计学及其他经管类专业此课程名为"税法",虽然课程名称不同,但是课程的核心内容都是我国现行税收制度。因此,《中国税制》教材适用于财政学类专业,也适用于工商管理类专业。

本教材包括十章内容:第一章税收制度概述,为基础理论部分,主要介绍了税收的概念和特征、税收制度与税法、税收制度构成要素、税种分类及税制结构;第二章至第九章主要系统讲述中国现行税收制度中各个税种的税制要素的基本规定、现行政策、应纳税额计算和征收管理办法等内容;第十章税收管理,主要包括税收基础管理、税收征收管理、纳税评估、税务检查制度及税收法律责任。本教材主要有以下特点:

第一,紧跟税改,符合新政。本教材紧密结合当前我国税制改革的实际,反映税制改革的最新动向,吸收最新理论研究与税制改革成果,介绍最新的税收政策,以方便教师教学和学生学以致用。尤其是增值税、企业所得税、个人所得税改革后的最新政策(截至2019年4月)都收录进了本教材内容。

第二,体系完整,重点突出。本教材准确把握"中国税制"课程的定位,在内容安排上力求系统完整。本教材内容主要包括税收基础理论、现行税收制度、税收管理三部分。本教材重点内容是我国现行税收制度,对于我国现行税收体系的构成介绍系统、全面、重点突出;在详细介绍每个税种的构成要素及税款的计算与缴纳等具体规定的基础上,突出重点和难点;能够使读者全面了解掌握中国现行税制的主要内容。

第三,目标明确,学练结合。每一章前面有学习目标、重点难点,使读者能够准确把握每章的知识要点,后面附有思考与练习,包括本章重要的专业术语、思考题和计算题,读者可以通过练习加以巩固所学知识。

本教材具体编写分工如下:李雪筠编写第一章、第四章,刘献灿编写第二章,王京梁编写第三章,刘德成编写第五章、第七章,欧阳婷编写第六章,李金荣编写第八章、第九章、第十章。

本教材是河北经贸大学精品资源共享课程——"中国税制"课程的配套教材,在税务系教师的共同努力下,几经修改终于付梓出版。但由于编者水平有限,难免存在错误与疏漏之处,衷心地希望广大同仁与读者给予批评指正,我们将根据大家的意见,对本教材进行不断的修订与完善。

本教材的编写与出版得到了各方的大力支持,立信会计出版社编辑及相关人员为本教材的出版倾注了大量的心血、耗费了大量的精力,在此表示衷心的感谢!

李雪筠

2019 年 7 月

目　　录

税收制度概述

通过本章的学习,把握税收的概念、特征及作用;熟悉税法的类型、税收法律关系的概念、特点、构成,税收法律关系的产生、变更和保护,税收制度的概念及构成要素;掌握税种分类,税制结构的概念、税制模式及影响税制结构的因素。

本章的重点是税收的概念、特征及作用,税收法律关系,税收制度的概念及其构成要素;难点是税种分类,税制结构的概念,税制结构模式。

第一节 税收的概念和特征

一、税收的概念

税收既是一个经济范畴,同时又是一个历史范畴。它是人类社会和经济发展到一定阶段的产物,也随着人类社会和经济的发展而不断发展。从税收的起源和演进历史来看,税收是社会生产力发展到一定阶段,产生了凌驾于社会之上的阶级统治机关——国家之后,才出现的。因此,它的产生取决于两个前提条件:一是社会条件,即国家公共权力的产生;二是经济条件,即私有制度的产生。税收是私有财产制度和国家政治权力相互作用的产物。

人类的生存和发展决定了人类的需求,人类的需求尽管复杂多样,但归根结底无外乎私人个别需求和社会公共需求。需求与供给相对应,有需求就有供给。与需求相对应的社会产品和服务也相应地分为私人物品和公共物品。公共物品的非竞争性与非排他性决定了其不可能由市场提供,只能由政府提供。政府为了筹集提供公共物品所需费用,必须筹集相应的资金,于是产生了税收。

税收是国家为了实现其职能,凭借政治权力,按照预定的标准,参与剩余产品分配,取得财政收入的一种特殊的分配形式。

税收的概念蕴含着以下几点含义。

1. 国家征税的目的是为了实现其职能,满足社会公共需要

任何国家、任何时期,不论其政治制度如何,履行公共职能、管理社会公共事务构成国家存在的客观基础。国家在履行社会公共职能、满足社会公共需要的过程中,必然要有相应的财力、物力支撑。国家征税就是为了保证这种财力、物力需要的基本来源。

2. 税收分配的主体是国家,依据的是国家政治权力

社会产品的分配必须依托一定的权力,或者是财产权力,或者是政治权力。而国家一般不直接占有生产资料从事物质资料生产,税收分配的主体是凌驾于整个社会之上的国家权力机构,它总是与国家紧密地联系在一起的,依附于国家而存在,国家征税必须以政治权力为依据。

3. 税收分配的对象是社会剩余产品

剩余产品的产生、存在且私有化是国家产生和存在的经济条件。国家行使职能的物质需要只能是在社会产品能够维持社会成员的个人生存需要有了富余之后才能得到满足,社会共同需要也只能是在社会成员的个人生存需要、单个群体的存在需要得到满足且有富余之后才能考虑。所以说,剩余产品是国家行使职能的物质需要和社会共同需要得到满足的唯一源泉。国家征税只能就社会成员所拥有的剩余产品的一部分进行征收,如果国家对超出剩余产品范围的社会产品进行征税,就会伤及税本,影响以后的税收收入。

4. 税收的本质是一种分配关系

首先,税收是一个分配范畴。国家通过税收这一分配范畴将一部分社会剩余产品强制地由社会成员所有转变为国家所有,改变了各社会成员之间占有和使用社会剩余产品的比例,形成了国家和社会成员之间、社会成员和社会成员之间的物质利益分配关系。

其次,税收是一种特殊分配。税收分配的依据不同于一般经济分配的依据,税收分配的主体——国家不掌握生产资料的所有权,只能凭借政治权力进行分配;同时税收分配所引起的是资金或物资的单向流动。

二、税收的特征

税收作为国家筹集财政收入的主要手段,与其他的财政收入相比较具有其特殊属性。概括起来,税收具有三个特征,又称"税收三性"。

(一)强制性

税收的强制性是指税收是以政府凭借国家政治权力进行的一种特殊的分配。税收强制性的具体表现就是以法律形式颁布的税收制度和法令。每个国家为了征税,都制定一系列的税收法律、法规和规章,任何单位和个人,都必须依法缴纳税款,否则就会受到法律的制裁。由于税收是国家对纳税人财物的再分配,具有所有权多方面转移的特点,税收征收必然使得纳税人丧失一部分物质利益。所以,没有税收的强制性,税收分配就不可能进行,税收分配关系就不复存在。

税收的强制性不同于惩罚性,与凭借政治权力对各种违法行为采取的罚款、没收的分配形式有着严格的区别。虽然从强制性角度讲,罚没比税收具有更强的强制性色彩,但罚没是对违法行为的处罚措施。税收的征收是在承认课税对象合法的前提下进行的,是纳税人对国家所承担的一项法定义务。

(二)整体有偿性

税收的整体有偿性包含两层含义:其一,税收是有偿的,不是无偿的;其二,税收是整体有偿的,而不是相对于具体纳税人而言的个别有偿。从全社会角度而言,国家取得税收收入是为了提供公共产品和公共服务,满足社会公共需要,即"取之于民,用之于民"。而公共产品和公共服务的享用者又是社会全体居民,从这个意义上来讲,税收具有整体的返还性、有偿性。但公共产品和公共服务的享用与享用者缴纳税款的多少没有直接的联系,即不存在一一对应的偿还关系。

税收的整体有偿性使税收与战争劫掠收入、罚款收入、特许金收入等无偿收入区别开来。与税收相比,战争劫掠收入以国家的政治权力为依据,是国家不付任何报酬取得的,因而具有无偿性。罚款收入和特许金收入以国家的行政权力为依据,目的是规范社会经济秩序,与互利关系没有联系,因而也是无偿的。同时,税收的整体有偿性又使税收与规费收入、公用设施收入、公有财产及公有企业收入等个别有偿收入区别开来。与税收相比，规费收入是向接受国家提供的某种特定服务的社会成员收取的，公用设施收入是向享受国家提供的某种特定利益的社会成员收取的，公有财产及公有企业收入是国家取自于己的收入。它们都具有个别有偿性，而不具有整体有偿性。

（三）规范性

税收的规范性是指税收是国家通过法律形式，按事先确定的标准连续地进行征收。税收的规范性是强制性的必然要求，保证了税收分配活动的有效和有序，维护国家和纳税人双方的权利和义务。税收的规范性包括征收时间上的连续性和征收比例上的限定性。税收的规范性要求国家征税应具有相对稳定性，不能朝令夕改，使得纳税人无所适从。同时以国家政治权力为依托的分配应有一定的限度，不能涸泽而渔、杀鸡取卵，影响纳税人的正常生活或生产。税收的规范性并不是说税收政策制度的一成不变。随着社会生产力和生产关系的发展变化，因新的征税对象的出现而开征新的税种，又因原有征税对象的消亡而废止原有税种。继续存在的税种其征收范围、征收比例也将随着经济发展水平、国家需要而调整。

是否具有税收的三个特征是衡量一种财政收入形式是不是属于税收的基本标志，具备了税收的三个特征，不论其名称如何，也属于税的范畴；不具备税收的三个特征，即使冠以"税"的名称，也不属于税的范畴。

三、税收的职能

税收职能是指税收这一分配关系本身所固有的功能，是税收的本质属性所赋予的，是客观不变的，不以人们意志为转移的。但是，在不同的社会形态下或同一社会形态的不同时期，税收职能的外在表现形式——税收作用是不同的。一般认为，税收有以下三种职能。

（一）财政职能

所谓税收的财政职能，即税收组织财政收入的职能。组织财政收入是税收的基本职能。税收作为国家取得财政收入的重要工具，可以把分散在各个纳税人手中的一部分国民收入，集中到国家财政，用于满足国家行使职能的需要。从税收的产生来看，主要就是为了集中收入来满足国家的需要。在各种不同的社会制度下，在不同的国家，税收都在财政收入中占有重要地位。

（二）经济职能

所谓税收的经济职能，即税收调节经济的职能。由于税收参与国民收入分配，改变了社会各阶级、阶层以及各经济部门、单位和个人的分配状况，调节各方面物质利益，从而对经济发展产生影响的功能。税收调节经济的职能是税收组织财政收入职能派生的，并且使税收成为调节和控制经济运行的主要杠杆。在市场经济条件下，税收渗透到社会经济生活的各个领域，其调节领域也由广泛调节转变为适度调节，侧重点由微观调节转变为宏观调节，应尽量将税收调节控制在"市场失灵"的区域内，实现宏观经济的良性运转。

（三）监督职能

所谓税收的监督职能，即税收反映与监督社会经济的职能。在国民经济活动中，尽管可提供信息的渠道和方面很多，但税收所提供的信息却是最为基础的，它具有广泛性、及时性和可靠性的特点。国家税务机关在征税的过程中，利用完善的税收系统并通过具体的税收征收管理行为能够收集到比较准确和全面的国家经济发展动态数据，从而为国家经济管理提供可靠的信息。此外，国家通过税收日常的征收管理，可以对企业的经营活动进行有效的监督。这种监督保证了税收作用的实现,是实现税收财政职能和经济职能的必要条件。税收还可以对非法经营活动和经济领域中的犯罪活动进行打击,保证经济的健康发展。

第二节 税收制度与税法

税收制度与税法关系密切。税法是税收制度的存在形式,税收制度是税法的实质,税收制度与税法密不可分,税法是税收制度的核心内容。

一、税收制度的概念

税收制度即税收法律制度,简称税制,是国家制定的调整国家与纳税人之间税收征纳关系的规范,是国家通过法律程序确定的征税依据和工作规程。它包括国家各种税收法律、法规、条例、实施细则和征收管理制度等,是国家财政制度的重要组成部分。

从制度结构看,税收制度是指一国各种税收及其要素的构成体系。从法的角度分析,税收制度是一国税收法律、法规、规章的统称。以法律规范形式出现的制度体系,也称为税收法律制度,是政府向纳税单位和个人征税的法律依据和工作规程。

税收制度有广义和狭义之分。广义的税收制度是指税收体系及各项征收管理制度,包括国家的各种税收法规、税收管理体制、税收征收管理制度、税收机关内部管理制度等。狭义的税收制度观点不一,一指各税种的要素之和,即国家设置的某一具体税种的课征制度;一指国家各种税收实体法的总和;一指国家的各种税收法规和税收征收管理制度,包括各种税收条例、实施细则、征收管理办法等。

从原则上说,税收制度与税法应该是一致的。但在现实生活中两者往往不同。税收制度中包括税收行政规范和税收法律规范。通常来说,税法是税收制度的核心。

税收制度是税收本质的体现,是税收分配的制度化,是国家征税权的具体化。任何国家的任何历史阶段,要完成国家所肩负的历史使命,科学合理地制定并实施税收制度都是十分必要和重要的。

首先,税收制度从立法上解决税种体系设置和税收征收管理制度配套的问题。一方面把抽象的国家征税权变成可以具体操作的国家法律、法规,使抽象的国家权力成为具体的国家权力;另一方面把国家的征税权具体落实给国家执法机构,使国家权力不再是空洞的、抽象的、概念性的,而成为形象的、具体的、言之有物的。

其次,税收制度从法律依据上解决对什么征税、征多少税、如何征税,以及由谁纳税的问题。把税收分配的矛盾解决在征税之前。因为纳税无论如何都是纳税人的一定利益的损失,是纳税人的一部分利益由纳税人所有转变为国家所有。征纳之间的矛盾是由来已久的,不可能彻底解决。通过税收制度将国家征多少税、什么时候征税、如何征税、纳税人是谁等问题提前确定下来,使纳税人有一个可以选择的空间。

最后,税收制度从操作规范上解决征税机关如何行使国家赋予的职权问题。税收制度中规定了征税主体、征税主体的工作规程等,这既使征税机关的执法行为有法可依,也使执法机关的执法行为受到法律的约束,保护税收分配双方的利益。

当然,由于税收是国家实现职能的物质基础,税收制度的建立从制度上保证税收职能的实现,真正为国家筹集到足够的财政资金。又由于税收是国家调节经济的重要杠杆,税收制度的建立从制度上保证税收调节职能的实现,真正为实现国家的经济政策发挥作用。

税收制度是以国家为主体,以国家与社会成员之间的经济利益分配关系为基点,以国家不同时期的经济政策为依据,明确规定国家与纳税人的权利和义务的重要财经制度,是国家法律的重要组成部分,属于国家上层建筑范畴。

二、税法的概念及特点

(一)税法的概念

税法是国家机关依照法定程序制定的,用于调整税收分配过程中形成的征纳双方权利和义务关系的法律规范的总称,是国家法律体系的重要组成部分。

税法有狭义和广义之分,狭义的税法仅是指最高权力机关以法的名义制定、颁布和实施的税收法律,如《中华人民共和国税收征收管理法》(简称《税收征管法》)、《中华人民共和国企业所得税法》(简称《企业所得税法》)等。而广义的税法是指调整税收分配关系的各种法律规范的总称,包括狭义的税法,也包括国务院制定的税收法规和国务院有关部门制定的税收规章。税收法律、税收法规和税收规章共同构成了我国的税收法律体系。

首先,税法是国家权力机关制定的。在我国,国家最高权力机关是全国人民代表大会(简称全国人大)及其常务委员会。根据需要全国人大及其常务委员会可以授权行政机关制定税法,获得授权的行政机关也是有权的国家机关。

其次,税法的调整对象是税收分配过程中所形成的权利和义务关系,包括纳税人与国家征税机关在税收分配过程中的权利和义务关系,也包括各级政府之间在税收分配过程中的权利和义务关系。

(二)税法的特点

税法作为国家法律体系的重要组成部分,它与其他法律一样,具有法律所有的一般特点,如税法也具有鲜明的阶级性,代表统治阶级的利益;税法也是由国家制定和认可的,依靠国家政治权力保证实现的;税法对社会成员有普遍约束力等。但税法作为体现特定分配关系的法律,有着自己的特殊性。

1. 从立法过程看,税法属于制定法

从法律渊源来看,世界的法律可以分为判例法和成文法。其中成文法又称制定法,源于立法者颁布的既定法典。这些已经颁布的成文法创制出的法律规范或原则,成为指导或支配今后执法或司法的准绳。我国是一个非常讲究成文法传统的国家,虽然在某种程度上也承认和存在判例,但并非法律的基本形式,只不过是成文法的补充和解释。

2. 从法律性质看,税法属于义务性法规

义务性法规是相对于授权性法规而言的,是指直接要求人们从事或者不从事某种行为的法规,即直接规定人民某种义务的法规。义务性法规的一个显著特点是具有强制性,它所规定的行为方式明确而肯定,不允许任何单位和个人违反或随意改变。税法属于义务性法规的直接体现是税法规定的当事人双方的权利和义务不对等,税收分配是以国家政治权力为依托的,是社会财富的单方面转移。国家征税是对纳税人财产权的一定侵犯,是一种强制征收。纳税人必须依法纳税,否则,就要受到法律的制裁。

3. 从法律内容看,税法具有综合性

税法不是单一的法律,而是由程序法、实体法、争诉法等构成的综合法律体系,其内容涉及课税的基本原则、征纳双方的权利和义务、税收管理规则、法律责任、法律救济等,包括立法、行政执法和司法等各个方面。税法的综合性,是保证国家正确行使课税权力,有效实施税务管理,确保国家及时足额取得财政收入,保障纳税人合法权利的要求。

三、税法的类型

(一)根据税法的基本内容和效力,分为税收基本法和税收普通法

税收基本法是税法体系的主体和核心,在税法体系中起着母法的作用。税收基本法的基本内容一般包括:税收制度的性质、税务管理机构、税收立法与管理权限、纳税人的基本权利和义务、税收征收范围(税种)等。我国中央人民政府于1950年发布的《全国税政实施要则》就具有税收基本法的性质。目前我国还没有制定统一的税收基本法,随着我国税收法制建设的发展和完善,将研究制定税收基本法。

税收普通法是根据税收基本法的原则,对税收基本法规定的事项分别立法进行实施,如《企业所得税法》《税收征管法》等。

(二)根据税法的法律级次不同,分为税收法律、税收法规、税收行政法规、税收规章、地方税收法规和地方税收规章

税收法律即狭义的税法,是由国家最高权力机关依照法定程序,制定、公布的税收法律规范。在税收法律体系中税收法律具有最高的法律效力,其他税收法规、税收规章,不得与税收法律矛盾和抵触。我国现行税收法律体系中,《中华人民共和国个人所得税法》(简称《个人所得税法》)、《企业所得税法》及《税收征管法》属于税收法律。

税收法规即授权立法,是国家最高行政机关根据国家最高权力机关授权而制定、颁布的税收法律规范,是我国现行税收法律体系中最主要的形式,《中华人民共和国增值税暂行条例》(简称《增值税暂行条例》)、《中华人民共和国消费税暂行条例》(简称《消费税暂行条例》)及《中华人民共和国资源税暂行条例》等属于税收法规。税收法规与税收行政法规不同,税收法规依国家最高权力机关的授权制定,具有准法律的性质和地位,它的法律效力低于税收法律,高于税收行政法规。在立法程序上,税收法规还需要报国家最高权力机关备案,税收行政法规则不需要上报备案。

税收行政法规是国家最高行政机关基于行政管理的需要,制定、颁布的税收法律规范。制定行政法规是国家最高行政机关拥有的权力,税收行政法规的法律效力低于税收法律、税收法规,高于地方税收法规、税收规章、地方税收规章。《中华人民共和国个人所得税法实施条例》(简称《个人所得税法实施条例》)、《中华人民共和国企业所得税法实施条例》(简称《企业所得税法实施条例》)及《中华人民共和国税收征收管理法实施细则》属于税收行政法规。

税收规章是国家财政、税务、海关等税务主管部门根据授权,制定的关于解释税收法律、法规的法律文件,是国家税收法律制度的一部分,是税法的一种形式。我国现行税收法律体系中,《中华人民共和国增值税暂行条例实施细则》(简称《增值税暂行条例实施细则》)、《中华人民共和国消费税暂行条例实施细则》等属于税收规章。

除此之外,税法体系还包括地方税收法规,以及地方政府制定的地方税收规章。

(三)根据税法的职能作用不同,分为税收实体法、税收程序法、税收处罚法和税收行政法

税收实体法是确认税收法律关系主体的实质权利和义务的法律规范,是征税机关和纳税人征、纳税款的基本法律依据。例如,《个人所得税法》《增值税暂行条例》等。

税收程序法是确定应纳税款的征收、缴纳实施程序的法律规范。税收程序法的基本内容是,纳税人发生纳税义务后,应当如何进行纳税申报、如何缴纳税款或代扣代缴税款;如何

申请减免税;如何提请税务行政复议和税务行政诉讼等。《税收征管法》就属于税收程序法。

税收处罚法是对税收活动中的违法犯罪行为进行处罚的法律规范的总称。它包括刑法中对税收违法犯罪行为的刑事罚则;最高司法机关对税收犯罪作出的司法解释和规定;税收征收管理法中对税收违法行为的行政处罚规定;其他税收单行法和其他法规中对税收违法行为的处罚规定等。

税收行政法是规定国家税务行政组织的规范性法律文件的总称,又称税收行政组织法。它包括各税务机关的相互关系,各自的职责范围,人员编制,经费来源,各级各类税务机关的设立、变更及撤销的程序等。

四、税法的作用

就法的一般功能而言,税法的基本作用是为征税机关进行税收征管和纳税人保护自己的权益提供法律依据和法律保障。就税收的职能而言,税法的作用是以法的形式保障税收职能的充分发挥。具体来看,税法的作用主要体现在以下几个方面。

(一)调整税收分配关系,维护税收秩序

税收在本质上体现为在社会产品分配过程中,国家与纳税人之间的利益分配关系。税法既要维护征税人的权利,也要尊重和保护纳税人的权利。税法既要指导纳税人切实履行纳税义务,也要约束征税人严格履行自己的义务。作为征税主体的国家,为了使其自身的物质需要得到长期、持续、稳定的满足,就必须使税收征纳关系也具有稳定性、长期性和规范性。通过制定税法,对税收分配各方主体及其权利、义务关系作出规定,明确税收分配各方主体所享有的合法权益的范围,并且给各方主体特别是纳税人维护自己的合法权益、追究他方责任提供可循的法律依据。

(二)促进税收基本职能的实现

税收的财政、经济和监督职能是税收所固有的、潜在的职能,将税收职能由潜在转化为现实,需要一定的途径和制度保证。税收财政职能的实现,意味着纳税人必须将其一部分经济利益无偿让渡给国家;税收经济职能的实现,又使得部分纳税人为了国家宏观调控的需要而作出必要的牺牲;税收监督职能的实现,又必须依靠强大的政治权力。因此,国家为了保证税收职能的实现,势必与纳税人的利益产生矛盾和冲突。所以,国家只有依靠法律手段,运用国家政权力量,才能够在根本利益一致的基础上,解决税收职能实现过程中产生的与纳税人的利益冲突。

(三)维护国家税收主权

随着经济全球化的发展,国家与国家之间的经济联系日趋密切。这种相互依存的国际经济交往,也给税收分配带来一定的困难与挑战,即国家税收主权的维护问题。税收主权是国家经济主权必不可少的重要组成部分,一般体现在国家间税收管辖权冲突和国际税收权益分配关系等方面。世界大多数国家都通过颁布涉外税收法律、法规或签订国际税收协定来解决这一问题。因此,通过涉外税法和国际税收协定,使国家的税收管辖权得到彻底充分地贯彻,达到维护国家税收权益的目的。

(四)制裁税收违法行为

为了保证税收职能的实现,实现依法治税目标,构建和谐税收环境,维护国家税收秩序,就要求征、纳双方严格遵守税法,对于违反税法规定的行为予以严惩。税法不仅对纳税人的违法行为规定了处罚办法,也对税务人员的税务违法行为规定了明确的处罚办法。例如,

《税收征管法》第八十四条规定:"违反法律、行政法规的规定,擅自作出税收的开征、停征或者减税、免税、退税、补税以及其他同税收法律、行政法规相抵触的决定的,除依照本法规定撤销其擅自作出的决定外,补征应征未征税款,退还不应征收而征收的税款,并由上级机关追究直接负责的主管人员和其他直接责任人员的行政责任;构成犯罪的,依法追究刑事责任。"此外,税法还对税务人员的受贿行为、玩忽职守行为、滥用职权行为等作出了明确的处理规定。

五、税收法律关系

(一)税收法律关系的概念和特点

1. 税收法律关系的概念

国家征税与纳税人纳税在形式上表现为利益分配的关系,但经过法律明确双方的权利和义务后,这种关系实质上上升为一种特定的法律关系。税收法律关系是指由税法所确认和调整的国家和纳税人之间的税收征纳权利和义务关系。税收法律关系可以分为税收基本法律关系、税收实体法律关系、税收程序法律关系和税收救济法律关系等。

关于税收法律关系的性质,存在权力关系说和债务关系说两种不同的学说。权力关系说"把税收法律关系作为国民对国家的课税权的服从关系来理解,以国家作为优越性的、权利性的意志主体出现为理由,把税的法律关系看成典型的权力关系的一种学说"。而债务关系说"把税的法律关系看成是由国家向纳税人要求履行税的债务的关系,即把国家和纳税人的关系定性为债权者与债务者相互对立的公法上的债务关系"。

2. 税收法律关系的特点

1) 税收法律关系中固有一方主体始终是国家及其征税机关

法律关系是一种社会关系,不能没有参与法律关系的主体。它可以是双方也可以是多方。在税收征纳过程中,国家及其征税机关自始至终作为主体一方,参与税收法律关系,另一方主体可以是不同的法人,也可以是不同的自然人。这是税收法律关系区别于其他法律关系的最明显的特征之一。因此,没有国家及其征税机关这一主体,就不能构成税收法律关系。

2) 税收法律关系是有着特定权利和义务内容的社会关系

授予法定权利和设定法定义务,是法律实现对社会关系调整的特有方式。税收法律关系是通过规定征税机关的课税权利和纳税人的法定义务来实现的。规定征税权利和纳税义务是税收法律关系的核心。课税权是国家及其征税机关为了保证国家履行职责的财政需要和保证纳税人依法履行纳税义务,所必须拥有的支配力量,没有这种力量,纳税义务就难以普遍、及时、完整地履行,国家利益就得不到保证。纳税义务是纳税人为满足征税主体要求,必须依法履行的一项责任,没有这项法定责任,国家无偿参与纳税人分配的税收法律关系就不能成立。

3) 在税收征纳过程中发生的税收法律关系,具有单方面的权利或义务

就一般法律关系而言,参与法律关系的主体双方或多方,其各自所享有的权利和承担的法定义务是对等的。但在税收征纳过程中发生的税收法律关系,不具有权利和义务关系的对等性。即作为税收法律关系主体的国家及其征税机关与纳税人的地位是不对等的。一般说来,国家及其征税机关是权利主体,享有依法征税的单方面权利;纳税单位和个人则是义务主体,承担依法缴纳税款的单方面义务。当然,这也不是绝对的,纳税人在依法享有纳税

义务的同时,也有依法申请减免税、延期纳税、税务行政复议等权利。

4)税收法律关系的产生,以纳税人发生了税法规定的行为或事件为前提,而不以主体双方的意志为转移

法律关系的存在总是以相应的法律事实为前提。在一般法律关系中,法律关系的产生不仅要考虑上述前提,还要以法律关系主体的意志为转移。而税收法律关系则不同,它的产生以纳税人发生了税法规定的行为或事件为条件。当纳税人发生税法规定的应税行为或事件后,由此产生的税收法律关系要求纳税人必须依法履行纳税义务,并且这种义务不得让渡,更不能不履行;要求征税机关必须依法履行征税职责,并且这种职责不得抛弃,也不能转让。同时,征、纳双方还不能协商办税。

5)税收法律关系具有财产所有权或支配权单向转移的性质

法律关系大多涉及财产和经济利益。在一般法律关系中,财产所有权或支配权的让渡转移,通常是在主体双方平等协商、有偿等价的原则基础上进行的。但是,在税收法律关系中,纳税人依法履行纳税义务,缴纳税款,就意味着将自己拥有或支配的一部分财物,无偿地交给国家,成为财政收入,而且,这笔款项国家不再直接返还给纳税人。可见税收法律关系中的财产转移具有单向、无偿、连续等特点,只要纳税人不中断税法规定的行为或事件,税法不发生变更,这种法律关系就一直延续下去。

(二) 税收法律关系的构成

税收法律关系与其他法律关系一样,都是由权利主体、客体和法律关系内容三方面构成,但在这三方面的内涵基础上,税收法律关系也具有特殊性。

1. 权利主体

即税收法律关系中享有权利和承担义务的当事人,可分为征税主体和纳税主体两类。征税主体是代表国家行使征税职责的国家税务机关,包括国家各级税务机关、海关和财政机关;纳税主体是履行纳税义务的人,包括法人、自然人和其他组织。

在税收法律关系中权利主体双方法律地位平等,只是因为主体双方是行政管理者与被管理者的关系,双方的权利与义务不对等,因此,与一般民事法律关系中主体双方权利和义务平等是不一样的。这是税收法律关系的一个重要特征。

2. 权利客体

即税收法律关系的主体权利、义务所共同指向的对象,也就是征税对象。它包括应税的产品、财产、收入、所得、资源、行为等。税收法律关系的客体也是国家利用税收杠杆调整和控制的目标,国家在一定时期根据客观经济形势发展的需要,通过扩大或缩小征税范围、调整征税对象,以达到限制或鼓励国民经济中某些产业、行业发展的目的。

3. 税收法律关系的内容

税收法律关系的内容就是权利主体所享有的权利和所承担的义务,这是税收法律关系中最实质的东西,也是税法的灵魂。它规定权利主体可以为什么行为,不可以为什么行为,若违反了这些规定,须承担什么样的法律责任。

征税机关的主要权利包括:税收行政执法的相对独立权、税收管理权、税收征收权、税收检查权、税务行政处罚权、税务行政立法权、代位权和撤销权等。

税务机关的主要义务包括:依法行使税收管理权,维护国家税收利益的义务、维护纳税人合法权益的义务、正确执法的义务、纠正错误和依法赔偿损失的义务、行政复议的义务、应诉的义务等。

纳税主体的主要权利包括：知情权、保密权、税收监督权、纳税申报方式选择权、申请延期申报权、申请延期缴纳税款权、申请退还多缴税款权、依法享受税收优惠权、委托税务代理权、陈述与申辩权、对未出示税务检查证和税务检查通知书的拒绝检查权、税收法律救济权、依法要求听证的权利、索取有关税收凭证的权利。

纳税主体的义务主要包括：依法进行税务登记的义务，依法设置账簿、保管账簿和有关资料以及依法开具、使用、取得和保管发票的义务，财务会计制度和会计核算软件备案的义务，按照规定安装、使用税控装置的义务，按时、如实申报的义务，按时缴纳税款的义务，代扣、代收税款的义务，接受依法检查的义务，及时提供信息的义务，报告其他涉税信息的义务。

（三）税收法律关系的产生、变更与消灭

税法是税收法律关系产生、变更和消灭的前提条件，但税法本身并不能产生具体的税收法律关系，它是由税收法律事实产生和变化而产生、变更和消灭的。税收法律事实可以分为两类：一类是行为；另一类是事件。

税收法律关系因下列法律事实的出现而产生：①国家颁布某些税收法规；②纳税人发生了税法规定的行为或事件；③新的纳税单位和个人出现等。

税收法律关系因下列法律事实的出现而变更：①修改原有税收法规；②征税程序发生变更；③纳税人的生产经营及收入情况发生变化；④纳税人发生了税法规定予以减免税的特殊事件等。

税收法律关系因下列法律事实的出现而消灭：①纳税人依法履行了纳税义务；②废止某项税法；③课税对象或税目发生变化；④纳税主体消灭，如纳税人发生解散、破产、依法撤销或死亡等。

（四）税收法律关系的保护

税收法律关系是涉及国家利益和企业、公民个人利益的一种特殊法律关系，保护税收法律关系，实质上就是保护国家正常的经济秩序，保障国家财政收入，维护纳税人的合法权益。税收法律关系的保护主要有以下两种方式。

1. 日常行政保护

日常行政保护是指税务机关依法对违反税收法律、法规和规章的纳税人或下级税务机关，按行政程序进行处理的一种管理活动。一方面，税务机关及税务人员在日常征管过程中，对纳税人违反税法的行为，可以通过行政职权予以制止、纠正，并给予必要的行政处罚；另一方面，纳税人对税务机关的征税和行政处罚不服的，有权向上一级税务机关提出行政复议申请，请求重新处理。上一级税务机关应对下一级税务机关的原处理决定进行复议，依法维持、变更或撤销原处理决定。

2. 司法保护

司法保护包括两方面的内容：一是国家司法机关对纳税人违反税法，情节严重、触犯刑律的，要依法追究直接责任人和主管人员的刑事责任；二是纳税人对于税务机关的具体行政行为或复议决定不服，有权向人民法院提起行政诉讼。

对税收法律关系予以保护的重要内容，是维护国家征税权利和税款的安全，因此，税务当事人违反税收法律、法规的规定，都必须承担相应的法律责任。要求责任人承担必要的法律责任，是保护国家税收权益的重要措施。税收法律责任主要有以下三种形式：

（1）经济责任。即要求纳税人对于因未及时、足额缴纳税款而造成国家财政利益损失，

给予经济上的补偿,并接受经济上的处罚。其主要方式有:补缴或追缴纳税人所欠、所偷或所抗缴的税款;加征滞纳金;没收违法所得;处以税务罚款等。

（2）行政责任。即税务机关对违反税法的当事人依法给予的行政制裁。追究当事人的行政责任一般以不发生税款损失为前提。行政责任包括行政处分和行政处罚。

（3）刑事责任。即对违反税法情节严重,已构成犯罪的直接责任人或主管人员给予的刑事制裁。《中华人民共和国刑法》（2009年2月28日修订）第二编第三章第六节,对各种涉税犯罪及其量刑作了明确规定。其主要形式包括罚金、没收财产、拘役、有期徒刑、无期徒刑和死刑。

第三节　税收制度构成要素

税收制度构成要素简称税制要素,它是指构成一个完整的税种所必须的基本因素,是规范征、纳双方权利与义务的法律制度的具体表现。尽管不同税种的具体内容表述不同,但是其基本内容却是一致的,即对什么征税、由谁纳税、征多少税、何时纳税、如何纳税等,这就是税收制度的构成要素。

一、纳税人

纳税人即纳税义务人,也称纳税的主体,是税法所规定的直接负有纳税义务的单位和个人。纳税人是税款的直接缴纳者,是履行纳税义务的法律承担者。纳税人的概念解决的是税款向谁征收或由谁缴纳的问题。纳税人可以是自然人,也可以是法人。所谓自然人是指基于自然出生而依法在民事上享有权利和承担义务的个人。我国税法中的自然人包括我国的公民、外国公民和无国籍人,以及自然人范围的个体企业、个人合伙企业、农村经营承包户等。所谓法人是指具有民事权利能力和民事行为能力,依法独立享有民事权利和承担民事义务的组织。我国税法中的法人包括企业法人,机关、事业单位法人和社会团体法人。法人应具备四个条件:①依法成立;②有必要的财产和经费;③有自己的名称、组织机构和场所;④能够独立承担民事责任。

与纳税人相关的一个概念是负税人。负税人是指税收的最终负担者。纳税人与负税人既相联系又相区别,时而一致,时而分离。对于税收负担比较容易转嫁的税种,纳税人与负税人往往是不一致的,如流转税类的税种;对于所得税类和财产税类的税种,由于其税负不易转嫁,纳税人和负税人往往是一致的。

与纳税人相关的另一个概念是扣缴义务人。扣缴义务人是指税法所规定的负有代扣代缴、代收代缴义务的单位和个人。扣缴义务人既不是纳税人,又不是负税人,只是国家为了加强税收的源泉管控,保证财政收入,简化征管手续而作出的特殊规定。我国现行税法中,增值税、消费税,尤其是个人所得税制中,都规定有扣缴义务人。

二、课税对象

课税对象亦称征税对象,即课税的客体,它表明对什么进行征税,是征税的客观目的物。课税对象是构成税制或税种的最基本要素。一般来说,它可以是物品、收入或行为,如增值税的征税对象,是商品或劳务在生产和流通过程中的增值额;印花税的征税对象,是在我国境内所书立、领受、使用的应税凭证;企业所得税的征税对象就是应税所得。

作为构成税制的最基本要素,课税对象决定了税种的名称,不同的税种有不同的课税对象。税收的最基本的分类方法也是以课税对象的性质为标准进行分类的,并且课税对象也是区别征税与不征税的主要界限。随着社会经济的发展,可供选择的课税对象会越来越多,国家开征的税种也会不断地调整,税收体系也相应地会变得越来越复杂。

课税对象与税源密切相关。税源是税收的经济来源,反映各种税收收入的最终出处,归根到底是社会各部门所创造的国民收入。课税对象与税源有时一致,有时不一致。如所得税,其课税对象是纳税人的纯收入,税源也是纳税人的纯收入;而流转税课税对象是商品流转额或非商品流转额,即 C+V+M,其中 C 代表不变资本,V 代表可变资本,M 代表剩余价值,但 C 是不能承担税负的,因此,流转税的税源也只能是 M 或者 V+M。

与课税对象相关的另外一个概念是计税依据。计税依据又称为计税标准,是指税法所规定的,计算应纳税额的依据或标准,是课税对象在数量上的具体化。它们有时一致,有时不一致。如所得税的课税对象与计税依据是一致的,而房产税则不一致,房产税的课税对象是房产,计税依据是计税价值或租金收入。计税依据按照计量单位划分可以是一定的价值量,即从价计税,如增值税、所得税等;也可以是一定的实物标准单位,包括数量、重量、面积、体积等,即从量计税,如资源税、车船税等。

征税范围、税目也是与课税对象相关的概念。征税范围是课税对象的范围,即课税对象的具体内容或课征税收的具体界限,体现征税的广度。列入征税范围的均应征税,否则就不征税。而税目则是税法所规定的征税的具体品种和项目,是征税范围的细化。在课税对象下设计税目,有利于明确具体的征税范围,划清征免界限,也有利于区别课税对象的不同情况,设计税率,以实现国家的经济调控目标。税目的设计通常可采取列举法和概括法。列举法即按照每种商品或经营项目分别制定税目;而概括法则是按照商品大类或行业制定税目。

三、税率

(一) 税率的概念及分类

税率是应纳税额与课税对象数额之间的法定比例,是计算应纳税额的尺度,体现国家征税的深度。税率的高低,表明国家与纳税人之间的经济利益分配关系,直接关系到国家的财政收入的多少和纳税人的负担水平高低。因此,税率是税收制度的核心要素,也是税制设计的关键。我国现行税率政策主要有以下三种。

1. 比例税率

比例税率是指对同一征税对象,不论其数量多少,数额大小,都按同一个比例征税的税率政策。采用比例税率时,税额一般随着课税对象数额等比增加。比例税率不因计税依据的大小而变化,计算简便,便于征收,又不妨碍流转额的扩大,适合于对流转额的课税。但采用比例税率不论纳税人收入多少,均按同一比例征税,税负具有明显的累退性,因而不便于贯彻量能负担的原则。

比例税率在具体运用中又可分为:①单一比例税率,一个税种只规定一个比例税率;②差别比例税率,一个税种分别采用不同比率的比例税率。如产品差别税率、行业差别税率等;③幅度比例税率是指在税法规定的税率幅度内,由经过授权的地方政府根据实际情况因地制宜地自行确定本地区适用的比例税率,或在实际征收时根据不同征收对象确定不同的具体适用税率。我国的增值税、企业所得税等采用的是比例税率。

2. 定额税率

定额税率又称固定税额,是指按课税对象的标准计量单位直接规定应纳税额的税率政策。定额税率是以绝对额的形式规定的税率,一般按单位课税对象直接确定征收的税额。它适用于从量计征的课税对象,税率与征税对象的价格没有关系,不受征税对象价格变化的影响,具有计算简便、有利于企业提高产品质量、改进包装的优点。

定额税率具体又可分为:①地区差别定额税率,即对同一征税对象按照不同地区分别规定不同的征税数额;②幅度定额税率,即在统一规定的征税幅度内,根据纳税人的具体情况,确定纳税人具体适用税率;③分类分级定额税率,即对同一征税对象在分类分级的前提下规定不同的税额,如车船税中的机动船舶按净吨分级,非机动船舶按载重量吨位分级,分别规定不同的税额;④单一定额税率,即对某种税的单位征税对象只规定一个征税数额。

3. 累进税率

累进税率是指随着课税对象数额的增加而逐级提高征收比例的税率政策,即按征税对象的数额大小将税率划分为若干等级,每个等级分别规定不同的税率,并随征税对象的递增而提高。征税对象数额越大,税率越高。累进税率能够较强地体现量能负担原则,对于调节纳税人的收入作用明显,适应性强、灵活性大。一般适用于对所得和财产的课税。现行累进税率包括:

(1)全额累进税率。它是指将计税依据划分为若干等级,从低到高每一等级规定一个适用税率,当计税依据由低的一级升到高的一级时,全部计税依据均按高的一级税率计算应纳税额的累进税率。其主要缺点是累进程度比较急剧,特别是在两个等级的临界处,会出现应纳税额的增加超过计税依据增加的不合理现象。因此,当今世界各国税制中已很少使用全额累进税率。

(2)超额累进税率。它是指将计税依据划分为若干等级,从低到高每一等级规定一个适用税率,各个等级的计税依据分别按照本级的适用税率计算,然后加总计算应纳税额的累进税率。它与全额累进税率的不同点在于,当计税依据由低的一级升到高的一级时,仅就其超过部分适用高一级税率。由于超额累进税率能够避免全额累进税率在两个等级临界处出现应纳税额增长超过计税依据增长的不合理现象,累进程度比较缓和,因此,为多数国家所采用,我国个人所得税工资薪金所得部分使用了超额累进税率。

为了解决超额累进税率计算应纳税额比较复杂的问题,实际工作中通常采取速算扣除数法计算。所谓速算扣除数法 是指采用超额累进税率计算应纳税额时,先逐级计算出速算扣除数,对课税对象先按全额累进税率计算出一个税额,然后再从税额中减去相应的速算扣除数,其差额即为超额累进税率计算的应纳税额。

(3)超率累进税率。它是指将计税依据按相对率划分为若干等级,从低到高每一等级规定一个适用税率,各个等级的计税依据分别按照本级的适用税率计算,然后加总计算应纳税额的累进税率。它与超额累进税率的不同点在于划分等级的依据不同,计算原理与超额累进税率基本一致。我国土地增值税使用超率累进税率。

(二)与税率相关的概念

1. 名义税率与实际税率

名义税率又称表列税率,是税法所规定的税率,即应征税额占课税对象数量的比例。实际税率又称有效税率或税收负担率,是实征税额占课税对象数量的比例,也是衡量纳税人实际税负水平的主要标志。由于税收优惠、加成(倍)征收等因素的存在,名义税率与实际税率往往是不一致的。

2. 边际税率与平均税率

边际税率是指课税对象数额的增量中税额所占的比率。个人所得税超额累进税率表中的每一级税率实际上就是相应级距所得额的边际税率。平均税率是指全部应纳税额占全部应税的课税对象数额的税率。在比例税率的条件下,边际税率等于平均税率。在累进税率条件下,边际税率往往要高于平均税率。边际税率的提高还会带动平均税率的上升。边际税率上升的幅度越大,平均税率提高就越多。

四、纳税环节

纳税环节是指税法所规定的在商品流转过程中应当缴纳税款的环节。例如,流转税在生产和流通环节纳税;所得税在分配环节纳税等。在市场经济条件下,商品从生产到消费通常经过产制、商业批发、商业零售等环节。纳税环节应当选择在商品流转的必经环节,而确定在哪一个环节缴纳税款,是一个比较特殊而又十分重要的问题,它关系到税制结构和整个税收体系的布局、关系到税款能否及时足额入库、关系到地区间对税收收入的分配、关系到是否便于纳税人缴纳税款。因此,应当慎重选择纳税环节,并且一经确定,不得随意变更。

依据纳税环节的多少不同,税收制度又可以分为三种类型。

1. 一次课征制度

一次课征制度是指在商品流转过程中只选择一个环节课税的制度。一次课征制税源集中,可以避免重复征税。如资源税、车辆购置税等。

2. 两次课征制度

两次课征制度是指在商品流转过程中选择两个环节课税的制度。为了适当增加财政收入,完善烟产品消费税,我国现行消费税对卷烟产品在产制环节和批发环节实行双环节课征。

3. 多次课征制度

多次课征制度即道道课税,是指在商品流转过程中选择多个环节课税的制度。例如,增值税是对在我国境内每一次流转均征收一道增值税。

五、纳税期限

纳税期限是税法所规定的纳税人发生纳税义务、应该履行缴纳税款义务的时间限制。它是税收强制性和固定性的具体体现。合理规定和严格执行纳税期限,对于保证财政收入的及时性和财政收支平衡有重要作用。确定纳税期限,包含两方面的含义:

一是应纳税款的结算期限,即多长时间结算一次税款。考虑到纳税人生产经营和课税对象的特殊性,以及应纳税额的大小,一般可以分为两种形式:①按期纳税,即以纳税人发生纳税义务的一定时间作为纳税期限。流转税通常以1日、3日、5日、10日、15日、1个月为一个纳税期限,企业所得税通常采取按年计算,按月(季)预缴,年终汇算清缴的办法。②按次纳税,即以纳税人发生纳税义务的次数作为纳税期限,如劳务报酬个人所得税、耕地占用税和契税等。

二是缴纳税款的期限,即纳税期满后税款多长时间必须入库。如增值税纳税人以1个月或者1个季度为一个纳税期的,自期满之日起15日内申报纳税;以1日、3日、5日、10日或者15日为一个纳税期的,自期满之日起5日内预缴税款,于次月1日起15日内申报纳税并结清上月应纳税款。企业所得税纳税人应当自月份或者季度终了之日起 15 日内,向税务机关报送预缴企业所得税纳税申报表,预缴税款;自年度终了之日起 5 个月内,向税务机关报送年度企业所得税纳税申报表,并汇算清缴,结清应缴(退)税款。

六、纳税地点

纳税地点是指税法规定的纳税人缴纳税款的地点。由于不同税种的纳税环节不同,各个纳税人的生产经营方式也不尽相同。依据属地与属人主义相结合,本着有利于税款的源泉控管,同时兼顾各地筹集财政资金的积极性的原则,纳税地点通常有以下几种形式。

(一)机构所在地纳税

纳税人向其机构所在地主管税务机关申报纳税。这是目前大多数税种普遍采取的一种纳税方式。

(二)营业行为发生地纳税

纳税人向经营行为发生地主管税务机关申报纳税。如我国现行税法规定,增值税纳税人中的非固定业户销售货物或者应税劳务,应当向销售地或者劳务发生地的主管税务机关申报纳税。

(三)外出经营纳税

纳税人到外地发生生产经营活动的纳税地点的确定。如我国现行增值税规定,固定业户到外县(市)销售货物或者应税劳务,应当向其机构所在地的主管税务机关申请开具外出经营活动税收管理证明,并向其机构所在地的主管税务机关申报纳税;未开具证明的,应当向销售地或者劳务发生地的主管税务机关申报纳税;未向销售地或者劳务发生地的主管税务机关申报纳税的,由其机构所在地的主管税务机关补征税款。

(四)汇总纳税

纳税人按行业汇总向国家金库所在地申报纳税。例如,中国铁路运营、各国有银行所缴纳的增值税、城市维护建设税、企业所得税由铁道部、各银行总行汇总向北京或总行所在地主管税务机关申报纳税。

(五)口岸纳税

纳税人在进出口口岸向当地海关申报纳税。这是进出口关税常见的一种纳税方式。根据关税的有关规定,进出口货物的纳税义务人应当向货物进(出)口境地海关申报纳税。

七、税收优惠

税收优惠是指国家在税收方面给予纳税人和征税对象的各种鼓励和照顾的总称。它是政府通过税收制度,按照预定目的,减除或减轻纳税义务人税收负担的一种形式,是税法的严肃性和必要的灵活性相结合的体现,它能够使税收制度按照因地制宜、因事制宜的原则,更好地贯彻国家的宏观调控目标。

税收优惠作为税法不可缺少的重要组成部分,除减税和免税以外,还包括先征后返、税额抵扣、税收抵免、税收饶让、加速折旧、税前扣除、投资抵免、亏损弥补等其他实际减除或减轻纳税人和征税对象税收负担的鼓励性和照顾性规定。按照税收优惠的形式,可以将其分为以下几项优惠。

(一)税基式优惠

税基式优惠是以减少税基为形式的税收优惠,即通过缩小计税依据来实现减轻纳税人税收负担的目的。属于税基式优惠的具体形式有税收豁免、税前扣除、亏损抵补、起征点、免征额等。其中起征点是指征税对象达到征税数额开始征税的界限,征税对象数额未达到起征点的不征税,达到或超过起征点的,就其全部数额征税;免征额是指征税对象总额中免予征税的数额,它是按一定标准从征税对象总额中扣除一部分数额,免征额部分不征税,只对超过免征额的部分征税。

(二)税率式优惠

税率式优惠是以降低税率为形式的税收优惠,即通过降低税率来实现减税免税。属于税率式优惠的具体形式包括减按低税率征税和实行零税率。

(三)税额式优惠

税额式优惠是以直接减免应纳税额为形式的税收优惠,即直接通过减少或免除应纳税额来实现税收优惠。属于税额式优惠的具体形式有全部免征、减半征收、规定减征比例和核定减征税额等。

八、税收法律责任

(一)税收法律责任的概念

税收法律责任是指税收法律关系主体违反税法规定的纳税义务而应承担的法律后果,包括纳税主体应承担的法律责任和征税主体应承担的法律责任。税收法律责任是税收制度的重要组成部分,如果税收制度没有规定违法责任,就不可能顺利地将税款征收入库,对征、纳双方一切涉税行为的约束都会落空。所以,税收法律责任是国家税收利益的重要保障机制,是税收强制性的集中体现。

纳税主体的税收违法行为是指纳税人和其他相关人违反税收法律规定,不依法履行纳税义务,侵害国家税收管理秩序的行为。纳税主体税收违法责任是各国税收法律责任制度的中心内容。纳税主体的违法行为根据其是否与应纳税额的确定与征收直接相关,可分为违反税款征收制度的行为和违反税收管理制度的行为两类。违反税款征收制度的行为是指纳税主体违反税款申报缴纳义务,直接侵害国家税收债权的行为,如欠税、偷税、骗税、抗税等。欠税是指纳税人不按规定的期限缴纳税款;偷税是指纳税人采用欺骗、隐瞒等手段逃避纳税。《税收征管法》第五章第六十三条规定:"纳税人伪造、变造、隐匿、擅自销毁账簿、记账凭证,或者在账簿上多列支出或者不列、少列收入,或者经税务机关通知申报而拒不申报或者进行虚假的纳税申报,不缴或者少缴应纳税款的,是偷税";骗税是指纳税人采取对所生产或经营的商品假出口等欺骗手段骗取国家出口退税的行为;抗税是指纳税人以暴力、威胁方式拒不缴纳税款的违法行为。违反税收管理制度的行为是指纳税主体违反有关税务登记、账簿凭证管理、发票管理、接受调查等税法规定的义务,这些违法行为都会妨碍国家税收确定权和征收权的正常行使。

税收法律责任不仅指纳税主体的法律责任,征税主体违反税法时同样需要承担法律责任。征税主体的违法又叫税收行政违法,即征税机关和其他行使征税权的组织实施的违法征税行为,如越权征税、征税滥用职权、征税不作为、征税程序违法等。

(二)税收法律责任的形式

对于不同的税收违法行为,税法和其他有关法规规定了不同的处罚措施。税收法律责任的形式包括:

(1)民事法律责任形式。这种责任主要是退还和赔偿所少缴的税款,如税务机关追征税款,加收滞纳金,即按照所欠缴的税款,按滞纳天数和一定的比例加收滞纳金;纳税人要求退回多征税款,赔偿额外损失等。

（2）行政法律责任形式。税务机关对违反税法的纳税人进行罚款、采用税收保全措施、通知银行和其他金融机构扣款等强制执行措施,查封纳税商品和财产、变卖商品和财产后扣缴税款、吊销税务登记证、收缴发票等措施,以保障国家税收利益;追究征、纳双方直接责任人员行政责任等。

（3）刑事法律责任形式。税收法律关系主体违反税法,情节严重,构成犯罪的,由司法机关依法对有关当事人进行刑事处罚。前两种处罚行为可以由税务机关等政府行政机关作出,但追究刑事责任必须由人民法院实施。刑事责任包括处以罚金、没收非法所得和财产、限制人身自由甚至剥夺生命等。

由于各税种征、纳双方违反税法规定的义务而应承担的法律后果相同,因此,为提高立法效率尚未构成犯罪的税收违法行为的处理,通常不在各税种个法中重复规定,而是集中体现在《税收征管法》中。例如,《税收征管法》第五章第六十三条规定:"对纳税人偷税的,由税务机关追缴其不缴或者少缴的税款、滞纳金,并处不缴或者少缴税款的百分之五十以上五倍以下的罚款;构成犯罪的,依法追究刑事责任。扣缴义务人采取前款所列手段,不缴或者少缴已扣、已收税款,由税务机关追缴其不缴或者少缴的税款、滞纳金,并处不缴或者少缴的税款百分之五十以上五倍以下的罚款;构成犯罪的,依法追究刑事责任。"

第四节　税种分类

税种可以依据不同的标准分类。一般来说,税种分类主要有以下几种。

一、以税收的计税依据为标准,可以将其分为从价税和从量税

从价税是指以课税对象的价格为依据计算征收的税种。从价税可以利用税收与价格的联动关系,能够保证税收收入的及时、足额,能够通过税收与价格的相互配合调节生产、调节消费,贯彻国家产品政策和产业政策,但从价税受价格的影响较大。我国现行的增值税、消费税等都属于从价税。

从量税是指以课税对象的实物标准单位为依据计算征收的税种。从量税计量单位统一、准确,计算方便,其税收收入不受课税对象价格变化的影响,有利于纳税人改进包装、增加花色品种。但从量税只能在课税对象计量单位一致时使用,在运用上有较大的局限性。我国现行的资源税、土地使用税、车船税等都属于从量税。

二、以税收和价格的关系,可以将其分为价内税和价外税

价内税是税收作为价格组成要素的税种。商品的价格不仅包含成本和利润,而且也包含税金,即价格＝成本＋税金＋利润。虽然税金包含在商品价格之中,容易被人们所接受,且计算简便、征收费用较低,但容易造成商品价格与价值背离,干扰价格信号,导致价格失真。在现行税种中,消费税属于价内税性质。

价外税是税收与商品价格分离的税种,即税金不作为价格组要素。商品价格只含成本和利润两项因素,然后在价格以外征收税款。价外税价税分离,税金明确,有利于规范税收与价格的关系。目前我国的价外税只有增值税一种。

三、以税负是否易于转嫁为标准,可以将其分为直接税和间接税

直接税是指税负不易转嫁,纳税人与负税人基本一致的税种。一般认为以个人收入、企业利润、自有自用财产等为课税对象的税种为直接税,如个人所得税、企业所得税、房产税等。这类税收的纳税人同时也是税收的实际负担人。

间接税是指纳税人能够较为容易地将税负转嫁给他人负担,而导致纳税人与负税人不一致的税种。一般认为以商品流转额、增值额等为课税对象的税种为间接税,如消费税、增值税、关税等。这类税收的纳税人同税收的实际负担人分离,纳税人不是税收的实际负担人。

四、以课税对象的性质为标准,可以将其分为流转税、所得税、资源税、财产税、行为目的税

流转税是以商品流转额或非商品流转额为课税对象的税种。流转税一般适宜采用比例税率,不受成本和盈利水平高低的影响,税源稳定。流转税属于间接税,税负易于转嫁。一般不是对消费者的直接课征,税负隐蔽,征税阻力较小。我国现行的增值税、消费税和关税,属于流转税。

所得税是以纳税人取得的所得额或收益额为课税对象的税种。所得税是世界各国普遍开征的税种,也是许多国家尤其是发达国家的主体税种。所得税的课税对象是纳税人的收入总额扣除成本、费用和流转税金后的余额,在税率既定的条件下,税额的多少与所得额的大小相联系,体现量能负担原则;受成本和盈利水平高低的影响较大,具有“内在稳定器”的特点。所得税属于直接税,税负不易转嫁。我国现行的企业所得税及个人所得税,属于所得税。

资源税是以自然资源为课税对象的税种。它包括对一般资源普遍课征的一般资源税和对资源的级差收入课征的级差资源税。开征资源税可以增加国家财政收入,调节资源的级差收入,促使企业加强经济核算,促进自然资源的合理利用。我国现行的资源税、土地使用税,属于资源税。

财产税是以纳税人的财产为课税对象的税种。在各国普遍实行以流转税或所得税为主体税种的税制中,财产税仅作为辅助税种。它包括:对财产占有课征的一般财产税;对财产出卖、出典、赠与、继承课征的财产转移税;对财产的增值课征的财产增值税;对以财产进行投资或租赁所得的收益课征财产收益税等。课征财产税除了筹集财政资金外,对促进财产的合理配置、缩小贫富差距、弥补其他课税的不足也有重要的意义。我国现行的房产税、车船税等属于财产税。

行为目的税是以各种特定行为为课税对象的税种。行为课税在开辟税源、增加财政收入的同时,对某些特殊行为进行限制、调节和管理,体现出“寓禁于征”“寓管于征”。我国现行的印花税、城市维护建设税等,属于行为目的税。

五、以税收管理权限为标准,可以将其分为中央税、地方税、中央和地方共享税

中央税是指由中央立法,中央政府组织征收管理,税收收入归中央政府支配和使用的税种。一般是把税收收入数量较多、征收范围较广、需要在全国实行统一政策的税种划为中央税。我国现行的关税、消费税等都属于中央税。

地方税是指由中央或地方立法,地方政府组织征收管理,税收收入归属地方政府支配和使用的税种。这些税种的税源比较分散、收入零星,各地不平衡,适宜由地方征收管理。我国现行房产税、土地使用税、城市维护建设税、印花税、车船税、契税等都属于地方税。

中央和地方共享税是指由中央立法,中央政府组织征收管理,收入由中央政府和地方政府共同分享的税种。一般是把那些收入较大,便于兼顾各方面利益,有利于调动中央和地方建设税源、组织收入积极性的税种划为此类。我国现行的增值税、资源税、企业所得税、个人所得税等都属于中央和地方共享税。

第五节 税制结构

一、税制结构的概念

税制结构是指一国税制中各个税种配置、税系之间相互关系的构成方式及其在社会经济运行中的地位。任何税收制度都客观存在着结构的选择问题,这是由税收制度的内在属性和职能要求决定的。尤其在复合税制模式下,税制结构的选择显得尤为重要。

(一)税制结构的内涵

1. 税制中不同税类或税系之间的地位及相互关系

按课税对象的性质分类可以将税收分为流转税、所得税、财产税、资源税和行为目的税等。各个税系在税收制度和税收分配活动中的地位和作用是不同的,这就决定了它们之间的相互关系也不尽相同。它们有主体和辅助之分,如果其中的某一类税种在履行税收职能中处于主导地位,它便属于税制中的主体税种,其他税种则构成辅助税种。主体税种的选择及其与辅助税种的组合关系称为税制模式,亦是狭义的税制结构。

2. 同一税系内部或不同税系之间各个税种之间的组合关系

税收制度及其构成体系均由税种组成,各个税种之间联结关系的表现方式有两种:一种是同一税系内部各税种之间的关系。在同一税系内部,各税种之间亦有主辅之分,有职责分工。如我国现行税制体系中,流转税系列包括增值税、消费税、关税等。其中,增值税是主导性税种,从收入规模、征税范围、普遍调节等方面均看出其主导性地位,其他税种皆处于辅助地位;同时,它与消费税采用交叉征收制,有分工与衔接问题。另一种是不同税系之间的组合关系。在复合税制中不同税系处于不同的地位并有着不同的作用,一般以主体税种与辅助税种区分。主体税种是普遍征收的税种,其收入在全部税收收入总额中占较大比重,因而在税收体系中占主要地位,决定税收体系的性质和主要功能。辅助税种是作为主体税种某一方面的补充而起特殊调节作用的税种,往往为实现某一特定情况下国家的社会经济政策目标而设置。在不同类别的税种中,有的可充当主体税种,有的只能充当辅助税种,税收体系的财政、公平和效率目标主要通过主体税种来实现。在社会经济发展的不同时期,税制体系是不同的,按照主体税种的不同,税制结构可分成以商品税为主体的税制模式、以所得税为主体的税制模式、以商品税和所得税为(双)主体的税制模式。

3. 税制要素的组合关系

税制要素主要有纳税人、课税对象、税率、税目、纳税环节、纳税期限等。税制要素的不同组合和选择方式,也会形成不同的税制结构。在同一税系内部,课税要素的选择会影响该税系的格局和功能配置。如1994年工商税制改革后,在工业生产环节实行增值税与消费税的交叉征收制,使增值税的普遍征收与消费税的选择性征收相配合,形成新的功能配置。同时,在同一税种内不同税制要素的不同组合决定着各个具体税种的功能;同一税系或同一税种内部,税制要素的不同选择也影响该税系或税种的构成。

(二)主体税种与辅助税种的选择

1. 主体税种的选择

主体税种是指在税收制度中居于主导地位、起主导作用的税种,是表现一定税制结构类型的主要标志。主体税种一般应具备:①在全部税收收入中占较大比重;②在履行经济调节职能等方面发挥主要作用;③征税制度变化会给整个税制带来举足轻重的影响。

一国的税制结构在选择主体税种时一般应考虑:①财政收入功能强。主体税种的税基应宽厚而扎实,能保证稳定、及时、充足地取得财政收入。②经济调控力强。主体税种既要保证市场资源配置的基础地位,又要克服市场的自发性和盲目性对经济发展的危害;要较好地配合国家社会经济发展目标,应有利于国家实施总量调节和结构调整政策的运行,有利于社会公平目标的实现。③社会形象好。主体税种要符合民族优良传统,适应一个国家的纳税习惯;同时与社会分配原则和制度保持高度一致。④税务行政效率高。作为主体税种,税法实施效果应该与立法意图一致;征管程序简单方便,要有利于税收征纳,能防止税收流失,有利于计算机及网络在税收征管中的运用,不断提高税务行政质量与效率。

2. 辅助税种的设置

一个完善的税制结构是以主体税种为主导,以辅助税种为补充所构成的有机体系。所谓辅助税种,是在整个税制结构中处于辅助地位,对主体税种起补充作用的税类。辅助税种的一般特点是:①功能的特殊性。辅助税种并不只是主体税种的消极附属,相反,它能补充或发挥主体税种难以替代的特殊功能。②设置的灵活性。在各国普遍以商品劳务税、所得税为主体税种或以商品劳务税、所得税为双主体模式中,辅助税种大多属于行为目的税、财产税、资源税等税种。税种设置具有较大的灵活性和地方因地制宜性。③职能范围的有限性。辅助税种不像主体税种那样,兼有税收的多重职能。相反,每一种辅助税种都有自身特殊的课征对象和调节层次,体现国家某种特定的征税目的。④负担的直接性。一般来说,辅助税种要有效地体现国家政策,从而要求辅助税种有较高的税负透明度、影响利益直接等特点。

二、税制结构的类型

当今世界各国都实行复合税制,而复合税制又可划分为不同的结构类型,划分的标志就是主体税种的选择。从各国税制的发展历程来看,主体税种的选择主要有三种,即:以流转税为主体的模式,以所得税为主体的模式,以流转税和所得税并重的税制模式。

(一)以流转税为主体的税制模式

流转税是以商品生产、流通和劳务领域的产品销售额和非商品营业额为对象课征的税。在以流转税为主体的税制结构中,增值税或周转税、销售税、货物税、消费税、关税等税种作为国家税收收入的主要筹集方式,其税额占税收收入总额比重最大,并对社会经济生活起主要调节作用。而所得税、财产税、行为税作为辅助税种起弥补商品税功能欠缺的作用。

以流转税为主体的税制结构的优点:首先,体现在筹集财政收入上,流转税征税范围广、税源充裕,且税收不受生产经营成本、费用变化的影响,因而,它能够在较长时期内保证财政收入的普遍、及时、稳定、可靠。其次,流转税一般以销售额为计税依据,间接参与国民收入分配,具有灵活配合价格杠杆,体现政府偏好,促进生产,引导消费和调节产品盈利水平等作用。最后,流转税稽征容易、管理简单,征收费用低。

以流转税为主体的税制结构也存在自身难以克服的问题。例如,不利于贯彻税收的公平原则。由于流转税一般采用比例税率,具有累退性,即随着纳税人收入的增加,纳税人纳税损失的效用是下降的。应该说在流转税各税种中,只有消费税可以在一定程度上贯彻公平原则。即通过对一般消费品和奢侈品设置高低不同的差别税率,达到调节收入差距的作用。但这种作用也有一定的局限性,如比例税率的使用、税负转嫁的不确定性等。因此,必须辅之以个人所得税、社会保障税、财产税、遗产赠与税等税种,来降低这一税制结构类型的不公平性。另外,流转税本身的税收刚性较弱,难以适应经济情况变化也是不容忽视的问题。

(二)以所得税为主体的税制模式

所得税是以法人和自然人的收入所得为对象课征的税,它也是当今一些主要发达国家税制中的主体税种。在以所得税为主体的税制结构中,个人所得税和社会保障税普遍征收并占据主导地位,法人(企业)所得税也是重要税种。通过所得税所筹集的税收收入占全部税收的主要部分,对社会经济的调节主要通过所得税来实现,同时辅之以选择性商品税、关税和财产税等,以起到弥补所得税功能欠缺的作用。

以所得税为主体的税制结构的优点:首先,表现在贯彻税收公平的原则上。所得税属直接税,税负不易转嫁;而且所得税一般采用累进税率,实现对高收入者多课税、对低收入者少课税或不课税的量能课税原则,体现纵向公平和横向公平。尤其是个人所得税在调节社会成员间收入差距,实现税收的社会公平目标上具有突出的作用。社会保障税的征收为社会保障制度提供了物质基础,虽然就社会保障税征收本身而言,对社会成员间收入差距的调节作用不大,但通过社会保障基金的支付,即对低收入者多支付、高收入者少支付,可实现社会成员间收入的再分配,促进社会公平和社会稳定目标的实现。其次,以所得税为主体的税制结构在促进宏观经济稳定方面可以发挥重要的作用。累进制的所得税制度富有弹性,对宏观经济具有自动稳定的功能。最后,所得税为主体的税制结构在组织财政收入方面弹性较大,通过提高或降低税率,可以使收入适应财政支出需要。而且所得税的收入再辅之以其他的选择性商品税,如特种消费税,可进一步增强这一结构的聚财功能。

以所得税为主体的税制结构也有一定的局限性:首先,实行税率高、档次多的所得税制度虽有利于实现公平,但却会对经济效率产生损害。因为高边际税率会挫伤劳动者的劳动积极性和投资者的投资热情。其次,在征收管理上,相对于其他税种来看,所得税要复杂得多。所以,征收管理相对困难,其征税成本居各税之首。最后,所得税虽然公平,但实践中受到征管可行性的制约,所得计算和费用扣除合理程度的制约,也难以彻底实现公平。

(三)流转税和所得税并重的税制模式

在双主体的税制结构中,以流转税、所得税税种作为国家税收收入的主要筹集方式,并共同对社会经济生活起主要调节作用。而财产税、行为税、资源税等作为辅助税种,起到弥补流转税、所得税功能欠缺的作用。

流转税和所得税双主体模式最基本的特点是:在经济运行机制上,计划调节和市场调节可以通过这种模式结合起来;在税收职能方面,它既可保证财政收入,又可充分发挥税收经济调节作用;在税收运行方式上,这种模式将流转税的刚性和所得税的弹性功能有机地联系在一起,有着较强的财政经济适应性;从税制发展趋势看,双主体模式已成为世界各国税制结构的发展方向。

三、税制结构的影响因素

一国采取哪种税制结构,不取决于人们的主观愿望,而是要受到一个国家具体国情的制约。具体来说,制约一国税收法律制度的主要有经济、制度、政策、管理、历史文化等因素。

(一)经济因素

经济因素是影响和制约税制结构的最基本因素。这里的经济因素主要是指社会生产力发展水平,以及由其决定的经济结构。经济发展水平是决定一国税制结构的主要因素。经济发展水平的重要标志是人均国民生产总值,它直接制约着税收收入占国民生产总值的比重高低,即经济发展水平影响了税源的丰富程度,从而制约着税种的选择和配置,税目税率的确定及组合,最终对一个国家选择何种税制起到制约作用。

首先,从税制结构纵向发展分析。税制结构大致经历了从古老的直接税到间接税,再由间接税发展到现代直接税的发展过程,而这种税制结构的发展是同经济结构的发展相联系的。在自给自足、自然经济条件下,如奴隶社会和封建社会,经济发展水平低,以农业经济为主,商品经济不发达,国家只能选择土地、人丁等为征税对象,以古老的直接税为主体税种,如贡助彻、人头税等,形成了以古老的直接税为主体的税制结构。进入资本主义社会,商品经济有了巨大发展,形成了以间接税为主体的税制结构。在现代资本主义社会,又转向以直接税代替间接税,使现代直接税即所得税,逐渐成为主体税种。

其次,从税制结构横向比较分析。从发达国家同发展中国家税制结构的横向比较分析,我们也能够看出世界各国税制结构的大致趋势和总体格局。世界银行把税收分为所得税、社会保障税、国内货物和劳务税、国际贸易和交易税、其他税。从各国税收实践看,所得税(包括社会保障税)占全部税收的比重随人均国民生产总值的提高而增加,商品课税占全部税收的比重随人均国民生产总值的提高而下降。其中,大多数市场经济工业国,即经济发达国家,其现行税制结构明显地表现为所得税为主体的税制结构。发展中国家的现行税制结构明显地表现为以商品税为主体的税制结构。

(二)制度因素

首先,财产制度影响税制结构。财产制度实际上是指生产资料所有制,可分为公有制经济和私有制经济。在以公有制经济为主体的社会,个人只拥有生活资料,不拥有或很少拥有生产资料,生产资料属于劳动者集体所有或由国家代表全体人民共同所有,个人只取得工资收入,没有或很少有资本收入。在这种情况下,政府税收主要来自企业,而很少来自个人,因此,企业成为主要税收来源,并采取商品劳务税形式;在以私有制经济为主体的社会,个人不但拥有生活资料,而且拥有生产资料,生产资料主要属个人所有,而很少属企业或国家所有,在这种情况下,政府税收主要来自个人,并且以对所得课税为主要形式。

其次,经济运行制度影响税制结构。经济运行制度是指经济运行机制或经济运行方式,可分为计划经济和市场经济。在计划经济条件下,商品价格由政府计划制定,工资作为劳动力的价格也由政府计划制定。实行计划价格时,为了缓解因计划价格原因而引起的生产不同产品企业的悬殊利润差异,需要运用商品税来弥补计划价格的缺陷,商品税成为第二价格。而在实行计划工资的前提下,由于已经是低工资、平均工资,不存在收入悬殊过大问题,所以没有必要运用所得税对工资进行再调节。因此,在计划经济条件下,侧重于商品课税。在市场经济条件下,商品价格、工资都由市场供求决定。在实行市场价格前提下,价格由市场供求决定,并能有效地调节供求,因此,一般情况下没有必要以商品税对价格进行再调节。

而在实行市场工资前提下,由于因工资而引起的收入差异极大,有必要通过所得税对工资进行再调节。因此,在市场经济条件下,所得税可能成为主体税。

(三)政策因素

首先,从税收的效率目标考虑,选择商品税还是所得税并没有什么大的差异,主要在于税制的设计方式。如果选择商品税为主体,对全部商品征税,其中大部分商品按统一比例对增值额征税,少数需要调节的商品按差别比例征税,那么税收收入的主要来源为商品课税。如果选择所得税为主体,对大部分商品不征税,仅对少数需要调节的商品按差别比例征税,那么税收收入的主要来源于所得税。所以,选择商品课税还是所得税为主体,对资源配置的效果是相近的,只是税收收入来源的侧重点不同。

其次,从税收的公平目标考虑,虽然差别商品税和累进所得税都能起到公平分配的调节效果,但累进所得税对公平分配的调节功能比差别商品税更大。

最后,从税收的稳定目标考虑,所得税由于累进税率而形成的弹性税制比商品税由于比例税率而形成的刚性税制,对宏观经济稳定具有更大的调节作用。

(四)管理因素

税收管理的能力对税制结构也会产生一定的影响。商品税一般对商品销售或经营取得的收入征税,征收管理比较简单。而所得税一般对企业利润所得或个人收入征税,征收管理较为复杂。因此,征收所得税往往受到征收管理水平、征收管理能力和征收管理成本的制约而难以推行,而商品税的推行相对容易。

(五)国际因素

随着经济全球化进程的加快,国家间税制的相互制约和影响作用日益加深,一个国家的税制变动必然会影响到其他国家尤其是经济交往密切的国家。因此,国际因素也是税制模式选择的前提条件。世界税制模式发展经历了一个由原始直接税到间接税再到现代直接税即所得税的历史过程。不过,现代世界各国因各自的国情不同,其税制模式选择尚处在这个发展过程的不同阶段上。一般来说,经济发展较迟缓的欠发达国家大多实行以间接税为主体的税制模式,一些资本主义发达国家则采用以所得税为主体的税制模式,有些国家正在向双主体税制结构推进,即直接税与间接税并重,相得益彰。

(六)历史文化等因素

一国历史文化和意识形态等因素,作为非正式约束,对税制模式选择的制约作用是无形的,也是不能忽视的。一个民族历史文化沉淀中的法制观念、纳税意识的强弱、人民文化素质的高低、纳税与道德观念联系是否紧密,以及人们对税收的认同感和对税负的心理承受力等,都不同程度地影响和制约着税制模式的选择和确定。

▪ 思考与练习 ▪

一、专业术语

税收　税收制度　税法　税收法律关系　征税对象　计税依据　纳税人　扣缴义务人　税率　比例税率　定额税率　累进税率　全额累进税率　超额累进税率　速算扣除数　超率累进税率　名义税率　实际税率　边际税率　平均税率　纳税环节　纳税期限　纳税地点　从价税　从量税　价内税　价外税　直接税　间接税　税制结构　主体税种　辅助税种

二、思考题

1. 简述税收的概念及特性。
2. 税收有哪些职能?

3. 如何理解税收制度？

4. 简述税法的概念、特点及作用。

5. 税法有哪些类型？

6. 什么是税收法律关系，其构成要素包括哪些？

7. 如何理解税收法律关系的产生、变更和保护？

8. 税制的基本要素指的是什么？

9. 计税依据和税目与课税对象的关系如何？

10. 纳税人、扣缴义务人和负税人有何区别与联系？

11. 税率有哪些形式？各有哪些优缺点？

12. 税收优惠有哪些形式？

13. 税制的基本要素包括哪些？

14. 计税依据和税目与课税对象的关系如何？

15. 纳税人、扣缴义务人和负税人有何区别与联系？

16. 如何理解税制结构？

17. 简述税制结构的类型。

18. 简述税制结构的影响因素。

第二章

增 值 税

学习目标

通过对本章学习,了解增值税的产生、发展过程以及在我国的实施历程,理解增值税的概念和特点、增值税的作用和地位,熟悉增值税的纳税人及其分类;掌握我国现行增值税的征税范围;掌握增值税的税率及征收率;掌握增值税一般纳税人应纳税额的计算、小规模纳税人应纳税额的计算、进口货物增值税的计算;熟悉增值税的出口货物退(免)税和税收优惠;熟悉增值税的征收管理等方面的具体规定。

重点难点

重点掌握增值税销项税额和进项税额的确定以及不同纳税人不同情况下应纳增值税额的计算。难点是出口货物与劳务及跨境应税行为使用的不同政策及出口退税的计算。

第一节 增值税概述

增值税是典型的商品劳务税,目前是我国税收中的第一大税种。2018 年全国一般公共预算收入中的税收收入 156 401 亿元,其中增值税收入 61 529 亿元,占比 39.33%。"营改增"的全面实施,标志着增值税成为我国最普遍征收的税种。

一、增值税的概念

一般来说,增值税是以企业生产经营中实现的法定增值额为课税对象而征收的一种税。我国增值税是对在我国境内销售货物或者加工、修理修配劳务(以下简称劳务),销售服务、无形资产、不动产以及进口货物的单位和个人就其商品或劳务(包括服务)的增值额征收的一种税。

(一)对增值额的理解

作为增值税计税依据的增值额在理论和实践上有不同的含义,即有理论增值额与法定增值额的区分。

就理论增值额来看,可以从如下三个角度加以理解:

(1) 从宏观经济理论上讲,增值额是指一个国家(或地区)的企业与个人在一定时期内新创造的价值额,即全部商品价值额(C+V+M)扣除由于生产耗费所转移进来的价值额(C)之后的余额,也就是说增值额相当于纳税人所销售商品价值中的 V+M 部分。

(2) 就一个生产经营单位而言,增值额是指该单位一定时期内商品销售额(经营收入额)扣除规定的非增值项目金额后的余额,主要是新创造的价值,包括该经营单位的工资、利润、利息、租金、股息等项目。

(3) 就某单个商品而言,增值额是指该商品经过的各个生产、流通环节所创造的增值额之和,也就是该商品的最终销售价格。

举例来说,某商品的最终销售价格 1 000 元,假设这 1 000 元经过了五个生产经营环节,那么该商品在五个环节中创造的增值额之和就是该货物的全部销售额。具体如表 2-1 所示。

从表 2-1 中可以看出,该商品的最终销售价格是 1 000 元,该商品的最终销售价格与上述五个环节的增值额之和(150+150+200+300+200)相等。这种情况说明,在增值税实施单一比例税率时(如 10%),对该商品每一生产经营环节征收的增值税之和,实际上就是按商品最终销售额征收的增值税。

表 2-1 　　　　　　　　　商品在生产环节中增值额与销售价格的关系表 　　　　　　单位:元

生产经营环节	购进价格	销售价格	本环节增值额	累计增值额
原材料生产	0	150	150	150
零部件生产	150	300	150	300
产成品生产	300	500	200	500
商品批发	500	800	300	800
商品零售	800	1 000	200	1 000

从世界范围内的增值税实践来看,开征增值税的国家据以征税的增值额都是通过法律形式确定的增值额即法定增值额,而非理论上的增值额。法定增值额指的就是各国政府根据本国的国情和政策目标,在增值税制度中通过法律形式规定的增值额,即增值税纳税人的商品销售收入额或劳务服务收入额减去税法规定的非增值项目金额之后的余额。这个法定增值额可以等于理论上的增值额,也可以大于或小于理论上的增值额。法定增值额与理论增值额之所以出现不一致,主要是因为各国税法在规定非增值项目范围时,对外购固定资产项目的处理不同。一般来说,各国在确定据以征税的增值额时,对外购原材料、辅助材料、燃料、动力等流动资产项目金额都允许从应税商品总价值中扣除;但是,对于外购机器、机械、设备、厂房等固定资产项目金额,有的国家允许从应税商品总价值中一次性全部扣除,也有的国家只允许扣除固定资产的折旧部分,还有的国家则不允许进行任何扣除。正是由于各国对外购固定资产项目的处理办法不尽相同,所以法定增值额与理论增值额往往会出现金额上的差异。

例如,某纳税人某纳税期商品销售额为 78 万元,外购原材料等流动资产项目金额为 24 万元;外购设备等固定资产项目金额为 40 万元;当期计入成本费用的折旧额为 5 万元,则该纳税人在不同国家增值税制度下确定增值税时的法定增值额与理论增值额的关系如表 2-2 所示。

表 2-2 　　　　　　　　　　　法定增值额与理论增值额的关系 　　　　　　　　单位:万元

允许扣除项目国别	外购流动资产的金额	外购固定资产的金额	法定增值额	法定增值额与理论增值额的差额
甲国	24	0	54	5
乙国	24	5	49	0
丙国	24	40	14	−35

注:该纳税人该纳税期的理论增值额为:78−24−5=49(万元)。

从上表中可以看出,不同国家在征收增值税时,由于对外购固定资产项目的扣除金额不同,计算出的法定增值额也不尽相同。在同一纳税期内,纳税人允许扣除的非增值项目越多,其金额越大,法定增值额则越少。

(二)增值税的计税方法

从上述分析来看,理论增值额仅仅是对增值税本质的理论抽象,对计算增值税并没有实际意义,因为各国都是用法定增值额计算增值税的。具体来看,增值税的计算方法又分为直接计算法和间接计算法两种。

所谓直接计算法就是直接以增值额作为计税依据,首先确定纳税人的增值额,然后按适用税率计算增值税应纳税额。按直接计算法确定增值税应纳税额的基本方法又有"加法"和"减法"两种。所谓"加法",就是将纳税人在纳税期内新创造的价值(如工资、利润、利息、股息和其他增值项目)逐项相加,得出增值额后再乘以适用税率,从而算出应纳税额。这种"加法"只是一种理论意义上的方法,实际应用的可能性很小,甚至不可能。这是因为:①如果按照"加法"来计算确定增值额,在立法中很难完全列举增值项目;②增值额本身就是一个比较模糊的概念,很难准确计算;③由于纳税人财务会计制度不完全相同,致使确定增值项目与非增值项目的标准也不尽相同,在实际工作中容易造成争执,难以执行。所谓"减法"(也称扣额法),就是从纳税人在纳税期内的销售(营业)收入中减去法定扣除项目(如固定资产、原材料、辅助材料、燃料、动力、包装物等)金额,其余额就是增值额,再乘以适用税率,计算出应纳税额。"减法"虽然在实践上具有一定可操作性,但必须有一个前提条件,即只有在采用单一税率的情况下,这种计算方法才具有实际意义,如要实行多档税率的增值税制度,则不能采用这种方法计税。综上所述,由于确定增值额在实际工作中往往是一件很困难的事,实行增值税的各个国家大多并不直接以增值额作为计税依据,不采用直接计算法。

间接计算法又称扣税法,就是不直接计算并以增值额作为计税依据,而以每一生产经营环节的商品或劳务的销售额为计税依据,按规定税率计算出商品或劳务的整体税负,然后通过税款抵扣方式将外购项目在以前环节已纳的税款予以扣除,其差额为增值税应纳税额。由于税款抵扣可以通过取得的发票上列示的税款直接加以扣除,使得计算相对比较便利,所以这种方法被普遍接受。我国现行增值税就是采用这种方法来计算的。

增值税扣税法的计税原理具体包括:

(1)以增值额为课税对象,只对商品或劳务销售价格中的新增部分征税。

(2)按全部销售额计算税款,并实行税款抵扣制度,对以前环节已纳税款予以扣除。

(3)税款随着商品或劳务的销售逐个环节转移,最终消费者成为税款承担者。

(4)政府并不直接向消费者征税,而是以各生产经营环节的经营者为纳税人。

二、增值税的历史沿革

(一)增值税的产生与发展

现行增值税是被众多国家广泛采用的一个税种,它是社会化大生产发展到一定阶段的产物,是对传统流转税课征制度进行改革的结果。可以说增值税的经济学理论基础来源于美国经济学家,但现行增值税制度并不是产生于美国,而是起源于法国。1917年,美国耶鲁大学经济学教授亚当斯在国家税务学会的《营业税》(The Taxation of Business)报告中最先提出了对增值额征税的概念,指出对营业毛利(销售额一进货额)课税比对利润课税的公司所得额好得多。这虽与现行增值税有一定的差异,却是现行增值税的雏形。1921年,德国学者西蒙士正式提出"增值税"的名称。1948年,法国对生产税进行改造,将一次课征改为分段征收、道道扣税,并允许从应纳税额中扣除购进原材料、零部件或半成品价款中的已缴税款,从而实质性地改进了传统流转税,使之初具增值税的特征。1954年,在时任法国税务总局局长助理的莫里斯·劳莱的倡导下,法国将生产税的扣除范围扩大到生产经营的一切收入,并将征收范围扩大到商业批发环节,并更名为增值税。从此,增值税制度在实践中得以确立。

法国增值税的前身为营业税(生产税)。营业税是对商品流转额征收的税种,这种流转税在课征上具有"道道按全值征税"的特点,因此被称为"多阶梯台阶式营业税"。所谓"道道征税",是指对某一商品从生产到消费的每一个环节都征税,即有多少道生产、流通环节,就征多少道营业税。所谓"按全值征税",是指在商品流转的每一个阶段或环节,都按商品销售额的全额征收。营业税的这一特点,意味着已经负担了税款的外购商品与劳务的价值在转移到新产品价值中后,还要负担税款,存在重复征税。而且某一种产品的生产、流通环节越多,重复征税就越严重。从而出现了商品的整体税收负担率随商品流转环节的增加呈阶梯式递增的现象(见表2-3)。这就导致采取专业化协作经营方式的纳税人税收负担重,而实行"全能化"经营方式的纳税人税收负担相对较轻。因此,当时的这种"多阶梯台阶式营业税"严重阻碍了生产方式的转变和经济的进一步发展。

表2-3　　　　　　　　　增值税与"多阶梯台阶式营业税"税收负担率表　　　　　　金额单位:元

生产经营环节	多阶梯台阶式营业税				增值税			
	销售额(营业额)	本环节税额	累计税额	税负率	增值额	本环节税额	累计税额	税负率
原材料生产	100	10	10	10%	100	10	10	10%
半成品生产	200	20	30	15%	100	10	20	10%
产成品生产	300	30	60	20%	100	10	30	10%
批发	400	40	100	25%	100	10	40	10%
零售	500	50	150	30%	100	10	50	10%
合计					500	50		

注:假设该商品增值税与营业税税率均为10%;税收负担率为本环节负担的税款与销售额之间的比例。

为了从根本上克服营业税的重复征税问题,促进现代工业生产社会化、专业化和商品经济的发展,法国于1954年正式实施增值税(VAT)制度。当年,法国对制造商和批发商在生产经营过程中所耗用的一切外购投入品价值,在计征税额时全部予以扣除,即采用进项税款抵扣制度,按"扣税法"课征增值税。自1963年起,法国将增值税的征收范围扩大到商品零售环节;到了1968年,法国将所有货物与劳务的销售都纳入增值税的课税范围之内。

法国实行增值税的成功经验带动了增值税的推广应用。从20世纪60年代到70年代,原欧洲经济共同体成员国普遍采用了增值税;进入20世纪80年代以后,许多国家相继实行增值税。据统计,目前增值税已经成为一个世界性的间接税种,已被140多个国家或地区采用,并在一些国家取得了主体税种的地位。

由于增值税的存在可以避免重复征税的优越性,逐步被许多国家所认可并采用,但也被许多学者质疑其带有欺骗性。由于增值税的具体实施方法中存在税率设置差异和征管能力的差异,所以实务与理论的差异比较明显。奇怪的是,虽然美国学者最早提出了增值额征税的概念,但美国政府却没有推行增值税制度,而是不断地完善以"所得"为主要征税对象的所得税制。究其原因,很可能是由于其金融结算体系完善,所得税管理更有优越性,或者说是更具有彻底的增值理念,因而美国成为当前世界上少数没有实行增值税的国家。

(二)我国增值税制度的建立和发展

我国是实行改革开放后引进和逐步推广增值税的。我国增值税发展大致分为如下几个阶段。

1. 增值税试点与试行阶段(1979—1983年)

1979年,我国开始在重复征税矛盾比较突出的机器机械和农业机具两个行业进行增值税的试点工作。从1983年开始,则在全国范围内对机器机械、农业机具及其零配件、缝纫机、电风扇和自行车等五个行业统一试行增值税,可以说,我国增值税是在1979年恢复基本税收制度背景下引进的。但是,由于增值税核算的相对复杂与当时我国税收管理的相对落后,只是在产品税的基础上进行试点。因此,虽然被称为增值税,但实际上是对产品税的一种改良,试点范围也有限。

2. 增值税正式实施阶段(1984—1993年)

1984年,第二步"利改税",在增值税试点与试行的基础上,国务院正式颁布《中华人民共和国增值税条例(草案)》,自1984年10月1日起试行,标志着我国正式确定并实行增值税制度,增值税由此成为我国的一个独立税种。增值税征收范围进一步扩大,并形成了产品税、营业税、增值税共存格局。《中华人民共和国增值税条例(草案)》规定:"在中华人民共和国境内从事生产和进口本条例规定应税产品的单位和个人,为增值税的纳税义务人。"实际上,增值税应税产品范围有限,涉及面不广,主要分为甲、乙两大类产品,其中甲类产品按照"扣额法"计算应纳税额;乙类产品按照"扣税法"计算应纳税额。进口的应税产品,不论是甲类或乙类产品,均按组成计税价格,依率直接计算应纳税额,不扣除任何项目的金额或已纳税额。由于实行增值税结算的企业不多,所以能够懂得并熟悉这一业务的人也不是很多。

3. 规范化增值税初步确立并推行阶段(1994—2008年)

1994年,以"统一税法,公平税负,简化税制,合理分权,理顺分配关系,保障财政收入,建立符合社会主义市场经济要求的税制体系"为指导思想的税制改革方案正式实施。这次税制改革初步建立了适应社会主义市场经济体制需要的新税制,有力地促进了改革开放和经济社会的发展,在中国税制改革历史上具有里程碑意义。其中,最重要的一项内容就是实施规范化增值税。1993年年底,正式出台《中华人民共和国增值税暂行条例》(国务院令第134号),该条例规定:在中华人民共和国境内销售货物或者提供加工、修理修配劳务以及进口货物的单位和个人,为增值税的纳税义务人,自1994年1月1日起施行。同时废止《中华人民共和国增值税条例(草案)》《中华人民共和国产品税条例(草案)》,形成了规范化增值税为核心,增值税与消费税交叉征税与营业税并行征税的流转税格局。规范化的增值税以不含税销售额为计税依据,实行价外税;将纳税人分为一般纳税人和小规模纳税人,并对一般纳税人实施规范化的统一的购进扣税法,对于进项税额统一按增值税专用发票等扣税凭证上注明的税款进行抵扣。1994年3月底,"金税"工程试点工作正式启动。随着"金税"工程不断建设与完善,增值税专用发票的税款抵扣功能不断得以规范,增值税凭扣税凭证抵扣税款的制度也不断日臻规范与完善。但由于固定资产的进项税额不得抵扣,生产型增值税的缺陷也不断暴露出来。

4. 增值税转型阶段(2009—2016 年)

2004 年 7 月 1 日起,为了支持东北地区老工业基地的发展、试点增值税由生产型向消费型的转型,出台了《财政部　国家税务总局关于印发〈东北地区扩大增值税抵扣范围若干问题的规定〉的通知》(财税〔2004〕156 号),对东北地区实行固定资产进项税额一次性全部予以扣除。但该政策的实施并不是真正意义上的转型,能否抵扣固定资产的进项税额取决于纳税人当年度有没有新增的增值税,而能够抵扣的固定资产进项税额采取退税方式进行。之后试点范围不断扩大。2007 年 7 月 1 日起,对中部地区实行固定资产进项税额一次性全部予以扣除(财税〔2007〕75 号)。2008 年 7 月 1 日起,对汶川地震受灾严重地区实行固定资产进项税额一次性全部予以扣除(财税〔2008〕108 号)。2009 年 1 月 1 日起,在全国范围内实施增值税由生产型向消费型的转型(财税〔2008〕170 号),从政府层面确立了消费型增值税。2008 年 11 月 5 日,国务院第 34 次常务会议修订通过了《中华人民共和国增值税暂行条例》(国务院令第 538 号),自 2009 年 1 月 1 日起施行。新条例的颁布实施标志着我国增值税完成了由生产型向消费型的转型。同时,继续保持了增值税与营业税并存的格局。需要指出的是,新《中华人民共和国增值税暂行条例实施细则》(财政部　国家税务总局令第 50 号,2008 年 12 月 18 日)第二十五条明确规定,"纳税人自用的应征消费税的摩托车、汽车、游艇,其进项税额不得从销项税额中抵扣",意味着增值税的转型仍不彻底。而增值税与营业税并存不但意味着相应应税项目的增值税与营业税的重复征税,而且应征营业税的不动产与无形资产作为增值税购进项目其进项税额也无法抵扣。直到 2016 年 5 月,"营改增"在全国范围内全面实施(财税〔2016〕36 号),伴随着不动产、无形资产进项税额的抵扣,我国增值税才真正成为彻底的消费型增值税。

5. 增值税全面实施与不断完善阶段(2016 年至今)

增值税全面实施的实质是逐步扩大增值税征收范围,将营业税的征税项目改征增值税,因此增值税全面实施就是"营改增",最终将商品及服务统一征收增值税,废除营业税。"营改增"是党中央、国务院,根据经济社会发展新形势,从深化改革的总体部署出发作出的重要决策,目的是加快财税体制改革、进一步减轻企业赋税,调动各方积极性,促进服务业尤其是科技等高端服务业的发展,促进产业和消费升级、培育新动能、深化供给侧结构性改革。"营改增"在全国的推开,大致经历了以下三个阶段。第一阶段:部分行业,部分地区。2011 年,经国务院批准,财政部、国家税务总局联合下发营业税改征增值税试点方案。从 2012 年 1 月 1 日起,在上海交通运输业和部分现代服务业开展营业税改增值税试点。自 2012 年 8 月 1 日起至年底,国务院将扩大"营改增"试点至 8 省市。第二阶段:部分行业,全国范围。2013 年 8 月 1 日,"营改增"范围已推广到全国试行,将广播影视服务业纳入试点范围。2014 年 1 月 1 日起,将铁路运输和邮政服务业纳入营业税改征增值税试点,至此交通运输业已全部纳入"营改增"范围;2014 年 6 月 1 日,电信业在全国范围实施"营改增"试点。第三阶段:所有行业,全国范围。2016 年 3 月 18 日召开的国务院常务会议决定,自 2016 年 5 月 1 日起,中国将全面推开"营改增"试点,将建筑业、房地产业、金融业、生活服务业全部纳入"营改增"。全面推开"营改增"试点后,原来实行营业税的服务业领域已统一征收增值税,实质上全面取消了实施 60 多年的营业税,《中华人民共和国营业税暂行条例》实际已停止执行。2017 年 11 月 19 日,国务院总理李克强签署国务院令,公布《国务院关于废止〈中华人民共和国营业税暂行条例〉和修改〈中华人民共和国增值税暂行条例〉的决定》(简称《决定》),自公布之日起施行。《决定》的颁布标志着营业税被正式废止,"营改增"也以行政法规形式被加以规范,我国正式跃进规范化增值税制度全面实施的新时代。我国流转税制经历了产品税、营业税、增值税三税并存到增值税与营业税并存再到增值税实现大一统的过程,即"三税归增"。这是自 1994 年分税制改革以来,财税体制的又一次深刻变革。

增值税的不断调整与完善是和党中央、国务院减税降费的财税政策联系在一起的。增值税制度的调整与完善主要体现在以下几个方面:

(1)增值税税率政策调整。增值税税率政策的调整始于 2017 年,之后几乎每年都发文调整税率。2017 年 4 月 28 日《财政部　税务总局关于简并增值税税率有关政策的通知》(财税〔2017〕37 号)发布,自 2017 年 7 月 1 日起将 13% 的税率简并为 11%,并进一步规范统一农产品扣除率和抵扣政策。2018 年 4 月 4 日《财政部　税务总局关于调整增值税税率的通知》(财税〔2018〕32 号)发布,自 2018 年 5 月 1 日起纳税人发生增值税应税销售行为或者进口货物,原适用 17% 和 11% 税率的,税率分别调整为 16%、10%,同时调整了扣除率和退税率。2019 年 3 月 20 日《财政部　税务总局　海关总署关于深化增值税改革有关政策的公告》(财政部　税务总局　海关总署公告 2019 年第 39 号)发布,自 2019 年 4 月 1 日起,增值税一般纳税人(以下称纳税人)发生增值税应税销售行为或者进口货物,原适用 16% 税率的,税率调整为 13%;原适用 10% 税率的,税率调整为 9%,同时调整了农产品扣除率和出口货物及离境退税物品退税率。

(2)增值税征收率政策调整。增值税征收率的规范简并始于 2014 年下半年。我国现行增值税制度规定,增值税小规模纳税人采用简易办法计税;增值税一般纳税人发生特定应税行为时也可以选择简易办法计税,即按照销售额和征收率计算缴纳增值税,不得抵扣进项税额。2014 年以前,小规模纳税人的征收率经过几次调整后统一为 3%,而特定一般纳税人适用的征收率未与小规模纳税人征收率的调整保持同步,形成了 6%、5%、4%、3% 等多档征收率并存的现象。2014 年 6 月 27 日,《国家税务总局关于简并增值税征收率有关问题的公告》(国家税务总局公告 2014 年第 36 号)发布,自 2014 年 7 月 1 日起,将 6% 和 4% 的增值税征收率统一调整为 3%。修改后的《中华人民共和国增值税暂行条例》第十二条规定,小规模纳税人增值税征收率为 3%,国务院另有规定的除外。至此,增值税征收率简并成了两档:3% 与 5%,即简易计税时除适用 5% 的征收率以外,均适用征收率 3%。

(3)增值税进项税额抵扣政策调整。增值税进项税额抵扣政策调整主要包括以下几方面:第一,进项税额的统一与规范。伴随着"营改增"的全面推进,进项税额的范围和项目规范并统一起来,不管是原增值税纳税人还是"营改增"过来的纳税人进项税额的项目完全一致。第二,不得抵扣项目的统一与规范。在 2017 年 11 月 19 日修改的《中华人民共和国增值税暂行条例》中,统一了不得抵扣的项目。第三,农产品进项税额的抵扣政策调整。2017 年 4 月 28 日,《财政部　税务总局关于简并增值税税率有关政策的通知》(财税〔2017〕37 号)发布,将计算农产品进项税额的扣除率统一为两档,并随税率的调整而调整,在 2018 年税率调整和 2019 年的深化增值税改革的规定中概莫能外。第四,通行费进项税额抵扣政策调整。通行费进项税额由 2016 年 5 月"营改增"在全国范围内全面实施(财税〔2016〕36 号)时,凭普通发票和扣除率计算逐步统一。在《财政部　税务总局关于租入固定资产进项税额抵扣等增值税政策的通知》(财税〔2017〕90 号)中明确,纳税人支付的道路通行费按照收费公路通行费增值税电子普通发票上注明的增值税额抵扣进项税额,桥、闸通行费暂凭取得的通行费发票上注明的收费金额按扣除率计算可抵扣的进项税额。第五,不动产进项税额的抵扣政策调整。自 2019 年 4 月 1 日起,纳税人取得不动产或者不动产在建工程的进项税额不再分2年抵扣。此前按照上述规定尚未抵扣完毕的待抵扣进项税额,可自2019年4月税款所属期起从销项税额中抵扣(财政部　税务总局　海关总署公告2019年第39号)。第六,纳税人购进国内旅客运输服务,其进项税额允许从销项税额中抵扣(财政部　税务总局　海关总署公告2019年第39号)。

(4)小微企业普惠性税收减免政策。小微企业普惠性税收减免政策中增值税政策仅限于增值税起征点的规定,而增值税的起征点历经调整。为了促进小微企业发展,将增值税起征点提高至月销售额3万元,并不断延续该项政策至2020年12月31日(财税〔2014〕71号、财税〔2015〕96号、财税〔2017〕76号)。2019年1月17日,《财政部　税务总局关于实施小微企业普惠性税收减免政策的通知》(财税〔2019〕13号)发布,自2019年1月1日至2021年12月31日期间,对月销售额10万元以下(含本数)的增值税小规模纳税人,免征增值税。

(5)试行增值税期末留抵税额退税制度。2019年3月20日,《财政部　税务总局　海关总署关于深化增值税改革有关政策的公告》(财政部　税务总局　海关总署公告2019年第39号)发布,在该公告中明确,自2019年4月1日起试行增值税期末留抵税额退税制度,即纳税信用等级为A级或者B级的纳税人符合条件,可以向主管税务机关申请退还增量留抵税额。

(6)试行进项税额加计抵减政策。2019年3月20日,《财政部　税务总局　海关总署关于深化增值税改革有关政策的公告》(财政部　税务总局　海关总署公告2019年第39号)发布,在该公告中明确,自2019年4月1日至2021年12月31日,允许生产、生活性服务业纳税人〔指提供邮政服务、电信服务、现代服务、生活服务(以下称四项服务)取得的销售额占全部销售额的比重超过50%的纳税人〕,按照当期可抵扣进项税额加计10%,抵减应纳税额(被称为加计抵减政策)。

三、增值税的类型

(一)增值税的基本类型

从增值税的发展来看,按照各国增值税对外购固定资产的处理方式不同(参照表2-2),增值税可以分为生产型增值税、收入型增值税和消费型增值税。

(1)消费型增值税是指在计算纳税人的应纳税额时,允许将当期购入固定资产的已纳税金一次性全部扣除。也就是说,这种类型增值税的法定增值额为纳税人当期的销售收入总额扣除外购的全部生产资料(流动资产与固定资产)价款后的余额。从整个国民经济来看,该种类型增值税的课税基数仅相当于消费资料价值部分,因此,称为消费型增值税。

消费型增值税可以彻底解决重复征税问题,有利于技术进步,因此,消费型增值税对于扩大固定资产投资具有较强的激励效应。从计算方法上来看,消费型增值税允许凭固定资产的外购发票一次扣除已纳税款,既便于操作,又便于管理,最适宜规范凭发票扣税的制度,也最能体现增值税的优越性,所以,大部分开征增值税的国家都采用消费型增值税。但是,由于这种类型增值税的法定增值额小于理论增值额,因而,对组织财政收入有不利影响。

(2)生产型增值税是指在计算纳税人的应纳税额时,不允许扣除任何外购固定资产的已纳税金。在这种情况下,法定增值额作为增值税的课税基础,除包括纳税人新创造的价值外,还包括当期计入成本的外购固定资产价款部分,即纳税期的法定增值额相当于当期工资、奖金、利润、利息、租金、股息等理论增值额与折旧额之和。从整个国民经济角度来看,这一课税基础在统计口径上大致相当于国民生产总值。所以,将这种类型的增值税称为生产型增值税。

实行生产型增值税时,不允许扣除外购固定资产的已纳税金,因而,存在对固定资产价值重复征税问题。这就是说,生产型增值税是不能彻底避免重复征税问题,对于资本有机构成高的行业的发展、对于加快技术进步等还存在不利影响。但由于生产型增值税的法定增值额大于理论上的增值额,因此有利于扩大财政收入。

(3)收入型增值税是指在计算纳税人的应纳税额时,对外购固定资产的已纳税金只允许将当期计入产品价值的折旧费所应分摊的那部分税金扣除。可见作为这种类型增值税课税基础的法定增值额,大体相当于纳税人当期工资、奖金、利润、利息、租金、股息等各个增值项目之和。从整个国民经济来看,这一课税基础相当于一个国家的国民收入,所以,将这种类型的增值税称为收入型增值税。

收入型增值税依据的法定增值额与理论增值额一致,因此,从理论上讲它是一种标准的增值税,可以在固定资产的折旧期内逐步解决重复征税问题。然而,实行这种类型的增值税计算较繁琐,它需要划分外购和自制固定资产的折旧金额;而且,外购固定资产价款是以计提折旧的方式分期转入产品价值的,使得凭发票扣税的计税方法在操作上有一定困难。因而,收入型增值税的应用受到局限。

(二)我国增值税的类型

1994年我国税制改革中实施的增值税是生产型增值税,即不允许企业(纳税人)将外购固定资产所含税金从销项税额中予以抵扣。这一规定虽然对保证财政收入较为有利,但在客观上也会产生抑制企业固定资产投资的作用,不利于技术设备的更新改造和资本密集型行业的发展。因此,如何实现我国增值税由生产型向消费型的转型,已成为近些年来备受人们关注的问题。

根据我国的国情,国务院决定,从2004年7月1日起,在东北地区进行增值税转型试点。2009年1月1日起,在全国范围内实施增值税由生产型向消费型的转型(财税〔2008〕170号),从政府层面确立了消费型增值税。2008年11月5日修订通过的《中华人民共和国增值税暂行条例》(国务院令第538号),标志着我国增值税完成了由生产型向消费型的转型。同时,继续保持了增值税与营业税并存的格局。2016年5月"营改增"在全国范围内全面实施(财税〔2016〕36号),伴随着不动产、无形资产进项税额的抵扣,我国增值税才真正成为彻底的消费型增值税〔见前述"增值税转型阶段(2009—2016年)"〕。

四、增值税的特点和优点

从增值税产生以来,之所以在世界许多国家得到推广应用,主要是因为增值税继承了传统间接税优点的同时,克服了传统间接税重复征税的主要弊端。

(一)增值税的特点

1. 实行逐环节征税,逐环节扣税,最终消费者成为全部税款的承担者

传统的流转税对征税环节的选择一般有两种:一是在商品流转的各个环节课征,即道道征税;二是只在商品流转的特定环节征税。相对于只在商品流转的特定环节征税,选择道道课征有利于广泛筹集财政收入。但是传统的流转税在道道课征时以商品流转额全额为课税对象,存在重复征税的弊端。作为一种新型的流转税,增值税实行逐环节征税,逐环节扣税制度,各环节的经营者只是把从买方收取的税款转缴给政府,经营者实际上并没有真正承担税款,直到货物卖给最终消费者。因此,增值税税负具有逐环节向前转嫁的特征,这也符合作为间接税税种的税负转嫁特点。

2. 税基广,具有征收的普遍性和连续性

增值税的课税对象是商品生产、流通过程中或提供劳务时实现的增值额,即人们在生产劳动中新创造的价值额。从生产经营的范围上来看,纳税人不论是从事工业品生产,还是经营商品批发、零售或提供劳务,都会在劳动过程中创造商品和劳务的附加值。因此,增值税可以课征于社会经济活动的各个部门、领域和环节,具有广阔、普遍和稳定的税源。从生产经营的过程来看,作为课税对象的商品或劳务不论经过多少经营环节,都要按各环节上发生的增值额逐次纳税,从而使增值税的征收具有连续性。

3. 在资源配置方面,具有税收中性效应

所谓税收中性就是说政府课税并不对纳税人有效率的经济决策产生干扰,从而不至于使纳税人在支付税款之外,还要因纳税而不得不改变自己有效率的生产、投资或消费等经济行为而蒙受损失。增值税之所以对经济活动具有中性效应,其根本原因在于增值税只对货物或劳务销售额中没有征过税的增值额征税,对以前环节转移过来的已经征过税的那部分销售额不再征税,从而有效地避免了重复征税。此外,与传统间接税相比,增值税税率档次少,一些国家增值税只采取一档税率,即使采取二档或三档税率的国家,对绝大多数商品与劳务也都是按一个统一的基本税率征税,这就使增值税对经济活动的干扰大为减弱,不至于扭曲市场机制对资源配置的基础性调节作用。

(二)增值税的优点

1. 在组织财政收入方面,具有稳定性和及时性

无论是从生产经营的范围还是从生产经营的过程来看,增值税的征税范围都具有广阔性,税源具有稳定性。也就是说,增值税有着充足的税源和为数众多的纳税人,使增值税的征收具有普遍性和连续性,从而使通过增值税组织财政收入具有稳定性和可靠性。

2. 在经济调节方面,能够公平税负,促进公平竞争

增值税的税收中性特点使其能够较好地解决不同纳税人之间的税负不平衡问题。从一个企业来看,增值税税负的高低不受外购货物多少的影响;从一项货物来看,增值税税负不受该货物所经历的生产经营环节多少的影响。也就是说,一项货物无论由几个企业共同完成,还是自始至终由一个企业完成,只要最终的销售价格相同,则该货物所负担的增值税税负也相同,这就彻底解决了同一货物由全能厂生产和非全能厂生产所造成的税负不平衡问题,从而使纳税人的组织形式比较灵活。因此,增值税能够适应商品经济的充分发展,为市场经济体制下的公平竞争创造良好的外部条件。

3. 从计税原理上看,增值税有利于发展国际贸易

世界各国为保护和促进本国经济的发展,在对外贸易政策上都对出口货物实行退税,使出口货物以不含税价进入国际市场;同时对进口货物实行征税,使进口货物在本国市场的销售与国产货物负担同样的税。然而,在采用传统的间接税制度下,某种出口商品价格中所含的国内流转税税金的多少,会因国内生产经营该商品的方式、环节的不同而存在较大差异,不易进行准确计算,从而使出口退税政策的实施面临困难;退税过少,发挥不了提高商品出口竞争力的作用;退税过多,不仅会减少财政收入,而且可能因为对出口商品形成财政补贴而引起其他国家的贸易报复。同时,在传统的间接税制度下,对进口货物只在进口环节征一次税;而国内货物因经历流转环节多而存在重复征税,税负比进口的同类货物重。实行增值税之后,增值税的逐环节征税、逐环节扣税的特点,使其能够准确对出口商品退税,同时又可避免对进口商品征税不足。这有利于贯彻国际同等纳税的原则,促进国际贸易的规范化。

4. 从税收征管上看,增值税有利于建立一种内在的监督制约机制,避免偷逃税行为的发生

与增值税实行税款抵扣的计征方法相适应,各国普遍实行凭专用发票扣税的征管制度。这样,应税货物或劳务的买卖双方便通过专用发票形成一种有机的税款抵扣链条,结成了一种相互制约的关系:销售方销售货物时开具的增值税专用发票,既是销货方自己计算销项税额的凭证,也是购货方据以扣税的凭证,只有通过专用发票才能把货物承担的税款从上一个经营环节传递到下一个经营环节,最后传递到最终消费者身上。在这个税款抵扣链条中,如果哪个环节少缴了税款,必然导致下一个环节扣税减少而多缴税款。买卖双方的这种利害关系,显然有助于制约纳税人的偷税、逃税行为,并防止或避免错计税款,也有利于税务机关对纳税人进行检查和监督。

第二节 增值税的征收范围

《增值税暂行条例》第一条规定:"在中华人民共和国境内销售货物或者加工、修理修配劳务(以下简称劳务),销售服务、无形资产、不动产以及进口货物的单位和个人,为增值税的纳税人,应当依照本条例缴纳增值税。"该条款明确了增值税的最基本的征税范围。

一、增值税征税范围的基本规定

增值税的基本征税范围包括销售商品、应税劳务或服务以及进口货物三项。

(一)销售商品

1. 销售货物

依《增值税暂行条例实施细则》规定,货物,是指有形动产,包括电力、热力、气体在内。销售货物是指有偿转让货物的所有权。有偿,是指从购买方取得货币、货物或者其他经济利益。

2. 销售不动产

依《财政部 国家税务总局关于全面推开营业税改征增值税试点的通知》(财税〔2016〕36 号,以下简称《关于全面推开营业税改征增值税试点的通知》)规定,销售不动产,是指有偿转让不动产所有权的业务活动。不动产,是指不能移动或者移动后会引起性质、形状改变的财产,包括建筑物、构筑物等。建筑物,包括住宅、商业营业用房、办公楼等可供居住、工作或者进行其他活动的建造物。构筑物,包括道路、桥梁、隧道、水坝等建造物。

转让建筑物有限产权或者永久使用权的,转让在建的建筑物或者构筑物所有权的,以及在转让建筑物或者构筑物时一并转让其所占土地的使用权的,按照销售不动产缴纳增值税。

此处有偿,也是指从购买方取得货币、货物或者其他经济利益。

3. 销售无形资产

依《关于全面推开营业税改征增值税试点的通知》(财税〔2016〕36 号)规定,销售无形资产,是指转让无形资产所有权或者使用权的业务活动。无形资产,是指不具实物形态,但能带来经济利益的资产,包括技术、商标、著作权、商誉、自然资源使用权和其他权益性无形资产。

技术,包括专利技术和非专利技术。

自然资源使用权,包括土地使用权、海域使用权、探矿权、采矿权、取水权和其他自然资源使用权。

其他权益性无形资产,包括基础设施资产经营权、公共事业特许权、配额、经营权(包括特许经营权、连锁经营权、其他经营权)、经销权、分销权、代理权、会员权、席位权、网络游戏虚拟道具、域名、名称权、肖像权、冠名权、转会费等。

(二)销售应税劳务或服务

1. 销售应税劳务

依《增值税暂行条例实施细则》(2009)规定,应税劳务是指加工和修理修配劳务。加工,是指受托加工货物,即委托方提供原料及主要材料,受托方按照委托方的要求,制造货物并收取加工费的业务。修理修配是指受托对损伤和丧失功能的货物进行修复,使其恢复原状和功能的业务。提供加工、修理修配劳务(以下称应税劳务)是指有偿提供加工、修理修配劳务。单位或者个体工商户聘用的员工为本单位或者雇主提供加工、修理修配劳务,不包括在内。

2. 销售应税服务

依《关于全面推开营业税改征增值税试点的通知》规定,销售服务(以下称应税服务)是指提供交通运输服务、邮政服务、电信服务、建筑服务、金融服务、现代服务、生活服务。

1)交通运输服务

交通运输服务是指利用运输工具将货物或者旅客送达目的地,使其空间位置得到转移的业务活动。它包括陆路运输服务、水路运输服务、航空运输服务和管道运输服务。

自2018年1月1日起,纳税人已售票但客户逾期未消费取得的运输逾期票证收入,按照"交通运输服务"缴纳增值税。

(1)陆路运输服务。

陆路运输服务是指通过陆路(地上或者地下)运送货物或者旅客的运输业务活动,包括铁路运输服务和其他陆路运输服务。

铁路运输服务是指通过铁路运送货物或者旅客的运输业务活动。

其他陆路运输服务是指铁路运输以外的陆路运输业务活动。它包括公路运输、缆车运输、索道运输、地铁运输、城市轻轨运输等。

出租车公司向使用本公司自有出租车的出租车司机收取的管理费用,按照陆路运输服务缴纳增值税。

(2)水路运输服务。

水路运输服务是指通过江、河、湖、川等天然、人工水道或者海洋航道运送货物或者旅客的运输业务活动。

水路运输的程租、期租业务,属于水路运输服务。

程租业务是指运输企业为租船人完成某一特定航次的运输任务并收取租赁费的业务。

期租业务是指运输企业将配备有操作人员的船舶承租给他人使用一定期限,承租期内听候承租方调遣,不论是否经营,均按天向承租方收取租赁费,发生的固定费用均由船东负担的业务。

(3)航空运输服务。

航空运输服务是指通过空中航线运送货物或者旅客的运输业务活动。

航空运输的湿租业务,属于航空运输服务。

湿租业务是指航空运输企业将配备有机组人员的飞机承租给他人使用一定期限,承租期内听候承租方调遣,不论是否经营,均按一定标准向承租方收取租赁费,发生的固定费用均由承租方承担的业务。

航天运输服务,按照航空运输服务缴纳增值税。航天运输服务是指利用火箭等载体将卫星、空间探测器等空间飞行器发射到空间轨道的业务活动。

(4)管道运输服务。

管道运输服务是指通过管道设施输送气体、液体、固体物质的运输业务活动。

无运输工具承运业务,按照交通运输服务缴纳增值税。无运输工具承运业务,是指经营者以承运人身份与托运人签订运输服务合同,收取运费并承担承运人责任,然后委托实际承运人完成运输服务的经营活动。

2)邮政服务

邮政服务是指中国邮政集团公司及其所属邮政企业提供邮件寄递、邮政汇兑和机要通信等邮政基本服务的业务活动,包括邮政普遍服务、邮政特殊服务和其他邮政服务。

(1)邮政普遍服务。

邮政普遍服务是指函件、包裹等邮件寄递,以及邮票发行、报刊发行和邮政汇兑等业务活动。

函件是指信函、印刷品、邮资封片卡、无名址函件和邮政小包等。

包裹是指按照封装上的名址递送给特定个人或者单位的独立封装的物品,其重量不超过 50 千克,任何一边的尺寸不超过 150 厘米,长、宽、高合计不超过 300 厘米。

(2)邮政特殊服务。

邮政特殊服务是指义务兵平常信函、机要通信、盲人读物和革命烈士遗物的寄递等业务活动。

(3)其他邮政服务。

其他邮政服务是指邮册等邮品销售、邮政代理等业务活动。

3)电信服务

电信服务是指利用有线、无线的电磁系统或者光电系统等各种通信网络资源,提供语音通话服务,传送、发射、接收或者应用图像、短信等电子数据和信息的业务活动。它包括基础电信服务和增值电信服务。

(1)基础电信服务。

基础电信服务是指利用固网、移动网、卫星、互联网,提供语音通话服务的业务活动,以及出租或者出售带宽、波长等网络元素的业务活动。

(2)增值电信服务。

增值电信服务是指利用固网、移动网、卫星、互联网、有线电视网络,提供短信和彩信服务、电子数据和信息的传输及应用服务、互联网接入服务等业务活动。

卫星电视信号落地转接服务,按照增值电信服务缴纳增值税。

4)建筑服务

建筑服务是指各类建筑物、构筑物及其附属设施的建造、修缮、装饰,线路、管道、设备、设施等的安装以及其他工程作业的业务活动。它包括工程服务、安装服务、修缮服务、装饰服务和其他建筑服务。

(1)工程服务。

工程服务是指新建、改建各种建筑物、构筑物的工程作业,包括与建筑物相连的各种设备或者支柱、操作平台的安装或者装设工程作业,以及各种窑炉和金属结构工程作业。

（2）安装服务。

安装服务是指生产设备、动力设备、起重设备、运输设备、传动设备、医疗实验设备以及其他各种设备和设施的装配、安置工程作业,包括与被安装设备相连的工作台、梯子、栏杆的装设工程作业,以及被安装设备的绝缘、防腐、保温、油漆等工程作业。

固定电话、有线电视、宽带、水、电、燃气、暖气等经营者向用户收取的安装费、初装费、开户费、扩容费以及类似收费,按照安装服务缴纳增值税。

（3）修缮服务。

修缮服务是指对建筑物、构筑物进行修补、加固、养护、改善,使之恢复原来的使用价值或者延长其使用期限的工程作业。

（4）装饰服务。

装饰服务是指对建筑物、构筑物进行修饰装修,使之美观或者具有特定用途的工程作业。

（5）其他建筑服务。

其他建筑服务是指上列工程作业之外的各种工程作业服务,如钻井(打井)、拆除建筑物或者构筑物、平整土地、园林绿化、疏浚(不包括航道疏浚)、建筑物平移、搭脚手架、爆破、矿山穿孔、表面附着物(包括岩层、土层、沙层等)剥离和清理等工程作业。

物业服务企业为业主提供的装修服务,按照"建筑服务"缴纳增值税。

纳税人将建筑施工设备出租给他人使用并配备操作人员的,按照"建筑服务"缴纳增值税。

5）金融服务

金融服务是指经营金融保险的业务活动,包括贷款服务、直接收费金融服务、保险服务和金融商品转让。

（1）贷款服务。

贷款是指将资金贷与他人使用而取得利息收入的业务活动。

各种占用、拆借资金取得的收入,包括金融商品持有期间(含到期)利息(保本收益、报酬、资金占用费、补偿金等)收入、信用卡透支利息收入、买入返售金融商品利息收入、融资融券收取的利息收入,以及融资性售后回租、押汇、罚息、票据贴现、转贷等业务取得的利息及利息性质的收入,按照贷款服务缴纳增值税。

融资性售后回租是指承租方以融资为目的,将资产出售给从事融资性售后回租业务的企业后,从事融资性售后回租业务的企业将该资产出租给承租方的业务活动。

以货币资金投资收取的固定利润或者保底利润,按照贷款服务缴纳增值税。

其中"保本收益、报酬、资金占用费、补偿金"是指合同中明确承诺到期本金可全部收回的投资收益。金融商品持有期间(含到期)取得的非保本的上述收益,不属于利息或利息性质的收入,不征收增值税。

（2）直接收费金融服务。

直接收费金融服务是指为货币资金融通及其他金融业务提供相关服务并且收取费用的业务活动。它包括提供货币兑换、账户管理、电子银行、信用卡、信用证、财务担保、资产管理、信托管理、基金管理、金融交易场所(平台)管理、资金结算、资金清算、金融支付等服务。

（3）保险服务。

保险服务是指投保人根据合同约定，向保险人支付保险费，保险人对于合同约定的可能发生的事故因其发生所造成的财产损失承担赔偿保险金责任，或者当被保险人死亡、伤残、疾病或者达到合同约定的年龄、期限等条件时承担给付保险金责任的商业保险行为，包括人身保险服务和财产保险服务。

人身保险服务是指以人的寿命和身体为保险标的的保险业务活动。

财产保险服务是指以财产及其有关利益为保险标的的保险业务活动。

（4）金融商品转让。

金融商品转让是指转让外汇、有价证券、非货物期货和其他金融商品所有权的业务活动。

其他金融商品转让包括基金、信托、理财产品等各类资产管理产品和各种金融衍生品的转让。

纳税人购入基金、信托、理财产品等各类资产管理产品持有至到期，不属于《销售服务、无形资产、不动产注释》（财税〔2016〕36 号）第一条第（五）项第 4 点所称的金融商品转让。

6）现代服务

现代服务是指围绕制造业、文化产业、现代物流产业等提供技术性、知识性服务的业务活动，包括研发和技术服务、信息技术服务、文化创意服务、物流辅助服务、租赁服务、鉴证咨询服务、广播影视服务、商务辅助服务和其他现代服务。

（1）研发和技术服务。

研发和技术服务包括研发服务、合同能源管理服务、工程勘察勘探服务、专业技术服务。

A. 研发服务也称技术开发服务，是指就新技术、新产品、新工艺或者新材料及其系统进行研究与试验开发的业务活动。

B. 合同能源管理服务是指节能服务公司与用能单位以契约形式约定节能目标，节能服务公司提供必要的服务，用能单位以节能效果支付节能服务公司投入及其合理报酬的业务活动。

C. 工程勘察勘探服务是指在采矿、工程施工前后，对地形、地质构造、地下资源蕴藏情况进行实地调查的业务活动。

D. 专业技术服务是指气象服务、地震服务、海洋服务、测绘服务、城市规划、环境与生态监测服务等专项技术服务。

（2）信息技术服务。

信息技术服务是指利用计算机、通信网络等技术对信息进行生产、收集、处理、加工、存储、运输、检索和利用，并提供信息服务的业务活动，包括软件服务、电路设计及测试服务、信息系统服务、业务流程管理服务和信息系统增值服务。

A. 软件服务是指提供软件开发服务、软件维护服务、软件测试服务的业务活动。

B. 电路设计及测试服务是指提供集成电路和电子电路产品设计、测试及相关技术支持服务的业务活动。

C. 信息系统服务是指提供信息系统集成、网络管理、网站内容维护、桌面管理与维护、信息系统应用、基础信息技术管理平台整合、信息技术基础设施管理、数据中心、托管中心、信息安全服务、在线杀毒、虚拟主机等业务活动，包括网站对非自有的网络游戏提供的网络运营服务。

D. 业务流程管理服务是指依托信息技术提供的人力资源管理、财务经济管理、审计管理、税务管理、物流信息管理、经营信息管理和呼叫中心等服务的活动。

E. 信息系统增值服务是指利用信息系统资源为用户附加提供的信息技术服务,包括数据处理、分析和整合、数据库管理、数据备份、数据存储、容灾服务、电子商务平台等。

（3）文化创意服务。

文化创意服务包括设计服务、知识产权服务、广告服务和会议展览服务。

A. 设计服务是指把计划、规划、设想通过文字、语言、图画、声音、视觉等形式传递出来的业务活动,包括工业设计、内部管理设计、业务运作设计、供应链设计、造型设计、服装设计、环境设计、平面设计、包装设计、动漫设计、网游设计、展示设计、网站设计、机械设计、工程设计、广告设计、创意策划、文印晒图等。

B. 知识产权服务是指处理知识产权事务的业务活动,包括对专利、商标、著作权、软件、集成电路布图设计的登记、鉴定、评估、认证、检索服务。

C. 广告服务是指利用图书、报纸、杂志、广播、电视、电影、幻灯、路牌、招贴、橱窗、霓虹灯、灯箱、互联网等各种形式为客户的商品、经营服务项目、文体节目或者通告、声明等委托事项进行宣传和提供相关服务的业务活动,包括广告代理和广告的发布、播映、宣传、展示等。

D. 会议展览服务是指为商品流通、促销、展示、经贸洽谈、民间交流、企业沟通、国际往来等举办或者组织安排的各类展览和会议的业务活动。宾馆、旅馆、旅社、度假村和其他经营性住宿场所提供会议场地及配套服务的活动,按照"会议展览服务"缴纳增值税。

（4）物流辅助服务。

物流辅助服务包括航空服务、港口码头服务、货运客运场站服务、打捞救助服务、装卸搬运服务、仓储服务和收派服务。

A. 航空服务包括航空地面服务和通用航空服务。

航空地面服务是指航空公司、飞机场、民航管理局、航站等向在境内航行或者在境内机场停留的境内外飞机或者其他飞行器提供的导航等劳务性地面服务的业务活动,包括旅客安全检查服务、停机坪管理服务、机场候机厅管理服务、飞机清洗消毒服务、空中飞行管理服务、飞机起降服务、飞行通信服务、地面信号服务、飞机安全服务、飞机跑道管理服务、空中交通管理服务等。

通用航空服务是指为专业工作提供飞行服务的业务活动,包括航空摄影、航空培训、航空测量、航空勘探、航空护林、航空吊挂播洒、航空降雨、航空气象探测、航空海洋监测、航空科学实验等。

B. 港口码头服务是指港务船舶调度服务、船舶通信服务、航道管理服务、航道疏浚服务、灯塔管理服务、航标管理服务、船舶引航服务、理货服务、系解缆服务、停泊和移泊服务、海上船舶溢油清除服务、水上交通管理服务、船只专业清洗消毒检测服务和防止船只漏油服务等为船只提供服务的业务活动。

港口设施经营人收取的港口设施保安费按照港口码头服务缴纳增值税。

C. 货运客运场站服务是指货运客运场站提供货物配载服务、运输组织服务、中转换乘服务、车辆调度服务、票务服务、货物打包整理、铁路线路使用服务、加挂铁路客车服务、铁路行包专列发送服务、铁路到达和中转服务、铁路车辆编解服务、车辆挂运服务、铁路接触网服务、铁路机车牵引服务等业务活动。

D. 打捞救助服务是指提供船舶人员救助、船舶财产救助、水上救助和沉船沉物打捞服务的业务活动。

E. 装卸搬运服务是指使用装卸搬运工具或者人力、畜力将货物在运输工具之间、装卸现场之间或者运输工具与装卸现场之间进行装卸和搬运的业务活动。

F. 仓储服务是指利用仓库、货场或者其他场所代客贮放、保管货物的业务活动。

G. 收派服务是指接受寄件人委托,在承诺的时限内完成函件和包裹的收件、分拣、派送服务的业务活动。

收件服务是指从寄件人收取函件和包裹,并运送到服务提供方同城的集散中心的业务活动。

分拣服务是指服务提供方在其集散中心对函件和包裹进行归类、分发的业务活动。

派送服务是指服务提供方从其集散中心将函件和包裹送达同城的收件人的业务活动。

(5) 租赁服务。

租赁服务包括融资租赁服务和经营租赁服务。

A. 融资租赁服务是指具有融资性质和所有权转移特点的租赁活动。即出租人根据承租人所要求的规格、型号、性能等条件购入有形动产或者不动产租赁给承租人,合同期内租赁物所有权属于出租人,承租人只拥有使用权,合同期满付清租金后,承租人有权按照残值购入租赁物,以拥有其所有权。不论出租人是否将租赁物销售给承租人,均属于融资租赁。

按照标的物的不同,融资租赁服务可分为有形动产融资租赁服务和不动产融资租赁服务。

融资性售后回租不按照本税目缴纳增值税。

B. 经营租赁服务是指在约定时间内将有形动产或者不动产转让他人使用且租赁物所有权不变更的业务活动。

按照标的物的不同,经营租赁服务可分为有形动产经营租赁服务和不动产经营租赁服务。

将建筑物、构筑物等不动产或者飞机、车辆等有形动产的广告位出租给其他单位或者个人用于发布广告,按照经营租赁服务缴纳增值税。

车辆停放服务、道路通行服务(包括过路费、过桥费、过闸费等)等按照不动产经营租赁服务缴纳增值税。

水路运输的光租业务、航空运输的干租业务,属于经营租赁。

光租业务是指运输企业将船舶在约定的时间内出租给他人使用,不配备操作人员,不承担运输过程中发生的各项费用,只收取固定租赁费的业务活动。

干租业务是指航空运输企业将飞机在约定的时间内出租给他人使用,不配备机组人员,不承担运输过程中发生的各项费用,只收取固定租赁费的业务活动。

(6) 鉴证咨询服务。

鉴证咨询服务包括认证服务、鉴证服务和咨询服务。

A. 认证服务是指具有专业资质的单位利用检测、检验、计量等技术,证明产品、服务、管理体系符合相关技术规范、相关技术规范的强制性要求或者标准的业务活动。

B. 鉴证服务是指具有专业资质的单位受托对相关事项进行鉴证,发表具有证明力的意见的业务活动,包括会计鉴证、税务鉴证、法律鉴证、职业技能鉴定、工程造价鉴证、工程监理、资产评估、环境评估、房地产土地评估、建筑图纸审核、医疗事故鉴定等。

C. 咨询服务是指提供信息、建议、策划、顾问等服务的活动,包括金融、软件、技术、财务、税收、法律、内部管理、业务运作、流程管理、健康等方面的咨询。

翻译服务和市场调查服务按照咨询服务缴纳增值税。

(7) 广播影视服务。

广播影视服务包括广播影视节目(作品)的制作服务、发行服务和播映(含放映,下同)服务。

A. 广播影视节目(作品)制作服务是指进行专题(特别节目)、专栏、综艺、体育、动画片、广播剧、电视剧、电影等广播影视节目和作品制作的服务。它具体包括与广播影视节目和作品相关的策划、采编、拍摄、录音、音视频文字图片素材制作、场景布置、后期的剪辑、翻译(编译)、字幕制作、片头、片尾、片花制作、特效制作、影片修复、编目和确权等业务活动。

B. 广播影视节目(作品)发行服务是指以分账、买断、委托等方式,向影院、电台、电视台、网站等单位和个人发行广播影视节目(作品)以及转让体育赛事等活动的报道及播映权的业务活动。

C. 广播影视节目(作品)播映服务是指在影院、剧院、录像厅及其他场所播映广播影视节目(作品),以及通过电台、电视台、卫星通信、互联网、有线电视等无线或者有线装置播映广播影视节目(作品)的业务活动。

(8) 商务辅助服务。

商务辅助服务包括企业管理服务、经纪代理服务、人力资源服务、安全保护服务。

A. 企业管理服务是指提供总部管理、投资与资产管理、市场管理、物业管理、日常综合管理等服务的业务活动。

B. 经纪代理服务是指各类经纪、中介、代理服务,包括金融代理、知识产权代理、货物运输代理、代理报关、法律代理、房地产中介、职业中介、婚姻中介、代理记账、拍卖等服务。

货物运输代理服务是指接受货物收货人、发货人、船舶所有人、船舶承租人或者船舶经营人的委托,以委托人的名义,为委托人办理货物运输、装卸、仓储和船舶进出港口、引航、靠泊等相关手续的业务活动。

代理报关服务是指接受进出口货物的收、发货人委托,代为办理报关手续的业务活动。

C. 人力资源服务是指提供公共就业、劳务派遣、人才委托招聘、劳动力外包等服务的业务活动。

纳税人提供人力资源外包服务,按照经纪代理服务缴纳增值税

D. 安全保护服务是指提供保护人身安全和财产安全,维护社会治安等的业务活动,包括场所住宅保安、特种保安、安全系统监控以及其他安保服务。

纳税人提供安全保护服务,比照劳务派遣服务政策执行。

纳税人提供武装守护押运服务,按照"安全保护服务"缴纳增值税。

(9) 其他现代服务。

其他现代服务是指除研发和技术服务、信息技术服务、文化创意服务、物流辅助服务、租赁服务、鉴证咨询服务、广播影视服务和商务辅助服务以外的现代服务。

纳税人对安装运行后的电梯提供的维护保养服务,按照"其他现代服务"缴纳增值税。

自 2018 年 1 月 1 日起,纳税人为客户办理退票而向客户收取的退票费、手续费等收入,按照"其他现代服务"缴纳增值税。

自 2018 年 7 月 25 日起,纳税人对安装运行后的机器设备提供的维护保养服务,按照

"其他现代服务"缴纳增值税。

7）生活服务

生活服务是指为满足城乡居民日常生活需求提供的各类服务活动,包括文化体育服务、教育医疗服务、旅游娱乐服务、餐饮住宿服务、居民日常服务和其他生活服务。

（1）文化体育服务。

文化体育服务包括文化服务和体育服务。

A. 文化服务是指为满足社会公众文化生活需求提供的各种服务,包括:文艺创作、文艺表演、文化比赛,图书馆的图书和资料借阅,档案馆的档案管理,文物及非物质遗产保护,组织举办宗教活动、科技活动、文化活动,提供游览场所。

B. 体育服务是指组织举办体育比赛、体育表演、体育活动,以及提供体育训练、体育指导、体育管理的业务活动。

纳税人在游览场所经营索道、摆渡车、电瓶车、游船等取得的收入,按照"文化体育服务"缴纳增值税。

（2）教育医疗服务。

教育医疗服务包括教育服务和医疗服务。

A. 教育服务是指提供学历教育服务、非学历教育服务、教育辅助服务的业务活动。

学历教育服务是指根据教育行政管理部门确定或者认可的招生和教学计划组织教学,并颁发相应学历证书的业务活动,包括初等教育、初级中等教育、高级中等教育、高等教育等。

非学历教育服务,包括学前教育、各类培训、演讲、讲座、报告会等。

教育辅助服务,包括教育测评、考试、招生等服务。

B. 医疗服务是指提供医学检查、诊断、治疗、康复、预防、保健、接生、计划生育、防疫服务等方面的服务,以及与这些服务有关的提供药品、医用材料器具、救护车、病房住宿和伙食的业务。

（3）旅游娱乐服务。

旅游娱乐服务包括旅游服务和娱乐服务。

A. 旅游服务是指根据旅游者的要求,组织安排交通、游览、住宿、餐饮、购物、文娱、商务等服务的业务活动。

B. 娱乐服务是指为娱乐活动同时提供场所和服务的业务。它具体包括:歌厅、舞厅、夜总会、酒吧、台球、高尔夫球、保龄球、游艺(包括射击、狩猎、跑马、游戏机、蹦极、卡丁车、热气球、动力伞、射箭、飞镖)。

（4）餐饮住宿服务。

餐饮住宿服务包括餐饮服务和住宿服务。

A. 餐饮服务是指通过同时提供饮食和饮食场所的方式为消费者提供饮食消费服务的业务活动。

提供餐饮服务的纳税人销售的外卖食品,按照"餐饮服务"缴纳增值税。

B. 住宿服务是指提供住宿场所及配套服务等的活动,包括宾馆、旅馆、旅社、度假村和其他经营性住宿场所提供的住宿服务。

纳税人以长(短)租形式出租酒店式公寓并提供配套服务的,按照住宿服务缴纳增值税。

（5）居民日常服务。

居民日常服务是指主要为满足居民个人及其家庭日常生活需求提供的服务,包括市容市政管理、家政、婚庆、养老、殡葬、照料和护理、救助救济、美容美发、按摩、桑拿、氧吧、足疗、沐浴、洗染、摄影扩印等服务。

（6）其他生活服务。

其他生活服务是指除文化体育服务、教育医疗服务、旅游娱乐服务、餐饮住宿服务和居民日常服务之外的生活服务。

纳税人提供植物养护服务，按照"其他生活服务"缴纳增值税。

（三）进口货物

进口货物是指申报进入我国海关境内的货物。凡进入我国海关境内的货物，应于进口报关时向海关缴纳进口环节增值税，享受免税政策的货物除外。

（四）"营改增"特定事项的规定

1. 非经营活动的界定

销售服务、无形资产或者不动产是指有偿提供服务、有偿转让无形资产或者不动产，但属于下列非经营活动的情形除外：

（1）行政单位收取的同时满足以下条件的政府性基金或者行政事业性收费：①由国务院或者财政部批准设立的政府性基金，由国务院或者省级人民政府及其财政、价格主管部门批准设立的行政事业性收费；②收取时开具省级以上（含省级）财政部门监（印）制的财政票据；③所收款项全额上缴财政。

（2）单位或者个体工商户聘用的员工为本单位或者雇主提供取得工资的服务。

（3）单位或者个体工商户为聘用的员工提供服务。

（4）财政部和国家税务总局规定的其他情形。

各党派、共青团、工会、妇联、中科协、青联、台联、侨联收取党费、团费、会费，以及政府间国际组织收取会费，属于非经营活动，不征收增值税。

2. 境内销售服务、无形资产或者不动产的界定

（1）在境内销售服务、无形资产或者不动产，是指：①服务（租赁不动产除外）或者无形资产（自然资源使用权除外）的销售方或者购买方在境内；②所销售或者租赁的不动产在境内；③所销售自然资源使用权的自然资源在境内；④财政部和国家税务总局规定的其他情形。

（2）下列情形不属于在境内销售服务或者无形资产：①境外单位或者个人向境内单位或者个人销售完全在境外发生的服务；②境外单位或者个人向境内单位或者个人销售完全在境外使用的无形资产；③境外单位或者个人向境内单位或者个人出租完全在境外使用的有形动产；④财政部和国家税务总局规定的其他情形。

（3）境外单位或者个人发生的下列行为不属于在境内销售服务或者无形资产：①为出境的函件、包裹在境外提供的邮政服务、收派服务；②向境内单位或者个人提供的工程施工地点在境外的建筑服务、工程监理服务；③向境内单位或者个人提供的工程、矿产资源在境外的工程勘察勘探服务；④向境内单位或者个人提供的会议展览地点在境外的会议展览服务。

二、增值税征税范围的特殊规定

（一）视同销售行为

1. 视同销售货物

依《增值税暂行条例实施细则》规定，单位或者个体工商户的下列行为，视同销售货物：

（1）将货物交付其他单位或者个人代销。

（2）销售代销货物。

（3）设有两个以上机构并实行统一核算的纳税人,将货物从一个机构移送其他机构用于销售,但相关机构设在同一县(市)的除外。

（4）将自产或者委托加工的货物用于非增值税应税项目(已过时)。

（5）将自产、委托加工的货物用于集体福利或者个人消费。

（6）将自产、委托加工或者购进的货物作为投资,提供给其他单位或者个体工商户。

（7）将自产、委托加工或者购进的货物分配给股东或者投资者。

（8）将自产、委托加工或者购进的货物无偿赠送其他单位或者个人。

2. 视同销售服务、无形资产或者不动产

依《关于全面推开营业税改征增值税试点的通知》规定,下列情形视同销售服务、无形资产或者不动产:

（1）单位或者个体工商户向其他单位或者个人无偿提供服务,但用于公益事业或者以社会公众为对象的除外。

（2）单位或者个人向其他单位或者个人无偿转让无形资产或者不动产,但用于公益事业或者以社会公众为对象的除外。

（3）财政部和国家税务总局规定的其他情形。

对于上述行为视同销售货物或者视同销售服务、无形资产或者不动产,按规定计算销售额并征收增值税,要么为了保证增值税链条的完整,要么是为了公平税负,要么是防止纳税人逃避缴纳税款。

【例2-1】　某企业系增值税一般纳税人,发生的下列业务应视同销售征收增值税的是（　　）。

A. 将自产的产品用于对外投资

B. 将外购的食品发放给职工

C. 将外购的办公用品交付财务部门使用

D. 将自行加工的半成品连续生产最终消费品

解析:答案为A。将自产的产品用于对外投资应视同销售征收增值税。

（二）混合销售行为

《增值税暂行条例实施细则》规定,一项销售行为如果既涉及货物又涉及非增值税应税劳务,为混合销售行为。除另有规定外,从事货物的生产、批发或者零售的企业、企业性单位和个体工商户的混合销售行为,视为销售货物,应当缴纳增值税;其他单位和个人的混合销售行为,视为销售非增值税应税劳务,不缴纳增值税。非增值税应税劳务是指属于应缴营业税的交通运输业、建筑业、金融保险业、邮电通信业、文化体育业、娱乐业、服务业税目征收范围的劳务。由于"营改增"的全面实施,该规定已过时。

《关于全面推开营业税改征增值税试点的通知》第四十条规定,一项销售行为如果既涉及服务又涉及货物,为混合销售。从事货物的生产、批发或者零售的单位和个体工商户的混合销售行为,按照销售货物缴纳增值税;其他单位和个体工商户的混合销售行为,按照销售服务缴纳增值税。从事货物的生产、批发或者零售的单位和个体工商户,包括以从事货物的生产、批发或者零售为主,并兼营销售服务的单位和个体工商户在内。

纳税人销售活动板房、机器设备、钢结构件等自产货物的同时提供建筑、安装服务,不属于《营业税改征增值税试点实施办法》(财税〔2016〕36号附件)第四十条规定的混合销售,应分别核算货物和建筑服务的销售额,分别适用不同的税率或者征收率。

一般纳税人销售自产机器设备的同时提供安装服务,应分别核算机器设备和安装服务的销售额,安装服务可以按照甲供工程选择适用简易计税方法计税。一般纳税人销售外购机器设备的同时提供安装服务,如果已经按照兼营的有关规定,分别核算机器设备和安装服务的销售额,安装服务可以按照甲供工程选择适用简易计税方法计税。

(三)兼营行为

试点纳税人销售货物、加工修理修配劳务、服务、无形资产或者不动产适用不同税率或者征收率的,应当分别核算适用不同税率或者征收率的销售额,未分别核算销售额的,按照以下方法适用税率或者征收率:

(1)兼有不同税率的销售货物、加工修理修配劳务、服务、无形资产或者不动产,从高适用税率。

(2)兼有不同征收率的销售货物、加工修理修配劳务、服务、无形资产或者不动产,从高适用征收率。

(3)兼有不同税率和征收率的销售货物、加工修理修配劳务、服务、无形资产或者不动产,从高适用税率。

三、增值税征税范围的特定项目

(一)《关于全面推开营业税改征增值税试点的通知》中规定增值税征税范围的特定项目

《关于全面推开营业税改征增值税试点的通知》的附件二《营业税改征增值税试点有关事项的规定》,按规定的不征收增值税项目有:

(1)根据国家指令无偿提供的铁路运输服务、航空运输服务,属于《营业税改征增值税试点实施办法》第十四条规定的用于公益事业的服务。

(2)存款利息。

(3)被保险人获得的保险赔付。

(4)房地产主管部门或者其指定机构、公积金管理中心、开发企业以及物业管理单位代收的住宅专项维修资金。

(5)在资产重组过程中,通过合并、分立、出售、置换等方式,将全部或者部分实物资产以及与其相关联的债权、负债和劳动力一并转让给其他单位和个人,其中涉及的不动产、土地使用权转让行为。

(二)其他规范性文件中规定的增值税征税范围的特定项目

(1)对增值税纳税人收取的会员费收入不征收增值税。

(2)纳税人取得中央财政补贴,不属于增值税应税收入,不征收增值税。

(3)融资性售后回租业务中,承租方出售资产的行为不属于增值税的征税范围,不征收增值税。

(4)航空运输企业已售票但未提供航空运输服务取得的逾期票证收入,按照航空运输服务征收增值税。

(5)创新药的税收政策:药品生产企业销售自产创新药的销售额,为向购买方收取的全部价款和价外费用,其提供给患者后续免费使用的相同创新药,不属于增值税视同销售范围。

（6）罚没物品的增值税征税界限：①执罚部门和单位查处的属于一般商业部门经营的商品，具备拍卖条件的，由执罚部门或单位商同级财政部门同意后，公开拍卖。其拍卖收入作为罚没收入由执罚部门和单位如数上缴财政，不予征税。②执罚部门和单位查处的属于一般商业部门经营的商品，不具备拍卖条件的，由执罚部门、财政部门、国家指定销售单位会同有关部门按质论价，交由国家指定销售单位纳入正常销售渠道变价处理。执罚部门按商定价格所取得的变价收入作为罚没收入如数上缴财政，不予征税。国家指定销售单位将罚没物品纳入正常销售渠道销售的，应照章征收增值税。③执罚部门和单位查处的属于专管机关管理或专营企业经营的财物，应交由专管机关或专营企业收兑或收购。执罚部门和单位按收兑或收购价所取得的收入作为罚没收入如数上缴财政，不予征税。

（7）货物期货（包括商品期货和贵金属期货），在期货的实物交割环节缴纳增值税由开票方缴纳增值税。上海期货交易所的会员和客户通过上海期货交易所交易的期货保税交割标的物；上海国际能源交易中心股份有限公司的会员和客户通过其交易的原油期货保税交割业务；大连商品交易所的会员和客户通过其交易的铁矿石期货保税交割业务，暂免征收增值税。

第三节 增值税的纳税人与扣缴义务人

一、增值税纳税人的基本规定

在中华人民共和国境内销售货物或者加工、修理修配劳务，销售服务、无形资产、不动产以及进口货物的单位和个人，为增值税的纳税人，应当依照本条例缴纳增值税。

单位是指销售商品，应税劳务或服务以及进口货物的企业、行政单位、事业单位、军事单位、社会团体及其他单位。

个人是指销售商品，应税劳务或服务以及进口货物的个体工商户和其他个人。

单位租赁或者承包给其他单位或者个人经营的，以承租人或者承包人为纳税人。

报关进口货物的纳税人是进口货物收货人或报关进口单位。代理进口的，以海关完税凭证（专用缴款书）上的纳税人为增值税的纳税人。

运营资管产品过程中发生的增值税应税行为以资管产品管理人（又称管理人）为增值税纳税人。资管产品管理人，包括银行、信托公司、公募基金管理公司及其子公司、证券公司及其子公司、期货公司及其子公司、私募基金管理人、保险资产管理公司、专业保险资产管理机构、养老保险公司。

建筑企业与发包方签订建筑合同后，以内部授权或者三方协议等方式，授权集团内其他纳税人（以下称第三方）为发包方提供建筑服务，并由第三方直接与发包方结算工程款的，由第三方缴纳增值税并向发包方开具增值税发票，与发包方签订建筑合同的建筑企业不缴纳增值税。

《关于全面推开营业税改征增值税试点的通知》第二条规定，单位以承包、承租、挂靠方式经营的，承包人、承租人、挂靠人（以下统称承包人）以发包人、出租人、被挂靠人（以下统称发包人）名义对外经营并由发包人承担相关法律责任的，以该发包人为纳税人。否则，以承包人为纳税人。

纳税人应当按照国家统一的会计制度进行增值税会计核算。

二、增值税扣缴义务人的基本规定

《增值税暂行条例》第十八条规定,中华人民共和国境外的单位或者个人在境内销售劳务,在境内未设有经营机构的,以其境内代理人为扣缴义务人;在境内没有代理人的,以购买方为扣缴义务人。

《关于全面推开营业税改征增值税试点的通知》第六条规定,中华人民共和国境外(以下称境外)单位或者个人在境内发生应税行为,在境内未设有经营机构的,以购买方为增值税扣缴义务人。财政部和国家税务总局另有规定的除外。

三、增值税纳税人的分类管理

增值税实行凭扣税凭证抵扣税款制度,客观要求纳税人必须具备健全的会计核算制度和较高的核算水平,因此,《增值税暂行条例》第十三条规定,小规模纳税人以外的纳税人应当向主管税务机关办理登记。小规模纳税人会计核算健全,能够提供准确税务资料的,可以向主管税务机关办理登记,不作为小规模纳税人,依照《增值税暂行条例》有关规定计算应纳税额。其具体登记办法由国务院税务主管部门制定。

2017年12月29日,国家税务总局公布了《增值税一般纳税人登记管理办法》,替代了原《增值税一般纳税人资格认定管理办法》,并自2018年2月1日起施行。2018年4月4日,《财政部 税务总局关于统一增值税小规模纳税人标准的通知》(财税〔2018〕33号,以下简称《关于统一增值税小规模纳税人标准的通知》)发布,自2018年5月1日起,统一了增值税小规模纳税人标准。

(一)增值税小规模纳税人标准

小规模纳税人是指年度应征增值税销售额(以下简称年应税销售额)标准以下的增值税纳税人。小规模纳税人标准在以前的政策中规定是不一样的。

1.《增值税暂行条例实施细则》中的规定

《增值税暂行条例实施细则》第二十八条明确小规模纳税人的标准为:

(1)从事货物生产或者提供应税劳务的纳税人,以及以从事货物生产或者提供应税劳务为主(指纳税人的年货物生产或者提供应税劳务的销售额占年应税销售额的比重在50%以上),并兼营货物批发或者零售的纳税人,年应征增值税销售额(以下简称应税销售额)在50万元以下(含本数,下同)的;

(2)除上述规定以外的纳税人,年应税销售额在80万元以下的。

另外,还规定年应税销售额超过小规模纳税人标准的其他个人按小规模纳税人纳税;非企业性单位、不经常发生应税行为的企业可选择按小规模纳税人纳税。

2.《关于全面推开营业税改征增值税试点的通知》中的规定

《营业税改征增值税试点有关事项的规定》中明确小规模纳税人的标准为年应税销售额标准为500万元(含本数)。

3.《关于统一增值税小规模纳税人标准的通知》中,将增值税小规模纳税人标准统一为年应税销售额500万元及以下。

关于年应税销售额是指纳税人在连续不超过12个月或4个季度的经营期内累计应征增值税销售额,包括纳税申报销售额、稽查查补销售额、纳税评估调整销售额。其中,"纳税申报销售额"是指纳税人自行申报的全部应征增值税销售额,包括免税销售额和税务机关代开发票销售额。"稽查查补销售额"和"纳税评估调整销售额"计入查补税款申报当月（或当季）的销售额，不计入税款所属期销售额。销售服务、无形资产或者不动产（以下简称应税行为）有扣除项目的纳税人，其应税行为年应税销售额按未扣除之前的销售额计算。纳税人偶然发生的销售无形资产、转让不动产的销售额，不计入应税行为年应税销售额。

（二）增值税一般纳税人的登记管理

1. 需办理一般纳税人登记的纳税人范围

增值税纳税人（以下简称纳税人），年应税销售额超过小规模纳税人标准的，除另有规定外，应当向主管税务机关办理一般纳税人登记。年应税销售额未超过规定标准的纳税人，会计核算健全，能够提供准确税务资料的，可以向主管税务机关办理一般纳税人登记。会计核算健全是指能够按照国家统一的会计制度规定设置账簿，根据合法、有效凭证进行核算。

按照政策规定选择按照小规模纳税人纳税的和年应税销售额超过规定标准的其他个人不办理一般纳税人登记，但前者年应税销售额超过规定标准的，应当向主管税务机关提交书面说明。

2. 一般纳税人登记程序

纳税人应当向其机构所在地主管税务机关办理一般纳税人登记手续。

纳税人办理一般纳税人登记的程序如下：

（1）纳税人向主管税务机关填报《增值税一般纳税人登记表》（附件1），如实填写固定生产经营场所等信息，并提供税务登记证件。

（2）纳税人填报内容与税务登记信息一致的，主管税务机关当场登记。

（3）纳税人填报内容与税务登记信息不一致，或者不符合填列要求的，税务机关应当场告知纳税人需要补正的内容。

3. 一般纳税人登记时限

纳税人在年应税销售额超过规定标准的月份（或季度）的所属申报期结束后15日内按照规定办理相关手续；未按规定时限办理的，主管税务机关应当在规定时限结束后5日内制作《税务事项通知书》，告知纳税人应当在5日内向主管税务机关办理相关手续；逾期仍不办理的，次月起按销售额依照增值税税率计算应纳税额，不得抵扣进项税额，直至纳税人办理相关手续为止。

4. 一般纳税人登记的法律效力

纳税人自一般纳税人生效之日起，按照增值税一般计税方法计算应纳税额，并可以按照规定领用增值税专用发票，财政部、国家税务总局另有规定的除外。生效之日是指纳税人办理登记的当月1日或者次月1日，由纳税人在办理登记手续时自行选择。

纳税人登记为一般纳税人后，不得转为小规模纳税人，国家税务总局另有规定的除外。《关于统一增值税小规模纳税人标准的通知》自2018年5月1日起统一了小规模纳税人的标准，按照《中华人民共和国增值税暂行条例实施细则》第二十八条规定已登记为增值税一般纳税人的单位和个人，在2018年12月31日前，可转登记为小规模纳税人，其未抵扣的进项税额作转出处理。

5. 税务机关的风险管理

主管税务机关应当加强对税收风险的管理。对税收遵从度低的一般纳税人，主管税务机关可以实行纳税辅导期管理，具体办法由国家税务总局另行制定。

第四节　增值税的税率与征收率

一、增值税税率

我国增值税对不同纳税人或不同应税项目的计税方法不尽相同,为此,我国增值税设计了税率和征收率。一般计税方法下及进口货物时,纳税人适用税率,在简易计税时适用征收率。另外,对出口货物和跨境销售应税服务、无形资产实行零税率。

2017 年以来,我国增值税税率经历了三次调整:其一,简并增值税税率(财税〔2017〕37 号)。自 2017 年 7 月 1 日起,取消 13％的税率,将原适用 13％税率的货物并入适用 11％的货物中;其二,调整增值税税率(财税〔2018〕32 号)。自 2018 年 5 月 1 日起,纳税人发生增值税应税销售行为或者进口货物,原适用 17％和 11％税率的,税率分别调整为 16％、10％。其三,深化增值税改革,并再次调整增值税税率(《财政部　税务总局　海关总署 2019 年第39 号公告》)。自 2019 年 4 月 1 日起,增值税一般纳税人发生增值税应税销售行为或者进口货物,原适用 16％税率的,税率调整为 13％;原适用 10％税率的,税率调整为 9％。

(1)纳税人销售货物、劳务、有形动产租赁服务或者进口货物,除(2)(4)(5)另有规定外,税率为 13％。

(2)纳税人销售交通运输、邮政、基础电信、建筑、不动产租赁服务,销售不动产,转让土地使用权,销售或者进口下列货物,税率为 9％:①粮食等农产品、食用植物油、食用盐;②自来水、暖气、冷气、热水、煤气、石油液化气、天然气、二甲醚、沼气、居民用煤炭制品;③图书、报纸、杂志、音像制品、电子出版物;④饲料、化肥、农药、农机、农膜;⑤国务院规定的其他货物。

(3)纳税人销售服务、无形资产,除(1)(2)(5)另有规定外,税率为 6％。

(4)纳税人出口货物,税率为 0;但是,国务院另有规定的除外。

(5)境内单位和个人销售的国际运输服务、航天运输服务、向境外单位提供的完全在境外消费的研发服务、合同能源管理服务、设计服务、广播影视节目(作品)的制作和发行服务、软件服务、电路设计及测试服务、信息系统服务、业务流程管理服务、离岸服务外包业务、转让技术和无形资产,适用增值税零税率。

税率的调整,由国务院决定。

纳税人兼营不同税率的项目,应当分别核算不同税率项目的销售额;未分别核算销售额的,从高适用税率。

二、增值税征收率

我国现行增值税制度规定,小规模纳税人发生应税销售行为,实行按照销售额和征收率计算应纳税额的简易办法,并不得抵扣进项税额。一般纳税人发生财政部和国家税务总局规定的特定应税行为,可以选择适用简易计税方法计税。

2009 年修订的《增值税暂行条例》规定,小规模纳税人增值税征收率为 3％,而特定一般纳税人适用的征收率未与小规模纳税人征收率的调整保持同步,形成了 6％、5％、4％、3％等多档征收率。2014 年 6 月 27 日,《国家税务总局关于简并增值税征收率有关问题的公告》(国家税务总局公告 2014 年第 36 号)发布,自 2014 年 7 月 1 日起,简并和统一增值税征收率,将 6% 和 4% 的增值税征收率统一调整为 3%。至此,增值税征收率简并成了两档:3% 与 5%。《增值税暂行条例》(2017 年修订)第十二条规定,"小规模纳税人增值税征收率为 3%,国务院另有规定的除外",即简易计税时除适用 5% 的征收率以外,均适用征收率 3%。

适用 5% 征收率的情况包括:

(1)中外合作油(气)田按合同开采的原油、天然气应按实物征收增值税,征收率为 5%,在计征增值税时,不抵扣进项税额。原油、天然气出口时不予退税。

(2)转让不动产:①小规模纳税人销售自建或取得的不动产;②一般纳税人选择简易计税方法计税的不动产销售;③房地产开发企业中的小规模纳税人销售自行开发的房地产项目;④其他个人取得的(不含自建)的不动产(不含其购买的住房)。

(3)不动产经营租赁:①一般纳税人选择简易计税方法计税的不动产经营租赁;②小规模纳税人出租(经营租赁)其取得的不动产(不含个人出租住房);③其他个人出租(经营租赁)其取得的不动产(不含住房);④个人出租住房,依 5% 的征收率减按 1.5% 计算税额。

(4)不动产融资租赁。一般纳税人 2016 年 4 月 30 日前签订的不动产融资租赁合同,或以 2016 年 4 月 30 日前取得的不动产提供的融资租赁服务,可以选择适用简易计税方法纳税。

(5)公路收费服务。一般纳税人收取试点前开工的一级公路、二级公路、桥、闸通行费,可以选择适用简易计税方法,按照 5% 的征收率计算缴纳增值税。

(6)转让土地使用权。纳税人转让 2016 年 4 月 30 日前取得的土地使用权,可以选择适用简易计税方法,以取得的全部价款和价外费用减去取得该土地使用权的原价后的余额为销售额,按照 5% 的征收率计算缴纳增值税。

(7)劳务派遣服务。一般纳税人和小规模纳税人提供劳务派遣服务,选择差额纳税的。纳税人提供武装守护押运服务,按照"安全保护服务"缴纳增值税,纳税人提供安全保护服务,比照劳务派遣服务政策执行。

(8)人力资源外包服务。一般纳税人提供人力资源外包服务,可以选择适用简易计税方法,按照 5% 的征收率计算缴纳增值税。

(9)安全保护服务。一般纳税人和小规模纳税人提供安全保护服务,选择差额纳税的。

第五节 增值税的计税方法及应纳税额计算

增值税的计税方法包括一般计税方法、简易计税方法和特殊计税方法。特殊计税方法又包括扣缴计税方法、进口货物计税方法及加重计税方法。

一般纳税人发生应税销售行为,统一采用购进扣税法计算应纳税额,即适用一般计税方法,其计算公式为:

$$应纳税额 = 当期销项税额 - 当期进项税额$$

小规模纳税人发生应税销售行为及一般纳税人发生特定应税行为选择适用简易计税方法的,其计算公式为:

$$应纳税额 = 销售额 \times 征收率$$

纳税人发生扣缴义务、进口货物以及特定事项应按特殊计税方法计算缴纳增值税。

一、增值税的计税依据

不管是一般计税方法还是简易计税方法,增值税的计税依据均为销售额。

(一)销售额的基本规定

《增值税暂行条例》规定,销售额为纳税人发生应税销售行为收取的全部价款和价外费用,但是不包括收取的销项税额。由此可以看出,我国增值税为价外税。一般纳税人应税销售行为,采用销售额和销项税额合并定价方法的,按下列公式计算销售额:

$$销售额 = 含税销售额 \div (1 + 税率)$$

价外费用是指企业价格以外另行收取的各种性质的收费,包括价外向购买方收取的手续费、补贴、基金、集资费、返还利润、奖励费、违约金、滞纳金、延期付款利息、赔偿金、代收款项、代垫款项、包装费、包装物租金、储备费、优质费、运输装卸费以及其他各种性质的价外收费。但下列项目不包括在内:

(1)受托加工应征消费税的消费品所代收代缴的消费税。

(2)同时符合以下条件的代垫运输费用:①承运部门的运输费用发票开具给购买方的;②纳税人将该项发票转交给购买方的。

(3)同时符合以下条件代为收取的政府性基金或者行政事业性收费:①由国务院或者财政部批准设立的政府性基金,由国务院或者省级人民政府及其财政、价格主管部门批准设立的行政事业性收费;②收取时开具省级以上财政部门印制的财政票据;③所收款项全额上缴财政。

(4)销售货物的同时代办保险等而向购买方收取的保险费,以及向购买方缴纳的车辆购置税、车辆牌照费。

【例2-2】 企业发生的下列行为中,需要计算缴纳增值税的是( )。

A. 取得存款利息　　　　　　　　B. 获得保险赔偿

C. 取得中央财政补贴　　　　　　D. 收取包装物租金

解析:答案为D。收取包装物租金为价外费用。

《增值税暂行条例》明确规定销售额以人民币计算。纳税人以人民币以外的货币结算销售额的,应当折合成人民币计算,其销售额的人民币折合率可以选择销售额发生的当天或者当月1日的人民币汇率中间价。纳税人应在事先确定采用何种折合率,确定后1年内不得变更。

(二)特殊销售方式销售额的确定

为了实现利润最大化目标,企业的应税销售行为中会有各种各样的以促销为目的不同销售方式。不同销售方式下的销售额的确定有不同的税法规定。

1. 折扣销售

折扣销售相当于会计核算中的商业折扣,是指销售方在发生应税销售行为时,因购买方购买数量大等原因而给予的价格优惠。纳税人如果将销售额和折扣额在同一张发票"金额"栏上分别注明的,可按折扣后的余额作为销售额征收增值税;如果将折扣额仅在发票的"备注"栏注明,则不得从销售额中减除折扣额。销售折扣相当于会计核算中的现金折扣,是指销售方在发生应税销售行为时,为鼓励购买方及早偿还货款而协议给予的一种折扣优惠,不得从销售额中减除现金折扣额。销售方发生应税销售行为后发生销售折让、中止或者退回的,可以从销售额中减除。

《营业税改征增值税试点实施办法》中也有相关规定,纳税人发生应税行为,将价款和折扣额在同一张发票上分别注明的,以折扣后的价款为销售额;未在同一张发票上分别注明的,以价款为销售额,不得扣减折扣额。

2. 以旧换新方式销售

以旧换新方式销售是指纳税人在销售过程中,折价收回旧货物,并以折价款部分冲减货物价款的销售方式。纳税人采取以旧换新方式销售货物的(金银首饰除外),应按新货物的同期销售价格确定销售额。

3. 还本销售

还本销售是指销售方将货物出售后,按约定的时间,一次或分次将货款部分或全部退回给购货方的销售方式,退还的部分为还本支出。纳税人采取以旧换新方式销售的不得从销售额中减除还本支出。

4. 以物易物

以物易物是指交易双方不以货币结算,而是以同等价款的应税销售行为结算,从而实现应税销售行为的销售方式。增值税制度规定交易双方均作购销处理,以各自发出的应税销售行为核算销售额并计算销项税额,以各自收到的货物、劳务、服务、无形资产或者不动产按规定核算购进金额并计算进项税额。

5. 包装物押金的税务处理

纳税人为销售货物出租、出借包装物而收取的押金,如单独记账核算,时间在1年以内,又未逾期的,不并入销售额征税;对因逾期未收回包装物不再退还的押金,应并入销售额征税;对收取的押金超过1年(含)仍不退还的均应并入销售额征税。

对销售除啤酒、黄酒外的其他酒类产品收取的包装物押金,无论是否返还以及会计上如何核算,均应并入当期销售额征税。

6. 贷款服务

贷款服务以提供贷款服务取得的全部利息及利息性质的收入为销售额。

7. 直接收费金融服务

直接收费金融服务以提供直接收费金融服务收取的手续费、佣金、酬金、管理费、服务费、经手费、开户费、过户费、结算费、转托管费等各类费用为销售额。

(三)差额征税销售额的确定

"营改增"政策中,为解决无法通过抵扣机制避免重复征税情况的存在,引入营业税中差额征税的方法,以解决纳税人税负增加问题。

以下项目应当按差额确定销售额:

(1)金融商品转让,按照卖出价扣除买入价后的余额为销售额。转让金融商品出现的正负差,按盈亏相抵后的余额为销售额。若相抵后出现负差,可结转下一纳税期与下期转让金融商品销售额相抵,但年末时仍出现负差的,不得转入下一个会计年度。金融商品的买入价,可以选择按照加权平均法或者移动加权平均法进行核算,选择后36个月内不得变更。金融商品转让,不得开具增值税专用发票。

(2)经纪代理服务,以取得的全部价款和价外费用,扣除向委托方收取并代为支付的政府性基金或者行政事业性收费后的余额为销售额。向委托方收取的政府性基金或者行政事业性收费,不得开具增值税专用发票。

(3)融资租赁和融资性售后回租业务。

第一,经人民银行、银行业监督管理委员会(简称银监会)或者商务部批准从事融资租赁业务的试点纳税人,提供融资租赁服务,以取得的全部价款和价外费用,扣除支付的借款利息(包括外汇借款和人民币借款利息)、发行债券利息和车辆购置税后的余额为销售额。

第二,经人民银行、银监会或者商务部批准从事融资租赁业务的试点纳税人,提供融资性售后回租服务,以取得的全部价款和价外费用(不含本金),扣除对外支付的借款利息(包括外汇借款和人民币借款利息)、发行债券利息后的余额作为销售额。

第三,试点纳税人根据 2016 年 4 月 30 日前签订的有形动产融资性售后回租合同,在合同到期前提供的有形动产融资性售后回租服务,可继续按照有形动产融资租赁服务缴纳增值税。

继续按照有形动产融资租赁服务缴纳增值税的试点纳税人,经人民银行、银监会或者商务部批准从事融资租赁业务的,根据 2016 年 4 月 30 日前签订的有形动产融资售后回租合同,在合同到期前提供的有形动产融资性售后回租服务,可以选择以下方法之一计算销售额:

方法一,以向承租方收取的全部价款和价外费用,扣除向承租方收取的价款本金,以及对外支付的借款利息(包括外汇借款和人民币借款利息)、发行债券利息后的余额为销售额。

纳税人提供有形动产融资性售后回租服务,计算当期销售额时可以扣除的价款本金,为书面合同约定的当期应当收取的本金。无书面合同或者书面合同没有约定的,为当期实际收取的本金。

试点纳税人提供有形动产融资性售后回租服务,向承租方收取的有形动产价款本金,不得开具增值税专用发票,可以开具普通发票。

方法二,以向承租方收取的全部价款和价外费用,扣除支付的借款利息(包括外汇借款和人民币借款利息)、发行债券利息后的余额为销售额。

第四,经商务部授权的省级商务主管部门和国家经济技术开发区批准的从事融资租赁业务的试点纳税人,2016 年 5 月 1 日后实收资本达到 1.7 亿元的,从达到标准的当月起按照上述第一、第二、第三点规定执行;2016 年 5 月 1 日后实收资本未达到 1.7 亿元但注册资本达到 1.7 亿元的,在 2016 年 7 月 31 日前仍可按照上述第一、第二、第三点规定执行,2016 年 8 月 1 日后开展的融资租赁业务和融资性售后回租业务不得按照上述第一、第二、第三点规定执行。

(4) 航空运输企业的销售额,不包括代收的机场建设费和代售其他航空运输企业客票而代收转付的价款。

(5) 一般纳税人提供客运场站服务,以其取得的全部价款和价外费用,扣除支付给承运方运费后的余额为销售额。

(6) 纳税人提供旅游服务,可以选择以取得的全部价款和价外费用,扣除向旅游服务购买方收取并支付给其他单位或者个人的住宿费、餐饮费、交通费、签证费、门票费和支付给其他接团旅游企业的旅游费用后的余额为销售额。

选择上述办法计算销售额的试点纳税人,向旅游服务购买方收取并支付的上述费用,不得开具增值税专用发票,可以开具普通发票。

(7) 试点纳税人提供建筑服务适用简易计税方法的,以取得的全部价款和价外费用扣除支付的分包款后的余额为销售额。

(8) 房地产开发企业中的一般纳税人销售其开发的房地产项目(选择简易计税方法的

房地产老项目除外),以取得的全部价款和价外费用,扣除受让土地时向政府部门支付的土地价款后的余额为销售额。向政府部门支付的土地价款包括土地受让人向政府支付的征地和拆迁补偿费用、土地前期开发费用和土地出让收益等。

(9)试点纳税人按照上述(2)～(8)项的规定从全部价款和价外费用中扣除的价款,应当取得符合法律、行政法规和国家税务总局规定的有效凭证。否则,不得扣除。

上述凭证是指:①支付给境内单位或者个人的款项,以发票为合法有效凭证;②支付给境外单位或者个人的款项,以该单位或者个人的签收单据为合法有效凭证,税务机关对签收单据有疑义的,可以要求其提供境外公证机构的确认证明;③缴纳的税款,以完税凭证为合法有效凭证;④扣除的政府性基金、行政事业性收费或者向政府支付的土地价款,以省级以上(含省级)财政部门监(印)制的财政票据为合法有效凭证;⑤国家税务总局规定的其他凭证。

纳税人取得的上述凭证属于增值税扣税凭证的,其进项税额不得从销项税额中抵扣。

(10)中国证券登记结算公司的销售额不包括以下资金项目:按规定提取的证券结算风险基金;代收代付的证券公司资金交收违约垫付资金利息;结算过程中代收代付的资金交收违约罚息。

(11)安全保护服务是指提供保护人身安全和财产安全,维护社会治安等的业务活动,包括场所住宅保安、特种保安、安全系统监控以及其他安保服务。

一般纳税人提供安全保护服务,可以选择差额纳税,以取得的全部价款和价外费用,扣除代用工单位支付给外派员工的工资、福利和为其办理社会保险及住房公积金后的余额为销售额,按照简易计税方法依5%的征收率计算缴纳增值税。

小规模纳税人提供安全保护服务,也可以选择差额纳税,以取得的全部价款和价外费用,扣除代用工单位支付给外派员工的工资、福利和为其办理社会保险及住房公积金后的余额为销售额,按照简易计税方法依5%的征收率计算缴纳增值税。

(12)劳务派遣公司为了满足用工单位对于各类灵活用工的需求,将员工派遣至用工单位,接受用工单位管理并为其工作的服务为劳务派遣服务。

一般纳税人提供劳务派遣服务,可以选择差额纳税,以取得的全部价款和价外费用,扣除代用工单位支付给劳务派遣员工的工资、福利和为其办理社会保险及住房公积金后的余额为销售额,按照简易计税方法依5%的征收率计算缴纳增值税。

小规模纳税人提供劳务派遣服务,可以选择差额纳税,以取得的全部价款和价外费用,扣除代用工单位支付给劳务派遣员工的工资、福利和为其办理社会保险及住房公积金后的余额为销售额,按照简易计税方法依5%的征收率计算缴纳增值税。

(13)纳税人提供人力资源外包服务,按照经纪代理服务缴纳增值税,其销售额不包括受客户单位委托代为向客户单位员工发放的工资和代理缴纳的社会保险、住房公积金。

(14)一般纳税人跨县(市)提供建筑服务,适用一般计税方法计税的,应以取得的全部价款和价外费用为销售额计算应纳税额。纳税人应以取得的全部价款和价外费用扣除支付的分包款后的余额,按照2%的预征率在建筑服务发生地预缴税款后,向机构所在地主管税务机关进行纳税申报。

(15)一般纳税人销售其2016年4月30日前取得的不动产(不含自建),适用一般计税方法计税的,以取得的全部价款和价外费用为销售额计算应纳税额。上述纳税人应以取得的全部价款和价外费用减去该项不动产购置原价或者取得不动产时的作价后的余额,按照

5%的预征率向不动产所在地的主管税务机关预缴增值税,向机构所在地的主管税务机关进行纳税申报。

一般纳税人销售其2016年4月30日前取得(不含自建)的不动产,可以选择适应简易计税方法,以全部收入减去该项不动产购置原价或者取得不动产时的作价后的余额,按照5%的预征率向不动产所在地的主管税务机关预缴税款,向机构所在地的主管税务机关进行纳税申报。

一般纳税人销售其2016年5月1日后取得(不含自建)的不动产,应适用一般计税方法,以取得的全部价款和价外费用为销售额计算应纳税额。纳税人应以取得的全部价款和价外费用减去该项不动产购置原价或者取得不动产时的作价后的余额,按照5%的预征率向不动产所在地的主管税务机关预缴税款,向机构所在地的主管税务机关进行纳税申报。

(16) 小规模纳税人销售其取得(不含自建)的不动产(不含个体工商户销售购买的住房和其他个人销售不动产),应以取得的全部价款和价外费用减去该项不动产购置原价或者取得不动产时的作价后的余额为销售额,按照5%的征收率计算应纳税额。纳税人应按照上述计税方法向不动产所在地的主管税务机关预缴税款,向机构所在地主管税务机关进行纳税申报。

(17) 其他个人销售其取得(不含自建)的不动产(不含其购买的住房),应以取得的全部价款和价外费用减去该项不动产购置原价或者取得不动产时的作价后的余额为销售额,按照5%的征收率向不动产所在地的主管税务机关申报缴纳增值税。

(18) 北京市、上海市、广州市和深圳市,个体工商户和个人销售购买的住房,将购买不足2年的住房对外销售的,按照5%的征收率全额缴纳增值税;将购买2年以上(含2年)的非普通住房对外销售的,以销售收入减去购买住房价款后的差额按照5%的征收率缴纳增值税;个人将购买2年以上(含2年)的普通住房对外销售的,免征增值税。北京市、上海市、广州市和深圳市之外的地区的税收政策个人将购买不足2年的住房对外销售的,按照5%的征收率全额缴纳增值税;个人将购买2年以上(含2年)的住房对外销售的,免征增值税。

(19) 中国移动通信集团公司、中国联合网络通信集团有限公司、中国电信集团公司及其成员单位通过手机短信公益特服号为公益性机构接受捐款,以其取得的全部价款和价外费用,扣除支付给公益性机构捐款后的余额为销售额。其接受的捐款,不得开具增值税专用发票。

(20) 纳税人转让2016年4月30日前取得的土地使用权,可以选择适用简易计税方法,以取得的全部价款和价外费用减去取得该土地使用权的原价后的余额为销售额,按照5%的征收率计算缴纳增值税。

(21) 提供物业管理服务的纳税人,向服务接受方收取的自来水水费,以扣除其对外支付的自来水水费后的余额为销售额,按照简易计税方法依3%的征收率计算缴纳增值税。

(22) 自2018年1月1日起,航空运输销售代理企业提供境外航段机票代理服务,以取得的全部价款和价外费用,扣除向客户收取并支付给其他单位或者个人的境外航段机票结算款和相关费用后的余额为销售额。

【例2-3】 对下列增值税应税行为计算销项税额时,按照全额确定销售额的是( )。

A. 贷款服务　　　　　　　　　　　B. 一般纳税人提供客运场站服务

C. 金融商品转让　　　　　　　　　D. 经纪代理服务

解析:答案为A。贷款服务,其余选项均为差额征税项目。

(四) 核定销售额

《增值税暂行条例》第七条规定,纳税人发生应税销售行为的价格明显偏低并无正当理由的,由主管税务机关核定其销售额。

1. 核定销售额的适用范围

纳税人发生应税销售行为的价格明显偏低并无正当理由或者发生视同销售行为而无销售额的,由税务机关核定销售额。

2. 核定销售额的方法

税务机关应按照下列顺序核定销售额:

(1) 按纳税人最近时期同类货物的平均销售价格确定。

(2) 按其他纳税人最近时期同类货物的平均销售价格确定。

(3) 按组成计税价格确定。组成计税价格的公式为:

$$组成计税价格 = 成本 \times (1 + 成本利润率)$$

公式中的成本是指:销售自产货物的,为实际生产成本;销售外购货物的,为实际采购成本。公式中的成本利润率由国家税务总局确定。

属于应征消费税的货物,其组成计税价格中应加计消费税额。即:

$$组成计税价格 = 成本 \times (1 + 成本利润率) + 消费税额$$

由于消费税的计税方法包括从量计税、从价计税和复合计税三种,因此加计消费税的方法也不相同,除了从量计税可以直接计算以外,从价计税的应税消费品增值税组成计税价格的计算公式为:

$$组成计税价格 = 成本 \times (1 + 成本利润率) \div (1 - 消费税比例税率)$$

复合计税的卷烟和白酒的增值税组成计税价格的计算公式为:

$$组成计税价格 = [成本 \times (1 + 成本利润率) + 定额消费税额] \div (1 - 消费税比例税率)$$

《营业税改征增值税试点实施办法》第四十四条规定,纳税人发生应税行为价格明显偏低或者偏高且不具有合理商业目的的,或者发生本办法第十四条所列行为而无销售额的,主管税务机关有权按照下列顺序确定销售额:

第一,按照纳税人最近时期销售同类服务、无形资产或者不动产的平均价格确定。

第二,按照其他纳税人最近时期销售同类服务、无形资产或者不动产的平均价格确定。

第三,按照组成计税价格确定。组成计税价格的公式为:

$$组成计税价格 = 成本 \times (1 + 成本利润率)$$

不具有合理商业目的是指以谋取税收利益为主要目的,通过人为安排,减少、免除、推迟缴纳增值税税款,或者增加退还增值税税款。

二、增值税一般计税方法应纳税额的计算

纳税人销售货物、劳务、服务、无形资产、不动产(以下统称应税销售行为),除选择适用简易计税方法的,应纳税额为当期销项税额抵扣当期进项税额后的余额。应纳税额计算公式为:

$$应纳税额 = 当期销项税额 - 当期进项税额$$

当期销项税额小于当期进项税额不足抵扣时,其不足部分可以结转下期继续抵扣。

(一)销项税额

纳税人发生应税销售行为,按照销售额和规定的税率计算收取的增值税额,为销项税额。销项税额计算公式为:

$$销项税额 = 销售额 \times 税率$$

(二)进项税额

纳税人购进货物、劳务、服务、无形资产、不动产支付或者负担的增值税额,为进项税额。

1. 准予从销项税额中抵扣的进项税额

下列进项税额准予从销项税额中抵扣:

(1)从销售方取得的增值税专用发票上注明的增值税额。这里增值税专用发票既包括一般纳税人发生应税销售行为开具的增值税专用发票,也包括小规模纳税人发生应税销售行为开具或者代开的增值税专用发票,还包括纳税人机动车零售业务开具的机动车销售统一发票。

(2)从海关取得的海关进口增值税专用缴款书上注明的增值税额。

(3)购进农产品的进项税额。

购进农产品,除取得增值税专用发票或者海关进口增值税专用缴款书外,按照农产品收购发票或者销售发票上注明的农产品买价和规定的扣除率计算进项税额,国务院另有规定的除外。进项税额计算公式为:

$$进项税额 = 买价 \times 扣除率$$

销售发票是指农业生产者销售增值税政策自产农产品适用免征而开具的普通发票。买价是指纳税人购进农产品在农产品收购发票或者销售发票上注明的价款和按照规定缴纳的烟叶税。购进农产品,按照《农产品增值税进项税额核定扣除试点实施办法》抵扣进项税额的除外。

购进农产品的扣除率随税率的调整而调整的。《财政部 税务总局关于简并增值税税率有关政策的通知》,将计算农产品进项税额的扣除率统一为两档即 11% 和 13%,前者为基本扣除率,后者仅适用于生产销售或委托受托加工 17% 税率的货物。《财政部 税务总局关于简并增值税税率有关政策的通知》,自 2018 年 5 月 1 日起将纳税人发生增值税应税销售行为或者进口货物,原适用 17% 和 11% 税率的,税率分别调整为 16%、10%。同时,纳税人购进农产品,原适用 11% 扣除率的,扣除率调整为 10%,纳税人购进用于生产销售或委托加工 16% 税率货物的农产品,按照 12% 的扣除率计算进项税额。《财政部 税务总局 海关总署关于深化增值税改革有关政策的公告》,将增值税纳税人发生增值税应税销售行为或者进口货物,原适用 16% 税率的,税率调整为 13%;原适用 10% 税率的,税率调整为 9%。同时对于纳税人购进农产品,原适用 10% 扣除率的,扣除率调整为 9%。纳税人购进用于生产或者委托加工 13% 税率货物的农产品,按照 10% 的扣除率计算进项税额。

综上,纳税人购进农产品按下列规定抵扣进项税额:

① 除本条第②项规定外,纳税人购进农产品,取得一般纳税人开具的增值税专用发票或海关进口增值税专用缴款书的,以增值税专用发票或海关进口增值税专用缴款书上注明的增值税额为进项税额;从按照简易计税方法依照 3% 征收率计算缴纳增值税的小规模纳税人取得增值税专用发票的,以增值税专用发票上注明的金额和 9% 的扣除率计算进项税额;

取得(开具)农产品销售发票(指农业生产者销售增值税政策自产农产品适用免征而开具的普通发票)或收购发票的,以农产品销售发票或收购发票上注明的农产品买价和9%的扣除率计算进项税额。

② 营业税改征增值税试点期间,纳税人购进用于生产销售或委托受托加工13%税率货物的农产品按照10%的扣除率计算进项税额。

③ 继续推进农产品增值税进项税额核定扣除试点,纳税人购进农产品进项税额已实行核定扣除的,仍按照财税〔2012〕38号、财税〔2013〕57号执行。其中,财税〔2012〕38号第四条第(二)项规定的扣除率调整为9%。

自2012年7月1日起,以购进农产品为原料生产销售液体乳及乳制品、酒及酒精、植物油的增值税一般纳税人,纳入农产品增值税进项税额核定扣除试点范围,其购进农产品无论是否用于生产上述产品,增值税进项税额均按照《农产品增值税进项税额核定扣除试点实施办法》的规定抵扣。

试点纳税人购进农产品不再凭增值税扣税凭证抵扣增值税进项税额,购进除农产品以外的货物、应税劳务和应税服务,增值税进项税额仍按现行有关规定抵扣。

农产品增值税进项税额核定方法:

A. 试点纳税人以购进农产品为原料生产货物的,农产品增值税进项税额可按照以下方法核定:

a.投入产出法:参照国家标准、行业标准(包括行业公认标准和行业平均耗用值)确定销售单位数量货物耗用外购农产品的数量(以下称农产品单耗数量)。

当期允许抵扣农产品增值税进项税额依据农产品单耗数量、当期销售货物数量、农产品平均购买单价(含税,下同)和农产品增值税进项税额扣除率(以下简称扣除率)计算。其计算公式为:

$$当期允许抵扣农产品增值税进项税额 = 当期农产品耗用数量 \times 农产品平均购买单价 \times 扣除率 \div (1+扣除率)$$

$$当期农产品耗用数量 = 当期销售货物数量(不含采购除农产品以外的半成品生产的货物数量) \times 农产品单耗数量$$

对以单一农产品原料生产多种货物或者多种农产品原料生产多种货物的,在核算当期农产品耗用数量和平均购买单价时,应依据合理的方法归集和分配。

平均购买单价是指购买农产品期末平均买价,不包括买价之外单独支付的运费和入库前的整理费用。期末平均买价计算公式:

$$期末平均买价 = (期初库存农产品数量 \times 期初平均买价 + 当期购进农产品数量 \times 当期买价) \div (期初库存农产品数量 + 当期购进农产品数量)$$

b.成本法:依据试点纳税人年度会计核算资料,计算确定耗用农产品的外购金额占生产成本的比例(以下称农产品耗用率)。当期允许抵扣农产品增值税进项税额依据当期主营业务成本、农产品耗用率以及扣除率计算。其计算公式为:

$$当期允许抵扣农产品增值税进项税额 = 当期主营业务成本 \times 农产品耗用率 \times 扣除率 \div (1+扣除率)$$

$$农产品耗用率 = 上年投入生产的农产品外购金额 \div 上年生产成本$$

农产品外购金额(含税)不包括不构成货物实体的农产品(包括包装物、辅助材料、燃料、低值易耗品等)和在购进农产品之外单独支付的运费、入库前的整理费用。

对以单一农产品原料生产多种货物或者多种农产品原料生产多种货物的,在核算当期主营业务成本以及核定农产品耗用率时,试点纳税人应依据合理的方法进行归集和分配。

农产品耗用率由试点纳税人向主管税务机关申请核定。年度终了,主管税务机关应根据试点纳税人本年实际对当年已抵扣的农产品增值税进项税额进行纳税调整,重新核定当年的农产品耗用率,并作为下一年度的农产品耗用率。

c.参照法:新办的试点纳税人或者试点纳税人新增产品的,试点纳税人可参照所属行业或者生产结构相近的其他试点纳税人确定农产品单耗数量或者农产品耗用率。次年,试点纳税人向主管税务机关申请核定当期的农产品单耗数量或者农产品耗用率,并据此计算确定当年允许抵扣的农产品增值税进项税额,同时对上一年增值税进项税额进行调整。核定的进项税额超过实际抵扣增值税进项税额的,其差额部分可以结转下期继续抵扣;核定的进项税额低于实际抵扣增值税进项税额的,其差额部分应按现行增值税的有关规定将进项税额作转出处理。

B. 试点纳税人购进农产品直接销售的,农产品增值税进项税额按照以下方法核定扣除:

$$当期允许抵扣农产品增值税进项税额 = 当期销售农产品数量 \div (1 - 损耗率) \times 农产品平均$$
$$购买单价 \times 9\% \div (1 + 9\%)$$

$$损耗率 = 损耗数量 \div 购进数量$$

C. 试点纳税人购进农产品用于生产经营且不构成货物实体的(包括包装物、辅助材料、燃料、低值易耗品等),增值税进项税额按照以下方法核定扣除:

$$当期允许抵扣农产品增值税进项税额 = 当期耗用农产品数量 \times 农产品平均购买单价$$
$$\times 9\% \div (1 + 9\%)$$

农产品单耗数量、农产品耗用率和损耗率统称为农产品增值税进项税额扣除标准。

试点纳税人销售货物,应合并计算当期允许抵扣农产品增值税进项税额。试点纳税人购进农产品取得的农产品增值税专用发票和海关进口增值税专用缴款书,按照注明的金额及增值税额一并记入成本科目;自行开具的农产品收购发票和取得的农产品销售发票,按照注明的买价直接计入成本。前述规定的扣除率为销售货物的适用税率。

④ 纳税人从批发、零售环节购进适用免征增值税政策的蔬菜、部分鲜活肉蛋而取得的普通发票,不得作为计算抵扣进项税额的凭证。

⑤ 纳税人购进农产品既用于生产销售或委托受托加工13%税率货物又用于生产销售其他货物服务的,应当分别核算用于生产销售或委托受托加工13%税率货物和其他货物服务的农产品进项税额。未分别核算的,统一以增值税专用发票或海关进口增值税专用缴款书上注明的增值税额为进项税额,或以农产品收购发票或销售发票上注明的农产品买价和9%的扣除率计算进项税额。

(4)自境外单位或者个人购进劳务、服务、无形资产或者境内的不动产,从税务机关或者扣缴义务人取得的代扣代缴税款的完税凭证上注明的增值税额。纳税人凭完税凭证抵扣进项税额的,应当具备书面合同、付款证明和境外单位的对账单或者发票。资料不全的,其进项税额不得从销项税额中抵扣。

(5)购进不动产的进项税额。

2016年5月1日全面实施的"营改增",明确了纳税人购进不动产的进项税额是可以抵扣的,这项举措意义重大,标志着我国增值税成为了真正意义上的消费型增值税。"营改增"政策规定,适用一般计税方法的纳税人,2016 年 5 月 1 日后取得并在会计制度上按固定资产核算的不动产或者 2016 年 5 月 1 日后取得的不动产在建工程,除房地产开发企业自行开发的房地产项目、融资租入的不动产,以及在施工现场修建的临时建筑物、构筑物以外,其进项税额应自取得之日起分 2 年从销项税额中抵扣,第一年抵扣比例为 60%,第二年抵扣比例为 40%。取得的不动产,包括以直接购买、接受捐赠、接受投资入股以及抵债等各种形式取得的不动产。纳税人新建、改建、扩建、修缮、装饰不动产,属于不动产在建工程。

2019 年 3 月 20 日发布的《财政部 税务总局 海关总署关于深化增值税改革有关政策的公告》(公告 2019 年第 39 号)明确了,自 2019 年 4 月 1 日起,纳税人取得不动产或者不动产在建工程的进项税额不再分 2 年抵扣。此前按照上述规定尚未抵扣完毕的待抵扣进项税额,可自 2019 年 4 月税款所属期起从销项税额中抵扣。

(6)通行费的进项税额。

通行费是指有关单位依法或者依规设立并收取的过路、过桥和过闸费用。

2016 年 5 月 1 日以后,一般纳税人支付的道路、桥、闸通行费,暂凭取得的通行费发票(不含财政票据,下同)上注明的收费金额按照下列公式计算可抵扣的进项税额:

$$高速公路通行费可抵扣进项税额 = 高速公路通行费发票上注明的金额 \div (1 + 3\%) \times 3\%$$

$$一级公路、二级公路、桥、闸通行费可抵扣进项税额 = 一级公路、二级公路、桥、闸通行费发票上注明的金额 \div (1 + 5\%) \times 5\%$$

2017 年 12 月 25 日发布的《财政部 国家税务总局关于租入固定资产进项税额抵扣等增值税政策的通知》(财税〔2017〕90 号)统一并完善了通行费的进项税额抵扣政策。自 2018 年 1 月 1 日起,纳税人支付的道路、桥、闸通行费,按照以下规定抵扣进项税额:

① 纳税人支付的道路通行费,按照收费公路通行费增值税电子普通发票上注明的增值税额抵扣进项税额。

② 纳税人支付的桥、闸通行费,暂凭取得的通行费发票上注明的收费金额按照下列公式计算可抵扣的进项税额:

$$桥、闸通行费可抵扣进项税额 = 桥、闸通行费发票上注明的金额 \div (1 + 5\%) \times 5\%$$

(7)购进旅客运输服务的进项税额。

2019 年 3 月 20 日发布的《财政部 税务总局 海关总署关于深化增值税改革有关政策的公告》(公告 2019 年第 39 号),修订了原"营改增"政策中购进旅客运输服务进项税额不得抵扣的规定,自 2019 年 4 月 1 日起,纳税人购进国内旅客运输服务,其进项税额允许从销项税额中抵扣。

纳税人购进国内旅客运输服务未取得增值税专用发票的,暂按照以下规定确定进项税额:

① 取得增值税电子普通发票的,为发票上注明的税额。

② 取得注明旅客身份信息的航空运输电子客票行程单的,为按照下列公式计算的进项税额:

$$航空旅客运输进项税额 = (票价 + 燃油附加费) \div (1 + 9\%) \times 9\%$$

③ 取得注明旅客身份信息的铁路车票的,为按照下列公式计算的进项税额:

$$铁路旅客运输进项税额 = 票面金额 \div (1 + 9\%) \times 9\%$$

④ 取得注明旅客身份信息的公路、水路等其他客票的,按照下列公式计算的进项税额:

$$公路、水路等其他旅客运输进项税额 = 票面金额 \div (1 + 3\%) \times 3\%$$

(8) 自 2018 年 1 月 1 日起,纳税人租入固定资产、不动产,既用于一般计税方法计税项目,又用于简易计税方法计税项目、免征增值税项目、集体福利或者个人消费的,其进项税额准予从销项税额中全额抵扣。

(9) 增值税一般纳税人在资产重组过程中,将全部资产、负债和劳动力一并转让给其他增值税一般纳税人,并按程序办理注销税务登记的,其在办理注销登记前尚未抵扣的进项税额可结转至新纳税人处继续抵扣。

(10) 按照《营业税改征增值税试点实施办法》规定不得抵扣且未抵扣进项税额的固定资产、无形资产、不动产,发生用途改变,用于允许抵扣进项税额的应税项目,可在用途改变的次月按照下列公式计算可以抵扣的进项税额:

$$可以抵扣的进项税额 = 固定资产、无形资产、不动产净值 \div (1 + 适用税率) \times 适用税率$$

上述可以抵扣的进项税额应取得合法有效的增值税扣税凭证。

(11) 进项税额加计抵减政策。

自 2019 年 4 月 1 日至 2021 年 12 月 31 日,允许生产、生活性服务业纳税人按照当期可抵扣进项税额加计 10%,抵减应纳税额(以下称加计抵减政策)。

① 生产、生活性服务业纳税人是指提供邮政服务、电信服务、现代服务、生活服务取得的销售额占全部销售额的比重超过 50% 的纳税人。上述四项服务的具体范围按照《销售服务、无形资产、不动产注释》(财税〔2016〕36 号印发)执行。

2019 年 3 月 31 日前设立的纳税人,自 2018 年 4 月至 2019 年 3 月期间的销售额(经营期不满 12 个月的,按照实际经营期的销售额)符合上述规定条件的,自 2019 年 4 月 1 日起适用加计抵减政策。2019 年 4 月 1 日后设立的纳税人,自设立之日起 3 个月的销售额符合上述规定条件的,自登记为一般纳税人之日起适用加计抵减政策。

纳税人确定适用加计抵减政策后,当年内不再调整,以后年度是否适用,根据上年度销售额计算确定。纳税人可计提但未计提的加计抵减额,可在确定适用加计抵减政策当期一并计提。

② 纳税人应按照当期可抵扣进项税额的 10% 计提当期加计抵减额。按照现行规定不得从销项税额中抵扣的进项税额,不得计提加计抵减额;已计提加计抵减额的进项税额,按规定作进项税额转出的,应在进项税额转出当期,相应调减加计抵减额。计算公式为:

$$当期计提加计抵减额 = 当期可抵扣进项税额 \times 10\%$$
$$当期可抵减加计抵减额 = 上期期末加计抵减额余额 + 当期计提加计抵减额$$
$$- 当期调减加计抵减额$$

③ 纳税人应按照现行规定计算一般计税方法下的应纳税额(以下称抵减前的应纳税额)后,区分以下情形加计抵减:

A. 抵减前的应纳税额等于 0 的,当期可抵减加计抵减额全部结转下期抵减。

B. 抵减前的应纳税额大于 0,且大于当期可抵减加计抵减额的,当期可抵减加计抵减额全额从抵减前的应纳税额中抵减。

C. 抵减前的应纳税额大于 0,且小于或等于当期可抵减加计抵减额的,以当期可抵减加计抵减额抵减应纳税额至 0。未抵减完的当期可抵减加计抵减额,结转下期继续抵减。

④ 纳税人出口货物、劳务和发生跨境应税行为不适用加计抵减政策,其对应的进项税额不得计提加计抵减额。

纳税人兼营出口货物、劳务和发生跨境应税行为且无法划分不得计提加计抵减额的进项税额,按照以下公式计算:

$$\text{不得计提加计抵减额的进项税额} = \text{当期无法划分的全部进项税额} \times \text{当期出口货物、劳务和发生跨境应税行为的销售额} \div \text{当期全部销售额}$$

⑤ 纳税人应单独核算加计抵减额的计提、抵减、调减、结余等变动情况。骗取适用加计抵减政策或虚增加计抵减额的,按照《税收征管法》等有关规定处理。

⑥ 加计抵减政策执行到期后,纳税人不再计提加计抵减额,结余的加计抵减额停止抵减。

准予抵扣的项目和扣除率的调整,由国务院决定。

【例 2-4】 下列进项税额准予从销项税额中抵扣的有( )。

A. 购买汽车从 4S 店取得的税控机动车销售统一发票上注明的增值税额

B. 进口高档化妆品从海关取得的海关进口增值税专用缴款书上注明的增值税额

C. 接受境外单位提供的交通运输服务,从税务机关取得的解缴税款的税收缴款凭证上注明的增值税额

D. 接受的旅客运输服务

解析:答案为 ABCD。

2. 不得从销项税额中抵扣的进项税额

增值税实行凭扣税凭证抵扣税款的制度,如果纳税人购进应税销售行为未按规定取得扣税凭证,进项税额不得从销项税额中抵扣。纳税人购进货物、劳务、服务、无形资产、不动产,取得的增值税扣税凭证不符合法律、行政法规或者国务院税务主管部门有关规定的,其进项税额不得从销项税额中抵扣。

下列项目的进项税额不得从销项税额中抵扣:

(1) 用于简易计税方法计税项目、免征增值税项目、集体福利或者个人消费的购进货物、劳务、服务、无形资产和不动产;其中涉及的固定资产、无形资产、不动产,仅指专用于上述项目的固定资产、无形资产(不包括其他权益性无形资产)、不动产(固定资产是指使用期限超过 12 个月的机器、机械、运输工具以及其他与生产经营有关的设备、工具、器具等有形动产)。

纳税人的交际应酬消费属于个人消费。

(2) 非正常损失的购进货物,以及相关的劳务和交通运输服务(非正常损失是指因管理不善造成货物被盗、丢失、霉烂变质,以及因违反法律、法规造成货物或者不动产被依法没收、销毁、拆除的情形,下同)。

(3) 非正常损失的在产品、产成品所耗用的购进货物(不包括固定资产)、劳务和交通运输服务。

(4) 非正常损失的不动产,以及该不动产所耗用的购进货物、设计服务和建筑服务(货物是指构成不动产实体的材料和设备,包括建筑装饰材料和给排水、采暖、卫生、通风、照明、通信、煤气、消防、中央空调、电梯、电气、智能楼宇设备及配套设施,下同)。

（5）非正常损失的不动产在建工程所耗用的购进货物、设计服务和建筑服务。

纳税人新建、改建、扩建、修缮、装饰不动产，均属于不动产在建工程。

（6）购进的贷款服务、餐饮服务、居民日常服务和娱乐服务（参见本教材第二章第二节内容）。

（7）纳税人接受贷款服务向贷款方支付的与该笔贷款直接相关的投融资顾问费、手续费、咨询费等费用，其进项税额不得从销项税额中抵扣。

（8）财政部和国家税务总局规定的其他情形。

（9）适用一般计税方法的纳税人，兼营简易计税方法计税项目、免征增值税项目而无法划分不得抵扣的进项税额，按照下列公式计算不得抵扣的进项税额：

$$不得抵扣的进项税额 = 当期无法划分的全部进项税额 \times （当期简易计税方法计税项目销售额 + 免征增值税项目销售额）\div 当期全部销售额$$

主管税务机关可以按照上述公式依据年度数据对不得抵扣的进项税额进行清算。

（10）已抵扣进项税额的购进货物（不含固定资产）、劳务、服务，发生情形（简易计税方法计税项目、免征增值税项目除外）的，应当将该进项税额从当期进项税额中扣减；无法确定该进项税额的，按照当期实际成本计算应扣减的进项税额。

（11）已抵扣进项税额的固定资产、无形资产或者不动产，发生规定的不得抵扣情形的，按照下列公式计算不得抵扣的进项税额：

$$不得抵扣的进项税额 = 固定资产、无形资产或者不动产净值 \times 适用税率$$

固定资产、无形资产或者不动产净值是指纳税人根据财务会计制度计提折旧或摊销后的余额。

（三）销项税额和进项税额的扣减

《增值税暂行条例》规定，一般纳税人因销售货物退回或者折让而退还给购买方的增值税额，应从发生销售货物退回或者折让当期的销项税额中扣减；因购进货物退出或者折让而收回的增值税额，应从发生购进货物退出或者折让当期的进项税额中扣减。一般纳税人销售货物或者应税劳务，开具增值税专用发票后，发生销售货物退回或者折让、开票有误等情形，应按国家税务总局的规定开具红字增值税专用发票。未按规定开具红字增值税专用发票的，增值税额不得从销项税额中扣减。

《营业税改征增值税试点实施办法》第三十二条也规定，纳税人适用一般计税方法计税的，因销售折让、中止或者退回而退还给购买方的增值税额，应当从当期的销项税额中扣减；因销售折让、中止或者退回而收回的增值税额，应当从当期的进项税额中扣减。

纳税人适用简易计税方法计税的，因销售折让、中止或者退回而退还给购买方的销售额，应当从当期销售额中扣减。扣减当期销售额后仍有余额造成多缴的税款，可以从以后的应纳税额中扣减。

纳税人发生应税行为，开具增值税专用发票后，发生开票有误或者销售折让、中止、退回等情形的，应当按照国家税务总局的规定开具红字增值税专用发票；未按照规定开具红字增值税专用发票的，不得按照上述规定扣减销项税额或者销售额。

（四）应纳税额的计算

一般计税方法下，在确定了销项税额和进项税额后两者之差即为实际应纳税额。这里需要注意以下内容。

1. 确定销项税额的时限

对于销项税额的"当期"是通过规定纳税义务发生时间规定的,《增值税暂行条例》《增值税暂行条例实施细则》及《营业税改征增值税试点实施办法》中都作了严格规定。

《增值税暂行条例》及其实施细则规定的增值税纳税义务发生时间如下:

(1)发生应税销售行为,为收讫销售款项或者取得索取销售款项凭据的当天;先开具发票的,为开具发票的当天。

收讫销售款项或者取得索取销售款项凭据的当天,按销售结算方式的不同,具体为:

① 采取直接收款方式销售货物,不论货物是否发出,均为收到销售款或者取得索取销售款凭据的当天。

② 采取托收承付和委托银行收款方式销售货物,为发出货物并办妥托收手续的当天。

③ 采取赊销和分期收款方式销售货物,为书面合同约定的收款日期的当天,无书面合同的或者书面合同没有约定收款日期的,为货物发出的当天。

④ 采取预收货款方式销售货物,为货物发出的当天,但生产销售生产工期超过12个月的大型机械设备、船舶、飞机等货物,为收到预收款或者书面合同约定的收款日期的当天。

⑤ 委托其他纳税人代销货物,为收到代销单位的代销清单或者收到全部或者部分货款的当天。未收到代销清单及货款的,为发出代销货物满180天的当天。

⑥ 销售应税劳务,为提供劳务同时收讫销售款或者取得索取销售款的凭据的当天。

⑦ 纳税人发生将自产、委托加工的货物用于集体福利或者个人消费或者将自产、委托加工或者购进的货物作为投资,提供给其他单位或者个体工商户、分配给股东或者投资者、无偿赠送其他单位或者个人等视同销售货物行为,为货物移送的当天。

(2)进口货物,为报关进口的当天。

增值税扣缴义务发生时间为纳税人增值税纳税义务发生的当天。

《营业税改征增值税试点实施办法》第四十五条一样规定了增值税纳税义务、扣缴义务发生时间为:

(1)纳税人发生应税行为并收讫销售款项或者取得索取销售款项凭据的当天;先开具发票的,为开具发票的当天。

收讫销售款项是指纳税人销售服务、无形资产、不动产过程中或者完成后收到款项。

取得索取销售款项凭据的当天是指书面合同确定的付款日期;未签订书面合同或者书面合同未确定付款日期的,为服务、无形资产转让完成的当天或者不动产权属变更的当天。

(2)纳税人提供租赁服务采取预收款方式的,其纳税义务发生时间为收到预收款的当天。

(3)纳税人从事金融商品转让的,为金融商品所有权转移的当天。

(4)纳税人发生视同销售服务、无形资产或者不动产情形的,其纳税义务发生时间为服务、无形资产转让完成的当天或者不动产权属变更的当天。

(5)增值税扣缴义务发生时间为纳税人增值税纳税义务发生的当天。

2. 确定进项税额的时限

自2017年7月1日起,增值税一般纳税人取得的2017年7月1日及以后开具的增值税专用发票和机动车销售统一发票,应自开具之日起360日内认证或登录增值税发票选择确认平台进行确认,并在规定的纳税申报期内,向主管税务机关申报抵扣进项税额。

增值税一般纳税人取得的2017年7月1日及以后开具的海关进口增值税专用缴款书,

应自开具之日起 360 日内向主管税务机关报送《海关完税凭证抵扣清单》，申请稽核比对。

自 2009 年 3 月 1 日起，将取消增值税发票认证的纳税人范围扩大至全部一般纳税人。一般纳税人取得增值税发票（包括增值税专用发票、机动车销售统一发票、收费公路通行费增值税电子普通发票，下同）后，可以自愿使用增值税发票选择确认平台查询、选择用于申报抵扣、出口退税或者代办退税的增值税发票信息。

3. 逾期扣税凭证的税务处理

对增值税一般纳税人发生真实交易但由于客观原因造成增值税扣税凭证逾期的，经主管税务机关审核、逐级上报，由国家税务总局认证、稽核比对后，对比对相符的增值税扣税凭证，允许纳税人继续抵扣其进项税额。增值税一般纳税人由于除规定的客观原因以外的其他原因造成增值税扣税凭证逾期的，仍应按照增值税扣税凭证抵扣期限有关规定执行。

增值税扣税凭证，包括增值税专用发票、海关进口增值税专用缴款书和公路内河货物运输业统一发票。

客观原因包括如下类型：

（1）因自然灾害、社会突发事件等不可抗力因素造成增值税扣税凭证逾期。

（2）增值税扣税凭证被盗、被抢，或者因邮寄丢失、误递导致逾期。

（3）有关司法、行政机关在办理业务或者检查中，扣押增值税扣税凭证，纳税人不能正常履行申报义务，或者税务机关信息系统、网络故障，未能及时处理纳税人网上认证数据等导致增值税扣税凭证逾期。

（4）买卖双方因经济纠纷，未能及时传递增值税扣税凭证，或者纳税人变更纳税地点，注销旧户和重新办理税务登记的时间过长，导致增值税扣税凭证逾期。

（5）由于企业办税人员伤亡、突发危重疾病或者擅自离职，未能办理交接手续，导致增值税扣税凭证逾期。

（6）国家税务总局规定的其他情形。

2017 年 10 月 13 日，国家税务总局印发《国家税务总局关于进一步优化增值税、消费税有关涉税事项办理程序的公告》，增值税一般纳税人发生真实交易但由于客观原因造成增值税扣税凭证未能按照规定期限办理认证，允许纳税人继续抵扣进项税额的审批权限发生了重大变化。自 2018 年 1 月 1 日起，增值税一般纳税人发生真实交易但由于客观原因造成增值税扣税凭证（包括增值税专用发票、海关进口增值税专用缴款书和机动车销售统一发票）未能按照规定期限办理认证、确认或者稽核比对的，经主管税务机关核实、逐级上报，由省税务局认证并稽核比对后，对比对相符的增值税扣税凭证，允许纳税人继续抵扣其进项税额。

4. 销项税额不足抵扣的税务处理

一般计税方法的应纳税额是指当期销项税额抵扣当期进项税额后的余额。当期销项税额小于当期进项税额不足抵扣时，其不足部分可以结转下期继续抵扣。符合条件的，可以申请退税。

（五）留抵税额的税务处理

我国针对留抵税额的税务处理不同阶段的做法不尽相同。增值税实施以来，纳税人当期销项税额小于当期进项税额不足抵扣时，抵扣不完的进项税额直接作留抵税额，结转下期继续抵扣。

2016 年 5 与 1 日全面实施"营改增"时，《营业税改征增值税试点有关事项的规定》（财税

〔2016〕36 号)中明确规定,原增值税一般纳税人兼有销售服务、无形资产或者不动产的,截止到纳入"营改增"试点之日前的增值税期末留抵税额,不得从销售服务、无形资产或者不动产的销项税额中抵扣。

2018 年 6 与 27 日,为助力经济高质量发展,《财政部　税务总局关于 2018 年退还部分行业增值税留抵税额有关税收政策的通知》(财税〔2018〕70 号)发布了,2018 年对部分行业增值税期末留抵税额予以退还。按照国民经济行业分类,装备制造等先进制造业和研发等现代服务业包括专用设备制造业、研究和试验发展等 18 个大类行业中《中国制造 2025》明确的新一代信息技术、高档数控机床和机器人、航空航天装备、海洋工程装备及高技术船舶、先进轨道交通装备、节能与新能源汽车、电力装备、农业机械装备、新材料、生物医药及高性能医疗器械等 10 个重点领域和高新技术企业、技术先进型服务企业、科技型中小企业以及取得电力业务许可证(输电类、供电类)的全部电网企业,对于这些领域的企业,其纳税人的纳税信用等级为 A 级或 B 级的,经纳税人向主管税务机关申请退还期末留抵税额,当期退还的期末留抵税额,以纳税人申请退税上期的期末留抵税额和退还比例计算,并以纳税人 2017 年年底期末留抵税额为上限。

2019 年 3 月 20 日,《财政部　税务总局　海关总署关于深化增值税改革有关政策的公告》(财政部　税务总局　海关总署公告 2019 年第 39 号)发布,自 2019 年 4 月 1 日起,试行增值税期末留抵税额退税制度。

(1) 同时符合以下条件的纳税人,可以向主管税务机关申请退还增量留抵税额:

① 自 2019 年 4 月税款所属期起,连续 6 个月(按季纳税的,连续两个季度)增量留抵税额均大于零,且第 6 个月增量留抵税额不低于 50 万元;

② 纳税信用等级为 A 级或者 B 级;

③ 申请退税前 36 个月未发生骗取留抵退税、出口退税或虚开增值税专用发票情形的;

④ 申请退税前 36 个月未因偷税被税务机关处罚两次及以上的;

⑤ 自 2019 年 4 月 1 日起未享受即征即退、先征后返(退)政策的。

(2) 本公告所称增量留抵税额是指与 2019 年 3 月底相比新增加的期末留抵税额。

(3) 纳税人当期允许退还的增量留抵税额,按照以下公式计算:

$$允许退还的增量留抵税额 = 增量留抵税额 \times 进项构成比例 \times 60\%$$

进项构成比例,为 2019 年 4 月至申请退税前一税款所属期内已抵扣的增值税专用发票(含税控机动车销售统一发票)、海关进口增值税专用缴款书、解缴税款完税凭证注明的增值税额占同期全部已抵扣进项税额的比重。

(4) 纳税人应在增值税纳税申报期内,向主管税务机关申请退还留抵税额。

(5) 纳税人出口货物劳务、发生跨境应税行为,适用免抵退税办法的,办理免抵退税后,仍符合本公告规定条件的,可以申请退还留抵税额;适用免退税办法的,相关进项税额不得用于退还留抵税额。

(6) 纳税人取得退还的留抵税额后,应相应调减当期留抵税额。按照本条规定再次满足退税条件的,可以继续向主管税务机关申请退还留抵税额,但本条第(1)项第①点规定的连续期间,不得重复计算。

(7) 以虚增进项、虚假申报或其他欺骗手段,骗取留抵退税款的,由税务机关追缴其骗取的退税款,并按照《税收征管法》等有关规定处理。

（8）退还的增量留抵税额由中央、地方分担机制另行通知。

【例2-5】 某服装厂系增值税一般纳税人，2019年7月份发生如下经济业务：

（1）购进布料一批，取得增值税专用发票上注明价款300万元、税金39万元；购进生产设备两台，取得增值税专用发票上注明价款20万元、税金2.6万元；取得甲运输公司开具的货物运输业增值税专用发票上注明运费0.5万元、税金0.045万元；购进新建仓库用钢材，取得增值税专用发票上注明价款60万元、税金7.8万元，取得乙运输公司开具的货物运输业增值税专用发票上注明运费2万元、税金0.18万元。

（2）本月销售服装，开具增值税专用发票注明价款合计1 000万元，该厂门市部直接销售给消费者个人服装收取现金收入合计11.3万元。

（3）本月将新款服装一批，发给职工作为福利，该批服装生产成本25万元，市场不含税售价为40万元。

根据上述资料计算确定该企业应纳的增值税。

解析：

（1）当月新建仓库共发生进项税额7.98万元（7.8＋0.18）。

（2）当月合计可抵扣的进项税额＝39＋2.6＋0.045＋7.98＝49.625（万元）。

（3）当月销项税额＝1 000×13％＋11.3÷（1＋13％）×13％＋40×13％＝136.5（万元）。

（4）当月应纳增值税＝136.4－49.625＝86.875（万元）。

三、增值税简易计税方法应纳税额的计算

（一）应纳税额的计算

简易计税方法的应纳税额是指按照销售额和增值税征收率计算的增值税额，不得抵扣进项税额。应纳税额计算公式为：

$$应纳税额 ＝ 销售额 × 征收率$$

简易计税方法的销售额不包括其应纳税额，纳税人采用销售额和应纳税额合并定价方法的，按照下列公式计算销售额：

$$销售额 ＝ 含税销售额 ÷ （1＋征收率）$$

纳税人适用简易计税方法计税的，因销售折让、中止或者退回而退还给购买方的销售额，应当从当期销售额中扣减。扣减当期销售额后仍有余额造成多缴的税款，可以从以后的应纳税额中扣减。

【例2-6】 某商场为增值税小规模纳税人，按季纳税。2019年7月经查账确定该商场第二季度食品饮料销售收入186 000元，小商品销售收入204 600元，当季进货取得的增值税发票注明的增值税税款7 600元，试计算该商场的应纳增值税。

解析：该商场应纳增值税＝（186 000＋204 600）÷（1＋3％）×3％＝11 376.70（元）。

【例2-7】 某超市为增值税小规模纳税人，主管税务机关核定其按月纳税。2019年5月该超市取得食品销售收入20 600元，取得水果销售收入2 987元，当月进货取得增值税发票注明税款600元，该超市应纳增值税（　　）。

A. 87.00元　　　　　　B. 687.00元　　　　　　C. 707.61元　　　　　D. 免征增值税

解析:答案为 D。当月该超市的销售额未超过起征点 30 000 元,不用缴纳增值税。

(二) 简易计税方法的适用范围

小规模纳税人发生应税销售行为,按照简易办法计算应纳税额。一般纳税人发生财政部和国家税务总局规定的特定应税行为,可以选择适用简易计税方法计税,但一经选择,36 个月内不得变更。

一般纳税人适用简易计税的特定应税行为包括两部分:

(1) 2009 年 1 月 19 日,《财政部 国家税务总局关于部分货物适用增值税低税率和简易办法征收增值税政策的通知》(财税〔2009〕9 号)规定,一般纳税人销售自产的下列货物,可选择按简易办法依照 6% 征收率计算缴纳增值税:

① 县级及县级以下小型水力发电单位生产的电力。小型水力发电单位是指各类投资主体建设的装机容量为 5 万千瓦以下(含 5 万千瓦)的小型水力发电单位。

② 建筑用和生产建筑材料所用的砂、土、石料。

③ 以自己采掘的砂、土、石料或其他矿物连续生产的砖、瓦、石灰(不含粘土实心砖、瓦)。

④ 用微生物、微生物代谢产物、动物毒素、人或动物的血液或组织制成的生物制品。

⑤ 自来水。

⑥ 商品混凝土(仅限于以水泥为原料生产的水泥混凝土)。

一般纳税人选择简易办法计算缴纳增值税后,36 个月内不得变更。

自 2014 年 7 月 1 日起,将 6% 和 4% 的增值税征收率统一调整为 3%(国家税务总局公告 2014 年第 36 号)。

另外,属于增值税一般纳税人的单采血浆站销售非临床用人体血液,可以按照简易办法依照 3% 征收率计税;一般纳税人的自来水公司销售自来水按简易办法依照 3% 征收率征收增值税。但桶装饮用水不属于自来水,应按照 17% 的适用税率征收增值税。属于一般纳税人的药品经营企业销售生物制品、兽用药品经营企业销售兽用生物制品,可以选择简易计税方法计算缴纳增值税。

(2)《营业税改征增值税试点有关事项的规定》(财税〔2016〕36 号附件 1),规定一般纳税人发生下列应税行为可以选择适用简易计税方法计税:

① 公共交通运输服务,包括轮客渡、公交客运、地铁、城市轻轨、出租车、长途客运、班车。

班车是指按固定路线、固定时间运营并在固定站点停靠的运送旅客的陆路运输服务。

② 经认定的动漫企业为开发动漫产品提供的动漫脚本编撰、形象设计、背景设计、动画设计、分镜、动画制作、摄制、描线、上色、画面合成、配音、配乐、音效合成、剪辑、字幕制作、压缩转码(面向网络动漫、手机动漫格式适配)服务,以及在境内转让动漫版权(包括动漫品牌、形象或者内容的授权及再授权)。

③ 动漫企业和自主开发、生产动漫产品的认定标准和认定程序,按照《文化部 财政部 国家税务总局关于印发〈动漫企业认定管理办法(试行)〉的通知》(文市发〔2008〕51 号)的规定执行。

④ 电影放映服务、仓储服务、装卸搬运服务、收派服务和文化体育服务。

⑤ 以纳入"营改增"试点之日前取得的有形动产为标的物提供的经营租赁服务。

⑥ 在纳入"营改增"试点之日前签订的尚未执行完毕的有形动产租赁合同。

⑦ 建筑服务。

A. 一般纳税人以清包工方式提供的建筑服务,可以选择适用简易计税方法计税。

以清包工方式提供建筑服务是指施工方不采购建筑工程所需的材料或只采购辅助材料,并收取人工费、管理费或者其他费用的建筑服务。

B. 一般纳税人为甲供工程提供的建筑服务,可以选择适用简易计税方法计税。

甲供工程是指全部或部分设备、材料、动力由工程发包方自行采购的建筑工程。

C. 一般纳税人为建筑工程老项目提供的建筑服务,可以选择适用简易计税方法计税。

⑧ 销售不动产。

A. 一般纳税人销售其 2016 年 4 月 30 日前取得(不含自建)的不动产,可以选择适用简易计税方法,以取得的全部价款和价外费用减去该项不动产购置原价或者取得不动产时的作价后的余额为销售额,按照 5% 的征收率计算应纳税额。纳税人应按照上述计税方法在不动产所在地预缴税款后,向机构所在地主管税务机关进行纳税申报。

B. 一般纳税人销售其 2016 年 4 月 30 日前自建的不动产,可以选择适用简易计税方法,以取得的全部价款和价外费用为销售额,按照 5% 的征收率计算应纳税额。纳税人应按照上述计税方法在不动产所在地预缴税款后,向机构所在地主管税务机关进行纳税申报。

C. 房地产开发企业中的一般纳税人,销售自行开发的房地产老项目,可以选择适用简易计税方法按照 5% 的征收率计税。

⑨ 不动产经营租赁服务。

A. 一般纳税人出租其 2016 年 4 月 30 日前取得的不动产,可以选择适用简易计税方法,按照 5% 的征收率计算应纳税额。纳税人出租其 2016 年 4 月 30 日前取得的与机构所在地不在同一县(市)的不动产,应按照上述计税方法在不动产所在地预缴税款后,向机构所在地主管税务机关进行纳税申报。

B. 公路经营企业中的一般纳税人收取试点前开工的高速公路的车辆通行费,可以选择适用简易计税方法,减按 3% 的征收率计算应纳税额。

试点前开工的高速公路是指相关施工许可证明上注明的合同开工日期在 2016 年 4 月 30 日前的高速公路。

(3) 2016 年 4 月 30 日,财政部、国家税务总局发布的《关于进一步明确全面推开营改增试点有关劳务派遣服务、收费公路通行费抵扣等政策的通知》(财税〔2016〕47 号)规定:

① 一般纳税人提供劳务派遣服务,可以选择差额纳税,按照简易计税方法依 5% 的征收率计算缴纳增值税。

② 一般纳税人收取试点前开工的一级公路、二级公路、桥、闸通行费,可以选择适用简易计税方法,按照 5% 的征收率计算缴纳增值税。

③ 一般纳税人提供人力资源外包服务,可以选择适用简易计税方法,按照 5% 的征收率计算缴纳增值税。

④ 纳税人转让 2016 年 4 月 30 日前取得的土地使用权,可以选择适用简易计税方法,以取得的全部价款和价外费用减去取得该土地使用权的原价后的余额为销售额,按照 5% 的征收率计算缴纳增值税。

⑤ 一般纳税人 2016 年 4 月 30 日前签订的不动产融资租赁合同,或以 2016 年 4 月 30 日前取得的不动产提供的融资租赁服务,可以选择适用简易计税方法,按照 5% 的征收率计算缴纳增值税。

（4）2016 年 6 月 18 日，《财政部　国家税务总局关于进一步明确全面推开营改增试点有关再保险、不动产租赁和非学历教育等政策的通知》（财税〔2016〕68 号）规定：

① 房地产开发企业中的一般纳税人，出租自行开发的房地产老项目，可以选择适用简易计税方法，按照 5% 的征收率计算应纳税额。纳税人出租自行开发的房地产老项目与其机构所在地不在同一县（市）的，应按照上述计税方法在不动产所在地预缴税款后，向机构所在地主管税务机关进行纳税申报。

② 一般纳税人提供非学历教育服务，可以选择适用简易计税方法按照 3% 征收率计算应纳税额。

③ 纳税人提供安全保护服务，比照劳务派遣服务政策执行。

（5）2016 年 12 月 21 日，《财政部　国家税务总局关于明确金融房地产开发教育辅助服务等增值税政策的通知》（财税〔2016〕140 号）规定：

① 非企业性单位中的一般纳税人提供的研发和技术服务、信息技术服务、鉴证咨询服务，以及销售技术、著作权等无形资产，可以选择简易计税方法按照 3% 征收率计算缴纳增值税。

非企业性单位中的一般纳税人提供免税的"技术转让、技术开发和与之相关的技术咨询、技术服务"，可以参照上述规定，选择简易计税方法按照 3% 征收率计算缴纳增值税。

② 一般纳税人提供教育辅助服务，可以选择简易计税方法按照 3% 征收率计算缴纳增值税。

③ 纳税人提供武装守护押运服务，按照"安全保护服务"缴纳增值税

（6）2016 年 8 月 19 日，《国家税务总局关于物业管理服务中收取的自来水水费增值税问题的公告》（国家税务总局公告 2016 年第 54 号）规定：

提供物业管理服务的纳税人，向服务接受方收取的自来水水费，以扣除纳税人支付的自来水水费后的余额为销售额，按照简易计税方法依 3% 的征收率计算缴纳增值税。同时，纳税人可以按 3% 向服务接受方开具增值税专用发票。

（7）2018 年 4 月 27 日，《财政部　海关总署　税务总局　国家药品监督管理局关于抗癌药品增值税政策的通知》（财税〔2018〕47 号）规定：

自 2018 年 5 月 1 日起，增值税一般纳税人生产销售和批发、零售抗癌药品，可选择按照简易办法依 3% 征收率计算缴纳增值税。上述纳税人选择简易办法计算缴纳增值税后，36 个月内不得变更。

【例 2-8】　增值税一般纳税人发生的下列业务中，可以选择适用简易计税方法的有（　）。

A. 提供装卸搬运服务　　　　　　　B. 提供文化体育服务

C. 提供公共交通运输服务　　　　　D. 提供税务咨询服务

解析：答案为 ABC。

（8）销售旧货及自己使用过的物品的税务处理。

根据增值税相关规定，一般纳税人和小规模纳税人销售旧货及自己使用过的物品可以依照 3% 征收率减按 2% 计征增值税：

① 纳税人销售旧货。

② 纳税人销售自己使用过的物品，按下列政策执行：

A. 一般纳税人销售自己使用过的属于《增值税暂行条例》第十条规定不得抵扣且未抵

扣进项税额的固定资产,包括纳税人购进或者自制固定资产时为小规模纳税人登记为一般纳税人后销售该固定资产及一般纳税人发生按简易办法征收增值税应税行为,销售其按照规定不得抵扣且未抵扣进项税额的固定资产。

B. 小规模纳税人(除其他个人外,下同)销售自己使用过的固定资产。

③"营改增"试点纳税人为一般纳税人,销售自己使用过的、纳入"营改增"试点之日前取得的固定资产。

上述纳税人销售自己使用过的固定资产、物品和旧货依照 3% 征收率减按 2% 征收增值税的,按下列公式确定销售额和应纳税额:

$$销售额 = 含增值税销售额 \div (1+3\%)$$
$$应纳税额 = 销售额 \times 2\%$$

按上述规定缴纳增值税的纳税人应当开具增值税普通发票,如果纳税人放弃减税按照简易办法依 3% 征收率缴纳增值税,可以开具增值税专用发票。

旧货是指进入二次流通的具有部分使用价值的货物(含旧汽车、旧摩托车和旧游艇),但不包括自己使用过的物品。固定资产是指使用期限超过 12 个月的机器、机械、运输工具以及其他与生产经营有关的设备、工具、器具等有形动产。使用过的固定资产是指纳税人根据财务会计制度已经计提折旧的固定资产。

【例 2-9】 某宾馆为增值税一般纳税人,2019 年 5 月,将一批旧空调进行了处理,取得价款 41 200 元。该空调原值 180 000 元,已提折旧 160 000 元。试确定其应纳增值税。

解析:该批空调的应纳增值税取决于空调的取得时间及其进项税额是否抵扣:

(1)如果空调的取得时间为 2016 年 3 月,由于当时尚未实行"营改增",故其进项税额不能抵扣,企业也不可能抵扣进项税额。

$$该宾馆应纳增值税 = 41\,200 \div (1+3\%) \times 2\% = 800(元)$$

(2)如果空调的取得时间为 2017 年 4 月,并取得了对方开具的税率为 17% 增值税的专用发票。由于已全面"营改增",故其进项税额可以抵扣,即使企业并未抵扣进项税额其空调也应按照税率计算纳税。

$$该宾馆应纳增值税 = 41\,200 \div (1+17\%) \times 17\% = 5\,986.32(元)$$

(3)如果空调的取得时间为 2018 年 6 月,并取得了对方开具的税率为 16% 的增值税专用发票。由于已全面实行"营改增",故其进项税额可以抵扣,即使企业并未抵扣进项税额,其空调也应按照税率计算纳税。

$$该宾馆应纳增值税 = 41\,200 \div (1+16\%) \times 16\% = 5\,682.76(元)$$

(4)某宾馆为增值税小规模纳税人,在上述三个时间点取得该项资产,增值税的计算都是一样的。

$$该宾馆该项业务应缴纳增值税 = 41\,200 \div (1+3\%) \times 2\% = 800(元)$$

四、进口货物应纳税额的计算

纳税人进口货物,按照组成计税价格和规定的税率计算应纳税额。组成计税价格和应纳税额计算公式为:

$$组成计税价格 = 关税完税价格 + 关税 + 消费税$$
$$应纳税额 = 组成计税价格 × 税率$$

进口货物的关税完税价格,由海关以该货物的成交价格为基础审查确定,并应当包括货物运抵中华人民共和国境内输入地点起卸前的运输及其相关费用、保险费。进口货物的成交价格是指卖方向中华人民共和国境内销售该货物时买方为进口该货物向卖方实付、应付的,并且按照规定调整后的价款总额,包括直接支付的价款和间接支付的价款。关税按完税价格和关税税率计算。组成计税价格的计算公式为:

$$组成计税价格 = 关税完税价格 ×(1 + 关税税率)+ 消费税$$

由于消费税的计税方法包括从量计税、从价计税和复合计税三种,因此加计消费税的方法也不相同,除了从量计税可以直接计算以外,从价计税的应税消费品增值税组成计税价格的计算公式为:

$$组成计税价格 = 关税完税价格 ×(1 + 关税税率)÷(1 - 消费税比例税率)$$

复合计税的卷烟和白酒的增值税组成计税价格的计算公式为:

$$组成计税价格 = [关税完税价格 ×(1 + 关税税率)+ 定额消费税额]÷(1 - 消费税比例税率)$$

【例2-10】 ZZL公司为增值税一般纳税人,主要从事通用机械设备的生产和销售,2019年10月29日从俄罗斯进口钢材一批,支付给国外的购货款189万元。第一卸货口岸为秦皇岛港,到达秦皇岛港以前的运输装卸费17万元、保险费14万元。从秦皇岛港运往ZZL公司所在地又发生运费12万元,装卸等杂费8万元,保险费5万元。该批钢材关税税率7%。试计算ZZL公司进口环节的应纳增值税。

解析:关税完税价格=189+17+14=220(万元)

组成计税价格=220×(1+7%)=235.4(万元)

进口环节的应纳增值税=235.4×13%=30.602(万元)

五、扣缴计税方法应纳税额的计算

境外单位或者个人在境内发生应税行为,在境内未设有经营机构的,扣缴义务人按照下列公式计算应扣缴税额:

$$应扣缴税额 = 购买方支付的价款 ÷(1 + 税率)× 税率$$

六、加重计税方法应纳税额的计算

纳税人有下列情形之一者,应按销售额依照增值税税率计算应纳税额,不得抵扣进项税额,也不得使用增值税专用发票:

(1)一般纳税人会计核算不健全,或者不能够提供准确税务资料的。

(2)除可选择按小规模纳税人纳税的企业外,纳税人销售额超过小规模纳税人标准,未申请办理一般纳税人认定手续的。

纳税人在年应税销售额超过规定标准的月份(或季度)的所属申报期结束后15日内按照规定办理相关登记手续;未按规定时限办理的,主管税务机关应当在规定时限结束后5日内制作《税务事项通知书》,告知纳税人应当在5日内向主管税务机关办理相关手续;逾期仍不办理的,次月起按销售额依照增值税税率计算应纳税额,不得抵扣进项税额,直至纳税人办理相关手续为止。

第六节　出口货物和应税服务退(免)税与征税

出口货物、劳务和跨境应税行为退(免)税是国际通行做法,是鼓励出口公平竞争的税收措施,即对出口货物、劳务和跨境应税行为应承担或已承担的增值税和消费税实行免征或退还。

《增值税暂行条例》第二条第四款规定,纳税人出口货物,税率为零;但是,国务院另有规定的除外。《关于全面推开营业税改征增值税试点的通知》规定,境内的单位和个人销售的国际运输服务、航天运输服务、向境外单位提供的完全在境外消费的研发服务、合同能源管理服务、设计服务、广播影视节目(作品)的制作和发行服务、软件服务、电路设计及测试服务、信息系统服务、业务流程管理服务、离岸服务外包业务、转让技术和无形资产,适用增值税零税率。

零税率的基本含义有两层:其一是对出口环节的销售货物、劳务和跨境应税行为免征增值税;其二是对出口环节的销售货物、劳务和跨境应税行为以前环节所负担的增值税进项税额予以退还。因此,零税率不同于免税,免税往往指在某一环节免税,而零税率是指整体税负为0,意味着出口环节免税且退还以前纳税环节的已纳税额,这就是所谓的"出口退税"。目前,我国政府针对出口货物、劳务和跨境应税行为在遵循"征多少,退多少""未征不退和彻底退税的原则"基础上制定了不同的增值税退(免)税政策与处理办法。

一、出口货物、劳务和跨境应税行为退(免)增值税基本政策

我国出口货物、劳务和跨境应税行为的增值税退(免)税政策包括以下三种。

(一)出口免税并退税

相当于《财政部　国家税务总局关于出口货物劳务增值税和消费税政策的通知》(财税〔2012〕39号,以下简称《关于出口货物劳务增值税和消费税政策的通知》)中"适用增值税退(免)政策的范围"。出口免税是指货物、劳务和跨境应税行为在出口销售环节免征增值税,也就是将货物、劳务和跨境应税行为的出口环节与出口前的销售环节均视为一个纳税环节;出口退税是指对于货物、劳务和跨境应税行为在出口前实际承担的增值税进项税额,按规定的退税率计算并予以退还。

(二)出口免税但不退税

相当于《关于出口货物劳务增值税和消费税政策的通知》中"适用增值税免税政策的范围"。出口免税是指货物、劳务和跨境应税行为在出口销售环节免征增值税。出口不退税是指适用这个政策的出口货物、劳务和跨境应税行为因在前一道生产、销售或进口环节是免税的,因此,出口时该货物、劳务和跨境应税行为的价格中本身就不含税,也无须退税。

(三)出口既不免税也不退税

相当于《关于出口货物劳务增值税和消费税政策的通知》中"适用增值税征税政策的范围"。出口不免税是指对国家限制或禁止出口的某些货物、劳务和跨境应税行为的出口环节视同内销环节,照常征税;出口不退税是指对这些货物、劳务和跨境应税行为出口时不退还其出口前所负担的增值税。

二、出口货物、劳务和跨境应税行为增值税退(免)税政策

(一)适用增值税退税政策的出口货物劳务

对下列出口货物劳务,除适用增值税免税政策和适用增值税征税政策的出口货物、劳务外,实行免征和退还增值税[以下称增值税退(免)税]政策。

1. 出口企业出口货物

出口企业是指依法办理工商登记、税务登记、对外贸易经营者备案登记,自营或委托出口货物的单位或个体工商户,以及依法办理工商登记、税务登记但未办理对外贸易经营者备案登记,委托出口货物的生产企业。

出口货物是指向海关报关后实际离境并销售给境外单位或个人的货物,分为自营出口货物和委托出口货物两类。

生产企业是指具有生产能力(包括加工修理修配能力)的单位或个体工商户。

2. 出口企业或其他单位视同出口货物

出口企业或其他单位视同出口货物具体是指:

(1)出口企业对外援助、对外承包、境外投资的出口货物。

(2)出口企业经海关报关进入国家批准的出口加工区、保税物流园区、保税港区、综合保税区、珠澳跨境工业区(珠海园区)、中哈霍尔果斯国际边境合作中心(中方配套区域)、保税物流中心(B型,以下统称特殊区域)并销售给特殊区域内单位或境外单位、个人的货物。

(3)免税品经营企业销售的货物(国家规定不允许经营和限制出口的货物、卷烟和超出免税品经营企业法人营业执照规定经营范围的货物除外)。具体是指:

① 中国免税品(集团)有限责任公司向海关报关运入海关监管仓库,专供其经国家批准设立的统一经营、统一组织进货、统一制定零售价格、统一管理的免税店销售的货物。

② 国家批准的除中国免税品(集团)有限责任公司外的免税品经营企业,向海关报关运入海关监管仓库,专供其所属的首都机场口岸海关隔离区内的免税店销售的货物。

③ 国家批准的除中国免税品(集团)有限责任公司外的免税品经营企业所属的上海虹桥、浦东机场海关隔离区内的免税店销售的货物。

(4)出口企业或其他单位销售给用于国际金融组织或外国政府贷款国际招标建设项目的中标机电产品(以下称中标机电产品)。上述中标机电产品,包括外国企业中标再分包给出口企业或其他单位的机电产品。

(5)出口企业或其他单位销售给国际运输企业用于国际运输工具上的货物。上述规定暂仅适用于外轮供应公司、远洋运输供应公司销售给外轮、远洋国轮的货物,国内航空供应公司生产销售给国内和国外航空公司国际航班的航空食品。

(6)出口企业或其他单位销售给特殊区域内生产企业生产耗用且不向海关报关而输入特殊区域的水(包括蒸汽)、电力、燃气(以下称输入特殊区域的水电气)。

除《关于出口货物劳务增值税和消费税政策的通知》及财政部和国家税务总局另有规定外,视同出口货物适用出口货物的各项规定。

3. 出口企业对外提供加工修理修配劳务

对外提供加工修理修配劳务是指对进境复出口货物或从事国际运输的运输工具进行的加工修理修配。

4. 融资租赁出口货物

根据《财政部　国家税务总局关于在全国开展融资租赁货物出口退税政策试点的通知》（财税〔2014〕62号）对融资租赁出口货物试行退税政策。

（1）对融资租赁出口货物试行退税政策。对融资租赁企业、金融租赁公司及其设立的项目子公司（以下统称融资租赁出租方），以融资租赁方式租赁给境外承租人且租赁期限在5年（含）以上，并向海关报关后实际离境的货物，试行增值税、消费税出口退税政策。

融资租赁出口货物的范围，包括飞机、飞机发动机、铁道机车、铁道客车车厢、船舶及其他货物，具体应符合《增值税暂行条例实施细则》第二十一条"固定资产"的相关规定。

（2）对融资租赁海洋工程结构物试行退税政策。对融资租赁出租方购买的，并以融资租赁方式租赁给境内列名海上石油天然气开采企业且租赁期限在5年（含）以上的国内生产企业生产的海洋工程结构物，视同出口，试行增值税、消费税出口退税政策。

海洋工程结构物范围、退税率以及海上石油天然气开采企业的具体范围按照《关于出口货物劳务增值税和消费税政策的通知》有关规定执行。

（3）上述融资租赁出口货物和融资租赁海洋工程结构物不包括在海关监管年限内的进口减免税货物。

融资租赁企业，仅包括金融租赁公司、经商务部批准设立的外商投资融资租赁公司、经商务部和国家税务总局共同批准开展融资业务试点的内资融资租赁企业、经商务部授权的省级商务主管部门和国家经济技术开发区批准的融资租赁公司。金融租赁公司仅包括经中国银保监会批准设立的金融租赁公司。

融资租赁是指具有融资性质和所有权转移特点的有形动产租赁活动。即出租人根据承租人所要求的规格、型号、性能等条件购入有形动产租赁给承租人，合同期内有形动产所有权属于出租人，承租人只拥有使用权，合同期满付清租金后，承租人有权按照残值购入有形动产，以拥有其所有权。不论出租人是否将有形动产残值销售给承租人，均属于融资租赁。

（二）增值税退（免）税办法

适用增值税退（免）税政策的出口货物劳务，按照下列规定实行增值税免抵退税或免退税办法。

1. 免抵退税办法

生产企业出口自产货物和视同自产货物对外提供加工修理修配劳务，以及列名生产企业出口非自产货物，免征增值税，相应的进项税额抵减应纳增值税额（不包括适用增值税即征即退、先征后退政策的应纳增值税），未抵减完的部分予以退还。

2. 免退税办法

不具有生产能力的出口企业（以下称外贸企业）或其他单位出口货物劳务，免征增值税，相应的进项税额予以退还。

对于跨境应税行为应根据以下规定确定适用免抵退税办法或者免退税办法：

（1）按照国家有关规定应取得相关资质的国际运输服务项目，纳税人取得相关资质的，适用增值税零税率政策，未取得的，适用增值税免税政策。

（2）境内的单位或个人提供程租服务，如果租赁的交通工具用于国际运输服务和港澳台运输服务，由出租方按规定申请适用增值税零税率。

（3）境内的单位和个人向境内单位或个人提供期租、湿租服务，如果承租方利用租赁的交通工具向其他单位或个人提供国际运输服务和港澳台运输服务，由承租方适用增值税零税率。境内的单位或个人向境外单位或个人提供期租、湿租服务,由出租方适用增值税零税率。

(4)境内单位和个人以无运输工具承运方式提供的国际运输服务,由境内实际承运人适用增值税零税率;无运输工具承运业务的经营者适用增值税免税政策。

(5)境内的单位和个人提供适用增值税零税率的服务或者无形资产,如果属于适用简易计税方法的,实行免征增值税办法。如果属于适用增值税一般计税方法的,生产企业实行免抵退税办法;外贸企业外购服务或者无形资产出口实行免退税办法;外贸企业直接将服务或自行研发的无形资产出口,视同生产企业连同其出口货物统一实行免抵退税办法。

实行退(免)税办法的服务和无形资产,如果主管税务机关认定出口价格偏高的,有权按照核定的出口价格计算退(免)税,核定的出口价格低于外贸企业购进价格的,低于部分对应的进项税额不予退税,转入成本。

境内的单位和个人销售适用增值税零税率的服务或无形资产的,可以放弃适用增值税零税率,选择免税或按规定缴纳增值税。放弃适用增值税零税率后,36个月内不得再申请适用增值税零税率。

(三)增值税出口退税率

(1)除财政部和国家税务总局根据国务院决定而明确的增值税出口退税率(以下称退税率)外,出口货物的退税率为其适用税率。国家税务总局根据上述规定将退税率通过出口货物劳务退税率文库予以发布,供征纳双方执行。退税率有调整的,除另有规定外,其执行时间以货物(包括被加工修理修配的货物)出口货物报关单(出口退税专用)上注明的出口日期为准。

服务或无形资产的退税率为其按照《增值税暂行条例》规定适用的增值税税率。

融资租赁出口货物适用的增值税退税率,按照统一的出口货物适用退税率执行。从增值税一般纳税人购进的按简易办法征税的融资租赁货物和从小规模纳税人购进的融资租赁货物,其适用的增值税退税率,按照购进货物适用的征收率和退税率孰低的原则确定。

(2)退税率的特殊规定:

① 外贸企业购进按简易办法征税的出口货物、从小规模纳税人购进的出口货物,其退税率分别为简易办法实际执行的征收率、小规模纳税人征收率。上述出口货物取得增值税专用发票的,退税率按照增值税专用发票上的税率和出口货物退税率孰低的原则确定。

② 出口企业委托加工修理修配货物,其加工修理修配费用的退税率,为出口货物的退税率。

③ 中标机电产品、出口企业向海关报关进入特殊区域销售给特殊区域内生产企业生产耗用的列名原材料、输入特殊区域的水电气,其退税率为适用税率。如果国家调整列名原材料的退税率,列名原材料应当自调整之日起按调整后的退税率执行。

④ 海洋工程结构物退税率的适用。

(3)适用不同退税率的货物、劳务,应分开报关、核算并申报退(免)税,未分开报关、核算或划分不清的,从低适用退税率。

(四)增值税退(免)税的计税依据

出口货物、劳务的增值税退(免)税的计税依据,按出口货物、劳务的出口发票(外销发票)、其他普通发票或购进出口货物劳务的增值税专用发票、海关进口增值税专用缴款书确定。

跨境应税行为的计税依据按照《适用增值税零税率应税服务退（免）税管理办法》（国家税务总局公告 2014 第 11 号）执行。

《关于出口货物劳务增值税和消费税政策的通知》对计税依据的规定如下：

（1）生产企业出口货物、劳务（进料加工复出口货物除外）增值税退（免）税的计税依据，为出口货物劳务的实际离岸价（FOB）。实际离岸价应以出口发票上的离岸价为准，但如果出口发票不能反映实际离岸价，主管税务机关有权予以核定。

（2）生产企业进料加工复出口货物增值税退（免）税的计税依据，按出口货物的离岸价（FOB）扣除出口货物所含的海关保税进口料件的金额后确定。

《关于出口货物劳务增值税和消费税政策的通知》所称海关保税进口料件，是指海关以进料加工贸易方式监管的出口企业从境外和特殊区域等进口的料件，包括出口企业从境外单位或个人购买并从海关保税仓库提取且办理海关进料加工手续的料件，以及保税区外的出口企业从保税区内的企业购进并办理海关进料加工手续的进口料件。

（3）生产企业国内购进无进项税额且不计提进项税额的免税原材料加工后出口的货物的计税依据，按出口货物的离岸价（FOB）扣除出口货物所含的国内购进免税原材料的金额后确定。

（4）外贸企业出口货物（委托加工修理修配货物除外）增值税退（免）税的计税依据，为购进出口货物的增值税专用发票注明的金额或海关进口增值税专用缴款书注明的完税价格。

（5）外贸企业出口委托加工修理修配货物增值税退（免）税的计税依据，为加工修理修配费用增值税专用发票注明的金额。外贸企业应将加工修理修配使用的原材料（进料加工海关保税进口料件除外）作价销售给受托加工修理修配的生产企业，受托加工修理修配的生产企业应将原材料成本并入加工修理修配费用开具发票。

（6）出口进项税额未计算抵扣的已使用过的设备增值税退（免）税的计税依据，按下列公式确定：

$$\frac{退（免）税}{计税依据} = \frac{增值税专用发票上的金额或海关进口}{增值税专用缴款书注明的完税价格} \times \frac{已使用过的设备}{固定资产净值} \div \frac{已使用过的}{设备原值}$$

$$\frac{已使用过的设备}{固定资产净值} = \frac{已使用过的}{设备原值} - \frac{已使用过的设备}{已提累计折旧}$$

《关于出口货物劳务增值税和消费税政策的通知》所称已使用过的设备，是指出口企业根据财务会计制度已经计提折旧的固定资产。

（7）免税品经营企业销售的货物增值税退（免）税的计税依据，为购进货物的增值税专用发票注明的金额或海关进口增值税专用缴款书注明的完税价格。

（8）中标机电产品增值税退（免）税的计税依据，生产企业为销售机电产品的普通发票注明的金额，外贸企业为购进货物的增值税专用发票注明的金额或海关进口增值税专用缴款书注明的完税价格。

（9）生产企业向海上石油天然气开采企业销售的自产的海洋工程结构物增值税退（免）税的计税依据，为销售海洋工程结构物的普通发票注明的金额。

（10）输入特殊区域的水电气增值税退（免）税的计税依据，为作为购买方的特殊区域内生产企业购进水（包括蒸汽）、电力、燃气的增值税专用发票注明的金额。

（11）跨境应税行为的退免税的计税依据按下列规定执行：

① 实行免抵退税办法的退(免)税计税依据。

A. 以铁路运输方式载运旅客的,为按照铁路合作组织清算规则清算后的实际运输收入;

B. 以铁路运输方式载运货物的,为按照铁路运输进款清算办法,对"发站"或"到站(局)"名称包含"境"字的货票上注明的运输费用以及直接相关的国际联运杂费清算后的实际运输收入;

C. 以航空运输方式载运货物或旅客的,如果国际运输或港澳台运输各航段由多个承运人承运的,为中国航空结算有限责任公司清算后的实际收入;如果国际运输或港澳台运输各航段由一个承运人承运的,为提供航空运输服务取得的收入;

D. 其他实行免抵退税办法的增值税零税率应税服务,为提供增值税零税率应税服务取得的收入。

② 实行免退税办法的退(免)税计税依据为购进应税服务的增值税专用发票或解缴税款的中华人民共和国税收缴款凭证上注明的金额。

实行退(免)税办法的应税服务,如果主管税务机关认定出口价格偏高的,有权按照核定的出口价格计算退(免)税;核定的出口价格低于外贸企业购进价格的,低于部分对应的进项税额不予退税,转入成本。

(五) 增值税免抵退税和免退税的计算

1. 生产企业出口货物劳务增值税免抵退税的计算

(1) 当期应纳税额的计算:

当期应纳税额=当期销项税额-(当期进项税额-当期不得免征和抵扣税额)

$$\text{当期不得免征和抵扣税额}=\text{当期出口货物离岸价}\times\text{外汇人民币折合率}\times\left(\text{出口货物适用税率}-\text{出口货物退税率}\right)-\text{当期不得免征和抵扣税额抵减额}$$

$$\text{当期不得免征和抵扣税额抵减额}=\text{当期免税购进原材料价格}\times\left(\text{出口货物适用税率}-\text{出口货物退税率}\right)$$

(2) 当期免抵退税额的计算:

$$\text{当期免抵退税额}=\text{当期出口货物离岸价}\times\text{外汇人民币折合率}\times\text{出口货物退税率}-\text{当期免抵退税额抵减额}$$

当期免抵退税额抵减额=当期免税购进原材料价格×出口货物退税率

(3) 当期应退税额和免抵税额的计算:

① 当期期末留抵税额≤当期免抵退税额,则:

当期应退税额=当期期末留抵税额

当期免抵税额=当期免抵退税额-当期应退税额

② 当期期末留抵税额＞当期免抵退税额,则:

当期应退税额=当期免抵退税额

当期免抵税额=0

当期期末留抵税额为当期增值税纳税申报表中"期末留抵税额"。

(4) 当期免税购进原材料价格包括当期国内购进的无进项税额且不计提进项税额的免税原材料的价格和当期进料加工保税进口料件的价格,其中当期进料加工保税进口料件的价格为组成计税价格。

当期进料加工保税进口料件的组成计税价格＝当期进口料件到岸价格＋海关实征关税＋海关实征消费税

① 采用"实耗法"的,当期进料加工保税进口料件的组成计税价格为当期进料加工出口货物耗用的进口料件组成计税价格。其计算公式为:

$$当期进料加工保税进口料件的组成计税价格＝当期进料加工出口货物离岸价×外汇人民币折合率×计划分配率$$

$$计划分配率＝计划进口总值÷计划出口总值×100\%$$

实行纸质手册和电子化手册的生产企业,应根据海关签发的加工贸易手册或加工贸易电子化纸质单证所列的计划进出口总值计算计划分配率。

实行电子账册的生产企业,计划分配率按前一期已核销的实际分配率确定;新启用电子账册的,计划分配率按前一期已核销的纸质手册或电子化手册的实际分配率确定。

② 采用"购进法"的,当期进料加工保税进口料件的组成计税价格为当期实际购进的进料加工进口料件的组成计税价格。

若当期实际不得免征和抵扣税额抵减额大于当期出口货物离岸价×外汇人民币折合率×(出口货物适用税率－出口货物退税率)的,则:

$$\begin{matrix}当期不得免征和\\抵扣税额抵减额\end{matrix}＝\begin{matrix}当期出口\\货物离岸价\end{matrix}×\begin{matrix}外汇人民\\币折合率\end{matrix}×\left(\begin{matrix}出口货物\\适用税率\end{matrix}－\begin{matrix}出口货物\\退税率\end{matrix}\right)$$

2. 外贸企业出口货物、劳务增值税免退税的计算

(1) 外贸企业出口委托加工修理修配货物以外的货物:

$$增值税应退税额＝增值税退(免)税计税依据×出口货物退税率$$

(2) 外贸企业出口委托加工修理修配货物:

$$\begin{matrix}出口委托加工修理修配\\货物的增值税应退税额\end{matrix}＝\begin{matrix}委托加工修理修配的增\\值税退(免)税计税依据\end{matrix}×\begin{matrix}出口货物\\退税率\end{matrix}$$

3. 退税率低于适用税率的计算

退税率低于适用税率的,相应计算出的差额部分的税款计入出口货物、劳务成本。

4. 既有适用增值税免抵退项目,也有增值税即征即退、先征后退项目

出口企业既有适用增值税免抵退项目,也有增值税即征即退、先征后退项目的,增值税即征即退和先征后退项目不参与出口项目免抵退税计算。出口企业应分别核算增值税免抵退项目和增值税即征即退、先征后退项目,并分别申请享受增值税即征即退、先征后退和免抵退税政策。

用于增值税即征即退或者先征后退项目的进项税额无法划分的,按照下列公式计算:

$$\begin{matrix}无法划分进项税额中用于增值税即\\征即退或者先征后退项目的部分\end{matrix}＝\begin{matrix}当月无法划分的\\全部进项税额\end{matrix}×\begin{matrix}当月增值税即征即退或者\\先征后退项目销售额\end{matrix}÷\begin{matrix}当月全部销售额、\\营业额合计\end{matrix}$$

5. 融资租赁出口货物退税的计算

融资租赁出租方将融资租赁出口货物租赁给境外承租方、将融资租赁海洋工程结构物租赁给海上石油天然气开采企业,向融资租赁出租方退还其购进租赁货物所含增值税。融资租赁出口货物、融资租赁海洋工程结构物(以下统称融资租赁货物)属于消费税应税消费品的,向融资租赁出租方退还前一环节已征的消费税。其计算公式为:

$$\begin{array}{l} \text{增值税应} \\ \text{退税额} \end{array} = \begin{array}{l} \text{购进融资租赁货物的增值税专用发票注明的金额} \\ \text{或海关(进口增值税)专用缴款书注明的完税价格} \end{array} \times \begin{array}{l} \text{融资租赁货物适} \\ \text{用的增值税退税率} \end{array}$$

融资租赁出口货物适用的增值税退税率,按照统一的出口货物适用退税率执行。从增值税一般纳税人购进的按简易办法征税的融资租赁货物和从小规模纳税人购进的融资租赁货物,其适用的增值税退税率,按照购进货物适用的征收率和退税率孰低的原则确定。

三、出口货物、劳务和跨境应税行为增值税免税政策

对符合下列条件的出口货物、劳务,除适用增值税征税政策的出口货物、劳务外,按下列规定实行免征增值税(以下称增值税免税)政策。

(一)增值税免税政策适用范围
适用增值税免税政策的出口货物、劳务,是指以下内容。

1. 出口企业或其他单位出口规定的货物

(1)增值税小规模纳税人出口的货物。

(2)避孕药品和用具,古旧图书。

(3)软件产品。其具体范围是指海关税则号前四位为"9803"的货物。

(4)含黄金、铂金成分的货物,钻石及其饰品。

(5)国家计划内出口的卷烟。

(6)已使用过的设备。其具体范围是指购进时未取得增值税专用发票、海关进口增值税专用缴款书但其他相关单证齐全的已使用过的设备。

(7)非出口企业委托出口的货物。

(8)非列名生产企业出口的非视同自产货物。

(9)农业生产者自产农产品[农产品的具体范围按照《农业产品征税范围注释》(财税〔1995〕52号)印发的规定执行]。

(10)油画、花生果仁、黑大豆等财政部和国家税务总局规定的出口免税的货物。

(11)外贸企业取得普通发票、废旧物资收购凭证、农产品收购发票、政府非税收入票据的货物。

(12)来料加工复出口的货物。

(13)特殊区域内的企业出口的特殊区域内的货物。

(14)以人民币现金作为结算方式的边境地区出口企业从所在省(自治区)的边境口岸出口到接壤国家的一般贸易和边境小额贸易出口货物。

(15)以旅游购物贸易方式报关出口的货物。

2. 出口企业或其他单位视同出口的货物和劳务

(1)国家批准设立的免税店销售的免税货物[包括进口免税货物和已实现退(免)税的货物]。

(2)特殊区域内的企业为境外的单位或个人提供加工修理修配劳务。

(3)同一特殊区域、不同特殊区域内的企业之间销售特殊区域内的货物。

3. 出口企业或其他单位未按规定申报或未补齐增值税退(免)税凭证的出口货物、劳务
具体是指:

(1)未在国家税务总局规定的期限内申报增值税退(免)税的出口货物、劳务。

(2)未在规定期限内申报开具《代理出口货物证明》的出口货物、劳务。

（3）已申报增值税退（免）税,却未在国家税务总局规定的期限内向税务机关补齐增值税退（免）税凭证的出口货物、劳务。

对于适用增值税免税政策的出口货物、劳务,出口企业或其他单位可以依照现行增值税有关规定放弃免税,并依照《关于出口货物劳务增值税和消费税政策的通知》第七条（适用增值税征税政策的出口货物、劳务）的规定缴纳增值税。

4. 境内的单位和个人销售的下列服务和无形资产免征增值税,但财政部和国家税务总局规定适用增值税零税率的除外

（1）下列服务:①工程项目在境外的建筑服务;②工程项目在境外的工程监理服务;③工程、矿产资源在境外的工程勘察勘探服务;④会议展览地点在境外的会议展览服务;⑤存储地点在境外的仓储服务;⑥标的物在境外使用的有形动产租赁服务;⑦在境外提供的广播影视节目（作品）的播映服务;⑧在境外提供的文化体育服务、教育医疗服务、旅游服务。

（2）为出口货物提供的邮政服务、收派服务、保险服务。为出口货物提供的保险服务,包括出口货物保险和出口信用保险。

（3）向境外单位提供的完全在境外消费的下列服务和无形资产:①电信服务;②知识产权服务;③物流辅助服务（仓储服务、收派服务除外）;④鉴证咨询服务;⑤专业技术服务;⑥商务辅助服务;⑦广告投放地在境外的广告服务;⑧无形资产。

（4）以无运输工具承运方式提供的国际运输服务。

（5）为境外单位之间的货币资金融通及其他金融业务提供的直接收费金融服务,且该服务与境内的货物、无形资产和不动产无关。

（6）财政部和国家税务总局规定的其他服务。

（二）进项税额的处理计算

（1）适用增值税免税政策的出口货物、劳务,其进项税额不得抵扣和退税,应当转入成本。

（2）出口卷烟,依下列公式计算:

$$\text{不得抵扣的进项税额} = \frac{\text{出口卷烟含消费税金额}}{\text{出口卷烟含消费税金额} + \text{内销卷烟销售额}} \times \text{当期全部进项税额}$$

① 当生产企业销售的出口卷烟在国内有同类产品销售价格时:

$$\text{出口卷烟含消费税金额} = \text{出口销售数量} \times \text{销售价格}$$

"销售价格"为同类产品生产企业国内实际调拨价格。如实际调拨价格低于税务机关公示的计税价格的,"销售价格"为税务机关公示的计税价格;高于公示计税价格的,销售价格为实际调拨价格。

② 当生产企业销售的出口卷烟在国内没有同类产品销售价格时:

$$\text{出口卷烟含税金额} = (\text{出口销售额} + \text{出口销售数量} \times \text{消费税定额税率}) \div (1 - \text{消费税比例税率})$$

"出口销售额"以出口发票上的离岸价为准。若出口发票不能如实反映离岸价,生产企业应按实际离岸价计算,否则,税务机关有权按照有关规定予以核定调整。

（3）除出口卷烟外,适用增值税免税政策的其他出口货物、劳务的计算,按照增值税免税政策的统一规定执行。其中,如果涉及销售额,除来料加工复出口货物为其加工费收入外,其他均为出口离岸价或销售额。

四、出口货物、劳务和跨境应税行为增值税征税政策

下列出口货物、劳务,不适用增值税退(免)税和免税政策,按下列规定及视同内销货物征税的其他规定征收增值税(以下称增值税征税)。

(一)适用范围

适用增值税征税政策的出口货物、劳务,包括:

(1)出口企业出口或视同出口财政部和国家税务总局根据国务院决定明确取消出口退(免)税的货物[不包括来料加工复出口货物、中标机电产品、列名原材料、输入特殊区域的水电气、海洋工程结构物]。

(2)出口企业或其他单位销售给特殊区域内的生活消费用品和交通运输工具。

(3)出口企业或其他单位因骗取出口退税被税务机关停止办理增值税退(免)税期间出口的货物。

(4)出口企业或其他单位提供虚假备案单证的货物。

(5)出口企业或其他单位增值税退(免)税凭证有伪造或内容不实的货物。

(6)出口企业或其他单位未在国家税务总局规定期限内申报免税核销以及经主管税务机关审核不予免税核销的出口卷烟。

(7)出口企业或其他单位具有以下情形之一的出口货物、劳务:

① 将空白的出口货物报关单、出口收汇核销单等退(免)税凭证交由除签有委托合同的货代公司、报关行,或由境外进口方指定的货代公司(提供合同约定或者其他相关证明)以外的其他单位或个人使用的。

② 以自营名义出口,其出口业务实质上是由本企业及其投资的企业以外的单位或个人借该出口企业名义操作完成的。

③ 以自营名义出口,其出口的同一批货物既签订购货合同,又签订代理出口合同(或协议)的。

④ 出口货物在海关验放后,自己或委托货代承运人对该笔货物的海运提单或其他运输单据等上的品名、规格等进行修改,造成出口货物报关单与海运提单或其他运输单据有关内容不符的。

⑤ 以自营名义出口,但不承担出口货物的质量、收款或退税风险之一的,即出口货物发生质量问题不承担购买方的索赔责任(合同中有约定质量责任承担者除外);不承担未按期收款导致不能核销的责任(合同中有约定收款责任承担者除外);不承担因申报出口退(免)税的资料、单证等出现问题造成不退税责任的。

⑥ 未实质参与出口经营活动、接受并从事由中间人介绍的其他出口业务,但仍以自营名义出口的。

(8)跨境应税行为不适用零税率和免税政策规定的出口服务和无形资产。

(二)应纳增值税的计算

适用增值税征税政策的出口货物、劳务,其应纳增值税按下列办法计算。

1. 一般纳税人出口货物

$$销项税额 = (出口货物离岸价 - 出口货物耗用的进料加工保税进口料件金额)$$
$$\div (1 + 适用税率) \times 适用税率$$

出口货物若已按征退税率之差计算不得免征和抵扣税额并已经转入成本的,相应的税额应转回进项税额。

(1)出口货物耗用的进料加工保税进口料件金额＝主营业务成本×(投入的保税进口料件金额÷生产成本)。

主营业务成本、生产成本均为不予退(免)税的进料加工出口货物的主营业务成本、生产成本。当耗用的保税进口料件金额大于不予退(免)税的进料加工出口货物金额时,耗用的保税进口料件金额为不予退(免)税的进料加工出口货物金额。

(2)出口企业应分别核算内销货物和增值税征税的出口货物的生产成本、主营业务成本。未分别核算的,其相应的生产成本、主营业务成本由主管税务机关核定。

进料加工手册海关核销后,出口企业应对出口货物耗用的保税进口料件金额进行清算。清算公式为:

$$\text{清算耗用的保税进口料件总额} = \text{实际保税进口料件总额} - \text{退(免)税出口货物耗用的保税进口料件总额} - \text{进料加工副产品耗用的保税进口料件总额}$$

若耗用的保税进口料件总额与各纳税期扣减的保税进口料件金额之和存在差额时,应在清算的当期相应调整销项税额。当耗用的保税进口料件总额大于出口货物离岸金额时,其差额部分不得扣减其他出口货物金额。

2. 小规模纳税人出口货物

$$\text{应纳税额} = \text{出口货物离岸价} \div (1 + \text{征收率}) \times \text{征收率}$$

五、外国驻华使(领)馆及其馆员在华购买货物和服务增值税退税管理办法

中华人民共和国政府在互惠对等原则的基础上,对外国驻华使(领)馆及其馆员在中华人民共和国境内购买的货物和服务,实行增值税退税政策。

外国驻华使(领)馆及其馆员增值税退税政策的依据主要有:《财政部 国家税务总局关于外国驻华使(领)馆及其馆员在华购买货物和服务增值税退税政策的通知》(财税〔2016〕51号)《国家税务总局 外交部关于发布〈外国驻华使(领)馆及其馆员在华购买货物和服务增值税退税管理办法〉的公告》(国家税务总局公告2016年第58号)《财政部 国家税务总局关于外国驻华使(领)馆及其馆员在华购买货物和服务增值税退税政策有关问题的补充通知》(财税〔2017〕74号)《国家税务总局外交部关于外国驻华使(领)馆及其馆员在华购买货物和服务增值税退税管理有关问题的公告》(国家税务总局公告2017年第39号)。

(一)适用范围

外国驻华使(领)馆及其馆员(以下称享受退税的单位和人员)在中华人民共和国境内购买货物和服务增值税退税适用本办法。

享受退税的单位和人员,包括外国驻华使(领)馆的外交代表(领事官员)及行政技术人员,中国公民或者在中国永久居留的人员除外。外交代表(领事官员)和行政技术人员是指《中华人民共和国外交特权与豁免条例》和《中华人民共和国领事特权与豁免条例》相关规定的人员。

实行增值税退税政策的货物与服务范围,包括按规定征收增值税、属于合理自用范围内的生活办公类货物和服务(含修理修配劳务,下同)。生活办公类货物和服务是指为满足日常生活、办公需求购买的货物和服务。工业用机器设备、金融服务以及财政部和国家税务总

局规定的其他货物和服务,不属于生活办公类货物和服务。

(二)不适用增值税退税政策的情形

下列情形不适用增值税退税政策:

(1)购买非合理自用范围内的生活办公类货物和服务。

(2)购买货物单张发票销售金额(含税价格)不足 800 元人民币(自来水、电、燃气、暖气、汽油、柴油除外),购买服务单张发票销售金额(含税价格)不足 300 元人民币。

(3)个人购买除车辆外的货物和服务,每人每年申报退税的销售金额(含税价格)超过 12 万元人民币的部分。

(4)增值税免税货物和服务。

(三)应退税额的计算

使(领)馆及其馆员购买货物和服务,增值税退税额为发票上注明的税额,发票上未注明税额的,为按照不含税销售额和增值税征收率计算的税额。购买电力、燃气、汽油、柴油,发票上未注明税额的,增值税退税额为按照不含税销售额和相关产品增值税适用税率计算的税额。增值税发票上未注明税额的,按下列公式计算应退税额:

$$\frac{应退}{税额} = \frac{发票或客运凭证上列}{明的金额(含增值税)} \div \left(1 + \frac{增值税}{征收率}\right) \times \frac{增值税}{征收率}$$

使(领)馆馆员个人购买货物和服务,除车辆和房租外,每人每年申报退税销售金额(含税价格)不超过 18 万元人民币。

(四)退税管理

(1)申报退税期限。

享受退税的单位和人员,应按季度向外交部礼宾司报送退税凭证和资料申报退税,报送时间为每年的 1 月、4 月、7 月、10 月;本年度购买的货物和服务(以发票开具日期为准),最迟申报不得迟于次年 1 月。逾期报送的,外交部礼宾司不予受理。

外交部礼宾司受理使(领)馆退税申报后,10 个工作日内,对享受退税的单位和人员的范围进行确认,对申报时限及其他内容进行审核、签章,将各使(领)馆申报资料一并转送北京市税务局办理退税,并履行交接手续。

(2)申报资料。

享受退税的单位和人员,应使用外交部指定的电子信息系统,真实、准确填报退税数据。申报退税时除提供电子申报数据外,还须提供以下资料:

①《外国驻华使(领)馆及国际组织退税申报汇总表》(简称《汇总表》)一式两份。

②《外国驻华使(领)馆及国际组织退税申报明细表》(简称《明细表》)一式两份。

③ 购买货物和服务的增值税发票原件,或纳入税务机关发票管理的客运凭证原件(国际运输客运凭证除外,简称退税凭证)。

享受退税的单位和人员如需返还发票原件,还应同时报送发票复印件一份,经外交部礼宾司转送北京市税务局。北京市税务局对原件审核后加盖印章,经外交部礼宾司予以退还,将复印件留存。

享受退税的单位和人员申报退税提供的发票应符合《中华人民共和国发票管理办法》的要求,并注明付款单位(个人)、商品名称、数量、金额、开票日期等;客运凭证应注明旅客姓名、金额、日期等。

（3）对享受退税的单位和人员申报的货物和服务是否属合理自用范围或者申报凭证真实性有疑问的,税务机关应暂缓办理退税,并通过外交部礼宾司对其进行问询。

（4）税务机关如发现享受退税的单位和人员申报的退税凭证虚假或所列内容与实际交易不符的,不予退税,并通过外交部礼宾司向其通报;情况严重的,外交部礼宾司将不再受理其申报。

（5）享受退税的单位和人员购买货物和服务办理退税后,如发生退货或转让所有权、使用权等情形,须经外交部礼宾司向北京市税务局办理补税手续。如转让需外交部礼宾司核准的货物,外交部礼宾司应在确认转让货物未办理退税或已办理补税手续后,办理核准转让手续。

六、境外旅客购物离境退税政策

为落实《国务院关于促进旅游业改革发展的若干意见》(国发〔2014〕31 号)中"研究完善境外旅客购物离境退税政策,将实施范围扩大至全国符合条件的地区"的要求,完善增值税制度,促进旅游业发展,政府决定在全国符合条件的地区实施境外旅客购物离境退税政策(以下称离境退税政策)。

（一）适用范围

离境退税政策是指境外旅客在离境口岸离境时,对其在退税商店购买的退税物品退还增值税的政策。

境外旅客是指在我国境内连续居住不超过 183 天的外国人和港澳台同胞。

离境口岸是指实施离境退税政策的地区正式对外开放并设有退税代理机构的口岸,包括航空口岸、水运口岸和陆地口岸。

（二）退税物品

退税物品是指由境外旅客本人在退税商店购买且符合退税条件的个人物品,但不包括下列物品:

（1）《中华人民共和国禁止、限制进出境物品表》所列的禁止、限制出境物品。

（2）退税商店销售的适用增值税免税政策的物品。

（3）财政部、海关总署、国家税务总局规定的其他物品。

（三）离境退税的条件

境外旅客申请退税,应当同时符合以下条件:

（1）同一境外旅客同一日在同一退税商店购买的退税物品金额达到 500 元人民币。

（2）退税物品尚未启用或消费。

（3）离境日距退税物品购买日不超过 90 天。

（4）所购退税物品由境外旅客本人随身携带或随行托运出境。

（四）退税率

退税物品的退税率为 11%。

（五）应退增值税额的计算

应退增值税额的计算公式为:

$$应退增值税额 = 退税物品销售发票金额(含增值税) \times 退税率$$

（六）离境退税的具体流程

（1）退税物品购买。境外旅客在退税商店购买退税物品后,需要申请退税的,应当向退税商店索取境外旅客购物离境退税申请单和销售发票。

（2）海关验核确认。境外旅客在离境口岸离境时,应当主动持退税物品、境外旅客购物离境退税申请单、退税物品销售发票向海关申报并接受海关监管。海关验核无误后,在境外旅客购物离境退税申请单上签章。

（3）代理机构退税。无论是本地购物本地离境还是本地购物异地离境,离境退税均由设在办理境外旅客离境手续的离境口岸隔离区内的退税代理机构统一办理。境外旅客凭护照等本人有效身份证件、海关验核签章的境外旅客购物离境退税申请单、退税物品销售发票向退税代理机构申请办理增值税退税。

退税代理机构对相关信息审核无误后,为境外旅客办理增值税退税,并先行垫付退税资金。退税代理机构可在增值税退税款中扣减必要的退税手续费。

（4）税务部门结算。退税代理机构应定期向省级(即省、自治区、直辖市、计划单列市,下同)税务部门申请办理增值税退税结算。省级税务部门对退税代理机构提交的材料审核无误后,按规定向退税代理机构退付其垫付的增值税退税款,并将退付情况通报省级财政部门。

(七) 退税方式

退税币种为人民币。退税方式包括现金退税和银行转账退税两种方式。

退税额未超过 10 000 元的,可自行选择退税方式。退税额超过 10 000 元的,以银行转账方式退税。

第七节 增值税税收优惠

一、《增值税暂行条例》规定的免税项目

《增值税暂行条例》第十五条规定下列项目免征增值税:

（1）农业生产者销售的自产农产品。

农业是指种植业、养殖业、林业、牧业、水产业。农业生产者包括从事农业生产的单位和个人。农产品是指初级农产品,具体范围由财政部、国家税务总局确定。

（2）避孕药品和用具。

（3）古旧图书。

古旧图书是指向社会收购的古书和旧书。

（4）直接用于科学研究、科学试验和教学的进口仪器、设备。

（5）外国政府、国际组织无偿援助的进口物资和设备。

（6）由残疾人的组织直接进口供残疾人专用的物品。

（7）销售的自己使用过的物品。

自己使用过的物品是指其他个人自己使用过的物品。

除前款规定外,增值税的免税、减税项目由国务院规定。任何地区、部门均不得规定免税、减税项目。

纳税人兼营免税、减税项目的,应当分别核算免税、减税项目的销售额;未分别核算销售额的,不得免税、减税。

纳税人销售货物或者应税劳务适用免税规定的,可以放弃免税,依照条例的规定缴纳增值税。放弃免税后,36 个月内不得再申请免税。

二、"营改增"政策规定的税收优惠

（一）下列项目免征增值税

（1）托儿所、幼儿园提供的保育和教育服务。

托儿所、幼儿园是指经县级以上教育部门审批成立、取得办园许可证的实施0～6岁学前教育的机构，包括公办和民办的托儿所、幼儿园、学前班、幼儿班、保育院、幼儿院。

公办托儿所、幼儿园免征增值税的收入，是指在省级财政部门和价格主管部门审核报省级人民政府批准的收费标准以内收取的教育费、保育费。

民办托儿所、幼儿园免征增值税的收入，是指在报经当地有关部门备案并公示的收费标准范围内收取的教育费、保育费。

超过规定收费标准的收费，以开办实验班、特色班和兴趣班等为由另外收取的费用以及与幼儿入园挂钩的赞助费、支教费等超过规定范围的收入，不属于免征增值税的收入。

（2）养老机构提供的养老服务。

养老机构是指依照民政部《养老机构设立许可办法》（民政部令第48号）设立并依法办理登记的为老年人提供集中居住和照料服务的各类养老机构；养老服务是指上述养老机构按照民政部《养老机构管理办法》（民政部令第49号）的规定，为收住的老年人提供的生活照料、康复护理、精神慰藉、文化娱乐等服务。

（3）残疾人福利机构提供的育养服务。

（4）婚姻介绍服务。

（5）殡葬服务。

殡葬服务是指收费标准由各地价格主管部门会同有关部门核定，或者实行政府指导价管理的遗体接运（含抬尸、消毒）、遗体整容、遗体防腐、存放（含冷藏）、火化、骨灰寄存、吊唁设施设备租赁、墓穴租赁及管理等服务。

（6）残疾人员本人为社会提供的服务。

（7）医疗机构提供的医疗服务。

医疗机构是指依据国务院《医疗机构管理条例》（国务院令第149号）及卫生部《医疗机构管理条例实施细则》（卫生部令第35号）的规定，经登记取得《医疗机构执业许可证》的机构，以及军队、武警部队各级各类医疗机构，具体包括：各级各类医院、门诊部（所）、社区卫生服务中心（站）、急救中心（站）、城乡卫生院、护理院（所）、疗养院、临床检验中心，各级政府及有关部门举办的卫生防疫站（疾病控制中心）、各种专科疾病防治站（所），各级政府举办的妇幼保健所（站）、母婴保健机构、儿童保健机构，各级政府举办的血站（血液中心）等医疗机构。

本项所称的医疗服务，是指医疗机构按照不高于地（市）级以上价格主管部门会同同级卫生主管部门及其他相关部门制定的医疗服务指导价格（包括政府指导价和按照规定由供需双方协商确定的价格等）为就医者提供《全国医疗服务价格项目规范》所列的各项服务，以及医疗机构向社会提供卫生防疫、卫生检疫的服务。

（8）从事学历教育的学校提供的教育服务。

① 学历教育是指受教育者经过国家教育考试或者国家规定的其他入学方式，进入国家有关部门批准的学校或者其他教育机构学习，获得国家承认的学历证书的教育形式。

② 从事学历教育的学校，是指：

A. 普通学校。

B. 经地(市)级以上人民政府或者同级政府的教育行政部门批准成立、国家承认其学员学历的各类学校。

C. 经省级及以上人力资源社会保障行政部门批准成立的技工学校、高级技工学校。

D. 经省级人民政府批准成立的技师学院。

上述学校均包括符合规定的从事学历教育的民办学校,但不包括职业培训机构等国家不承认学历的教育机构。

③ 提供教育服务免征增值税的收入是指对列入规定招生计划的在籍学生提供学历教育服务取得的收入,具体包括:经有关部门审核批准并按规定标准收取的学费、住宿费、课本费、作业本费、考试报名费收入,以及学校食堂提供餐饮服务取得的伙食费收入。除此之外的收入,包括学校以各种名义收取的赞助费、择校费等,不属于免征增值税的范围。

学校食堂是指依照《学校食堂与学生集体用餐卫生管理规定》(教育部令第 14 号)管理的学校食堂。

(9) 学生勤工俭学提供的服务。

(10) 农业机耕、排灌、病虫害防治、植物保护、农牧保险以及相关技术培训业务,家禽、牲畜、水生动物的配种和疾病防治。

农业机耕是指在农业、林业、牧业中使用农业机械进行耕作(包括耕耘、种植、收割、脱粒、植物保护等)的业务;排灌是指对农田进行灌溉或者排涝的业务;病虫害防治是指从事农业、林业、牧业、渔业的病虫害测报和防治的业务;农牧保险是指为种植业、养殖业、牧业种植和饲养的动植物提供保险的业务;相关技术培训是指与农业机耕、排灌、病虫害防治、植物保护业务相关以及为使农民获得农牧保险知识的技术培训业务;家禽、牲畜、水生动物的配种和疾病防治业务的免税范围,包括与该项服务有关的提供药品和医疗用具的业务。

(11) 纪念馆、博物馆、文化馆、文物保护单位管理机构、美术馆、展览馆、书画院、图书馆在自己的场所提供文化体育服务取得的第一道门票收入。

(12) 寺院、宫观、清真寺和教堂举办文化、宗教活动的门票收入。

(13) 行政单位之外的其他单位收取的符合《营业税改征增值税试点实施办法》第十条规定条件的政府性基金和行政事业性收费。

(14) 个人转让著作权。

(15) 个人销售自建自用住房。

(16) 中国台湾航运公司、航空公司从事海峡两岸海上直航、空中直航业务在大陆取得的运输收入。

中国台湾航运公司是指取得交通运输部颁发的"台湾海峡两岸间水路运输许可证"且该许可证上注明的公司登记地址在中国台湾的航运公司。

中国台湾航空公司是指取得中国民用航空局颁发的"经营许可"或者依据《海峡两岸空运协议》和《海峡两岸空运补充协议》规定,批准经营两岸旅客、货物和邮件不定期(包机)运输业务,且公司登记地址在中国台湾的航空公司。

(17) 纳税人提供的直接或者间接国际货物运输代理服务。

① 纳税人提供直接或者间接国际货物运输代理服务,向委托方收取的全部国际货物运输代理服务收入,以及向国际运输承运人支付的国际运输费用,必须通过金融机构进行结算。

② 纳税人为大陆与香港、澳门、台湾地区之间的货物运输提供的货物运输代理服务参

照国际货物运输代理服务有关规定执行。

③ 委托方索取发票的，纳税人应当就国际货物运输代理服务收入向委托方全额开具增值税普通发票。

(18) 以下利息收入：

① 2016 年 12 月 31 日前，金融机构农户小额贷款。

小额贷款是指单笔且该农户贷款余额总额在 10 万元(含本数)以下的贷款。

所称农户是指长期(1 年以上)居住在乡镇(不包括城关镇)行政管理区域内的住户，还包括长期居住在城关镇所辖行政村范围内的住户和户口不在本地而在本地居住 1 年以上的住户，国有农场的职工和农村个体工商户。位于乡镇(不包括城关镇)行政管理区域内和在城关镇所辖行政村范围内的国有经济的机关、团体、学校、企事业单位的集体户；有本地户口，但举家外出谋生 1 年以上的住户，无论是否保留承包耕地均不属于农户。农户以户为统计单位，既可以从事农业生产经营，也可以从事非农业生产经营。农户贷款的判定应以贷款发放时的承贷主体是否属于农户为准。

② 国家助学贷款。

③ 国债、地方政府债。

④ 人民银行对金融机构的贷款。

⑤ 住房公积金管理中心用住房公积金在指定的委托银行发放的个人住房贷款。

⑥ 外汇管理部门在从事国家外汇储备经营过程中，委托金融机构发放的外汇贷款。

⑦ 统借统还业务中，企业集团或企业集团中的核心企业以及集团所属财务公司按不高于支付给金融机构的借款利率水平或者支付的债券票面利率水平，向企业集团或者集团内下属单位收取的利息。

统借方向资金使用单位收取的利息，高于支付给金融机构借款利率水平或者支付的债券票面利率水平的，应全额缴纳增值税。

统借统还业务，是指：

A. 企业集团或者企业集团中的核心企业向金融机构借款或对外发行债券取得资金后，将所借资金分拨给下属单位(包括独立核算单位和非独立核算单位，下同)，并向下属单位收取用于归还金融机构或债券购买方本息的业务。

B. 企业集团向金融机构借款或对外发行债券取得资金后，由集团所属财务公司与企业集团或者集团内下属单位签订统借统还贷款合同并分拨资金，并向企业集团或者集团内下属单位收取本息，再转付企业集团，由企业集团统一归还金融机构或债券购买方的业务。

(19) 被撤销金融机构以货物、不动产、无形资产、有价证券、票据等财产清偿债务。

被撤销金融机构是指经人民银行、银监会依法决定撤销的金融机构及其分设于各地的分支机构，包括被依法撤销的商业银行、信托投资公司、财务公司、金融租赁公司、城市信用社和农村信用社。除另有规定外，被撤销金融机构所属、附属企业，不享受被撤销金融机构增值税免税政策。

(20) 再保险服务。

① 境内保险公司向境外保险公司提供的完全在境外消费的再保险服务，免征增值税。

② 试点纳税人提供再保险服务(境内保险公司向境外保险公司提供的再保险服务除外)，实行与原保险服务一致的增值税政策。再保险合同对应多个原保险合同的，所有原保险合同均适用免征增值税政策时，该再保险合同适用免征增值税政策。否则，该再保险合同

应按规定缴纳增值税。

原保险服务是指保险分出方与投保人之间直接签订保险合同而建立保险关系的业务活动。

(21) 保险公司开办的1年期以上人身保险产品取得的保费收入。

1年期以上人身保险是指保险期间为1年期及以上返还本利的人寿保险、养老年金保险,以及保险期间为1年期及以上的健康保险。

人寿保险是指以人的寿命为保险标的的人身保险。

养老年金保险是指以养老保障为目的,以被保险人生存为给付保险金条件,并按约定的时间间隔分期给付生存保险金的人身保险。养老年金保险应当同时符合下列条件:

① 保险合同约定给付被保险人生存保险金的年龄不得小于国家规定的退休年龄。

② 相邻两次给付的时间间隔不得超过一年。

健康保险是指以因健康原因导致损失为给付保险金条件的人身保险。

上述免税政策实行备案管理,具体备案管理办法按照《国家税务总局关于一年期以上返还性人身保险产品免征营业税审批事项取消后有关管理问题的公告》(国家税务总局公告2015年第65号)规定执行。

(22) 下列金融商品转让收入:

① 合格境外投资者(QFII)委托境内公司在我国从事证券买卖业务。

② 香港市场投资者(包括单位和个人)通过沪港通买卖上海证券交易所上市A股。

③ 对香港市场投资者(包括单位和个人)通过基金互认买卖内地基金份额。

④ 证券投资基金(封闭式证券投资基金、开放式证券投资基金)管理人运用基金买卖股票、债券。

⑤ 个人从事金融商品转让业务。

(23) 金融同业往来利息收入。

① 金融机构与人民银行所发生的资金往来业务,包括人民银行对一般金融机构贷款,以及人民银行对商业银行的再贴现等。

② 银行联行往来业务。同一银行系统内部不同行、处之间所发生的资金账务往来业务。

③ 金融机构间的资金往来业务是指经人民银行批准,进入全国银行间同业拆借市场的金融机构之间通过全国统一的同业拆借网络进行的短期(1年以下含1年)无担保资金融通行为。

④ 金融机构之间开展的转贴现业务。

金融机构是指:A.银行,包括人民银行、商业银行、政策性银行;B.信用合作社;C.证券公司;D.金融租赁公司、证券基金管理公司、财务公司、信托投资公司、证券投资基金;E.保险公司;F.其他经人民银行、银保监会、证监会批准成立且经营金融保险业务的机构等。

(24) 符合条件的担保机构从事中小企业信用担保或者再担保业务取得的收入(不含信用评级、咨询、培训等收入)3年内免征增值税。

担保机构免征增值税政策采取备案管理方式。符合条件的担保机构应到所在地县(市)主管税务机关和同级中小企业管理部门履行规定的备案手续,自完成备案手续之日起,享受3年免征增值税政策。3年免税期满后,符合条件的担保机构可按规定程序办理备案手续后继续享受该项政策。

具体备案管理办法按照《国家税务总局关于中小企业信用担保机构免征营业税审批事项取消后有关管理问题的公告》(国家税务总局公告 2015 年第 69 号)规定执行,其中税务机关的备案管理部门统一调整为县(市)级税务局。

(25) 国家商品储备管理单位及其直属企业承担商品储备任务,从中央或者地方财政取得的利息补贴收入和价差补贴收入。

国家商品储备管理单位及其直属企业是指接受中央、省、市、县四级政府有关部门(或者政府指定管理单位)委托,承担粮(含大豆)、食用油、棉、糖、肉、盐(限于中央储备)等 6 种商品储备任务,并按有关政策收储、销售上述 6 种储备商品,取得财政储备经费或者补贴的商品储备企业。利息补贴收入是指国家商品储备管理单位及其直属企业因承担上述商品储备任务从金融机构贷款,并从中央或者地方财政取得的用于偿还贷款利息的贴息收入。价差补贴收入包括销售价差补贴收入和轮换价差补贴收入。销售价差补贴收入是指按照中央或者地方政府指令销售上述储备商品时,由于销售收入小于库存成本而从中央或者地方财政获得的全额价差补贴收入。轮换价差补贴收入是指根据要求定期组织政策性储备商品轮换而从中央或者地方财政取得的商品新陈品质价差补贴收入。

(26) 纳税人提供技术转让、技术开发和与之相关的技术咨询、技术服务。

① 技术转让、技术开发是指《销售服务、无形资产、不动产注释》中"转让技术""研发服务"范围内的业务活动。技术咨询是指就特定技术项目提供可行性论证、技术预测、专题技术调查、分析评价报告等业务活动。

与技术转让、技术开发相关的技术咨询、技术服务是指转让方(或者受托方)根据技术转让或者开发合同的规定,为帮助受让方(或者委托方)掌握所转让(或者委托开发)的技术,而提供的技术咨询、技术服务业务,且这部分技术咨询、技术服务的价款与技术转让或者技术开发的价款应当在同一张发票上开具。

② 备案程序。试点纳税人申请免征增值税时,须持技术转让、开发的书面合同,到纳税人所在地省级科技主管部门进行认定,并持有关的书面合同和科技主管部门审核意见证明文件报主管税务机关备查。

(27) 同时符合下列条件的合同能源管理服务:

① 节能服务公司实施合同能源管理项目相关技术,应当符合国家质量监督检验检疫总局和国家标准化管理委员会发布的《合同能源管理技术通则》(GB/T24915—2010)规定的技术要求。

② 节能服务公司与用能企业签订节能效益分享型合同,其合同格式和内容,符合《中华人民共和国合同法》和《合同能源管理技术通则》(GB/T24915—2010)等规定。

(28) 政府举办的从事学历教育的高等、中等和初等学校(不含下属单位),举办进修班、培训班取得的全部归该学校所有的收入。

全部归该学校所有是指举办进修班、培训班取得的全部收入进入该学校统一账户,并纳入预算全额上缴财政专户管理,同时由该学校对有关票据进行统一管理和开具。

举办进修班、培训班取得的收入进入该学校下属部门自行开设账户的,不予免征增值税。

(29) 政府举办的职业学校设立的主要为在校学生提供实习场所,并由学校出资自办、由学校负责经营管理、经营收入归学校所有的企业,从事《销售服务、无形资产或者不动产注释》中"现代服务"(不含融资租赁服务、广告服务和其他现代服务)、"生活服务"(不含文化体育服务、其他生活服务和桑拿、氧吧）业务活动取得的收入。

（30）家政服务企业由员工制家政服务员提供家政服务取得的收入。

家政服务企业是指在企业营业执照的规定经营范围中包括家政服务内容的企业。

员工制家政服务员是指同时符合下列三个条件的家政服务员：

① 依法与家政服务企业签订半年及半年以上的劳动合同或者服务协议，且在该企业实际上岗工作。

② 家政服务企业为其按月足额缴纳了企业所在地人民政府根据国家政策规定的基本养老保险、基本医疗保险、工伤保险、失业保险等社会保险。对已享受新型农村养老保险和新型农村合作医疗等社会保险或者下岗职工原单位继续为其缴纳社会保险的家政服务员，如果本人书面提出不再缴纳企业所在地人民政府根据国家政策规定的相应的社会保险，并出具其所在乡镇或者原单位开具的已缴纳相关保险的证明，可视同家政服务企业已为其按月足额缴纳了相应的社会保险。

③ 家政服务企业通过金融机构向其实际支付不低于企业所在地适用的经省级人民政府批准的最低工资标准的工资。

（31）福利彩票、体育彩票的发行收入。

（32）军队空余房产租赁收入。

（33）为了配合国家住房制度改革，企业、行政事业单位按房改成本价、标准价出售住房取得的收入。

（34）将土地使用权转让给农业生产者用于农业生产。

（35）涉及家庭财产分割的个人无偿转让不动产、土地使用权。

家庭财产分割，包括下列情形：离婚财产分割；无偿赠与配偶、父母、子女、祖父母、外祖父母、孙子女、外孙子女、兄弟姐妹；无偿赠与对其承担直接抚养或者赡养义务的抚养人或者赡养人；房屋产权所有人死亡，法定继承人、遗嘱继承人或者受遗赠人依法取得房屋产权。

（36）土地所有者出让土地使用权和土地使用者将土地使用权归还给土地所有者。

（37）县级以上地方人民政府或自然资源行政主管部门出让、转让或收回自然资源使用权（不含土地使用权）。

（38）随军家属就业。

① 为安置随军家属就业而新开办的企业，自领取税务登记证之日起，其提供的应税服务3年内免征增值税。

享受税收优惠政策的企业，随军家属必须占企业总人数的60%（含）以上，并有军（含）以上政治和后勤机关出具的证明。

② 从事个体经营的随军家属，自办理税务登记事项之日起，其提供的应税服务3年内免征增值税。

随军家属必须有师以上政治机关出具的可以表明其身份的证明。

按照上述规定，每一名随军家属可以享受一次免税政策。

（39）军队转业干部就业。

① 从事个体经营的军队转业干部，自领取税务登记证之日起，其提供的应税服务3年内免征增值税。

② 为安置自主择业的军队转业干部就业而新开办的企业，凡安置自主择业的军队转业干部占企业总人数60%（含）以上的，自领取税务登记证之日起，其提供的应税服务3年内免

征增值税。

享受上述优惠政策的自主择业的军队转业干部必须持有师以上部队颁发的转业证件。

(40) 各党派、共青团、工会、妇联、中科协、青联、台联、侨联收取党费、团费、会费,以及政府间国际组织收取会费,属于非经营活动,不征收增值税。

(41) 全国社会保障基金理事会、全国社会保障基金投资管理人运用全国社会保障基金买卖证券投资基金、股票、债券取得的金融商品转让收入,免征增值税。

对社保基金会、社保基金投资管理人在运用社保基金投资过程中,提供贷款服务取得的全部利息及利息性质的收入和金融商品转让收入,免征增值税(财税〔2018〕94 号)。

对社保基金取得的直接股权投资收益、股权投资基金收益,作为企业所得税不征税收入(财税〔2018〕94 号)。

对社保基金会、社保基金投资管理人管理的社保基金转让非上市公司股权,免征社保基金会、社保基金投资管理人应缴纳的印花税(财税〔2018〕94 号)。

(42) 青藏铁路公司提供的铁路运输服务免征增值税。

(43) 中国邮政集团公司及其所属邮政企业提供的邮政普遍服务和邮政特殊服务,免征增值税。

(44) 中国信达资产管理股份有限公司、中国华融资产管理股份有限公司、中国长城资产管理公司和中国东方资产管理公司及各自经批准分设于各地的分支机构(以下称资产公司),在收购、承接和处置剩余政策性剥离不良资产和改制银行剥离不良资产过程中开展的以下业务,免征增值税:

① 接受相关国有银行的不良债权,借款方以货物、不动产、无形资产、有价证券和票据等抵充贷款本息的,资产公司销售、转让该货物、不动产、无形资产、有价证券、票据以及利用该货物、不动产从事的融资租赁业务。

② 接受相关国有银行的不良债权取得的利息。

③ 资产公司所属的投资咨询类公司,为本公司收购、承接、处置不良资产而提供的资产、项目评估和审计服务。

中国长城资产管理公司和中国东方资产管理公司如经国务院批准改制后,继承其权利、义务的主体及其分支机构处置剩余政策性剥离不良资产和改制银行剥离不良资产,比照上述政策执行。

上述政策性剥离不良资产是指资产公司按照国务院规定的范围和额度,以账面价值进行收购的相关国有银行的不良资产。

上述改制银行剥离不良资产是指资产公司按照《中国银行和中国建设银行改制过程中可疑类贷款处置管理办法》(财金〔2004〕53 号)、《中国工商银行改制过程中可疑类贷款处置管理办法》(银发〔2005〕148 号)规定及中国交通银行股份制改造时国务院确定的不良资产的范围和额度收购的不良资产。

上述处置不良资产是指资产公司按照有关法律、行政法规,为使不良资产的价值得到实现而采取的债权转移的措施,具体包括运用出售、置换、资产重组、债转股、证券化等方法对贷款及其抵押品进行处置。

资产公司(含中国长城资产管理公司和中国东方资产管理公司如经国务院批准改制后继承其权利、义务的主体)除收购、承接、处置本通知规定的政策性剥离不良资产和改制银行剥离不良资产业务外,从事其他经营业务应一律依法纳税。

除另有规定者外,资产公司所属、附属企业,不得享受资产公司免征增值税的政策。

(45) 对下列国际航运保险业务免征增值税:

① 注册在上海、天津的保险企业从事国际航运保险业务。

② 注册在深圳市的保险企业向注册在前海深港现代服务业合作区的企业提供国际航运保险业务。

③ 注册在平潭的保险企业向注册在平潭的企业提供国际航运保险业务。

(二)增值税即征即退

(1) 一般纳税人提供管道运输服务,对其增值税实际税负超过3%的部分实行增值税即征即退政策。

(2) 经人民银行、银保监会或者商务部批准从事融资租赁业务的试点纳税人中的一般纳税人,提供有形动产融资租赁服务和有形动产融资性售后回租服务,对其增值税实际税负超过3%的部分实行增值税即征即退政策。商务部授权的省级商务主管部门和国家经济技术开发区批准的从事融资租赁业务和融资性售后回租业务的试点纳税人中的一般纳税人,2016年5月1日后实收资本达到1.7亿元的,从达到标准的当月起按照上述规定执行;2016年5月1日后实收资本未达到1.7亿元但注册资本达到1.7亿元的,在2016年7月31日前仍可按照上述规定执行,2016年8月1日后开展的有形动产融资租赁业务和有形动产融资性售后回租业务不得按照上述规定执行。

(3) 上述规定所称增值税实际税负,是指纳税人当期提供应税服务实际缴纳的增值税额占纳税人当期提供应税服务取得的全部价款和价外费用的比例。

(三)扣减增值税规定

1. 退役士兵创业就业

(1) 对自主就业退役士兵从事个体经营的,在3年内按每户每年8 000元为限额依次扣减其当年实际应缴纳的增值税、城市维护建设税、教育费附加、地方教育附加和个人所得税。限额标准最高可上浮20%,各省、自治区、直辖市人民政府可根据本地区实际情况在此幅度内确定具体限额标准,并报财政部和国家税务总局备案。

纳税人年度应缴纳税款小于上述扣减限额的,以其实际缴纳的税款为限;大于上述扣减限额的,应以上述扣减限额为限。纳税人的实际经营期不足1年的,应当以实际月份换算其减免税限额。换算公式为:

$$减免税限额 = 年度减免税限额 \div 12 \times 实际经营月数$$

纳税人在享受税收优惠政策的当月,持《中国人民解放军义务兵退出现役证》或《中国人民解放军士官退出现役证》以及税务机关要求的相关材料向主管税务机关备案。

(2) 对商贸企业、服务型企业、劳动就业服务企业中的加工型企业和街道社区具有加工性质的小型企业实体,在新增加的岗位中,当年新招用自主就业退役士兵,与其签订1年以上期限劳动合同并依法缴纳社会保险费的,在3年内按实际招用人数予以定额依次扣减增值税、城市维护建设税、教育费附加、地方教育附加和企业所得税优惠。定额标准为每人每年4 000元,最高可上浮50%,各省、自治区、直辖市人民政府可根据本地区实际情况在此幅度内确定具体定额标准,并报财政部和国家税务总局备案。

本条所称服务型企业是指从事《销售服务、无形资产、不动产注释》中"不动产租赁服务""商务辅助服务"(不含货物运输代理和代理报关服务)、"生活服务"(不含文化体育服务)范围内业务活动的企业以及按照《民办非企业单位登记管理暂行条例》（国务院令第 251 号）登记成立的民办非企业单位。

纳税人按企业招用人数和签订的劳动合同时间核定企业减免税总额，在核定减免税总额内每月依次扣减增值税、城市维护建设税、教育费附加和地方教育附加。纳税人实际应缴纳的增值税、城市维护建设税、教育费附加和地方教育附加小于核定减免税总额的，以实际应缴纳的增值税、城市维护建设税、教育费附加和地方教育附加为限；实际应缴纳的增值税、城市维护建设税、教育费附加和地方教育附加大于核定减免税总额的，以核定减免税总额为限。

纳税年度终了，如果企业实际减免的增值税、城市维护建设税、教育费附加和地方教育附加小于核定的减免税总额，企业在企业所得税汇算清缴时扣减企业所得税。当年扣减不足的，不再结转以后年度扣减。

计算公式为：

$$企业减免税总额 = \sum 每名自主就业退役士兵本年度在本企业工作月份 \div 12 \times 定额标准$$

2. 重点群体创业就业

（1）对持就业创业证（注明"自主创业税收政策"或"毕业年度内自主创业税收政策"）或 2015 年 1 月 27 日前取得的就业失业登记证（注明"自主创业税收政策"或附有高校毕业生自主创业证）的人员从事个体经营的，在 3 年内按每户每年 8 000 元为限额依次扣减其当年实际应缴纳的增值税、城市维护建设税、教育费附加、地方教育附加和个人所得税。限额标准最高可上浮 20%，各省、自治区、直辖市人民政府可根据本地区实际情况在此幅度内确定具体限额标准，并报财政部和国家税务总局备案。

纳税人年度应缴纳税款小于上述扣减限额的，以其实际缴纳的税款为限；大于上述扣减限额的，应以上述扣减限额为限。

上述人员是指：

① 在人力资源社会保障部门公共就业服务机构登记失业半年以上的人员。

② 零就业家庭、享受城市居民最低生活保障家庭劳动年龄内的登记失业人员。

③ 毕业年度内高校毕业生。高校毕业生是指实施高等学历教育的普通高等学校、成人高等学校毕业的学生；毕业年度是指毕业所在自然年，即 1 月 1 日至 12 月 31 日。

（2）对商贸企业、服务型企业、劳动就业服务企业中的加工型企业和街道社区具有加工性质的小型企业实体，在新增加的岗位中，当年新招用在人力资源社会保障部门公共就业服务机构登记失业半年以上且持就业创业证或 2015 年 1 月 27 日前取得的就业失业登记证（注明"企业吸纳税收政策"）人员，与其签订 1 年以上期限劳动合同并依法缴纳社会保险费的，在 3 年内按实际招用人数予以定额依次扣减增值税、城市维护建设税、教育费附加、地方教育附加和企业所得税优惠。定额标准为每人每年 4 000 元，最高可上浮 30%，各省、自治区、直辖市人民政府可根据本地区实际情况在此幅度内确定具体定额标准，并报财政部和国家税务总局备案。

按上述标准计算的税收扣减额应在企业当年实际应缴纳的增值税、城市维护建设税、教育费附加、地方教育附加和企业所得税额中扣减，当年扣减不足的，不得结转下年使用。

服务型企业是指从事《销售服务、无形资产、不动产注释》中"不动产租赁服务""商务辅助服务"（不含货物运输代理和代理报关服务）、"生活服务"（不含文化体育服务）范围内业务活动的企业以及按照《民办非企业单位登记管理暂行条例》(国务院令第 251 号)登记成立的民办非企业单位。

（3）享受上述优惠政策的人员按以下规定申领就业创业证。

（四）金融企业应收未收利息的税务处理

金融企业发放贷款后，自结息日起 90 天内发生的应收未收利息按现行规定缴纳增值税，自结息日起 90 天后发生的应收未收利息暂不缴纳增值税，待实际收到利息时按规定缴纳增值税。

上述所称金融企业，是指银行(包括国有、集体、股份制、合资、外资银行以及其他所有制形式的银行)、城市信用社、农村信用社、信托投资公司、财务公司。

（五）个人销售住房的征免规定

个人将购买不足 2 年的住房对外销售的，按照 5% 的征收率全额缴纳增值税；个人将购买 2 年以上(含 2 年)的住房对外销售的，免征增值税。上述政策适用于北京市、上海市、广州市和深圳市之外的地区。

个人将购买不足 2 年的住房对外销售的，按照 5% 的征收率全额缴纳增值税；个人将购买 2 年以上(含 2 年)的非普通住房对外销售的，以销售收入减去购买住房价款后的差额按照 5% 的征收率缴纳增值税；个人将购买 2 年以上(含 2 年)的普通住房对外销售的，免征增值税。上述政策仅适用于北京市、上海市、广州市和深圳市。

三、财政部、国家税务总局规定的其他优惠项目

（一）免征蔬菜流通环节增值税

自 2012 年 1 月 1 日起，对从事蔬菜批发、零售的纳税人销售的蔬菜免征增值税。蔬菜是指可作副食的草本、木本植物，包括各种蔬菜、菌类植物和少数可作副食的木本植物。蔬菜的主要品种参照《蔬菜主要品种目录》执行。经挑选、清洗、切分、晾晒、包装、脱水、冷藏、冷冻等工序加工的蔬菜，属于本通知所述蔬菜的范围。各种蔬菜罐头不属于本规定所述蔬菜的范围。蔬菜罐头是指蔬菜经处理、装罐、密封、杀菌或无菌包装而制成的食品。

纳税人既销售蔬菜又销售其他增值税应税货物的，应分别核算蔬菜和其他增值税应税货物的销售额；未分别核算的，不得享受蔬菜增值税免税政策。

（二）资源综合利用产品和劳务增值税优惠政策

纳税人销售自产的资源综合利用产品和提供资源综合利用劳务(销售综合利用产品和劳务)，可享受增值税即征即退政策。具体综合利用的资源名称、综合利用产品和劳务名称、技术标准和相关条件、退税比例等按照本《资源综合利用产品和劳务增值税优惠目录》的相关规定执行。目录将资源综合利用分成五大类，退税比率有 30%、50%、70%、100% 等四个档次。

纳税人从事目录所列的资源综合利用项目，其申请享受财税〔2015〕78 号规定的增值税即征即退政策时，应同时符合下列条件：

（1）属于增值税一般纳税人。

（2）销售综合利用产品和劳务，不属于国家发展改革委《产业结构调整指导目录》中的禁止类、限制类项目。

（3）销售综合利用产品和劳务，不属于环境保护部《环境保护综合名录》中的"高污染、高环境风险"产品或者重污染工艺。

（4）综合利用的资源，属于环境保护部《国家危险废物名录》列明的危险废物的，应当取

得省级及以上环境保护部门颁发的《危险废物经营许可证》,且许可经营范围包括该危险废物的利用。

(5)纳税信用等级不属于税务机关评定的C级或D级。

已享受规定的增值税即征即退政策的纳税人,自不符合规定的条件以及目录规定的技术标准和相关条件的次月起,不再享受本通知规定的增值税即征即退政策。已享受财税〔2015〕78号规定的增值税即征即退政策的纳税人,因违反税收、环境保护的法律法规受到处罚(警告或单次1万元以下罚款除外)的,自处罚决定下达的次月起36个月内,不得享受本规定的增值税即征即退政策。

(三)粕类产品征免增值税问题

豆粕属于征收增值税的饲料产品,除豆粕以外的其他粕类饲料产品,自2010年1月1日起,均免征增值税。

(四)制种行业免征增值税政策

制种企业在下列生产经营模式下生产销售种子,属于农业生产者销售自产农业产品,应根据《中华人民共和国增值税暂行条例》有关规定免征增值税。

(1)制种企业利用自有土地或承租土地,雇佣农户或雇工进行种子繁育,再经烘干、脱粒、风筛等深加工后销售种子。

(2)制种企业提供亲本种子委托农户繁育并从农户手中收回,再经烘干、脱粒、风筛等深加工后销售种子。

2016年1月1日至2020年12月31日,继续对进口种子(苗)、种畜(禽)、鱼种(苗)和种用野生动植物种源(种子种源)免征进口环节增值税。

(五)有机肥产品免征增值税政策

自2008年6月1日起,纳税人生产销售和批发、零售有机肥产品免征增值税。享受上述免税政策的有机肥产品是指有机肥料、有机—无机复混肥料和生物有机肥。

(六)研发机构采购设备退还增值税政策

继续对内资研发机构和外资研发中心采购国产设备全额退还增值税。

研发机构已退税的国产设备,自增值税发票开具之日起3年内,设备所有权转移或移作他用的,研发机构须按照下列计算公式,向主管税务机关补缴已退税款。其计算公式为:

应补税款 = 增值税发票上注明的金额×(设备折余价值÷设备原值)×增值税适用税率

设备折余价值 = 设备原值 - 累计已提折旧

设备原值和已提折旧按照《企业所得税法》的有关规定计算。

(七)医疗卫生行业的增值税优惠政策

1. 关于非营利性医疗机构的税收政策

对非营利性医疗机构自产自用的制剂,免征增值税。非营利性医疗机构的药房分离为独立的药品零售企业,应按规定征收各项税收。

2. 关于营利性医疗机构的税收政策

对营利性医疗机构取得的收入,按规定征收各项税收。但为了支持营利性医疗机构的发展,对营利性医疗机构取得的收入,直接用于改善医疗卫生条件的,自其取得执业登记之日起,3年内对其自产自用的制剂免征增值税。对营利性医疗机构的药房分离为独立的药品零售企业,应按规定征收各项税收。

3. 疾病控制机构和妇幼保健机构等的服务收入

关于疾病控制机构和妇幼保健机构等卫生机构按照国家规定的价格取得的卫生服务收入（含疫苗接种和调拨、销售收入），免征各项税收。不按照国家规定的价格取得的卫生服务收入不得享受这项政策。

4. 血站

自1999年11月1日起，对血站供应给医疗机构的临床用血免征增值税。血站是指根据《中华人民共和国献血法》的规定，由国务院或省级人民政府卫生行政部门批准的，从事采集、提供临床用血，不以营利为目的的公益性组织。

5. 供应非临床用血

属于增值税一般纳税人的单采血浆站销售非临床用人体血液，可以按照简易办法依照3%征收率计算应纳税额，但不得对外开具增值税专用发票；也可以按照销项税额抵扣进项税额的办法依增值税适用税率计算应纳税额。

（八）修理修配劳务的增值税优惠

为支持飞机维修行业的发展，决定自2000年1月1日起对飞机维修劳务增值税实际税负超过6%的部分实行由税务机关即征即退的政策。

对承揽国内、国外航空公司飞机维修业务的企业（以下简称飞机维修企业）所从事的国外航空公司飞机维修业务，实行免征本环节增值税应纳税额、直接退还相应增值税进项税额的办法。

飞机维修企业应分别核算国内、国外飞机维修业务的进项税额；未分别核算或者未准确核算进项税额的，由主管税务机关进行核定。造成多退税款的，予以追回；涉及违法犯罪的，按有关法律法规规定处理。

（九）软件产品的增值税优惠

增值税一般纳税人销售其自行开发生产的软件产品，按13%税率征收增值税后，对其增值税实际税负超过3%的部分实行即征即退政策。

$$即征即退税额 = 当期软件产品增值税应纳税额 - 当期软件产品销售额 \times 3\%$$

【例2-11】　某软件开发企业为增值税一般纳税人，10月销售自行开发生产的软件产品，取得不含税销售额68 000元，从国外进口软件进行本地化改造后对外销售，取得不含税销售额200 000元。本月购进一批电脑用于软件设计，取得的增值税专用发票注明金额100 000元。该企业上述业务应退增值税（　）元。

　　A. 6 920　　　　　　B. 8 040　　　　　　C. 13 800　　　　　　D. 21 840

解析：答案为C。当期软件产品增值税应纳税额 = 68 000 × 13% + 200 000 × 13% − 100 000 × 13% = 21 840（元），税负 = 21 840 ÷ （68 000 + 200 000） × 100% = 8.15%，即征即退税额 = 21 840 − （68 000 + 200 000） × 3% = 13 800（元）。

（十）大型客机和新支线飞机增值税优惠政策

（1）对纳税人从事大型客机、大型客机发动机研制项目而形成的增值税期末留抵税额予以退还。大型客机是指空载重量大于45吨的民用客机。本条所称大型客机发动机，是指起飞推力大于14 000千克的民用客机发动机。

（2）对纳税人生产销售新支线飞机暂减按5%征收增值税，并对其因生产销售新支线飞机而形成的增值税期末留抵税额予以退还。

新支线飞机是指空载重量大于 25 吨且小于 45 吨、座位数量少于 130 个的民用客机。

（3）纳税人收到退税款项的当月，应将退税额从增值税进项税额中转出。未按规定转出的，按《税收征管法》有关规定承担相应法律责任。

四、增值税起征点

《增值税暂行条例》第十七条规定，纳税人销售额未达到国务院财政、税务主管部门规定的增值税起征点的，免征增值税；达到起征点的，依照规定全额计算缴纳增值税。

《增值税暂行条例实施细则》第三十七条规定，第三十七条增值税起征点的适用范围限于个人。增值税起征点的幅度规定如下：

（1）销售货物的，为月销售额 5 000～20 000 元。

（2）销售应税劳务的，为月销售额 5 000～20 000 元。

（3）按次纳税的，为每次（日）销售额 300～500 元。

从上述规定可以看出，增值税起征点仅适用于按照小规模纳税人纳税的个体工商户和其他个人，不适用于登记为一般纳税人的个体工商户。《财政部　国家税务总局关于暂免征收部分小微企业增值税和营业税的通知》规定，为进一步扶持小微企业发展，经国务院批准，对增值税小规模纳税人中月销售额不超过 2 万元的企业或非企业性单位，暂免征收增值税，将起征点的规定扩大到了小规模纳税人，不再局限于个人。

自 2014 年 10 月 1 日起至 2015 年 12 月 31 日止，对月销售额 2 万元（含本数，下同）至 3 万元的增值税小规模纳税人，免征增值税。该项政策一直在延期执行，直至 2020 年 12 月 31 日。

2019 年 1 月 17 日，《财政部　税务总局关于实施小微企业普惠性税收减免政策的通知》发布，自 2019 年 1 月 1 日至 2021 年 12 月 31 日，对月销售额 10 万元以下（含本数）的增值税小规模纳税人，免征增值税。

第八节　增值税征收管理

一、纳税期限

增值税的纳税期限分别为 1 日、3 日、5 日、10 日、15 日、1 个月或者 1 个季度。纳税人的具体纳税期限，由主管税务机关根据纳税人应纳税额的大小分别核定；不能按照固定期限纳税的，可以按次纳税。

以 1 个季度为纳税期限的规定适用于小规模纳税人、银行、财务公司、信托投资公司、信用社，以及财政部和国家税务总局规定的其他纳税人。不能按照固定期限纳税的，可以按次纳税。小规模纳税人的具体纳税期限，由主管税务机关根据其应纳税额的大小分别核定。

纳税人以 1 个月或者 1 个季度为一个纳税期的，自期满之日起 15 日内申报纳税；以 1 日、3 日、5 日、10 日或者 15 日为一个纳税期的，自期满之日起 5 日内预缴税款，于次月 1 日起 15 日内申报纳税并结清上月应纳税款。

扣缴义务人解缴税款的期限，依照前两款规定执行。

纳税人进口货物，应当自海关填发海关进口增值税专用缴款书之日起 15 日内缴纳税款。

二、增值税纳税地点

（1）固定业户应当向其机构所在地的主管税务机关申报纳税。总机构和分支机构不在同一县（市）的，应当分别向各自所在地的主管税务机关申报纳税；经国务院财政、税务主管部门或者其授权的财政、税务机关批准，可以由总机构汇总向总机构所在地的主管税务机关申报纳税。

（2）固定业户到外县（市）销售货物或者劳务，应当向其机构所在地的主管税务机关报告外出经营事项，并向其机构所在地的主管税务机关申报纳税；未报告的，应当向销售地或者劳务发生地的主管税务机关申报纳税；未向销售地或者劳务发生地的主管税务机关申报纳税的，由其机构所在地的主管税务机关补征税款。

（3）非固定业户销售货物或者劳务，应当向销售地或者劳务发生地的主管税务机关申报纳税；未向销售地或者劳务发生地的主管税务机关申报纳税的，由其机构所在地或者居住地的主管税务机关补征税款。

（4）进口货物，应当向报关地海关申报纳税。

扣缴义务人应当向其机构所在地或者居住地的主管税务机关申报缴纳其扣缴的税款。

三、纳税申报与管理

增值税由税务机关征收，进口货物的增值税由海关代征。

纳税人出口货物适用退（免）税规定的，应当向海关办理出口手续，凭出口报关单等有关凭证，在规定的出口退（免）税申报期内按月向主管税务机关申报办理该项出口货物的退（免）税；境内单位和个人跨境销售服务和无形资产适用退（免）税规定的，应当按期向主管税务机关申报办理退（免）税。具体办法由国务院财政、税务主管部门制定。

出口货物办理退税后发生退货或者退关的，纳税人应当依法补缴已退的税款。

个人携带或者邮寄进境自用物品的增值税，连同关税一并计征。具体办法由国务院关税税则委员会会同有关部门制定。

增值税的征收管理，依照《税收征管法》及《增值税暂行条例》有关规定执行。

纳税人缴纳增值税的有关事项，国务院或者国务院财政、税务主管部门经国务院同意另有规定的，依照其规定。

第九节　增值税发票

《增值税暂行条例》第二十一条规定，纳税人发生应税销售行为，应当向索取增值税专用发票的购买方开具增值税专用发票，并在增值税专用发票上分别注明销售额和销项税额。增值税纳税人发生应税销售行为，应使用增值税发票管理新系统增值税专用发票、增值税普通发票、增值税电子普通发票和机动车销售统一发票。

一、增值税发票种类

（一）增值税专用发票

增值税专用发票由基本联次或者基本联次附加其他联次构成，分为三联版和六联版两种。基本联次为三联：第一联为记账联，是销售方记账凭证；第二联为抵扣联，是购买方扣税凭证;第三联为发票联,是购买方记账凭证。其他联次用途,由纳税人自行确定。纳税人办理产权过户手续需要使用发票的,可以使用增值税专用发票第六联。

(二)增值税普通发票

1. 增值税普通发票(折叠票)

增值税普通发票(折叠票)由基本联次或者基本联次附加其他联次构成,分为两联版和五联版两种。基本联次为两联:第一联为记账联,是销售方记账凭证;第二联为发票联,是购买方记账凭证。其他联次用途,由纳税人自行确定。纳税人办理产权过户手续需要使用发票的,可以使用增值税普通发票第三联。

2. 增值税普通发票(卷票)

增值税普通发票(卷票)分为两种规格:57mm×177.8mm、76mm×177.8mm,均为单联。

自2017年7月1日起,纳税人可按照《中华人民共和国发票管理办法》(以下简称《发票管理办法》)及其实施细则要求,书面向税务机关要求使用印有本单位名称的增值税普通发票(卷票),税务机关按规定确认印有该单位名称发票的种类和数量。纳税人通过新系统开具印有本单位名称的增值税普通发票(卷票)。印有本单位名称的增值税普通发票(卷票),由税务总局统一招标采购的增值税普通发票(卷票)中标厂商印制,其式样、规格、联次和防伪措施等与原有增值税普通发票(卷票)一致,并加印企业发票专用章。使用印有本单位名称的增值税普通发票(卷票)的企业,按照《国家税务总局 财政部关于冠名发票印制费结算问题的通知》(税总发〔2013〕53号)规定,与发票印制企业直接结算印制费用。

3. 增值税电子普通发票

增值税电子普通发票的开票方和受票方需要纸质发票的,可以自行打印增值税电子普通发票的版式文件,其法律效力、基本用途、基本使用规定等与税务机关监制的增值税普通发票相同。

(三)机动车销售统一发票

从事机动车零售业务的单位和个人,在销售机动车(不包括销售旧机动车)收取款项时,开具机动车销售统一发票。机动车销售统一发票为电脑六联式发票:第一联为发票联,是购货单位付款凭证;第二联为抵扣联,是购货单位扣税凭证;第三联为报税联,由车购税(即车辆购置税)征收单位留存;第四联为注册登记联,由车辆登记单位留存;第五联为记账联,是销货单位记账凭证;第六联为存根联,由销货单位留存。

二、发票开具基本规定

(一)纳税人开具发票基本规定

(1)增值税一般纳税人销售货物、提供加工修理修配劳务和发生应税行为,使用新系统开具增值税专用发票、增值税普通发票、机动车销售统一发票、增值税电子普通发票。

纳入新系统推行范围的小规模纳税人,使用新系统开具增值税普通发票、机动车销售统一发票、增值税电子普通发票。

纳入增值税小规模纳税人自开增值税专用发票试点的小规模纳税人需要开具增值税专用发票的,可以通过新系统自行开具,主管税务机关不再为其代开。纳入增值税小规模纳税人自开增值税专用发票试点的小规模纳税人销售其取得的不动产,需要开具增值税专用发票的,仍须向税务机关申请代开。

（2）销售商品、提供服务以及从事其他经营活动的单位和个人，对外发生经营业务收取款项，收款方应当向付款方开具发票；特殊情况下，由付款方向收款方开具发票。

所有单位和从事生产、经营活动的个人在购买商品、接受服务以及从事其他经营活动支付款项，应当向收款方取得发票。取得发票时，不得要求变更品名和金额。

（3）增值税纳税人购买货物、劳务、服务、无形资产或不动产，索取增值税专用发票时，须向销售方提供购买方名称（不得为自然人）、纳税人识别号或统一社会信用代码、地址电话、开户行及账号信息，不需要提供营业执照、税务登记证、组织机构代码证、开户许可证、增值税一般纳税人资格登记表等相关证件或其他证明材料。

个人消费者购买货物、劳务、服务、无形资产或不动产，索取增值税普通发票时，不需要向销售方提供纳税人识别号、地址电话、开户行及账号信息，也不需要提供相关证件或其他证明材料。

（4）纳税人应在发生增值税纳税义务时开具发票。

（5）单位和个人在开具发票时，必须做到按照号码顺序填开，填写项目齐全，内容真实，字迹清楚，全部联次一次打印，内容完全一致，并在发票联和抵扣联加盖发票专用章。

开具发票应当使用中文。民族自治地方可以同时使用当地通用的一种民族文字。

（6）税务总局编写了《商品和服务税收分类与编码（试行）》，并在新系统中增加了商品和服务税收分类与编码相关功能。使用新系统的增值税纳税人，应使用新系统选择相应的商品和服务税收分类与编码开具增值税发票。

（7）纳税人应在互联网连接状态下在线使用新系统开具增值税发票，新系统可自动上传已开具的发票明细数据。

纳税人因网络故障等原因无法在线开票的，在税务机关设定的离线开票时限和离线开具发票总金额范围内仍可开票，超限将无法开具发票。纳税人开具发票次月仍未连通网络上传已开具发票明细数据的，也将无法开具发票。纳税人需连通网络上传发票数据后方可开票，若仍无法连通网络的需携带专用设备到税务机关进行征期报税或非征期报税后方可开票。

纳税人已开具未上传的增值税发票为离线发票。离线开票时限是指自第一份离线发票开具时间起开始计算可离线开具的最长时限。离线开票总金额是指可开具离线发票的累计不含税总金额，离线开票总金额按不同票种分别计算。

纳税人离线开票时限和离线开票总金额的设定标准及方法由各省、自治区、直辖市和计划单列市税务局确定。

按照有关规定不使用网络办税或不具备网络条件的特定纳税人，以离线方式开具发票，不受离线开票时限和离线开具发票总金额限制。

（8）任何单位和个人不得有下列虚开发票行为：

① 为他人、为自己开具与实际经营业务情况不符的发票。

② 让他人为自己开具与实际经营业务情况不符的发票。

③ 介绍他人开具与实际经营业务情况不符的发票。

（9）取得增值税发票的单位和个人可登录全国增值税发票查验平台（https://inv-veri.chinatax.gov.cn），对新系统开具的增值税专用发票、增值税普通发票、机动车销售统一发票和增值税电子普通发票的发票信息进行查验。单位和个人通过网页浏览器首次登录平台时，应下载安装根证书文件，查看平台提供的发票查验操作说明。

（10）一般纳税人有下列情形之一的，不得使用增值税专用发票：

① 会计核算不健全，不能向税务机关准确提供增值税销项税额、进项税额、应纳税额数据及其他有关增值税税务资料的。上列其他有关增值税税务资料的内容，由省、自治区、直辖市和计划单列市税务局确定。

② 应当办理一般纳税人资格登记而未办理的。

③ 有《税收征管法》规定的税收违法行为，拒不接受税务机关处理的。

④ 有下列行为之一，经税务机关责令限期改正而仍未改正的：

A. 虚开增值税专用发票。

B. 私自印制增值税专用发票。

C. 向税务机关以外的单位和个人买取增值税专用发票。

D. 借用他人增值税专用发票。

E. 未按《增值税专用发票使用规定》第十一条开具增值税专用发票。

F. 未按规定保管增值税专用发票和专用设备。

G. 未按规定申请办理防伪税控系统变更发行。

H. 未按规定接受税务机关检查。

有上列情形的，如已领取增值税专用发票，主管税务机关应暂扣其结存的增值税专用发票和税控专用设备。

（11）属于下列情形之一的，不得开具增值税专用发票：

① 向消费者个人销售货物、提供应税劳务或者发生应税行为的。

② 销售货物、提供应税劳务或者发生应税行为适用增值税免税规定的，法律、法规及国家税务总局另有规定的除外。

③ 部分适用增值税简易征收政策规定的：

A. 增值税一般纳税人的单采血浆站销售非临床用人体血液选择简易计税的。

B. 纳税人销售旧货，按简易办法依 3%征收率减按 2%征收增值税的。

C. 纳税人销售自己使用过的固定资产，适用按简易办法依 3%征收率减按 2%征收增值税政策的。

纳税人销售自己使用过的固定资产，适用简易办法依照 3%征收率减按 2%征收增值税政策的，可以放弃减税，按照简易办法依照 3%征收率缴纳增值税，并可以开具增值税专用发票。

④ 法律、法规及国家税务总局规定的其他情形。

（12）增值税专用发票应按下列要求开具：

① 项目齐全，与实际交易相符。

② 字迹清楚，不得压线、错格。

③ 发票联和抵扣联加盖发票专用章。

④ 按照增值税纳税义务的发生时间开具。

不符合上列要求的增值税专用发票，购买方有权拒收。

（13）一般纳税人销售货物、提供加工修理修配劳务和发生应税行为可汇总开具增值税专用发票。汇总开具增值税专用发票的，同时使用新系统开具《销售货物或者提供应税劳务清单》，并加盖发票专用章。

（14）纳税人丢失增值税专用发票的，按以下方法处理：

一般纳税人丢失已开具增值税专用发票的抵扣联,如果丢失前已认证相符的,可使用增值税专用发票发票联复印件留存备查,如果丢失前未认证的,可使用增值税专用发票发票联认证,增值税专用发票发票联复印件留存备查。

一般纳税人丢失已开具增值税专用发票的发票联,可将增值税专用发票抵扣联作为记账凭证,增值税专用发票抵扣联复印件留存备查。

一般纳税人丢失已开具增值税专用发票的发票联和抵扣联,如果丢失前已认证相符的,购买方可凭销售方提供的相应增值税专用发票记账联复印件及销售方主管税务机关出具的《丢失增值税专用发票已报税证明单》或《丢失货物运输业增值税专用发票已报税证明单》(以下统称《证明单》),作为增值税进项税额的抵扣凭证;如果丢失前未认证的,购买方凭销售方提供的相应增值税专用发票记账联复印件进行认证,认证相符的可凭增值税专用发票记账联复印件及销售方主管税务机关出具的《证明单》,作为增值税进项税额的抵扣凭证。增值税专用发票记账联复印件和《证明单》留存备查。

(15)纳税人在开具增值税专用发票当月,发生销货退回、开票有误等情形,收到退回的发票联、抵扣联符合作废条件的,按作废处理;开具时发现有误的,可即时作废。

作废增值税专用发票须在新系统中将相应的数据电文按"作废"处理,在纸质增值税专用发票(含未打印的增值税专用发票)各联次上注明"作废"字样,全联次留存。

同时具有下列情形的,为本条所称作废条件:

① 收到退回的发票联、抵扣联,且时间未超过销售方开票当月。

② 销售方未抄税且未记账。

③ 购买方未认证,或者认证结果为"纳税人识别号认证不符""增值税专用发票代码、号码认证不符"。

(16)纳税人开具增值税专用发票后,发生销货退回、开票有误、应税服务中止等情形但不符合发票作废条件,或者因销货部分退回及发生销售折让,需要开具红字增值税专用发票的,按以下方法处理:

① 购买方取得增值税专用发票已用于申报抵扣的,购买方可在新系统中填开并上传开具红字增值税专用发票信息表(以下简称信息表),在填开信息表时不填写相对应的蓝字增值税专用发票信息,应暂依信息表所列增值税额从当期进项税额中转出,待取得销售方开具的红字增值税专用发票后,与信息表一并作为记账凭证。

购买方取得增值税专用发票未用于申报抵扣、但发票联或抵扣联无法退回的,购买方填开信息表时应填写相对应的蓝字增值税专用发票信息。

销售方开具增值税专用发票尚未交付购买方,以及购买方未用于申报抵扣并将发票联及抵扣联退回的,销售方可在新系统中填开并上传信息表。销售方填开信息表时应填写相对应的蓝字增值税专用发票信息。

② 主管税务机关通过网络接收纳税人上传的信息表,系统自动校验通过后,生成带有"红字发票信息表编号"的信息表,并将信息同步至纳税人端系统中。

③ 销售方凭税务机关系统校验通过的信息表开具红字增值税专用发票,在新系统中以销项负数开具。红字增值税专用发票应与信息表一一对应。

④ 纳税人也可凭信息表电子信息或纸质资料到税务机关对信息表内容进行系统校验。

(17)纳税人开具增值税普通发票后,如发生销货退回、开票有误、应税服务中止等情形但不符合发票作废条件,或者因销货部分退回及发生销售折让,需要开具红字发票的,应收回原发票并注明"作废"字样或取得对方有效证明。

纳税人需要开具红字增值税普通发票的,可以在所对应的蓝字发票金额范围内开具多份红字发票。红字机动车销售统一发票需与原蓝字机动车销售统一发票一一对应。

(二) 税务机关代开发票基本规定

(1) 代开发票范围:

① 已办理税务登记的小规模纳税人(包括个体工商户)以及国家税务总局确定的其他可予代开增值税专用发票的纳税人,发生增值税应税行为,可以申请代开增值税专用发票。

② 有下列情形之一的,可以向税务机关申请代开增值税普通发票:

A. 被税务机关依法收缴发票或者停止发售发票的纳税人,取得经营收入需要开具增值税普通发票的。

B. 正在申请办理税务登记的单位和个人,对其自领取营业执照之日起至取得税务登记证件期间发生的业务收入需要开具增值税普通发票的。

C. 应办理税务登记而未办理的单位和个人,主管税务机关应当依法予以处理,并在补办税务登记手续后,对其自领取营业执照之日起至取得税务登记证件期间发生的业务收入需要开具增值税普通发票的。

D. 依法不需要办理税务登记的单位和个人,临时取得收入,需要开具增值税普通发票的。

(2) 代开发票种类。

税务机关使用新系统代开增值税专用发票和增值税普通发票。代开增值税专用发票使用六联票,代开增值税普通发票使用五联票。

税务机关为增值税纳税人代开的增值税专用发票,第五联代开发票岗位留存,以备发票的扫描补录;第六联交税款征收岗位,用于代开发票税额与征收税款的定期核对;其他联次交增值税纳税人。税务机关为纳税人代开的增值税专用发票,第四联由代开发票岗位留存,以备发票扫描补录;第五联交征收岗位留存,用于代开发票与征收税款的定期核对;其他联次交纳税人。

税务机关代开发票部门通过新系统代开增值税发票,系统自动在发票上打印"代开"字样。

(3) 月销售额不超过3万元(按季纳税9万元)的增值税小规模纳税人代开增值税专用发票税款有关问题。

增值税小规模纳税人月销售额不超过3万元(按季纳税9万元)的,当期因代开增值税专用发票(含货物运输业增值税专用发票)已经缴纳的税款,在增值税专用发票全部联次追回或者按规定开具红字增值税专用发票后,可以向主管税务机关申请退还。

(4) 增值税纳税人应在代开增值税专用发票的备注栏上,加盖本单位的发票专用章(为其他个人代开的特殊情况除外)。税务机关在代开增值税普通发票以及为其他个人代开增值税专用发票的备注栏上,加盖税务机关代开发票专用章。

三、发票违章处理

(1) 违反《发票管理办法》的规定,有下列情形之一的,由税务机关责令改正,可以处1万元以下的罚款;有违法所得的予以没收:

① 应当开具而未开具发票,或者未按照规定的时限、顺序、栏目,全部联次一次性开具

发票,或者未加盖发票专用章的。

② 使用税控装置开具发票,未按期向主管税务机关报送开具发票的数据的。

③ 扩大发票使用范围的。

④ 以其他凭证代替发票使用的。

⑤ 跨规定区域开具发票的。

⑥ 未按照规定缴销发票的。

⑦ 未按照规定存放和保管发票的。

(2) 跨规定使用区域携带、邮寄、运输空白发票,以及携带、邮寄或者运输空白发票出入境的,由税务机关责令改正,可以处1万元以下的罚款;情节严重的,处1万元以上3万元以下的罚款;有违法所得的予以没收。

丢失发票或者擅自损毁发票的,依照前款规定处罚。

(3) 违反《发票管理办法》第二十二条第二款的规定虚开发票的,由税务机关没收违法所得;虚开金额在1万元以下的,可以并处5万元以下的罚款;虚开金额超过1万元的,并处5万元以上50万元以下的罚款;构成犯罪的,依法追究刑事责任。

非法代开发票的,依照前款规定处罚。

(4) 有下列情形之一的,由税务机关处1万元以上5万元以下的罚款;情节严重的,处5万元以上50万元以下的罚款;有违法所得的予以没收:

① 转借、转让、介绍他人转让发票、发票监制章和发票防伪专用品的。

② 知道或者应当知道是私自印制、伪造、变造、非法取得或者废止的发票而受让、开具、存放、携带、邮寄、运输的。

(5) 对违反发票管理法规情节严重构成犯罪的,税务机关应当依法移送司法机关处理。

四、增值税发票开具特殊规定

(一)建筑服务

1. 建筑服务发票开具基本规定

提供建筑服务,纳税人自行开具或者税务机关代开增值税发票时,应在发票的备注栏注明建筑服务发生地县(市、区)名称及项目名称。

2. 小规模纳税人提供建筑服务发票开具规定

小规模纳税人提供建筑服务,应以取得的全部价款和价外费用扣除支付的分包款后的余额为销售额,按照3%的征收率计算应纳税额。

发票开具:小规模纳税人跨县(市、区)提供建筑服务,不能自行开具增值税发票的,可向建筑服务发生地主管税务机关按照其取得的全部价款和价外费用申请代开增值税发票。

(二)销售不动产

1. 销售不动产发票开具基本规定

销售不动产,纳税人自行开具或者税务机关代开增值税发票时,应在发票"货物或应税劳务、服务名称"栏填写不动产名称及房屋产权证书号码(无房屋产权证书的可不填写),"单位"栏填写面积单位,备注栏注明不动产的详细地址。

2. 房地产开发企业销售自行开发的房地产项目发票开具规定

(1) 房地产开发企业中的一般纳税人销售其自行开发的房地产项目(选择简易计税方法的房地产老项目除外),以取得的全部价款和价外费用,扣除受让土地时向政府部门支付的土地价款、在取得土地时向其他单位或个人支付的拆迁补偿费用后的余额为销售额。

房地产开发企业中的一般纳税人销售自行开发的房地产老项目,可以选择适用简易计税方法,以取得的全部价款和价外费用为销售额,不得扣除对应的土地价款。

发票开具:一般纳税人销售自行开发的房地产项目,自行开具增值税发票。一般纳税人销售自行开发的房地产项目,其2016年4月30日前收取并已向主管税务机关申报缴纳营业税的预收款,未开具营业税发票的,可以开具增值税普通发票,不得开具增值税专用发票,本条规定并无开具增值税普通发票的时间限制。一般纳税人向其他个人销售自行开发的房地产项目,不得开具增值税专用发票。

(2)房地产开发企业中的小规模纳税人,销售自行开发的房地产项目,按照5%的征收率计税。

发票开具:小规模纳税人销售自行开发的房地产项目,自行开具增值税普通发票。购买方需要增值税专用发票的,小规模纳税人向主管税务机关申请代开。小规模纳税人销售自行开发的房地产项目,其2016年4月30日前收取并已向主管税务机关申报缴纳营业税的预收款,未开具营业税发票的,可以开具增值税普通发票,不得申请代开增值税专用发票,本条规定并无开具增值税普通发票的时间限制。小规模纳税人向其他个人销售自行开发的房地产项目,不得申请代开增值税专用发票。

(三)金融服务

1. 金融商品转让业务发票开具规定

金融商品转让,按照卖出价扣除买入价后的余额为销售额。

发票开具:金融商品转让,不得开具增值税专用发票。

2. 汇总纳税的金融机构发票开具规定

采取汇总纳税的金融机构,省、自治区所辖地市以下分支机构可以使用地市级机构统一领取的增值税专用发票、增值税普通发票、增值税电子普通发票;直辖市、计划单列市所辖区县及以下分支机构可以使用直辖市、计划单列市机构统一领取的增值税专用发票、增值税普通发票、增值税电子普通发票。

3. 保险服务发票开具规定

(1)保险机构作为车船税扣缴义务人,在代收车船税并开具增值税发票时,应在增值税发票备注栏中注明代收车船税税款信息,具体包括:保险单号、税款所属期(详细至月)、代收车船税金额、滞纳金金额、金额合计等。该增值税发票可作为纳税人缴纳车船税及滞纳金的会计核算原始凭证。

(2)为自然人提供的保险服务不得开具增值税专用发票,可以开具增值税普通发票。

4. 个人代理人汇总代开具体规定

(1)接受税务机关委托代征税款的保险企业,向个人保险代理人支付佣金费用后,可代个人保险代理人统一向主管税务机关申请汇总代开增值税普通发票或增值税专用发票。

(2)保险企业代个人保险代理人申请汇总代开增值税发票时,应向主管税务机关出具个人保险代理人的姓名、身份证号码、联系方式、付款时间、付款金额、代征税款的详细清单。

保险企业应将个人保险代理人的详细信息,作为代开增值税发票的清单,随发票入账。

(3)主管税务机关为个人保险代理人汇总代开增值税发票时,应在备注栏内注明"个人保险代理人汇总代开"字样。

（4）证券经纪人、信用卡和旅游等行业的个人代理人比照上述规定执行。

（四）生活服务业

1. 住宿业发票开具规定

月销售额超过 3 万元（或季销售额超过 9 万元）的住宿业增值税小规模纳税人，提供住宿服务、销售货物或发生其他应税行为，需要开具增值税专用发票的，通过新系统自行开具，主管税务机关不再为其代开。

月销售额超过 3 万元（或季销售额超过 9 万元）的住宿业增值税小规模纳税人销售其取得的不动产，需要开具增值税专用发票的，仍须向税务机关申请代开。

2. 旅游服务发票开具规定

全面推开营业税改征增值税试点纳税人提供旅游服务，可以选择以取得的全部价款和价外费用，扣除向旅游服务购买方收取并支付给其他单位或者个人的住宿费、餐饮费、交通费、签证费、门票费和支付给其他接团旅游企业的旅游费用后的余额为销售额。

发票开具：选择上述办法计算销售额的试点纳税人，向旅游服务购买方收取并支付的上述费用，不得开具增值税专用发票，可以开具增值税普通发票。

3. 教育辅助服务发票开具规定

境外单位通过教育部考试中心及其直属单位在境内开展考试，教育部考试中心及其直属单位应以取得的考试费收入扣除支付给境外单位考试费后的余额为销售额，按提供"教育辅助服务"缴纳增值税；就代为收取并支付给境外单位的考试费统一扣缴增值税。

发票开具：教育部考试中心及其直属单位代为收取并支付给境外单位的考试费，不得开具增值税专用发票，可以开具增值税普通发票。

（五）部分现代服务

1. 不动产租赁业务发票开具规定

个人出租住房，应按照 5% 的征收率减按 1.5% 计算应纳税额。

发票开具：纳税人自行开具或者税务机关代开增值税发票时，通过新系统中征收率减按 1.5% 征收开票功能，录入含税销售额，系统自动计算税额和不含税金额，发票开具不应与其他应税行为混开。

2. 物业管理服务发票开具规定

提供物业管理服务的纳税人，向服务接受方收取的自来水水费，以扣除其对外支付的自来水水费后的余额为销售额，按照简易计税办法依 3% 的征收率计算缴纳增值税。

发票开具：纳税人可以按 3% 向服务接受方开具增值税专用发票或增值税普通发票。

3. 劳务派遣服务发票开具规定

（1）一般纳税人提供劳务派遣服务，可以选择差额纳税，以取得的全部价款和价外费用，扣除代用工单位支付给劳务派遣员工的工资、福利和为其办理社会保险及住房公积金后的余额为销售额，按照简易计税方法依 5% 的征收率计算缴纳增值税。

（2）小规模纳税人提供劳务派遣服务，可以选择差额纳税，以取得的全部价款和价外费用，扣除代用工单位支付给劳务派遣员工的工资、福利和为其办理社会保险及住房公积金后的余额为销售额，按照简易计税方法依 5% 的征收率计算缴纳增值税。

发票开具：纳税人提供劳务派遣服务，选择差额纳税的，向用工单位收取用于支付给劳务派遣员工工资、福利和为其办理社会保险及住房公积金的费用，不得开具增值税专用发票，可以开具增值税普通发票。

纳税人提供安全保护服务,比照劳务派遣服务政策执行。

4. 人力资源外包服务发票开具规定

纳税人提供人力资源外包服务,按照经纪代理服务缴纳增值税,其销售额不包括受客户单位委托代为向客户单位员工发放的工资和代理缴纳的社会保险、住房公积金。

发票开具:纳税人提供人力资源外包服务,向委托方收取并代为发放的工资和代理缴纳的社会保险、住房公积金,不得开具增值税专用发票,可以开具增值税普通发票。

5. 经纪代理服务发票开具规定

(1)经纪代理服务,以取得的全部价款和价外费用,扣除向委托方收取并代为支付的政府性基金或者行政事业性收费后的余额为销售额。

发票开具:向委托方收取并代为支付的政府性基金或者行政事业性收费不得开具增值税专用发票,但可以开具增值税普通发票。

(2)纳税人提供签证代理服务,以取得的全部价款和价外费用,扣除向服务接受方收取并代为支付给外交部和外国驻华使(领)馆的签证费、认证费后的余额为销售额。

发票开具:纳税人向服务接受方收取并代为支付的签证费、认证费,不得开具增值税专用发票,可以开具增值税普通发票。

(3)纳税人代理进口按规定免征进口增值税的货物,其销售额不包括向委托方收取并代为支付的货款。

发票开具:向委托方收取并代为支付的款项,不得开具增值税专用发票,可以开具增值税普通发票。

6. 鉴证咨询业发票开具规定

月销售额超过3万元(或季销售额超过9万元)的鉴证咨询业增值税小规模纳税人提供认证服务、鉴证服务、咨询服务、销售货物或发生其他增值税应税行为,需要开具增值税专用发票的,可以通过新系统自行开具,主管税务机关不再为其代开。

月销售额超过3万元(或季销售额超过9万元)的鉴证咨询业增值税小规模纳税人销售其取得的不动产,需要开具增值税专用发票的,仍须向税务机关申请代开。

(六)交通运输服务

1. 货物运输服务发票开具基本规定

纳税人提供货物运输服务,使用增值税专用发票和增值税普通发票,开具发票时应将起运地、到达地、车种车号以及运输货物信息等内容填写在发票备注栏中,如内容较多可另附清单。

2. 铁路运输企业发票开具规定

铁路运输企业受托代征的印花税款信息,可填写在发票备注栏中。中国铁路总公司及其所属运输企业(含分支机构)提供货物运输服务,可自2015年11月1日起使用增值税专用发票和增值税普通发票,所开具的铁路货票、运费杂费收据可作为发票清单使用。

(七)税务机关代开发票

1. 税务机关代开一般发票的具体规定

税务机关代开发票岗位应按下列要求填开增值税发票:

(1)"单价"和"金额"栏分别填写不含增值税额的单价和销售额。

(2)"税率"栏填写增值税征收率。

(3)"销售方名称"栏填写代开税务机关名称。

（4）"销售方纳税人识别号"栏填写代开税务机关的统一代码。

（5）"销售方开户行及账号"栏填写税收完税凭证字轨及号码或系统税票号码（免税代开增值税普通发票可不填写）。

（6）备注栏：

① 备注栏内注明纳税人名称和纳税人识别号。

② 税务机关为跨县（市、区）提供不动产经营租赁服务、建筑服务的小规模纳税人（不包括其他个人），代开增值税发票时，在发票备注栏中自动打印"YD"字样。

③ 税务机关为纳税人代开建筑服务发票时应在发票的备注栏注明建筑服务发生地县（市、区）名称及项目名称。

④ 税务机关为个人保险代理人汇总代开增值税发票时，应在备注栏内注明"个人保险代理人汇总代开"字样。

⑤ 税务机关为出售或出租不动产代开发票时应在备注栏注明不动产的详细地址。

（7）代开增值税普通发票的，购买方为自然人或符合下列四项条件之一的单位（机构），纳税人识别号可不填写：

① 我国在境外设立的组织机构。

② 非常设组织机构。

③ 组织机构的内设机构。

④ 军队、武警部队的序列单位等。

2. 税务机关代开特定发票的具体规定

增值税小规模纳税人销售其取得的不动产以及其他个人出租不动产，购买方或承租方不属于其他个人的，纳税人缴纳增值税后可以向税务机关申请代开增值税专用发票。不能自开增值税普通发票的小规模纳税人销售其取得的不动产，以及其他个人出租不动产，可以向税务机关申请代开增值税普通发票。

税务关代开的上述发票应按下列要求填开增值税发票：

（1）"税率"栏填写增值税征收率。免税、差额征税以及其他个人出租其取得的不动产适用优惠政策减按 1.5% 征收的，"税率"栏自动打印"＊＊＊"。

（2）"销售方名称"栏填写代开税务局名称。

（3）"销售方纳税人识别号"栏填写代开发票税务局代码。

（4）"销售方开户行及账号"栏填写税收完税凭证字轨及号码（免税代开增值税普通发票可不填写）。

（5）备注栏填写销售或出租不动产纳税人的名称、纳税人识别号（或者组织机构代码）、不动产的详细地址。

（6）差额征税代开发票，通过系统中差额征税开票功能，录入含税销售额（或含税评估额）和扣除额，系统自动计算税额和金额，备注栏自动打印"差额征税"字样。

（7）纳税人销售其取得的不动产代开发票，"货物或应税劳务、服务名称"栏填写不动产名称及房屋产权证书号码，"单位"栏填写面积单位。

（8）按照核定计税价格征税的，"金额"栏填写不含税计税价格，备注栏注明"核定计税价格，实际成交含税金额×××元"。

（9）其他项目按照增值税发票填开的有关规定填写。

（10）代开发票部门应在代开增值税发票的备注栏上，加盖税务局代开发票专用章。

（八）其他开具规定

1. 差额征税发票开具规定

纳税人或者税务机关通过新系统中差额征税开票功能开具增值税发票时，录入含税销售额（或含税评估额）和扣除额，系统自动计算税额和不含税金额，备注栏自动打印"差额征税"字样，发票开具不应与其他应税行为混开。

2. 电子发票开具规定

（1）使用增值税电子普通发票的纳税人应通过增值税电子发票系统开具。

（2）增值税电子普通发票的开票方和受票方需要纸质发票的，可以自行打印增值税电子普通发票的版式文件，其法律效力、基本用途、基本使用规定等与税务机关监制的增值税普通发票相同。

3. 机动车销售统一发票开具规定

（1）纳税人从事机动车（旧机动车除外）零售业务须开具机动车销售统一发票。

（2）"纳税人识别号"栏内打印购买方纳税人识别号，如购买方需要抵扣增值税税款，该栏必须填写。

（3）填写"购买方名称及身份证号码/组织机构代码"栏时，"身份证号码/组织机构代码"应换行打印在"购买方名称"的下方。

（4）"完税凭证号码"栏内打印代开机动车销售统一发票时对应开具的增值税完税证号码，自开机动车销售统一发票时此栏为空。

（5）纳税人销售免征增值税的机动车，通过新系统开具时应在机动车销售统一发票"增值税税率或征收率"栏选填"免税"，机动车销售统一发票"增值税税率或征收率"栏自动打印显示"免税"，"增值税额"栏自动打印显示"＊＊＊"；机动车销售统一发票票面"不含税价"栏和"价税合计"栏填写金额相等。

（6）如发生退货的，应在价税合计的大写金额第一字前加"负数"字，在小写金额前加"—"号。

（7）纳税人丢失机动车销售统一发票的，如在办理车辆登记和缴纳车辆购置税手续前丢失的，应先按照以下程序办理补开机动车销售统一发票的手续，再按已丢失发票存根联的信息开红字发票。

补开机动车销售统一发票的具体程序为：①丢失机动车销售统一发票的消费者到机动车销售单位取得机动车销售统一发票存根联复印件（加盖销售单位发票专用章）；②到机动车销售方所在地主管税务机关盖章确认并登记备案；③由机动车销售单位重新开具与原机动车销售统一发票存根联内容一致的机动车销售统一发票。

4. 收购业务发票开具规定

纳税人通过新系统使用增值税普通发票开具收购发票，系统在发票左上角自动打印"收购"字样。

5. 稀土企业发票开具规定

（1）从事稀土产品生产、商贸流通的增值税一般纳税人必须通过新系统开具增值税专用发票和增值税普通发票。

（2）销售稀土产品必须开具增值税专用发票，增值税专用发票的"货物或应税劳务"栏内容通过系统中的稀土产品目录库选择，"单位"栏选择千克或吨，"数量"栏按照折氧化物计量填写，系统在发票左上角自动打印"XT"字样。

（3）销售稀土产品以及其他货物或应税劳务,应当分别开具发票。销售稀土矿产品和稀土冶炼分离产品也应当分别开具发票,不得在同一张发票上混开。

（4）不得汇总开具增值税专用发票。

6. 预付卡业务发票开具规定

（1）单用途商业预付卡(以下简称单用途卡)业务按照以下规定执行:

① 单用途卡发卡企业或者售卡企业(以下统称售卡方)销售单用途卡,或者接受单用途卡持卡人充值取得的预收资金,不缴纳增值税。售卡方可按照规定,向购卡人、充值人开具增值税普通发票,不得开具增值税专用发票。

② 持卡人使用单用途卡购买货物或服务时,货物或者服务的销售方应按照现行规定缴纳增值税,且不得向持卡人开具增值税发票。

③ 销售方与售卡方不是同一个纳税人的,销售方在收到售卡方结算的销售款时,应向售卡方开具增值税普通发票,并在备注栏注明"收到预付卡结算款",不得开具增值税专用发票。

售卡方从销售方取得的增值税普通发票,作为其销售单用途卡或接受单用途卡充值取得预收资金不缴纳增值税的凭证,留存备查。

（2）支付机构预付卡(以下简称多用途卡)业务按照以下规定执行:

① 支付机构销售多用途卡取得的等值人民币资金,或者接受多用途卡持卡人充值取得的充值资金,不缴纳增值税。支付机构可按照规定,向购卡人、充值人开具增值税普通发票,不得开具增值税专用发票。

② 持卡人使用多用途卡,向与支付机构签署合作协议的特约商户购买货物或服务,特约商户应按照现行规定缴纳增值税,且不得向持卡人开具增值税发票。

③ 特约商户收到支付机构结算的销售款时,应向支付机构开具增值税普通发票,并在备注栏注明"收到预付卡结算款",不得开具增值税专用发票。

支付机构从特约商户取得的增值税普通发票,作为其销售多用途卡或接受多用途卡充值取得预收资金不缴纳增值税的凭证,留存备查。

（3）发售加油卡、加油凭证销售成品油的纳税人(以下简称预售单位)在售卖加油卡、加油凭证时,应按预收账款方法作相关账务处理,不征收增值税。

预售单位在发售加油卡或加油凭证时可开具普通发票,如购油单位要求开具增值税专用发票,待用户凭卡或加油凭证加油后,根据加油卡或加油凭证回笼记录,向购油单位开具增值税专用发票。接受加油卡或加油凭证销售成品油的单位与预售单位结算油款时,接受加油卡或加油凭证销售成品油的单位根据实际结算的油款向预售单位开具增值税专用发票。

7. 不征收增值税项目发票开具规定

商品和服务税收分类与编码的"6 未发生销售行为的不征税项目",用于纳税人收取款项但未发生销售货物、应税劳务、服务、无形资产或不动产的情形。

"未发生销售行为的不征税项目"下设 601"预付卡销售和充值"、602"销售自行开发的房地产项目预收款"、603"已申报缴纳营业税未开票补开票"。

使用"未发生销售行为的不征税项目"编码,发票税率栏应填写"不征税",不得开具增值税专用发票。

思考与练习

一、专业术语

增值额 增值税 生产型增值税 收入型增值税 消费型增值税 扣税法 一般纳税人 小规模纳税人 销项税额 销售额价外费用 进项税额 视同销售行为 混合销售行为 兼营行为 折扣销售 现金折扣 销售折让出口货物退(免)税 征收率 留抵税额 免抵税额 免抵退税额 留抵税额退税 进口货物 销售货物 销售不动产 销售服务 销售无形资产 一般计税方法 简易计税方法 扣缴计税方法 核定销售额 组成计税价格 差额征税

二、思考题

1. 如何理解增值额?
2. 增值税有几种类型?各有何优缺点?
3. 简述我国增值税的发展进程。
4. 简述我国增值税的计税方法。
5. 简述核定销售额的适用范围及方法。
6. 简述价外费用及其税务处理方法。
7. 简述增值税的扣税凭证。
8. 简要分析农产品进项税额的扣除方法。
9. 简述出口货物、劳务和跨境应税行为的增值税退(免)税政策。
10. 简述增值税发票种类及使用范围。

三、计算题

1. 某手机生产企业是增值税一般纳税人,2019年9月生产销售A型手机,出厂不含增值税单价为2 800元/台,具体购销情况如下:
   (1) 向某商场销售1 000台A型手机,由于商场采购量大,给予其10%的折扣,并将销售额和折扣额在同一张发票的金额栏内分别注明;同时,向运输企业(一般纳税人)支付运费,收到的增值税专用发票注明运费金额为30 000元。
   (2) 销售本企业2015年购进的自用生产设备一台,该设备原值248 600元,已提折旧158 700元,取得含增值税收入113 000元。
   (3) 销售手机发出包装物收取单独记账核算的押金20 000元,另没收逾期未退还的包装物押金16 950元。
   (4) 购进手机零配件取得增值税专用发票上注明金额1 840 000元、增值税额239 200元。
   (5) 从小规模纳税人处购进工件,支付价税合计金额123 600元,取得税务机关代开的增值税专用发票。
   (6) 从消费者个人手中收购废旧手机,支付收购金额30 000元。
   手机、设备、零配件、工具件适用的增值税税率均为13%,交通运输服务适用的税率为9%,纳税人取得的增值税专用发票均已通过认证并允许在当月抵扣,2019年8月期末留抵增值税额为38 050元。
   要求:根据上述资料,计算该企业当月应纳的增值税额。

2. 甲广告公司为增值税一般纳税人,2019年11月发生如下业务:
   (1) 取得含增值税的广告代理收入200万元,因广告效果出色取得奖金7万元。
   (2) 出租摄影设备取得含增值税的租赁收入50万元,收取设备磨损赔偿金8万元。
   (3) 出售2014年购进的制图设备一台,含增值税售价1.03万元。
   (4) 向广告发布者支付广告发布费,取得增值税专用发票上注明的税额为4.2万元。
   (5) 购进办公用小轿车1辆,取得增值税专用发票上注明的税额为4.8万元。
   (6) 购进职工集体宿舍用装修材料,取得增值税专用发票上注明的税额为0.8万元;为此,向运输公司支付运费,取得增值税专用发票上注明的税额为0.1万元。

文化创意服务增值税税率为 6%,有形动产租赁服务增值税税率为 13%。取得的增值税扣税凭证均于当月认证通过。

要求:根据上述资料,计算甲公司当月应纳的增值税额。

3. YL 公司为增值税一般纳税人,主要从事电冰箱的生产和销售,2019 年发生部分涉税事项如下:

(1) 2019 年 10 月 12 日进口钢材一批,支付给国外的购货款 135 万元、到达我国海关以前的运输装卸费 12 万元、保险费 13 万元。海关代征进口环节的增值税后,开具了进口增值税专用缴款书。

(2) 2019 年 10 月将一批 A 型电冰箱赊销给甲公司,双方在书面合同中约定 11 月 15 日付款。YL 公司于 11 月 18 日开具了增值税专用发票,注明价款为 1 040 万元;甲公司于 12 月 5 日支付货款,12 月 7 日收到了 YL 公司开具的增值税专用发票。

(3) 2019 年 10 月 18 日将一批压缩机销售给某小规模纳税人,开具增值税普通发票,取得含税收入 28.815 万元。

(4) 2019 年 10 月 22 日将自产的 10 台 A 型电冰箱(总成本为 3.5 万元)捐赠给当地敬老院。

(5) 2019 年 10 月 29 日将新试制的 2 台 B 型电冰箱用于本企业的职工食堂,成本共计 2 万元,市场上无 B 型电冰箱的销售价格。

(6) 2019 年 10 月开具的增值税专用发票上注明的金额为 300 万元。

甲企业进口钢材的关税税率为 7%;A 型电冰箱当月平均不含税售价为每台 0.75 万元;A 型电冰箱和 B 型电冰箱的成本利润率均为 10%;增值税税率为 13%;甲企业取得的增值税专用发票和进口增值税专用缴款书在当期均已通过认证。

要求:根据上述资料,计算甲企业进口环节应纳增值税额和 2019 年 10 月应纳增值税额。

第三章

消 费 税

通过本章的学习,了解消费税的概念和发展过程、作用和基本管理制度;熟悉消费税的特点、税目税率、纳税环节和纳税地点;掌握消费税的纳税人、对外销售应税消费品、委托加工应税消费品、自产自用应税消费品的销售价格或销售数量的确定及应纳税额计算、卷烟、酒类产品、金银首饰和豪华小汽车应纳税额计算的特殊规定。

本章重点是消费税计税依据的确定,消费税应纳税额的计算;难点是卷烟产品和酒类产品应纳税额计算的特殊规定,消费税出口退免税。

第一节 消费税概述

一、消费税的概念和特征

(一)消费税的概念

消费税是以特定消费品或消费行为为征税对象而征收的一种税,属于流转税的范畴。我国现行消费税是以在我国境内从事生产、委托加工、进口以及销售特定应税消费品的单位和个人,就其销售额和销售数量而征收的一种税。

消费税的种类很多。按照征收范围划分有一般消费税和特别消费税。一般消费税是指对所有消费品和消费行为的流转额普遍征税的税种;特别消费税又称特定消费税,是指只对特定消费品和消费行为的流转额征税的税种。按照征税环节和计税依据划分有直接消费税和间接消费税。直接消费税是指在购买环节,以消费支出额为计税依据,直接向消费者征收的税种;间接消费税是指在生产环节,以销售额为计税依据,由生产者或者销售者缴纳而由消费者负担的税种。按照税种的征税品目多少划分有综合消费税和个别消费税。综合消费税是指将所有应税品目置于一个税种之下的消费税;个别消费税是对每一种应税品目单独设立税种征税的消费税。我国现行消费税属于特别消费税、间接消费税。

(二)消费税的特征

消费税作为一种流转税,它除了具备流转税的一般特点之外,还有其自身的特点。

1. 征税范围具有一定的选择性

消费税征税范围主要是根据我国目前的经济发展现状和消费政策、人民群众的消费水平和消费结构,以及财政需要,并借鉴国外的成功经验和通行做法确定的。我国消费税仅就消费品中的极少数项目征收,即纳入消费税征收范围的只是经过特殊选择的少数种类,大部分消费品并不在征收之列。或者说我国消费税只针对消费品中的一部分征收,而不是对所有的消费品和消费行为征收。

2. 以单环节课征为主,双环节课征为辅

为了减少纳税人的数量,提高税收征收效率;强化税源控制,有效防止税源的流失,消费税的征税环节选择在进入流通领域的起始环节或进入消费领域的起始环节,实行一次性征收。同时为了正确引导特定消费品的消费,自 2009 年 5 月 1 日起,卷烟消费税由生产环节单环节征收改为在生产环节和批发环节双环节征收;自 2016 年 12 月 1 日对每辆零售价格 130 万元(不含增值税)及以上的乘用车和中轻型商用客车,在零售环节加征消费税。

3. 税率等要素设计较复杂

为体现消费税的特殊调节作用,根据应税消费品的不同种类、档次甚至消费品中某一物质成分的含量,以及消费品的市场供求状况、价格水平、国家的产业政策和消费政策等,对应税消费品设计了高低不同的税率、税额,制定不同的计税依据征收方法,既适应应税消费品自身的不同情况,也充分体现国家区别对待的税收政策。

4. 税负转嫁性明显

消费税是对最终消费品课征的,其税收归宿是消费者。无论是在哪个环节征收,也无论是价内征收还是价外征收,应税消费品所纳的消费税最终会转嫁到消费者身上。即我国消费税由生产者(或销售者)缴纳,但最终由消费者负担。

5. 没有减免税规定

消费税的征收范围一般为需求弹性较大的非生活必需品,其购买者都具有较高的消费水平,即消费税是由有相应消费能力的消费者负担的一种税,没有相应的负担能力,不会发生应税消费品的消费行为,国家也不需要通过减免税来满足不合理的消费需求。为了公平税负,确保国家财政收入,充分发挥消费税调节社会特殊消费的作用,除出口的应税消费品及国家特殊规定外,一般没有减免税规定。

二、消费税的历史沿革

消费税起源于古希腊时期的雅典,在世界范围内是开征较早、较普遍的流转税之一。目前,世界范围内有 120 多个国家和地区征收消费税。如美国的国内产品税、韩国的特种消费税、德国的联邦消费税,欧洲其他国家开征的烟税、酒精饮料税等。

我国对消费品课税最早出现于汉代,公元前 81 年,汉昭帝为了避免酒的专卖"与商人争市利[①]",改酒专卖为征税,允许各地的地主、商人自行酿酒卖酒,每升酒征税四文,纳税环节在酒销售之后,而不是在出坊时缴纳税款,这可以说是我国较早的消费税。以后又有对盐、茶等特定消费品的征税。

新中国成立后,中央人民政府政务院于 1950 年统一全国税制,曾开征了特种消费行为税,这一税种包括娱乐、筵席、冷食、旅馆四个税目,在发生特定消费行为时征收,属于对消费行为的征收。此后,1958 年至 1973 年征收的工商统一税,1973 年至 1983 年征收的工商税中相当于货物税的部分,以及 1983 年至 1993 年年底征收的产品税、增值税,实质上都相当于或部分相当于对消费品征收消费税的性质。也就是说,长期以来我国一直都在征收消费税,只是未冠以消费税的名称而已,消费税并未成为一个单独的税种。

1994 年税制改革中,为调节我国消费结构、正确引导消费方向,抑制超前消费需求,确保国家财政收入,在取消产品税的同时开征了消费税。国务院于 1993 年 12 月 13 日颁布了《中华人民共和国消费税暂行条例》(以下简称《消费税暂行条例》),同年 12 月 25 日财政部

---

① 转引自《中国税制》,於鼎丞 魏朗编著,暨南大学出版社(2002)。

发布了《中华人民共和国消费税暂行条例实施细则》（以下简称《消费税暂行条例实施细则》），自 1994 年 1 月 1 日开始施行，我国现代消费税制度正式建立。2008 年 11 月国务院修订了《消费税暂行条例》，配合增值税的改革，对消费税的征收和管理进行了配套改革，并于 2009 年 1 月 1 日起实施。

三、消费税的意义和作用

(一)调节消费结构,调控宏观经济

消费税有利于配合国家的产业政策和消费政策，对国民经济进行宏观调控，对产业结构和消费结构进行调节。产业结构合理与否，直接影响资源配置的效益。而产业结构又与消费结构相互制约、相互依存。21 世纪以来，我国居民的收入水平提高，生活水平有了显著的改善，新的消费观念正在形成，同时也出现了一些盲目攀比、消费超前的现象，由此对产业结构产生了一些不良影响。消费税的开征，就是为了运用税收杠杆引导消费方向，抑制超前消费和集团消费，促使消费结构向着符合我国国情的方向进行调整，减少资源的浪费，并通过调节消费达到调节生产的目的。

(二)调节社会成员收入,缓解社会分配不公

消费税具有对富人征税的性质。纳入消费税征税范围的基本上是非大众化的非必需品，且消费税的税率高低悬殊，从而使高收入高消费的居民群体比一般消费者承担更多的消费税。这在一定程度上有助于调节各类社会成员的收入，缓解我国当前存在的贫富悬殊、分配不公引起的矛盾。在我国个人所得税制不够完善、作用还比较有限的情况下，消费税的这种调节功能显得尤为重要。通过征收消费税可以进一步调节社会成员收入分配，缩小收入差距，实现收入分配的公平，有利于社会主义和谐社会的构建。

(三)促进节约资源和环境保护

随着经济的发展，资源浪费现象严重，人类赖以生存的环境呈现恶化趋势，为了避免走先污染后治理的老路。因此在发展经济的同时，最大限度地节约资源，加大对生态环境、社会环境的保护是政府必须承担的责任。开征消费税加大某些消费品的使用成本，可以起到节约资源和保护环境的作用。

(四)增加财政收入,保证财政收入的及时与稳定

在经济体制转轨时期，国家承担的宏观调控任务繁重，客观上要求财政收入应保持稳定和不断增长。更由于流转税在我国财政收入中的重要地位和取消产品税、规范增值税的改革现实，开征新税种以弥补税收收入的损失是必然选择。消费税的开征正是以这一要求为前提的。同时，消费税的征收范围虽然有限，但大部分应税品消费量大、价格高、税源充足，可以保证国家税收收入的稳定可靠。

第二节　消费税的征税对象、纳税人和税率

一、消费税的征税对象

征税对象即征税客体，表明对什么进行征税，是征税的客观目的物；征税范围是征税对象的范围，即征税对象的具体内容或课征税收的具体界限；税目是征税范围的细化，即税法所规定的征税的具体品种和项目。消费税的征税对象是消费税法所规定的应税消费品，具

体是指在我国境内生产、委托加工、进口的应税消费品以及销售的特定应税消费品。

（一）消费税的征税范围

消费税的征税范围具体包括如下。

1. 在我国境内生产的应税消费品

应税消费品的范围包括五大类、十五种产品：

第一类：过度消费会对人体健康、社会秩序、生态环境产生危害的特殊消费品，如烟、酒、鞭炮、焰火。

第二类：非生活必需品、奢侈品，如高档化妆品、贵重首饰及珠宝玉石、高档手表、高尔夫球及球具、游艇。

第三类：高能耗及高档消费品，如小汽车、摩托车。

第四类：不可再生和不可替代的能源产品，如成品油。

第五类：不利于可持续发展及环保的产品，如木制一次性筷子、实木地板、电池、涂料。

2. 进口的应税消费品

经营进口上述应税消费品的，均属于消费税的课税范围。

3. 自产自用的应税消费品

纳税人自产自用的应税消费品，用于连续生产应税消费品的，不纳消费税；但用于其他方面的，应于移送使用时纳税。

用于连续生产的应税消费品是指直接用于连续生产应税消费品，并构成产品的生产成本。用于其他方面的是指纳税人用于生产非应税消费品和在建工程、管理部门、非生产机构，提供劳务以及用于馈赠、赞助、集资、广告、样品、集体福利、奖励等方面的应税消费品。

4. 委托加工的应税消费品

委托加工的应税消费品是指由委托方提供原材料和主要材料，受托方只收取加工费和代垫部分辅助材料加工的应税消费品。对于受托方提供原材料生产的应税消费品，或者受托方先将原材料卖给委托方，再接受加工的应税消费品，以及受托方以委托方名义购进原材料生产的应税消费品，不论纳税人在财务上如何核算，是否作销售处理，均不得作为委托加工的应税消费品，而应按照销售自制的应税消费品缴纳消费税。

（二）税目

消费税的税目是按照一定的标准和范围对征税范围进行具体列示的征税品种或项目，它反映消费税的具体征税范围。消费税税目采取正列举法设置，共有 15 个税目，税目之下又有若干子目和细目。

1. 烟

凡是以烟叶为原料加工的产品，不论使用何种辅料，均属于本税目征收范围，包括卷烟（进口卷烟、白包卷烟、手工卷烟和未经国务院批准纳入计划的企业和个人生产的卷烟）、雪茄烟和烟丝。卷烟又分甲类卷烟和乙类卷烟。

2. 酒

酒是指酒精度在 1 度以上的各种酒类饮料，包括白酒、黄酒、啤酒和其他酒。

白酒是指以高粱、玉米、大米、糯米、大麦、小麦、青稞等各种粮食为原料，经过糖化、发酵后，采用蒸馏方法酿制的白酒，其他配制酒也属于白酒。

黄酒是指以糯米、粳米、籼米、大米、黄米、玉米、小麦、薯类等为原料，经加温、糖化、发酵、压榨酿制的酒。由于工艺、配料和含糖量的不同,黄酒分为干黄酒、半干黄酒、半甜黄酒、甜黄酒4类。黄酒的征收范围包括各种原料酿制的黄酒和酒度超过12度(含12度)的土甜酒。

啤酒是指以大麦或其他粮食为原料,加入啤酒花,经糖化、发酵、过滤酿制的含有二氧化碳的酒。对饮食业、商业、娱乐业举办的啤酒屋(啤酒坊)利用啤酒生产设备生产的啤酒,应当征收消费税。

其他酒是指除白酒、黄酒、啤酒以外,酒度在1度以上的各种酒,包括糠麸白酒、其他原料白酒、土甜酒、复制酒、果木酒、汽酒、药酒等,不包括调味料酒。

3. 高档化妆品

高档化妆品包括高档美容、修饰类化妆品、高档护肤类化妆品和成套化妆品。

高档美容、修饰类化妆品和高档护肤类化妆品是指生产(进口)环节销售(完税)价格(不含增值税)在10元/毫升(克)或15元/片(张)及以上的美容、修饰类化妆品和护肤类化妆品。

4. 贵重首饰及珠宝玉石

贵重首饰及珠宝玉石包括各种金银珠宝首饰和经采掘、打磨、加工的各种珠宝玉石。

金银珠宝首饰包括凡以金、银、白金、宝石、珍珠、钻石、翡翠、珊瑚、玛瑙等高贵稀有物质以及其他金属、人造宝石等制作的各种纯金银首饰及镶嵌首饰(含人造金银、合成金银首饰等)。

珠宝玉石包括钻石、珍珠、松石、青金石、欧泊石、橄榄石、长石、玉、石英、玉髓、石榴石、锆石、尖晶石、黄玉、碧玺、金绿玉、绿柱石、刚玉、琥珀、珊瑚、煤玉、龟甲、合成刚玉、合成宝石、双合石、玻璃仿制品。

宝石坯是经采掘、打磨、初级加工的珠宝玉石半成品,也属于珠宝玉石。

5. 鞭炮、焰火

鞭炮、焰火通常分为13类,体育上用的发令纸、地引线,不按本税目征收。

鞭炮又称爆竹,是用多层纸密裹火药,接以药引线制成的一种爆炸品。焰火是指烟火剂,一般系包扎品,内装药剂,点燃后烟火喷射,呈各种颜色,有的还变幻成各种景象。

6. 成品油

成品油包括汽油、柴油、石脑油、溶剂油、润滑油、航空煤油、燃料油7个子目。

汽油是指用原油或其他原料加工生产的辛烷值不小于66的可用作汽油发动燃料的各种轻质油。汽油分为车用汽油和航空汽油以及以汽油、汽油组分调和生产的甲醇汽油、乙醇汽油。

柴油是指用原油或其他原料加工生产的倾点或凝点在−50号至30号的可用作柴油发动机燃料的各种轻质油和以柴油组分为主、经调和精制可用作柴油发动机燃料的非标油以及以柴油、柴油组分调和生产的生物柴油。

石脑油又称化工轻油,是以原油或其他原料加工生产的用于化工原料的轻质油,包括除汽油、柴油、航空煤油、溶剂油以外的各种轻质油、非标汽油、重整生成油、拔头油、戊烷原料油、轻裂解料(减压柴油VCO和常压柴油ACO)、重裂解料、加氢要化尾油、芳烃抽余油。

溶剂油是用原油或其他原料加工生产的用于涂料、油漆、食用油、印刷油墨、皮革、农药、橡胶、化妆品生产和机械清洗、胶黏行业的轻质油以及橡胶填充油、溶剂油原料。

航空煤油又称喷气燃料,是用原油或其他原料加工生产的用作喷气发动机和喷气推进系统燃料的各种轻质油。

润滑油是用原油或其他原料加工生产的用于内燃机、机械加工过程的润滑产品,包括矿物性润滑油、矿物性润滑油基础油、植物性润滑油、动物性润滑油和化工原料合成润滑油。

燃料油又称重油、渣油,是用原油或其他原料加工生产,主要用作电厂发电、锅炉用燃料、加热炉燃料、冶金和其他工业炉燃料,包括蜡油、船用重油、常压重油、减压重油、180CTS燃料油、7号燃料油、糠油、工业燃料油、4—6号燃料油以及催化料和焦化料。

7. 摩托车

摩托车的征收范围包括轻便摩托车和摩托车。

轻便摩托车是指最大设计车速不超过 50 km/h、发动机气缸总工作容积不超过 50 ml 两轮机动车。

摩托车是指最大设计车速超过 50 km/h、发动机气缸总工作容积超过 50 ml、空车重量超过 400 kg(带驾驶室的正三轮车及特种车的空车重量不受此限)的两轮和三轮机动车。

8. 小汽车

汽车是指由动力驱动,具有四个或四个以上车轮的非轨道承载的车辆。其征收范围包括乘用车、中轻型商用客车和超豪华小汽车,不包括电动汽车、沙滩车、雪地车、卡丁车、高尔夫车以及企业购进货车或厢式货车改装生产的商务车、卫星通信车。

乘用车是指包括含驾驶员座位在内最多不超过 9 个座位(含)的,在设计和技术特性上用于载运乘客和货物的各类乘用车。

中轻型商用客车是指含驾驶员座位在内的座位数在 10～23 座(含 23 座)的在设计和技术特性上用于载运乘客和货物的各类中轻型商用客车。

超豪华小汽车是指每辆零售价 130 万元(不含增值税)及以上的乘用车和中轻型商用客车。

9. 高尔夫球及球具

高尔夫球及球具是指从事高尔夫球运动所需的各种专用装备,包括高尔夫球、高尔夫球杆及高尔夫球包(袋)等。高尔夫球的杆头、杆身和握把属于征收范围。

高尔夫球是指重量不超过 45.93 克、直径不超过 42.67 毫米的高尔夫球运动比赛、练习用球;高尔夫球杆是指被设计用来打高尔夫球的工具,由杆头、杆身和握把三部分组成;高尔夫球包(袋)是指专用于盛装高尔夫球及球杆的包(袋)。

10. 高档手表

高档手表是指销售价格(不含增值税)每只在 10 000 元(含)以上的各类手表。

11. 游艇

游艇是指长度大于 8 米小于 90 米,船体由玻璃钢、钢、铝合金、塑料等多种材料制作,可以在水上移动的水上浮载体。按照动力划分,游艇分为无动力艇、帆艇和机动艇。

12. 木制一次性筷子

木制一次筷子又称卫生筷子,是指以木材为原料经过锯段、浸泡、旋切、刨切、烘干、筛选、打磨、倒角、包装等环节加工而成的各类一次性使用的筷子。

13. 实木地板

实木地板是指以木材为原料,经锯割、干燥、刨光、截断、开榫、涂漆等工序加工而成的块状或条状的地面装饰材料。实木地板按生产工艺不同,可分为独板(块)实木地板、实木指接地板、实木复合地板三类;按表面处理状态不同,可分为未涂饰地板(白坯板、素板)和漆饰地板两类。实木地板包括各类规格的实木地板、实木指接地板、实木复合地板及用于装饰墙壁、天棚的侧端面为榫、槽的实木装饰板以及未经涂饰的素板。

14. 电池

电池是一种将化学能、光能等直接转换为电能的装置,一般由电极、电解质、容器、极端,通常还有隔离层组成的基本功能单元,以及用一个或多个基本功能单元装配成的电池组,包括原电池、蓄电池、燃料电池、太阳能电池和其他电池。

原电池又称一次电池,是按不可以充电设计的电池。按照电极所含的活性物质分类,原电池包括锌原电池、锂原电池和其他原电池。

蓄电池又称二次电池,是按可充电、重复使用设计的电池,包括酸性蓄电池、碱性或其他非酸性蓄电池、氧化还原液流蓄电池和其他蓄电池。

燃料电池是指通过一个电化学过程,将连续供应的反应物和氧化剂的化学能直接转换为电能的电化学发电装置。

太阳能电池是将太阳光能转换成电能的装置,包括晶体硅太阳能电池、薄膜太阳能电池、化合物半导体太阳能电池等,但不包括用于太阳能发电储能用的蓄电池。

其他电池。除原电池、蓄电池、燃料电池、太阳能电池以外的电池。

15. 涂料

涂料是指涂于物体表面能形成具有保护、装饰或特殊性能的固态涂膜的一类液体或固体材料之总称。

涂料由主要成膜物质、次要成膜物质等构成。涂料按主要成膜物质涂料可分为油脂类、天然树脂类、酚醛树脂类、沥青类、醇酸树脂类、氨基树脂类、硝基类、过滤乙烯树脂类、烯类树脂类、丙烯酸酯类树脂类、聚酯树脂类、环氧树脂类、聚氨酯树脂类、元素有机类、橡胶类、纤维素类、其他成膜物类等。

二、消费税的纳税人

消费税的纳税人,是在我国境内生产、委托加工和进口税法规定的消费品的单位和个人,以及国务院确定的销售应税消费品的其他单位和个人。单位是指企业、行政单位、事业单位、军事单位、社会团体及其他单位。个人是指个体工商户及其他个人。在我国境内是指生产、委托加工和进口属于应当缴纳消费税的消费品的起运地或者所在地在境内。消费税的纳税人具体包括如下五种。

(一)自产自销应税消费品的单位和个人

凡从事生产并销售应税消费品的单位和个人,为消费税的纳税人。

销售是指有偿转让应税消费品的所有权。有偿是指从购买方取得货币、货物或者其他经济利益。

(二)自产自用应税消费品的单位和个人

将自产的应税消费品用于连续生产应税消费品的,不纳税;用于其他方面的,以生产单位或个人为消费税的纳税人。

(三)委托加工应税消费品的单位和个人

凡从事委托加工应税消费品业务的,以委托单位或个人为消费税的纳税人,由受托方代收代缴税款。

(四) 销售特定应税消费品的单位和个人

销售特定应税消费品的单位和个人包括在我国境内从事金银首饰(含铂金首饰)、钻石及钻石饰品零售业务的单位和个人、将超豪华小汽车销售给消费者的单位和个人以及在我国境内从事卷烟批发业务的单位和个人。

(五) 进口应税消费品的单位和个人

凡从境外进口应税消费品的,进口报关单位或个人为消费税的纳税人,其应纳税款由海关代征。

三、消费税的税率

根据不同的应税消费品的具体情况,我国消费税规定了比例税率、定额税率和复合税率三种形式。其具体税目税率表如表3-1所示。

表 3-1　　　　　　　　　　消费税税目、税率表

税目	税率(税额)
一、烟 1. 卷烟 甲类卷烟 乙类卷烟 批发环节 2. 雪茄烟 3. 烟丝	 56％加 0.003 元/支(生产环节) 36％加 0.003 元/支(生产环节) 11％加 0.005 元/支 36％ 30％
二、酒 1. 白酒 2. 黄酒 3. 啤酒 甲类啤酒 乙类啤酒 4. 其他酒	 20％加 0.5 元/500 克或每 500 毫升 240 元/吨 250 元/吨 220 元/吨 10％
三、高档化妆品	15％
四、贵重首饰及珠宝玉石 1. 金银首饰、铂金首饰、钻石及钻石饰品(零售环节) 2. 其他贵重首饰及珠宝玉石(生产、进口、委托加工提货环节纳税)	 5％ 10％
五、鞭炮、焰火	15％
六、成品油 1. 汽油 2. 柴油 3. 航空煤油 4. 石脑油 5. 溶剂油 6. 润滑油 7. 燃料油	 1.52 元/升 1.20 元/升 1.20 元/升 1.52 元/升 1.52 元/升 1.52 元/升 1.20 元/升

（续表）

税目	税率（税额）
七、小汽车	
1. 乘用车	
气缸容量（排气量，下同）在 1.0 升（含）以下的	1％
气缸容量在 1.0 升以上至 1.5 升（含）	3％
气缸容量在 1.5 升以上至 2.0 升（含）	5％
气缸容量在 2.0 升以上至 2.5 升（含）	9％
气缸容量在 2.5 升以上至 3.0 升（含）	12％
气缸容量在 3.0 升以上至 4.0 升（含）	25％
气缸容量在 4.0 升以上	40％
2. 中轻型商用客车	5％
3. 超豪华小汽车（零售环节）	10％
八、摩托车	
1. 气缸容量（排气量，下同）250 毫升	3％
2. 气缸容量在 250 毫升以上的	10％
九、高尔夫球及球具	10％
十、高档手表	20％
十一、游艇	10％
十二、木制一次性筷子	5％
十三、实木地板	5％
十四、铅蓄电池	4％
十五、涂料	4％

注：①甲类卷烟是指每标准条（200 支，下同）调拨价格在 70 元（不含增值税）以上（含 70 元）的卷烟；乙类卷烟是指每标准条调拨价格在 70 元（不含增值税）以下的卷烟。

②甲类啤酒是指每吨啤酒出厂价格（含包装物及包装物押金）在 3 000 元（含 3 000 元，不含增值税）以上的啤酒；乙类啤酒是指每吨啤酒出厂价格在 3 000 元（不含 3 000 元，不含增值税）以下的啤酒；娱乐业、饮食业自制啤酒按甲类啤酒征税。

纳税人兼营不同税率的应税消费品，应当分别核算不同税率应税消费品的销售额、销售数量。未分别核算销售额、销售数量，或者将不同税率的应税消费品组成成套消费品销售的，从高适用税率。

第三节　消费税的计算

一、消费税的计税方法

消费税采取从价定率征收、从量定额征收以及从价定率与从量定额复合征收三种方法。不同的征税对象适用不同的征收方法，其计税依据的确定和应纳税额的计算也有所不同。

（一）从价定率征收

实行从价定率办法征税的应税消费品，其应纳税额等于应税消费品的销售额乘以适用税率，在适用税率确定的前提下，应纳税额计算取决于应税销售额的大小。

1. 应纳税销售额的确定

销售额为纳税人销售应税消费品向购买方收取的全部价款和价外费用,但不包括向购买方收取的增值税额。价外费用是指价外向购买方收取的手续费、补贴、基金、集资费、返还利润、奖励费、违约金、滞纳金、延期付款利息、赔偿金、代收款项、代垫款项、包装费、包装物租金、储备费、优质费、运输装卸费以及其他各种性质的价外收费。但下列项目不包括在内:

(1) 同时符合以下条件的代垫运输费用:①承运部门的运输费用发票开具给购买方的;②纳税人将该项发票转交给购买方的。

(2) 同时符合以下条件代为收取的政府性基金或者行政事业性收费:①由国务院或者财政部批准设立的政府性基金,由国务院或者省级人民政府及其财政、价格主管部门批准设立的行政事业性收费;②收取时开具省级以上财政部门印制的财政票据;③所收款项全额上缴财政。

消费税的计税销售额不包括应向购货方收取的增值税税款,如果纳税人应税消费品的销售额中未扣除增值税税款或者因不得开具增值税专用发票而发生价款和增值税税款合并收取的,在计算消费税时,应当换算为不含增值税税款的销售额。其换算公式为:

$$应税消费品的销售额 = 含增值税的销售额 \div (1 + 增值税税率或者征收率)$$

纳税人销售的应税消费品,以人民币以外的货币结算销售额的,其销售额的人民币折合率可以选择销售额发生的当天或者当月1日的人民币汇率中间价。纳税人应在事先确定采用何种折合率,确定后1年内不得变更。

2. 包装物的处理

实行从价定率征收办法的应税消费品连同包装物销售的,无论包装物是否单独计价以及在会计上如何核算,均应并入应税消费品的销售额中缴纳消费税。如果包装物不作价随同产品销售,而是收取押金,此项押金则不应并入应税消费品的销售额中征税。但对因逾期未收回的包装物不再退还的或者已收取的时间超过12个月的押金,应并入应税消费品的销售额,按照应税消费品的适用税率缴纳消费税。

对既作价随同应税消费品销售,又另外收取押金的包装物的押金,凡纳税人在规定的期限内没有退还的,均应并入应税消费品的销售额,按照应税消费品的适用税率缴纳消费税。

3. 特殊销售额的确定

1) 计税价格的核定

纳税人应税消费品的计税价格明显偏低并无正当理由的,由主管税务机关核定其计税价格。计税价格的核定权限如下:①卷烟、白酒和小汽车的计税价格由国家税务总局核定,送财政部备案;②其他应税消费品的计税价格由省、自治区和直辖市税务局核定;③进口的应税消费品的计税价格由海关核定。

2) 其他销售额的确定

纳税人通过自设非独立核算门市部销售的自产应税消费品,应当按照门市部对外销售额或者销售数量计算征收消费税。

纳税人用于换取生产资料和消费资料,投资入股和抵偿债务等方面的应税消费品,应当以纳税人同类应税消费品的最高销售价格作为计税依据计算消费税。

4. 应纳税额的计算

实行从价定率办法计算的消费税应纳税额的计算公式为:

$$应纳税额 = 应税消费品的销售额 \times 适用税率$$

【例 3-1】 某公司 20 × × 年 5 月直接对外销售应税消费品,取得含税销售收入 565 000 元,另收取价外费用 113 000 元,销售给自设非独立核算的门市部,取得销售额 1 000 000 元,该门市部对外销售额 1 200 000 元。计算该公司 5 月份应纳的消费税(假定该消费品适用消费税税率为 10%)。

对外销售应税消费品应纳消费税 = (565 000 + 113 000) ÷ (1 + 13%) × 10% = 60 000(元)

通过门市部销售应税消费品应纳消费税 = 1 200 000 × 10% = 120 000(元)

该公司 5 月份共计应纳消费税 = 60 000 + 120 000 = 180 000(元)

(二)从量定额征收

消费税对黄酒、啤酒、成品油实行定额税率,采用从量定额的办法征税,计税依据是纳税人销售应税消费品的销售数量。

1. 销售数量的确定

(1)销售应税消费品的,为应税消费品的销售数量。

(2)自产自用应税消费品的,为应税消费品的移送使用数量。

(3)委托加工应税消费品的,为纳税人收回的应税消费品数量。

(4)进口应税消费品的,为海关核定的应税消费品进口征税数量。

实行从量定额办法计算应纳税额的应税消费品,计量单位的换算标准如表 3-2 所示。

表 3-2   消费税计量单位换算表

序号	应税消费品名称	计量单位换算标准
1	啤酒	1 吨 = 988 升
2	黄酒	1 吨 = 962 升
3	汽油	1 吨 = 1 388 升
4	柴油	1 吨 = 1 176 升
5	石脑油	1 吨 = 1 385 升
6	润滑油	1 吨 = 1 126 升
7	航空煤油	1 吨 = 1 246 升
8	溶剂油	1 吨 = 1 282 升
9	燃料油	1 吨 = 1 015 升

2. 应纳税额的计算

实行从量定额办法计算的消费税应纳税额的计算公式为:

$$应纳税额 = 应税消费品数量 \times 单位税额$$

【例 3-2】 某石化公司 20 × × 年 5 月销售无铅汽油 50 吨,柴油 60 吨,移送柴油 5 000 升用于本公司基建工程的车辆和设备使用。计算该公司当月应纳的消费税额。

无铅汽油应纳税额 = 50 × 1 388 × 1.52 = 105 488(元)

柴油应纳税额 = (60 × 1 176 + 5 000) × 1.2 = 90 672(元)

该公司当月应纳消费税 = 69 400 + 60 448 = 129 848(元)

(三) 复合计税办法

消费税对卷烟和白酒实行从价定率与从量定额相结合的复合计税办法,其计税依据是纳税人应税消费品的销售额和销售数量,应纳税额的计算公式为:

$$应纳税额 = 应税销售额 \times 比例税率 + 应税销售数量 \times 定额税率$$

【例 3-3】 某白酒生产企业 20×× 年 9 月 2 日销售 50 吨粮食白酒,每吨 10 000 元(不含税,下同);9 月 7 日销售 50 吨同类粮食白酒,每吨 13 000 元;9 月 12 日将 10 吨同类粮食白酒发给职工作福利;9 月 20 日以 10 吨同类粮食白酒换取小轿车一辆,价值 10 万元。请计算该企业当月应纳的消费税额。

销售应纳消费税 = (50×10 000+50×13 000)×20% + 100×2 000×0.5 = 430 000(元)

作为职工福利应纳消费税 = 10×11 500×20% + 10×2 000×0.5 = 33 000(元)

换小轿车应纳消费税 = 10×13 000×20% + 10×2 000×0.5 = 36 000(元)

该酒厂 9 月份应纳消费税 = 430 000+33 000+36 000 = 499 000(元)

二、自产自用应税消费品应纳税额的计算

纳税人自产自用的应税消费品,用于连续生产应税消费品的,不纳税;用于其他方面的,于移送使用时纳税。

(一) 自产自用应税消费品的税务处理

1. 自产应税消费品用于连续生产其他应税消费品

纳税人将自产的应税消费品,用于连续生产应税消费品的,不纳税。例如,高尔夫球具厂生产的高尔夫球的杆头、杆身和握把,属于应税消费品,该厂用自己生产的杆头、杆身和握把连续生产高尔夫球杆,这些用于连续生产高尔夫球杆的杆头、杆身和握把在移送使用环节就不用缴纳消费税,也不纳增值税,只对生产的最终产品——高尔夫球杆征收消费税。

2. 自产应税消费品用于连续生产非应税消费品

将纳税人自产的应税消费品,用于连续生产非应税消费品的,于移送使用环节纳税。这种情况是指纳税人把自产的应税消费品用于生产消费税税目税率表所列 15 类产品以外的产品。例如,某糖酒厂将自产的白酒用于连续生产酒心糖,白酒属于应税消费品,酒心糖属于非应税消费品,则应在白酒的移送使用环节缴纳消费税。

3. 自产应税消费品用于其他方面

这里的其他方面是指纳税人将自产应税消费品用于在建工程、管理部门、非生产机构、提供劳务以及用于馈赠、赞助、集资、广告、样品、职工福利、奖励等方面。这种情况应视同销售,于移送使用时缴纳消费税。

(二) 自产自用应税消费品的计税依据

纳税人自产自用的应税消费品,按照纳税人生产的同类消费品的销售价格计算纳税;没有同类消费品销售价格的,按照组成计税价格计算纳税。

实行从价定率办法计算纳税的组成计税价格计算公式为:

$$组成计税价格 = (成本 + 利润) \div (1 - 比例税率)$$

实行复合计税办法计算纳税的组成计税价格计算公式为:

$$组成计税价格 = (成本 + 利润 + 自产自用数量 \times 定额税率) \div (1 - 比例税率)$$

同类消费品的销售价格是指纳税人当月销售的同类消费品的销售价格,如果当月同类消费品各期销售价格高低不同,应按销售数量加权平均计算。但销售的应税消费品有下列情况之一的,不得列入加权平均计算:

(1) 销售价格明显偏低并无正当理由的。

(2) 无销售价格的。

如果当月无销售或者当月未完结,应按照同类消费品上月或者最近月份的销售价格计算纳税。其中,成本是指应税消费品的产品生产成本。利润是指根据应税消费品的全国平均成本利润率计算的利润。应税消费品全国平均成本利润率由国家税务总局确定,具体如表 3-3 所示。

表 3-3 全国平均成本利润率表

应税消费品名称	成本利润率	应税消费品名称	成本利润率
甲类卷烟	10%	乙类卷烟	5%
雪茄烟	5%	烟丝	5%
粮食白酒	10%	薯类白酒	5%
其他酒	5%	化妆品	5%
鞭炮、焰火	5%	贵重首饰及珠宝玉石	6%
摩托车	6%	高尔夫球及球具	10%
高档手表	20%	游艇	10%
木制一次性筷子	5%	实木地板	5%
乘用车	8%	中轻型商用客车	5%

【例 3-4】 某企业 20×× 年 12 月将一批自产化妆品移送另一车间生产成套化妆品,该移送化妆品生产成本为 83 000 元;当月对外销售成套化妆品取得销售额 850 000 元;另特制一批成套化妆品作为年终奖励发给本厂职工,查知无同类产品销售价格,其生产成本为 15 000 元。国家税务总局核定的该产品的成本利润率为 5%,化妆品适用税率为 15%,计算该企业当月应纳消费税额。

(1) 将自产化妆品用于连续生产成套化妆品的,不纳税。

(2) 对外销售化妆品应纳消费税:

$$应纳税额 = 850\,000 \times 15\% = 127\,500(元)$$

(3) 将自产化妆品用于职工福利,应于移送使用环节纳税,因无同类消费品销售价格,按组成计税价格计税:

$$组成计税价格 = (15\,000 + 15\,000 \times 5\%) \div (1 - 15\%) = 15\,750 \div 85\% = 18\,529.42(元)$$
$$应纳税额 = 18\,529.42 \times 15\% = 2\,779.42(元)$$
$$该企业 12 月份共计已纳消费税 = 127\,500 + 2\,779.42 = 130\,279.42(元)$$

三、委托加工应税消费品应纳税额的计算

(一)委托加工应税消费品的税务处理

委托加工的应税消费品,除受托方为个人外,由受托方在向委托方交货时代收代缴税

款。委托加工的应税消费品直接出售的,不再缴纳消费税;用于连续生产应税消费品的,所纳税款准予按规定抵扣。委托个人加工的应税消费品,由委托方收回后缴纳消费税。直接出售是指委托方将收回的应税消费品,以不高于受托方的计税价格出售。

(二) 委托加工应税消费品的计税依据

委托加工的应税消费品,按照受托方的同类消费品的销售价格计算纳税;没有同类消费品销售价格的,按照组成计税价格计算纳税。

实行从价定率办法计算纳税的组成计税价格计算公式为:

$$组成计税价格 = (材料成本 + 加工费) \div (1 - 比例税率)$$

实行复合计税办法计算纳税的组成计税价格计算公式为:

$$组成计税价格 = (材料成本 + 加工费 + 委托加工数量 \times 定额税率) \div (1 - 比例税率)$$

同类消费品的销售价格是指代收代缴义务人当月销售的同类消费品的销售价格,如果当月同类消费品各期销售价格高低不同,应按销售数量加权平均计算。但销售的应税消费品有下列情况之一的,不得列入加权平均计算:

(1) 销售价格明显偏低并无正当理由的。

(2) 无销售价格的。

如果当月无销售或者当月未完结,应按照同类消费品上月或者最近月份的销售价格计算纳税。

材料成本是指委托方所提供加工材料的实际成本。委托加工应税消费品的纳税人,必须在委托加工合同上如实注明(或者以其他方式提供)材料成本,凡未提供材料成本的,受托方主管税务机关有权核定其材料成本。

加工费是指受托方加工应税消费品向委托方所收取的全部费用(包括代垫辅助材料的实际成本)。

(三) 委托加工应税消费品应纳税额的计算

【例3-5】 某汽车租赁公司20××年5月委托某汽车制造厂加工气缸容量为2 000毫升的小客车50辆,该受托单位没有同类产品销售价格,已知委托方提供的原材料成本为900 000元,支付加工费45 000元,支付其他费用5 000元。计算该批汽车应纳的消费税额。(该汽车适用消费税税率为5%)

$$组成计税价格 = (900\,000 + 45\,000 + 5\,000) \div (1 - 5\%) = 1\,000\,000(元)$$
$$该汽车制造厂应代收代缴消费税 = 1\,000\,000 \times 5\% = 50\,000(元)$$

四、进口应税消费品应纳税额的计算

进口的应税消费品,于报关进口时按照组成计税价格或海关核定的进口数量为计税依据纳税。关税完税价格是指海关核定的关税计税价格。

实行从价定率办法计算纳税的组成计税价格计算公式为:

$$组成计税价格 = (关税完税价格 + 关税) \div (1 - 比例税率)$$

实行复合计税办法计算纳税的组成计税价格计算公式为:

$$组成计税价格 = (关税完税价格 + 关税 + 进口数量 \times 定额税率) \div (1 - 比例税率)$$

【例3-6】 某企业20××年5月进口小汽车2辆,小汽车的到岸价格折合人民币250 000元,关税税率20%,适用消费税税率8%。计算该企业进口小汽车应纳的消费税额。

进口小汽车的组成计税价格 = (250 000 + 250 000 × 20%) ÷ (1 - 8%) = 326 086.96(元)

进口小汽车应纳消费税 = 326 086.96 × 8% = 26 086.96(元)

五、外购或委托加工应税消费品已纳消费税的扣除

(一)外购或委托加工应税消费品已纳税款的扣除范围

为了避免重复征税因素,对于以外购或委托加工的已税消费品为原料连续生产应税消费品的,在计算应纳消费税时,允许扣除生产实际耗用的外购或委托加工已税消费品中包含的消费税。允许扣除的范围包括:

(1)外购或委托加工收回的已税烟丝生产的卷烟。

(2)外购或委托加工收回的已税珠宝玉石生产的贵重首饰及珠宝玉石。

(3)外购或委托加工收回的已税高档化妆品生产的高档化妆品。

(4)外购或委托加工收回的已税鞭炮、焰火生产的鞭炮焰火。

(5)外购或委托加工收回的已税摩托车生产的摩托车。

(6)外购或委托加工收回的已税杆头、杆身和握把为原料生产的高尔夫球杆。

(7)外购或委托加工收回的已税木制一次性筷子为原料生产的木制一次性筷子。

(8)外购或委托加工收回的已税实木地板为原料生产的实木地板。

(9)外购或委托加工收回的已税汽油、柴油、石脑油、燃料油、润滑油为原料生产的应税成品油。

(10)从葡萄酒生产企业购进、进口葡萄酒连续生产应税葡萄酒。

纳税人用外购或委托加工收回的已税珠宝玉石生产的改在零售环节征收消费税的金银首饰,在计税时一律不得扣除外购或委托加工收回的珠宝玉石的已纳消费税税款。

(二)外购或委托加工应税消费品已纳税款的扣除计算

当期准予扣除的外购或委托加工收回的应税消费品已纳消费税,应按当期实际耗用量计算扣除,计算方法如下。

1. 外购应税消费品已纳税款的扣除计算

1)实行从价定率办法计算应纳税额

当期准予扣除的外购应税消费品的已纳税款的计算公式为:

$$
\begin{array}{l}
当期准予扣除 \\ 的外购应税消 \\ 费品已纳税款
\end{array}
=
\begin{array}{l}
当期准予扣 \\ 除的外购应 \\ 税消费品买价
\end{array}
\times
\begin{array}{l}
外购应税 \\ 消费品的 \\ 适用税率
\end{array}
$$

$$
\begin{array}{l}
当期准予扣 \\ 除外购应税 \\ 消费品买价
\end{array}
=
\begin{array}{l}
期初库存 \\ 的外购应税 \\ 消费品买价
\end{array}
+
\begin{array}{l}
当期购进 \\ 应税消费 \\ 品的买价
\end{array}
-
\begin{array}{l}
期末库存 \\ 应税消费 \\ 品的买价
\end{array}
$$

外购已税消费品的买价是指购货发票上注明的销售额(不包括增值税额)。纳税人用外购或委托加工收回的已税珠宝玉石生产的金银首饰,因为改在零售环节征收消费税,所以不得扣除珠宝玉石已纳的消费税税款。

对自己不生产应税消费品,而只是购进后再销售应税消费品的工业企业,其销售的高档

化妆品、护肤护发品、鞭炮焰火和珠宝玉石,凡不能构成最终消费品直接进入消费品市场,而需进一步生产加工、包装、贴标的或者组合的珠宝玉石、化妆品、酒、鞭炮焰火等,应当征收消费税,同时允许扣除上述外购应税消费品的已纳税款。

允许扣除已纳税款的应税消费品只限于从工业企业购入的应税消费品和进口环节已缴纳消费税的应税消费品,对从境内商业企业购进应税消费品的已纳税款一律不得扣除。

【例3-7】 某卷烟厂为增值税一般纳税人,20××年10月生产经营情况如下:月初库存外购已税烟丝80万元,当月外购已税烟丝取得增值税专用发票,注明支付货款金额1 200万元、进项税额156万元,烟丝全部验收入库,月末库存外购已税烟丝480万元。当月领用外购已税烟丝一批,生产甲类卷烟3 500箱,销售3 000箱给某烟草批发公司,开具增值税专用发票,不含税销售额7 500万元。计算卷烟厂当年应缴纳的消费税。

当期准予扣除的外购应税消费品已纳税款 $= (80 + 1\,200 - 480) \times 30\% = 240$(万元)

销售卷烟应纳税额 $= 3\,000 \times 250 \times 200 \times 0.003 \div 10\,000 + 7\,500 \times 56\% = 4\,245$(万元)

当期应纳消费税 $= 4\,245 - 240 = 4\,005$(万元)

2)实行从量定额办法计算应纳税额

$$\begin{array}{l} \text{当期准予扣除} \\ \text{的外购应税消} \\ \text{费品已纳税款} \end{array} = \begin{array}{l} \text{当期准予扣} \\ \text{除外购应税} \\ \text{消费品数量} \end{array} \times \begin{array}{l} \text{外购应税} \\ \text{消费品} \\ \text{单位税额} \end{array} \times 30\%$$

$$\begin{array}{l} \text{当期准予税} \\ \text{扣除外购应} \\ \text{消费品数量} \end{array} = \begin{array}{l} \text{期初库存} \\ \text{外购应税} \\ \text{消费品数量} \end{array} + \begin{array}{l} \text{当期购进} \\ \text{外购应税} \\ \text{消费品数量} \end{array} - \begin{array}{l} \text{期末库存} \\ \text{外购应税} \\ \text{消费品数量} \end{array}$$

2. 委托加工应税消费品已纳税款的扣除计算

当期准予扣除的委托加工应税消费品已纳税款的计算公式为:

$$\begin{array}{l} \text{当期准予扣除的} \\ \text{委托加工应税} \\ \text{消费品已纳税款} \end{array} = \begin{array}{l} \text{期初库存委托} \\ \text{加工应税消费} \\ \text{品的已纳税款} \end{array} + \begin{array}{l} \text{当期收回委托} \\ \text{加工应税消费} \\ \text{品的已纳税款} \end{array} - \begin{array}{l} \text{期末库存委托} \\ \text{加工应税消费} \\ \text{品的已纳税款} \end{array}$$

【例3-8】 某卷烟厂(一般纳税人)20××年5月委托某烟丝加工厂(一般纳税人)加工一批烟丝,卷烟厂提供的烟叶在委托加工合同上注明成本80 000元,烟丝加工完毕,卷烟厂提货时,加工厂收取加工费,开具增值税专用发票上注明加工费12 720元,并代收代缴了烟丝的消费税。卷烟厂将这批加工收回的烟丝50%对外直接销售,收入66 228.57元,另50%当月全部用于生产卷烟。本月销售卷烟40标准箱,取得不含税收入600 000元。计算该卷烟厂当月应纳的消费税额。(卷烟适用消费税税率为56%)

(1)烟丝加工厂应代收代缴消费税:

组成计税价格 $= (80\,000 + 12\,720) \div (1 - 30\%) = 132\,457.14$(元)

代收代缴消费税 $= 132\,457.14 \times 30\% = 39\,737.14$(元)

(2)委托加工的烟丝收回用于直接销售,且销售价格不高于受托方计税价格,不征收消费税。

(3)委托加工的烟丝收回用于连续生产卷烟,其已纳消费税应在当期消费税额中扣除。

卷烟厂应纳消费税 $= 150 \times 40 + 600\,000 \times 56\% - 39\,737.14 \times 50\% = 322\,131.43$(元)

3. 进口应税消费品已纳税款的扣除计算

$$\begin{array}{l}\text{当期准予扣税} \\ \text{除的进口应消} = \\ \text{费品已纳税款}\end{array} \begin{array}{l}\text{期初库存的} \\ \text{进口应税消} \\ \text{费品已纳税款}\end{array} + \begin{array}{l}\text{当期进口} \\ \text{应税消费} \\ \text{品已纳税款}\end{array} - \begin{array}{l}\text{期末库存的} \\ \text{进口应税消} \\ \text{费品已纳税款}\end{array}$$

六、特殊环节应纳消费税的计算

(一)卷烟批发环节应纳消费税的计算

为了增加财政收入,完善卷烟产品消费税制度,自2009年5月1日起,卷烟消费税在生产环节和批发环节实行双环节课征。

1. 纳税义务人

批发环节卷烟消费税的纳税人为在我国境内从事卷烟批发业务的单位和个人。

纳税人销售给纳税人以外的单位和个人的卷烟于销售时纳税。纳税人之间销售的卷烟不缴纳消费税。

2. 征收范围

批发环节卷烟消费税的征收范围为纳税人批发销售的所有牌号规格的卷烟。

3. 适用税率

卷烟批发环节消费税实行复合计税,从价税税率为11%,从量税税额为0.005元/支。

4. 计税依据

批发环节卷烟消费税的计税依据为纳税人批发卷烟的销售额(不含增值税)和销售数量。

纳税人应将卷烟销售额与其他商品销售额分开核算,未分开核算的,一并征收消费税。

纳税人兼营卷烟批发和零售业务的,应当分别核算批发和零售环节的销售额、销售数量;未分别核算批发和零售环节销售额、销售数量的,按照全部销售额、销售数量计征批发环节消费税。

5. 应纳税额计算

卷烟消费税在生产和批发两个环节征收后,批发企业在计算纳税时不得扣除已含的生产环节的消费税税款。

$$\text{应纳税额} = \text{应税销售额} \times \text{比例税率} + \text{应税销售数量} \times \text{定额税率}$$

6. 纳税义务发生时间

批发环节卷烟消费税的纳税义务发生时间为纳税人收讫销售款或者取得索取销售款凭据的当天。

7. 纳税地点

批发环节卷烟消费税的纳税地点为卷烟批发企业的机构所在地,总机构与分支机构不在同一地区的,由总机构申报纳税。

(二)金银首饰零售环节应纳消费税的计算

为了保证原有消费税法的完整性,突出金银首饰征收消费税的特殊性,金银首饰消费税改为零售环节征收。

1. 纳税义务人

在我国境内从事金银首饰零售业务的单位和个人,为金银首饰消费税的纳税义务人。委托加工(另有规定除外)、委托代销金银首饰的,受托方也是纳税人。

下列行为视同零售业务：

（1）为经营单位以外的单位和个人加工金银首饰。加工包括带料加工、翻新改制、以旧换新等业务，不包括修理、清洗业务。

（2）经营单位将金银首饰用于馈赠、赞助、集资、广告、样品、职工福利、奖励等方面。

（3）未经中国人民银行总行批准，经营金银首饰批发业务的单位将金银首饰销售给经营单位。

2. 金银首饰范围

改为零售环节征收消费税的金银首饰范围仅限于：金、银和金基、银基合金首饰；金、银和金基、银基合金的镶嵌首饰；铂金首饰；钻石及钻石饰品。

对于既销售金银首饰，又销售非金银首饰的生产经营单位，应将两类商品划分清楚、分别核算销售额。凡划分不清楚或不能分别核算的，在生产环节销售的，一律从高适用税率征收消费税；在零售环节销售的，一律按金银首饰征收消费税。金银首饰与其他产品组成成套消费品销售的，应按销售额全额征收消费税。

经营单位兼营生产、加工、批发、零售业务的，应分别核算销售额，未分别核算销售或者划分不清的，一律视同零售征收消费税。

3. 税率

金银首饰消费税税率为 5%。

4. 计税依据

（1）纳税人零售金银首饰，其计税依据为不含增值税的销售额。

（2）金银首饰连同包装物销售的，无论包装物是否单独计价，也无论会计上如何核算，均应并入金银首饰的销售额，计征消费税。

（3）带料加工的金银首饰，应按受托方销售同类金银首饰的销售价格确定计税依据征收消费税。没有同类金银首饰销售价格的，按照组成计税价格计算纳税。组成计税价格的计算公式为：

$$组成计税价格 = \frac{材料成本 + 加工费}{1 - 金银首饰消费税税率}$$

（4）纳税人采用以旧换新（含翻新改制）方式销售的金银首饰，应按实际收取的不含增值税的全部价款确定计税依据征收消费税。

（5）生产、批发、零售单位用于馈赠、赞助、集资、广告、样品、职工福利、奖励等方面的金银首饰，应按纳税人销售同类金银首饰的销售价格确定计税依据征收消费税；没有同类金银首饰销售价格的，按照组成计税价格计算纳税。组成计税价格的计算公式为：

$$组成计税价格 = \frac{购进原价 \times (1 + 利润率)}{1 - 金银首饰消费税税率}$$

纳税人为生产企业时，公式中的"购进原价"为生产成本，公式中的"利润率"一律定为 6%。

5. 申报与缴纳

1）纳税环节

纳税人销售（指零售，下同）的金银首饰（含以旧换新），于销售时纳税；用于馈赠、赞助、广告、样品、职工福利、奖励等方面的金银首饰，于移送时纳税；带料加工、翻新改制的金银首饰,于受托方交货时纳税。

金银首饰消费税改变征税环节后,经营单位进口金银首饰的消费税,由进口环节征收改为在零售环节征收;出口金银首饰由出口退税改为出口不退消费税。

个人携带、邮寄金银首饰进境,仍按海关规定征税。

2) 纳税义务发生时间

纳税人销售金银首饰,其纳税义务发生时间为收讫销货款或取得索取销货款凭证的当天。

用于馈赠、赞助、集资、广告、样品、职工福利、奖励等方面的金银首饰,其纳税义务发生时间为移送的当天。

带料加工、翻新改制的金银首饰,其纳税义务发生时间为受托方交货的当天。

3) 纳税地点

纳税人应向其核算地主管税务局申报纳税。

纳税人总机构与分支机构不在同一县(市)的,分支机构应纳税款应在所在地缴纳。但经国家税务总局及省级税务局批准,纳税人分支机构应纳消费税税款也可由总机构汇总向总机构所在地主管税务局缴纳。

固定业户到外县(市)临时销售金银首饰,应当向其机构所在地主管税务局申请开具外出经营活动税收管理证明,回其机构所在地向主管税务局申报纳税。未持有其机构所在地主管税务局核发的外出经营活动税收管理证明的,销售地主管税务局一律按规定征收消费税。其在销售地发生的销售额,回机构所在地后仍应按规定申报纳税,在销售地缴纳的消费税款不得从应纳税额中扣减。

(三)超豪华小汽车零售环节应纳消费税的计算

为了引导合理消费,促进节能减排,自 2016 年 12 月 1 日起,对超豪华小汽车在生产(进口)环节按现行税率征收消费税基础上,在零售环节加征一道消费税。

1. 征税范围

每辆零售价格 130 万元(不含增值税)及以上的乘用车和中轻型商用客车,即乘用车和中轻型商用客车子税目中的超豪华小汽车。

2. 纳税人

将超豪华小汽车销售给消费者的单位和个人为超豪华小汽车零售环节纳税人。

3. 税率

税率为 10%。

4. 应纳税额的计算

$$应纳税额 = 零售环节销售额(不含增值税) × 零售环节税率$$

国内汽车生产企业直接销售给消费者的超豪华小汽车,消费税税率按照生产环节税率和零售环节税率加总计算。其消费税应纳税额计算公式为:

$$应纳税额 = 销售额(不含增值税) × (生产环节税率 + 零售环节税率)$$

(四)酒类产品应纳税额计算的特殊规定

1. 酒类产品计税依据的特殊规定

酒类产品应纳消费税的计税依据为销售酒类产品所取得的销售额或销售数量。

对酒类产品生产企业销售除啤酒、黄酒以外的其他酒类产品而收取的包装物押金,无论押金是否返还与会计上如何核算,均需并入酒类产品销售额中,依酒类产品的适用税率征收消费税。

白酒生产企业向商业销售单位收取的"品牌使用费"是随着应税白酒的销售而向购货方收取的,属于应税白酒销售价款的组成部分,因此,不论企业采取何种方式或以何种名义收取价款,均应并入白酒的销售额中缴纳消费税。

酒类生产企业销售白酒价格明显偏低的,按照下列规定处理:

1）酒类关联企业关联交易的处理

纳税人与关联企业之间的购销业务,不按照独立企业之间的业务往来作价的,税务机关可以按照下列方法调整其计税收入额或者所得额,核定其应纳税额:①按照独立企业之间进行相同或者类似业务活动的价格;②按照再销售给无关联关系的第三者的价格所取得的收入和利润水平;③按照成本加合理的费用和利润;④按照其他合理的方法。

对已检查出的酒类生产企业在本次检查年度内发生的利用关联企业关联交易行为规避消费税问题,各省、自治区、直辖市、计划单列市税务局可根据本地区被查酒类生产企业与其关联企业间不同的核算方式,选择以上处理方法调整其酒类产品消费税计税收入额,核定应纳税额,补缴消费税。

2）最低计税价格管理

白酒消费税最低计税价格由白酒生产企业自行申报,税务机关核定。白酒生产企业销售给销售单位的白酒,生产企业消费税计税价格低于销售单位对外销售价格(不含增值税,下同)70%以下的,税务机关应核定消费税最低计税价格。已核定最低计税价格的白酒,生产企业实际销售价格高于消费税最低计税价格的,按实际销售价格申报纳税;实际销售价格低于消费税最低计税价格的,按最低计税价格申报纳税。

白酒消费税最低计税价格核定标准为:①白酒生产企业销售给销售单位的白酒,生产企业消费税计税价格高于销售单位对外销售价格70%(含70%)以上的,税务机关暂不核定消费税最低计税价格;②白酒生产企业销售给销售单位的白酒,生产企业消费税计税价格低于销售单位对外销售价格70%以下的,消费税最低计税价格由税务机关根据生产规模、白酒品牌、利润水平等情况在销售单位对外销售价格50%～70%范围内自行核定。其中生产规模较大,利润水平较高的企业生产的需要核定消费税最低计税价格的白酒,税务机关核价幅度原则上应选择在销售单位对外销售价格60%～70%范围内。

白酒消费税最低计税价格核定权限为:①白酒生产企业申报的销售给销售单位的消费税计税价格低于销售单位对外销售价格70%以下、年销售额1 000万元以上的各种白酒,由国家税务总局选择其中部分白酒核定消费税最低计税价格;②除国家税务总局已核定消费税最低计税价格的白酒外,其他需要核定消费税最低计税价格的白酒,由各省、自治区、直辖市和计划单列市税务局核定。

已核定最低计税价格的白酒,销售单位对外销售价格持续上涨或下降的时间达到3个月以上、累计上涨或下降幅度在20%(含)以上的白酒,税务机关重新核定最低计税价格。

2. 酒类产品适用税率的特殊规定

为了区别白酒与其他酒的适用税率,正确计算酒类产品应纳的消费税额,对于多种原料混合生产的白酒,应按下列规定确定适用税率:

（1）外购酒精生产的白酒,应按酒精所用原料确定白酒的适用税率。凡酒精所用原料无法确定的,一律按照粮食白酒的税率征税。

（2）外购两种以上酒精生产的白酒，一律从高确定税率征税。

（3）以外购白酒加浆降度，或外购散酒装瓶出售，以及外购白酒以曲香、香精进行调香、调味生产的白酒，按照外购白酒所用原料确定适用税率。凡白酒所用原料无法确定的，一律按照粮食白酒的税率征税。

（4）以外购的不同品种白酒勾兑的白酒，一律按照粮食白酒的税率征税。

（5）对用粮食和薯类、糠麸等多种原料混合生产的白酒，一律按照粮食白酒的税率征税。

（6）对用薯类和粮食以外的其他原料混合生产的白酒，一律按照薯类白酒的税率征税。

第四节　消费税的税收优惠和出口退（免）税

一、消费税的税收优惠

开征消费税的目的是对某些消费品或消费行为进行特殊调节，所以消费税的税收优惠较少。

（1）对用外购或委托加工收回的已税汽油生产的乙醇汽油免税。

（2）生产企业自产石脑油、燃料油用于生产乙烯、芳烃类化工产品的，按实际耗用数量暂免征收消费税。

（3）对成品油生产企业在生产成品油过程中，作为燃料、动力及原料消耗掉的自产成品油，免征消费税。

（4）对无汞原电池、金属氢化物镍蓄电池（又称氢镍蓄电池或镍氢蓄电池）、锂原电池、锂离子蓄电池、太阳能电池、燃料电池和全钒液流电池免征消费税。

（5）对施工状态下挥发性有机物（Volatile Organic Compounds，VOC）含量低于 420 克/升（含）的涂料免征消费税。

（6）对同时符合下列条件的纯生物柴油免征消费税：①生产原料中废弃的动物油和植物油用量所占比重不低于 70%；②生产的纯生物柴油符合国家《柴油机燃料调合生物柴油（BD100）》标准。

（7）自 2018 年 11 月 1 日至 2023 年 10 月 31 日，对以回收的废矿物油为原料生产的润滑油基础油、汽油、柴油等工业油料免征消费税。

（8）横琴、平潭各自的区内企业之间销售其在本区内的应税消费品，免征消费税。

二、消费税的出口退（免）税

为了促进我国对外贸易的发展，提高本国商品在国际市场上的竞争力，对出口应税消费品规定了以下退（免）税政策。

（一）出口免税不退税

出口免税不退税是指对生产性企业按照其实际出口的应税消费品数量，免征生产环节的消费税，不办理退还消费税。即有出口经营权的生产性企业自营出口应税消费品，或者委托外贸企业代理出口自产的应税消费品适用免征但不退还消费税政策。

（二）出口免税并退税

出口免税并退税是指将应税消费品在出口环节免征消费税，其在国内征收的消费税于消费品出口时退还给消费品的出口企业。适用于有出口经营权的外贸企业购进并直接出口的应税消费品,以及有出口经营权的外贸企业受其他外贸企业委托代理出口的应税消费品。外贸企业接受其他非外贸企业(包括非生产性的商贸企业和生产性企业)委托代理出口的应税消费品,不予退税。

1. 出口退税的范围

出口应税消费品退税的应具备以下条件:

(1) 必须是属于消费税征收范围内的应税消费品。

(2) 必须是报关离境的应税消费品。

(3) 必须是已经办理结汇的应税消费品。

(4) 必须是在财务上作出口销售处理的应税消费品。

2. 出口应税消费品的退税率

依据"征多少、退多少"的原则,出口应税消费品应退消费税的税率或单位税额就是税法规定的征税税率或单位税额。出口企业应将出口的不同税率的应税消费品实行分别核算,并分别申报退税。凡划分不清适用税率的,一律从低适用税率计算应退消费税额。

3. 出口应税消费品应退税额的计算

外贸企业购进应税消费品并直接出口或受其他外贸企业委托代理出口应税消费品应退的消费税税款,属于从价定率征收消费税的应税消费品,应依据外贸企业从工厂购进货物时征收消费税的价格计算,其计算公式为:

$$应退消费税 = 出口货物的工厂销售额 \times 税率$$

其中,出口货物的工厂销售额是指不包含增值税的收购金额。对含增值税的价格,应换算为不含增值税的销售额或收购金额。

属于从量定额计征消费税的出口消费品,应以货物购进和报关出口的数量及适用税额标准计算应退消费税税款,其计算公式为:

$$应退消费税 = 出口数量 \times 单位税额$$

属于从价和从量复合计征消费税的出口消费品,应依照外贸企业从工厂购进货物时征收消费税的价格及适用比例税率以及货物购进和报关出口的数量及适用的税额标准,计算应退消费税税款,其计算公式为:

$$应退消费税 = 出口货物的工厂销售额 \times 税率 + 出口数量 \times 单位税额$$

(三)出口不免税也不退税

生产企业和外贸企业以外的无出口经营权的一般商贸企业,委托外贸企业代理出口应税消费品既不免征出口环节的消费税,也不退还国内已纳的消费税。

第五节　消费税的征收管理

一、纳税义务发生时间

消费税纳税义务的发生时间,按不同的生产经营方式和货款的不同结算方式规定如下:

(1) 纳税人销售应税消费品的,按不同的销售结算方式分别如下:①采取赊销和分期收款结算方式的,为书面合同约定的收款日期的当天,书面合同没有约定收款日期或者无书面合同的,为发出应税消费品的当天;②采取预收货款结算方式的,为发出应税消费品的当天;③采取托收承付和委托银行收款方式的,为发出应税消费品并办妥托收手续的当天;④采取其他结算方式的,为收讫销售款或者取得索取销售款凭据的当天。

(2)纳税人自产自用应税消费品的,为移送使用的当天。

(3)纳税人委托加工应税消费品的,为纳税人提货的当天。

(4)纳税人进口应税消费品的,为报关进口的当天。

二、纳税期限

消费税的纳税期限分别为1日、3日、5日、10日、15日、1个月或者1个季度。纳税人的具体纳税期限,由主管税务机关根据纳税人应纳税额的大小分别核定;不能按照固定期限纳税的,可以按次纳税。

纳税人以1个月或者1个季度为一个纳税期的,自期满之日起15日内申报纳税;以1日、3日、5日、10日或者15日为一个纳税期的,自期满之日起5日内预缴税款,于次月1日起15日内申报纳税并结清上月应纳税款。

纳税人进口应税消费品,应当自海关填发海关进口消费税专用缴款书之日起15日内缴纳税款。

三、纳税环节

消费税的纳税环节以生产环节单环节纳税为主,辅之双环节征收,具体又分以下几种情况。

1. 生产环节纳税

纳税人生产的应税消费品,由生产者于销售时纳税。其中,生产应税消费品对外销售的,为生产销售环节;自产自用的为移送使用环节;委托加工的为受托方交付消费品环节。

2. 进口环节

进口的应税消费品,由进口报关者于报关进口时纳税。

3. 批发环节

自2009年5月1日起,卷烟在生产(进口)环节征收消费税基础上,增加在批发环节征收消费税,实行双环节征收。

4. 零售环节

金银首饰、铂金首饰、钻石及钻石饰品的纳税环节为零售环节。

自2016年12月1日起,超豪华小汽车在生产(进口)环节征收消费税基础上,增加在零售环节征收消费税,实行双环节征收。

四、纳税地点

纳税人销售的应税消费品,以及自产自用的应税消费品,除国务院财政、税务主管部门另有规定外,应当向纳税人机构所在地或者居住地的主管税务机关申报纳税。纳税人的总机构与分支机构不在同一县(市)的,应当分别向各自机构所在地的主管税务机关申报纳税;经财政部、国家税务总局或者其授权的财政、税务机关批准,可以由总机构汇总向总机构所在地的主管税务机关申报纳税。

纳税人到外县(市)销售或者委托外县(市)代销自产应税消费品的,于应税消费品销售后,向机构所在地或者居住地主管税务机关申报纳税。

委托加工的应税消费品,除受托方为个人外,由受托方向机构所在地或者居住地的主管税务机关解缴消费税税款。委托个人加工的应税消费品,由委托方向其机构所在地或者居住地主管税务机关申报纳税。

进口的应税消费品,由进口人或者其代理人向报关地海关申报纳税。

纳税人销售的应税消费品,因质量等原因发生退货的,其已缴纳的消费税税款可予以退还。

纳税人直接出口的应税消费品办理免税后,发生退关或者国外退货,复进口时已予以免税的,可暂不办理补税,待其转为国内销售的当月申报缴纳消费税。

思考与练习

一、专业术语
消费税　委托加工应税消费品　自产自用应税消费品　组成计税价格

二、思考题
1. 与其他流转税相比较,消费税有何特点?
2. 征收消费税的意义和作用是什么?
3. 消费税的征税范围如何规定?
4. 委托加工应税消费品应纳消费税额如何计算?
5. 外购及委托加工应税消费品已纳税额的抵扣如何计算?
6. 增值税和消费税的关系是怎样的?体现在哪些方面?

三、计算题
1. 某卷烟厂为增值税一般纳税人,20××年8月有关生产经营情况如下:
   (1) 从某烟丝厂购进已税烟丝200吨,每吨不含税单价2万元,取得烟丝厂开具的增值税专用发票,注明货款400万元、增值税52万元,烟丝已验收入库。
   (2) 向农业生产者收购烟叶30吨,收购凭证上注明支付收购货款42万元,另支付运输费用3万元,取得运输公司开具的增值税普通发票;烟叶验收入库后,又将其运往烟丝厂加工成烟丝,取得烟丝厂开具的增值税专用发票,注明支付加工费8万元、增值税1.04万元,卷烟厂收回烟丝时烟丝厂已代收代缴消费税。
   (3) 卷烟厂生产领用外购已税烟丝150吨,生产卷烟2 000标准箱(每箱50 000支,每条200支,每条调拨价在70元以上),当月销售给卷烟专卖商1 800箱,取得不含税销售额3 600万元。

   要求:
   (1) 计算卷烟厂10月份应缴纳的增值税。
   (2) 计算烟丝厂10月份应代收代缴的消费税。
   (3) 计算卷烟厂10月份应缴纳的消费税。
2. 甲酒厂为增值税一般纳税人,20××年7月发生以下业务:
   (1) 从农业生产者手中收购粮食30吨,每吨收购价2 000元,共计支付收购价款60 000元。
   (2) 甲酒厂将收购的粮食从收购地直接运往异地的乙酒厂生产加工白酒,白酒加工完毕,企业收回白酒8吨,取得乙酒厂开具防伪税控的增值税专用发票,注明加工费25 000元,代垫辅料价值15 000元,加工的白酒当地无同类产品市场价格。
   (3) 本月内甲酒厂将收回的白酒批发售出7吨,每吨不含税销售额16 000元。
   (4) 另外支付给运输单位的销货运输费用12 000元,取得增值税普通发票。
   (白酒的消费税固定税额为每500克0.5元,比例税率为20%)

要求：

（1）计算乙酒厂应代收代缴的消费税和应纳增值税。

（2）计算甲酒厂应纳消费税和增值税。

3. 某汽车生产企业主要从事小汽车生产和改装业务，为增值税一般纳税人，20××年9月份的经营状况如下：

　　（1）将生产的800辆小汽车分两批销售，其中300辆开具的增值税专用发票注明金额4 500万元、税额585万元；500辆开具的增值税专用发票注明金额6 500万元、税额845万元。

　　（2）将生产的100辆小汽车用于换取生产资料，并按照成本价每辆12万元互相开具增值税专用发票，注明金额1 200万元、税额156万元。

　　（3）从其他生产企业外购小汽车5辆进行底盘改装，取得的增值税专用发票注明金额40万元、税额5.2万元，改装完成后对外销售，开具增值税专用发票注明金额60万元、税额7.8万元。

（其他相关资料：小汽车消费税税率为5％）

要求：根据上述资料，按照下列序号回答问题。

　　（1）计算业务（1）应缴纳的消费税。

　　（2）判断业务（2）的处理是否正确并计算应缴纳的消费税。

　　（3）计算业务（3）应缴纳的消费税。

4. 某化妆品生产企业为增值税一般纳税人，生产销售高档化妆品和普通护肤品，产成品的成本中外购比例为70％，20××年9月发生以下业务：

　　（1）从某工业企业外购高档香水精（属于应税消费品）一批，取得增值税专用发票注明价款200万元、增值税26万元；当月因管理不善意外遗洒15％；职工运动会领用5％；因暴雨造成水灾损失了20％；其余全部领用，用于生产高档化妆品。

　　（2）从某小规模纳税人处购进5万元生产用标签，取得普通发票；从另一小规模纳税人处购进包装物一批，取得税务机关代开的增值税专用发票，注明价款10万元，增值税0.3万元。

　　（3）销售A高档化妆品5箱给甲商场，取得不含税销售收入60万元，另收取包装物押金2万元（单独记账）、包装费3万元；销售B普通护肤品10箱给某批发站，收取含税金额169.5万元，由于与该批发站有长期合作关系，另赠送批发站同类B普通护肤品2箱。

　　（4）销售高档口红1万支，每支10克，含税售价175元/支。

要求：根据上述资料，回答下列问题。

　　（1）计算该企业当月准予抵扣的进项税额。

　　（2）计算该企业当月增值税销项税额。

　　（3）计算该企业当月应纳的增值税。

　　（4）计算该企业当月可抵扣的消费税。

　　（5）计算该企业当期应向税务机关缴纳的消费税。

第四章

关　税

　　通过本章的学习,要求了解关税的概念、特征、发展历程及其作用;熟悉进境物品进口税的有关规定;把握关税的类型,原产地规定,关税的申报、缴纳、保全、税款的补征、追征与清缴及争议处理;掌握关税纳税人、征税范围、税率、计税依据、应纳税额计算、关税减免和退还。

　　本章重点是关税完税价格的确定和应纳税额的计算;难点是进口关税完税价格的确定。

第一节　关税概述

一、关税的概念和特征

(一)关税的概念

　　关税是由海关对进出国境或关境的货物、物品征收的一种税。关税与增值税、消费税同属于对商品的征税,但增值税和消费税是对国内生产或消费的商品征税;关税是对进出国境或关境的商品征税。从这个意义上说,增值税和消费税可以称作国内商品税,关税可以称作进出口商品税。

　　"国境"是一个国家以边界为界限,全面行使主权的境域,包括领土、领海和领空。而"关境"是一个国家关税法令完全实施的境域,又称"海关境域"或"关税领域",是国家海关法全面实施的领域。在通常情况下,一国关境与国境是一致的。但当某一国家在国境内设立了自由港、自由贸易区等,这些区域就进出口关税而言处在关境之外,这时,该国家的关境小于国境,如我国。根据《中华人民共和国香港特别行政区基本法》和《中华人民共和国澳门特别行政区基本法》,香港地区和澳门地区保持自由港地位,为我国单独的关税地区,即单独关境区。单独关境区是不完全适用该国海关法律、法规或实施单独海关管理制度的区域。当几个国家组成关税同盟时,成员国之间相互取消关税,对外实行共同的关税税则,就成员国而言关境大于国境。

(二)关税的特征

1. 关税由海关负责征收管理

　　海关是国家设置的对出入国境或关境的一切商品和物品进行监督、检查并征收关税的行政机构。海关总署领导下的各地方口岸海关机关负责贯彻执行关税条例和海关税则,并具体负责关税的征收管理工作。

2. 对进出关境的货物和物品征税

　　关税以进出关境的货物和物品为课税对象,因此是否征收关税,是以货物是否通过关境为标准。凡是进出关境的货物和物品才征收关税,不进出关境的,不征收。

3. 关税实行一次性征收

现代关税都是口岸关税,在征收一次性关税后,货物就可以在整个海关境域内流通,不再另行征收关税。这也是关税与同为货物征税的增值税的主要区别之一。

4. 关税制度设计特殊

关税制度的内容也是国家海关法的重要组成部分。与国内各种税法相比,关税体系的构成,关税税制要素设计如征税品目、税率、计税依据等,均具有其特殊的方法。

二、关税的产生与发展

关税是一个历史悠久的税种,是伴随着国家之间经济贸易而产生和发展起来的。早在公元前 5 世纪,欧洲的雅典曾以使用港口的报酬为名对输出入的货物征收 2%~5% 的使用费。罗马帝国征服欧洲、非洲、亚洲大片领土之后,又对通过海港、道路、桥梁的货物征收 2.5% 的商品税。

我国的关税制度追溯到西周时期对通过关卡和上市交易商品征收的"关市之赋",它具有内地关税的性质。秦统一天下后,开始在陆地边境关卡和沿海港口征税,出现了边境关税。但从清末鸦片战争后,我国沦为半殖民地国家,关税制度不是由我国独立制定,而是受不平等条约的约束,关税丧失了保护本国经济发展的作用,使资本主义国家的大量剩余产品在我国倾销,肆意掠夺我国重要资源,严重阻碍了我国民族工商业的发展。

中华人民共和国成立后,1950 年 3 月 7 日,政务院发布了《关于关税政策和海关工作的决定》,宣布了我国独立自主的保护关税政策。1951 年 4 月 18 日,政务院公布了《中华人民共和国暂行海关法》,于同年 5 月 1 日起施行,5 月 10 日,政务院公布了《中华人民共和国海关进出口税则》和《中华人民共和国海关进出口税则暂行实施条例》,自同年 5 月 16 日起施行。从 1951 年到 1985 年年初,中国的关税制度没有大的变化,为了适应对外开放和国内经济发展的需要,1985 年 3 月 7 日国务院颁布了新的《中华人民共和国进出口关税条例》和《中华人民共和国海关进出口税则》,自同年 3 月 10 日起实施。1987 年 9 月,根据 1987 年 1 月 22 日全国人大常委会颁布的《中华人民共和国海关法》,国务院对《中华人民共和国进出口关税条例》进行了修订;1992 年再次修订了《中华人民共和国进出口关税条例》和《中华人民共和国海关进出口税则》。2000 年 7 月全国人大常委会颁布修正后的《中华人民共和国海关法》(以下简称《海关法》);国务院于 2003 年 11 月 23 日发布了修订后的《中华人民共和国进出口关税条例》,自 2004 年 1 月 1 日起实施。2013 年,全国人大常委会对《海关法》进行了修正,2016 年国务院对《中华人民共和国进出口关税条例》(以下简称《关税条例》)进行了修改,并自公布之日起施行。现行关税的基本规范是《海关法》和《关税条例》。

三、关税的类型

根据不同的标准和依据,可以将关税分为不同的种类。

(一)按照关税的征收目的,分为财政关税和保护关税

财政关税又称收入关税,是指以增加财政收入为主要目的而征收的关税。财政关税一般对进出口货物和物品都要征税,税率较低,以达到增加财政收入的目的。

保护关税是指以保护本国产业发展为主要目的而征收的关税。保护关税主要是进口关税,税率较高,以限制外国货物的输入,达到保护本国经济发展的目的。

(二)按照关税征税对象的流向,分为进口关税、出口关税和过境关税

进口关税是指海关对输入本国的货物和物品征收的关税。一般是在货物和物品进入关境时征收,或者是外国货物从保税仓库提出运往国内市场时征收。人们通常所说的关税一般指进口关税,不仅可以增加财政收入,而且可以保护国内市场。

出口关税是指海关对输出本国的货物和物品征收的关税。为了鼓励本国商品的出口,降低出口货物的成本,世界各国一般不征或少征出口关税。但为了限制某些稀缺资源产品的输出,征收出口关税也有其必要性。

过境关税是指海关对运经本国关境,销往第三国的外国货物征收的关税。由于国际运输条件的改善,征收过境税影响了运经本国关境货物的数量,降低了本国港口、运输、仓储等方面的收入,目前世界上绝大多数国家不再征收过境关税。

(三) 按照关税的计征方式,分为从量关税、从价关税、复合关税、选择性关税、滑动关税

从量关税是以进口商品的数量为计税依据,按单位税额标准计征的关税。其特点是计算简便,能够起到抑制质次价廉商品进口的作用。

从价关税是以进口商品的完税价格为计税依据,按比例税率计征的关税。其特点是计算简便,税负比较合理、稳定。

复合关税是对进口商品同时以数量和完税价格为计税依据,分别按照单位税额标准和比例税率计征的关税。复合关税兼顾了从量关税和从价关税的特点。

选择性关税是对进口商品同时设计从量税率和从价税率,在征收时根据需要选择从量税率或从价税率计征的关税。其特点是使用灵活,可以根据国家经济政策规定适用税率,充分发挥关税的作用,以达到政府调节经济的目的。

滑动关税是对进口商品按价格由高到低设计由低到高的税率,征收时按某进口商品进口时的价格使用相应的税率征收的关税。其特点税率可以随进口商品价格高低而变化,保持进口商品国内市场价格的稳定,减少国际市场价格波动对本国市场的影响。

(四) 按照关税的差别待遇,分为优惠关税和加重关税

优惠关税是指对来自某些国家的进口货物适用比一般税率低的优惠税率计征的关税。其具体形式有互惠关税、特惠关税、最惠国待遇关税、普遍优惠制关税和世贸组织成员国间的关税减让等。

互惠关税是国与国之间相互给予对方优惠税率甚至免税待遇的一种协定关税。其特点是互惠性和灵活性。

特惠关税是对某些特定国家,单方面给予较低关税甚至免税的优惠关税。其特点是特定性和单向性。

最惠国待遇关税是缔约国一方承诺现在和将来给予任何第三方的一切特权、优惠或豁免,也同样给予另一方的一种优惠关税待遇。其特点是预期性、非歧视性和限定性。

普遍优惠制关税是发达国家单方给予发展中国家出口的制成品和半制成品的优惠关税待遇。其特点是普遍性、非歧视性和非互惠性。

世贸组织成员国间的关税减让是参加世贸组织的各成员国为消除关税壁垒通过谈判达成协议,并为各成员国普遍享受的削减关税待遇。

加重关税又称歧视关税,是指海关对某些国家的进口货物,适用比一般税率高的税率计征的关税。其具体形式主要有反倾销关税、反补贴关税、报复关税和保障性关税。

反倾销关税是进口国为了抵制进行倾销的进口货物而征收的进口附加税。倾销是指一国(地区)的生产商或出口商以低于其国内市场价格或低于成本价格将其商品抛售到另一国(地区)市场的行为。当进口国因外国倾销某种产品,国内产业受到损害时,征收相当于出

国国内市场价格与倾销价格之间差额的进口税。

反补贴关税是进口国对直接或间接接受政府津贴或补贴的外国货物,按其接受补贴的数额征收的进口附加税。补贴不包括出口货物的国内流转税的退、免税额。产品输出国为了加强本国输出产品在国际市场上的竞争能力,往往对输出产品予以津贴、补贴或奖励,以降低成本。产品输入国通过征收反补贴关税,防止他国补贴产品进入本国市场,抵销外国商品因接受补贴所形成的竞争优势。

报复关税是进口国为报复他国对本国商品、船舶、企业、投资或知识产权的不公正待遇而对从该国进口的商品所课征的进口附加税。报复关税往往容易引起他国采取同样的手段,最终导致关税战,有可能引起整个国际贸易秩序的混乱。

保障性关税是进口国对某类商品突然大量进口,造成对本国相关产业的巨大威胁或损害时,按照世界贸易组织的有关规则,在与有实质利益的国家或地区进行磋商后,采取的保障措施。保障措施分为临时保障措施和保障措施。临时保障措施是提高关税,保障措施则包括提高关税、数量限制等。

四、关税的作用

(一)维护国家主权和经济利益

关税是世界各国政府维护本国政治、经济权益,乃至进行国际经济斗争的一个重要手段。通过对进口货物征收保护关税可以限制国外商品的进口,保护本国新兴产业、朝阳产业、有发展前景的高科技产业免受先进国家工业制成品的竞争,以达到扶植和促进本国产业生存与发展的目的,保护本国同类商品的市场。通过对出口货物征收关税,起到限制紧缺性原材料出口,防止本国的自然资源或能源的外流,保证国内市场的供求平衡的作用。

(二)调节国民经济

关税是国家的重要经济杠杆,通过税率的高低和关税的减免,可以影响进出口规模,调节国民经济活动。如调节出口产品和出口产品生产企业的利润水平,有意识地引导各类产品的生产,调节进出口商品数量和结构,可促进国内市场商品的供需平衡,保护国内市场的物价稳定等。

(三)有利于争取平等互利的贸易条件

关税可以通过最惠国税率、协定税率、特惠税率、普通税率等多种税率政策的科学制定和有效运用,在对外贸易中贯彻平等互利和对等原则,促进对外贸易的健康发展。

(四)增加国家财政收入

关税组织财政收入具有简单、方便和有效的特点,在各国财政史上曾占有重要的地位,是各国财政收入的重要组成部分。随着各国社会生产力的发展,国民生产总值有了大幅度提高,国内流转税、所得税收入迅速增加,关税在各国财政收入中的比重开始逐步下降,关税地位也大为削弱。但一些发展中国家,征收进出口关税仍然是他们取得财政收入的重要渠道之一。

第二节 关税的纳税人、征税范围和税率

一、关税的纳税人

关税的纳税人是指进口货物的收货人、出口货物的发货人、进出境物品的所有人。进出

口货物的收、发货人是依法取得对外贸易经营权,并进口或者出口货物的法人或者其他社会团体。

进出境物品的所有人包括该物品的所有人和推定所有人。一般情况下,对于携带进境的物品,推定其携带人为所有人;对分离运输的行李,推定相应的进出境旅客为所有人;对以邮递方式进境的物品,推定其收件人为所有人;以邮递或其他运输方式出境的物品,推定其寄件人或托运人为所有人。

二、关税的征税范围

关税的征税范围是准许进出境的货物和物品。货物是指贸易性商品;物品是指入境旅客随身携带的行李物品、个人邮递物品、各种运输工具上的服务人员携带进口的自用物品、馈赠物品以及其他方式进境的个人物品。

三、关税税率

根据《关税条例》规定,关税税率分为进口税率和出口税率。

(一)进口货物税率

进口关税设置最惠国税率、协定税率、特惠税率、普通税率、关税配额税率等税率。对进口货物在一定期限内可以实行暂定税率。

1. 最惠国税率

对原产于共同适用最惠国待遇条款的世贸组织成员的进口货物,原产于与我国签订含有相互给予最惠国待遇条款的双边贸易协定的国家或者地区的进口货物,以及原产于我国境内的进口货物,适用最惠国税率。

2. 协定税率

对原产于与我国签订含有关税优惠条款的区域性贸易协定的国家或者地区的进口货物,适用协定税率。

3. 特惠税率

对原产于与我国签订含有特殊关税优惠条款的贸易协定的国家或者地区的进口货物,适用特惠税率。

4. 普通税率

对原产于上述国家或者地区以外的国家和地区的进口货物,以及原产地不明的进口货物,适用普通税率。

5. 关税配额税率

按照国家规定实行关税配额管理的进口货物,关税配额内的,适用关税配额税率;关税配额外的,可适用最惠国税率、协定税率、特惠税率和普通税率。

(二)进口物品税率

进境物品进口税是指进境物品的关税,简称行邮税。

携有应税个人自用物品的入境旅客及运输工具服务人员、进口邮递物品的收件人,以及以其他方式进口应税个人自用物品的收件人是行邮税的纳税义务人。行邮税的纳税义务人,应当在物品放行前缴纳税款。

行邮税的征收对象是超过海关总署规定数额但仍在合理数量以内的个人自用进境物品,具体是指旅客行李物品、个人邮递物品以及其他个人自用物品。凡准许应税进境的旅客行李物品、个人邮递物品以及其他个人自用物品,除另有规定的以外,均按《关税条例》征收进口税。行邮税设有单独的税率表,根据物品类别的划分设有相应的单一的进口税率。

准许应税进口的旅客行李物品、个人邮递物品以及其他个人自用物品(以下简称应税个人自用物品),除另有规定的以外,均由海关按照《中华人民共和国进境物品进口税税率表》(以下简称《进境物品进口税税率表》)对进境物品进行归类、确定完税价格和确定适用税率征收进口税。进口物品如《税则归类表》中没有具体列明,可由海关按照《进境物品进口税税率表》规定的范围归入最适合的税号归类征税。海关总署规定数额以内的个人自用进境物品,免征进口税,超过海关总署规定数额但仍在合理数量以内的个人自用进境物品,由进境物品的纳税义务人在进境物品放行前按照规定缴纳进口税。超过合理、自用数量的进境物品应当按照进口货物依法办理相关手续,进境物品适用海关填发税款缴款书之日实施的税率和完税价格。《进境物品进口税税率表》中税率的调整,由海关总署提出,报经国务院关税税则委员会审定后公布实施。

为了促进扩大进口和消费,2019年4月3日,国务院总理李克强主持召开国务院常务会议,决定从4月9日开始,下调对进境物品征收的行邮税税率,其中对食品、药品等由15%降至13%;纺织品、电器等由25%降为20%。下调后进境物品归类及税率变化情况如下表所示(表4-1)。

表 4-1　　　　　　　　　　中华人民共和国进境物品归类及税率表

税号	物品类别	范围	原税率	新税率
01000000	食品、饮料、药品	食品:包括乳制品、糖制品、调味品,人参、高丽参、红参、奶粉及其他保健品、补品等 饮料:包括矿泉水、汽水、咖啡、茶,其他无酒精饮料 药品:包括中药酒	15%	13%
		国家规定减按3%征收进口环节增值税的抗癌药品	3%	
04000000	纺织品及其制成品	衣着:包括外衣、外裤、内衣、衬衫/T恤衫、其他衣着等 配饰:包括帽子、丝巾、头巾、围巾、领带、腰带、手套、袜子、手帕等 家纺用品:包括毛毯、被子、枕头、床罩、睡袋、幔帐等 其他包括:毛巾、浴巾、桌布、窗帘、地毯等	25%	20%
05000000	皮革服装及配饰	包括各式皮革服装及皮质配饰	25%	20%
06000000	箱包及鞋靴	箱:包括各种材质的箱子;挎包、背包、提包:包括各种材质的挎包、背包、提包 钱包、钥匙包:包括各种材质的钱包、钥匙包、卡片包 其他:包括化妆包、包装袋(盒、箱)等	25%	20%

(三)出口税税率

出口关税设置出口税率。对出口货物在一定期限内可以实行暂定税率。

(四)关税税率的适用

1. 暂定税率的适用

适用最惠国税率的进口货物有暂定税率的,应当适用暂定税率;适用协定税率、特惠税率的进口货物有暂定税率的,应当从低适用税率;适用普通税率的进口货物,不适用暂定税率。

适用出口税率的出口货物有暂定税率的,应当适用暂定税率。

2. 报复性关税税率

任何国家或者地区违反与中华人民共和国签订或者共同参加的贸易协定及相关协定,对中华人民共和国在贸易方面采取禁止、限制、加征关税或者其他影响正常贸易的措施的,对原产于该国家或者地区的进口货物可以征收报复性关税,适用报复性关税税率。

3. 适用税率的时间标准

进出口货物,应当适用海关接受该货物申报进口或者出口之日实施的税率。

进口货物到达前,经海关核准先行申报的,应当适用装载该货物的运输工具申报进境之日实施的税率。

转关运输货物税率的适用日期,由海关总署另行规定。

有下列情形之一,需缴纳税款的,应当适用海关接受申报办理纳税手续之日实施的税率:

(1)保税货物经批准不复运出境的。

(2)减免税货物经批准转让或者移作他用的。

(3)暂准进境货物经批准不复运出境,以及暂准出境货物经批准不复运进境的。

(4)租赁进口货物,分期缴纳税款的。

补征和退还进出口货物关税,应当按照上述规定确定适用的税率。

因纳税义务人违反规定需要追征税款的,应当适用该行为发生之日实施的税率;行为发生之日不能确定的,适用海关发现该行为之日实施的税率。

四、原产地规定

为了准确运用《关税条例》所规定的进口税率,需要对进境货物的原产地进行界定。我国原产地规定基本上采用了"全部产地生产标准""实质性加工标准"两种国际上通用的原产地标准。

(一)全部产地生产标准

全部产地生产标准是指进口货物"完全在一个国家内生产或制造",生产或制造国即为该货物的原产国。完全在一国生产或制造的进口货物包括:

(1)在该国领土或领海内开采的矿产品。

(2)在该国领土上收获或采集的植物产品。

(3)在该国领土上出生或由该国饲养的活动物及从其所得产品。

(4)在该国领土上狩猎或捕捞所得的产品。

(5)在该国的船只上卸下的海洋捕捞物,以及由该国船只在海上取得的其他产品。

(6)在该国加工船加工上述第(5)项所列物品所得的产品。

(7)在该国收集的只适用于作再加工制造的废碎料和废旧物品。

(8)在该国完全使用上述(1)~(7)项所列产品加工成的制成品。

(二)实质性加工标准

实质性加工标准是适用于确定有两个或两个以上国家参与生产的产品的原产国的标准。其基本含义是:经过几个国家加工、制造的进口货物,以最后一个对货物进行经济上可以视为实质性加工的国家作为有关货物的原产国。实质性加工是指产品加工后,在进出口税则中四位数税号一级的税则归类已经有了改变,或者加工增值部分所占新产品总值的比例已超过

30％及以上的。

（三）其他标准

其他标准,例如,对机器、仪器、器材或车辆所用零件、部件、配件、备件及工具,如果与主件同时进口且数量合理的,其原产地按主件的原产地确定,如果分别进口的则按各自的原产地确定。

第三节　关税应纳税额的计算

关税根据进出口货物或物品的完税价格和适用的税率计算应纳税额。

一、关税完税价格

（一）进口货物的完税价格

1. 海关审定的完税价格

进口货物的完税价格由海关以符合条件的成交价格以及该货物运抵中华人民共和国境内输入地点起卸前的运输及其相关费用、保险费为基础审查确定。

进口货物的成交价格是指卖方向我国境内销售该货物时买方为进口该货物向卖方实付、应付的价款总额,包括直接支付的价款和间接支付的价款。

进口货物的成交价格应当符合下列条件:

（1）对买方处置或者使用该货物不予限制,但法律及行政法规规定实施的限制、对货物转售地域的限制和对货物价格无实质性影响的限制除外。

（2）该货物的成交价格没有因搭售或者其他因素的影响而无法确定。

（3）卖方不得从买方直接或者间接获得因该货物进口后转售、处置或者使用而产生的任何收益,或者虽有收益但能够按照规定进行调整。

（4）买卖双方没有特殊关系,或者虽有特殊关系但未对成交价格产生影响。

如果成交价格中未包括下列费用的,应当将其计入完税价格:

（1）由买方负担的购货佣金以外的佣金和经纪费。

（2）由买方负担的在审查确定完税价格时与该货物视为一体的容器的费用。

（3）由买方负担的包装材料费用和包装劳务费用。

（4）与该货物的生产和向中华人民共和国境内销售有关的,由买方以免费或者以低于成本的方式提供并可以按适当比例分摊的料件、工具、模具、消耗材料及类似货物的价款,以及在境外开发、设计等相关服务的费用。

（5）作为该货物向中华人民共和国境内销售的条件,买方必须支付的、与该货物有关的特许权使用费。

（6）卖方直接或者间接从买方获得的该货物进口后转售、处置或者使用的收益。

如果进口时在货物的价款中列明了下列税收、费用,不计入该货物的完税价格:

（1）厂房、机械、设备等货物进口后进行建设、安装、装配、维修和技术服务的费用。

（2）进口货物运抵境内输入地点起卸后的运输及其相关费用、保险费。

（3）进口关税及国内税收。

2. 海关估定的完税价格

进口货物的成交价格不符合成交价格条件的,或者成交价格不能确定的,海关经了解有

关情况,并与纳税义务人进行价格磋商后,依次以下列价格估定该货物的完税价格:

(1) 与该货物同时或者大约同时向中华人民共和国境内销售的相同货物的成交价格。

(2) 与该货物同时或者大约同时向中华人民共和国境内销售的类似货物的成交价格。

(3) 与该货物进口的同时或者大约同时,将该进口货物、相同或者类似进口货物在第一级销售环节销售给无特殊关系买方最大销售总量的单位价格,但应当扣除规定的项目。

(4) 按照下列各项总和计算的价格:生产该货物所使用的料件成本和加工费用,向中华人民共和国境内销售同等级或者同种类货物通常的利润和一般费用,该货物运抵境内输入地点起卸前的运输及其相关费用、保险费。

(5) 以合理方法估定的价格。

纳税义务人向海关提供有关资料后,可以提出申请,颠倒第(3)项和第(4)项的适用次序。

在估定完税价格时,应当扣除的项目是指:

(1) 同等级或者同种类货物在中华人民共和国境内第一级销售环节销售时通常的利润和一般费用以及通常支付的佣金。

(2) 进口货物运抵境内输入地点起卸后的运输及其相关费用、保险费。

(3) 进口关税及国内税收。

3. 特殊贸易方式进口货物完税价格

(1) 以租赁方式进口的货物,以海关审查确定的该货物的租金作为完税价格。

纳税义务人要求一次性缴纳税款的,纳税义务人可以选择按照海关估定的完税价格,或者按照海关审查确定的租金总额作为完税价格。

(2) 运往境外加工的货物,出境时已向海关报明并在海关规定的期限内复运进境的,应当以境外加工费和料件费以及复运进境的运输及其相关费用和保险费审查确定完税价格。

(3) 运往境外修理的机械器具、运输工具或者其他货物,出境时已向海关报明并在海关规定的期限内复运进境的,应当以境外修理费和料件费审查确定完税价格。

(二) 出口货物的完税价格

1. 海关审定的完税价格

出口货物的完税价格由海关以该货物的成交价格以及该货物运至我国境内输出地点装载前的运输及其相关费用、保险费为基础审查确定。

出口货物的成交价格是指该货物出口时卖方为出口该货物应当向买方直接收取和间接收取的价款总额。出口关税不计入完税价格。完税价格的计算公式为:

$$完税价格 = 离岸价格(FOB) \div (1 + 出口税率)$$

2. 海关估定的完税价格

出口货物的成交价格不能确定的,海关经了解有关情况,并与纳税义务人进行价格磋商后,依次以下列价格估定该货物的完税价格。

(1) 与该货物同时或者大约同时向同一国家或者地区出口的相同货物的成交价格。

(2) 与该货物同时或者大约同时向同一国家或者地区出口的类似货物的成交价格。

(3) 按照下列各项总和计算的价格:境内生产相同或者类似货物的料件成本、加工费用,通常的利润和一般费用,境内发生的运输及其相关费用、保险费。

(4) 以合理方法估定的价格。

二、关税应纳税额计算

进出口货物关税,以从价计征、从量计征或者国家规定的其他方式征收。其计算方法有以下几种。

(一)从价税应纳税额计算

$$应纳税额 = 应税进口货物数量 \times 单位完税价格 \times 税率$$

【例 4-1】 某进出口公司进口小轿车 100 辆,每辆货价 175 000 元。该批小轿车运抵我国上海港口起卸前的包装、运输、保险和其他劳务费用共计 150 000 元;假定小轿车关税税率为 25%。计算该批小轿车应纳的关税。

$$该批小轿车的完税价格 = 175\,000 \times 100 + 150\,000 = 17\,650\,000(元)$$
$$应纳税额 = 17\,650\,000 \times 25\% = 4\,412\,500(元)$$

(二)从量税应纳税额的计算

$$应纳税额 = 应税进口货物数量 \times 单位货物税额$$

【例 4-2】 某进出口公司进口原油 200 万吨,出口国无法确定。假定原油的关税税率为普通税率 75 元/吨,最惠国税率为 0。试计算该公司进口环节应纳的关税。

$$应纳税额 = 200 \times 75 = 15\,000(万元)$$

(三)复合税应纳税额计算

$$应纳税额 = 应税进口货物数量 \times 单位货物税额 + 应税进口货物数量 \times 单位完税价格 \times 税率$$

【例 4-3】 某进出口公司进口原产于美国的数字摄像机 50 台,该批摄像机单价为每台 2 200 美元(人民币外汇牌价 1∶6.82),运费及保险费共 6 万元。假定摄像机关税税率为:每台完税价格低于或等于 2 000 美元时,执行单一从价税,税率为 30%;每台完税价格高于 2 000 美元时,每台征收从量税,税额 4 482 元,加上 3% 从价税。计算该公司应纳的关税。

$$应纳税额 = 50 \times 0.448\,2 + (50 \times 0.22 \times 6.82 + 6) \times 3\% = 22.41 + 2.430\,6 = 24.840\,6(万元)$$

(四)出口关税应纳税额计算

$$应纳税额 = 应税出口货物数量 \times 单位完税价格 \times 税率$$

【例 4-4】 某进出口公司出口货物一批,离岸价格为 880 万元人民币,出口税率为 10%。计算应纳的出口关税。

$$应纳税额 = [880 \div (1 + 10\%)] \times 10\% = 80(万元)$$

第四节　关税的税收优惠

一、关税减免

根据《海关法》和《关税条例》,关税减免可以分为法定减免、特定减免和临时减免。

（一）法定减免

下列进出口货物，免征关税：

（1）关税额在人民币 50 元以下的一票货物。

（2）无商业价值的广告品和货样。

（3）外国政府、国际组织无偿赠送的物资。

（4）在海关放行前损失的货物。

（5）进出境运输工具装载的途中必需的燃料、物料和饮食用品。

在海关放行前遭受损坏的货物，可以根据海关认定的受损程度减征关税。

法律规定的其他免征或者减征关税的货物，海关根据规定予以免征或者减征。

（二）特定减免和临时减免

特定地区、特定企业或者有特定用途的进出口货物减征或者免征关税，以及临时减征或者免征关税，按照国务院的有关规定执行。

特定减免和临时减免包括科教用品、残疾人专用品、扶贫及慈善性捐赠物资、加工贸易产品、边境贸易进口物资、保税区进出口货物、出口加工区进出口货物、国家鼓励的进口设备等特定行业或用途的减免税政策。

纳税义务人进出口减免税货物的，除另有规定外，应当在进出口该货物之前，按照规定持有关文件向海关办理减免税审批手续。经海关审查符合规定的，予以减征或者免征关税。

需由海关监管使用的减免税进口货物，在监管年限内转让或者移作他用需要补税的，海关应当根据该货物进口时间折旧估价，补征进口关税。

特定减免税进口货物的监管年限由海关总署规定。

二、关税退还

（一）误征退税

有下列情形之一的，纳税义务人自缴纳税款之日起 1 年内，可以申请退还关税，并应当以书面形式向海关说明理由，提供原缴款凭证及相关资料：

（1）已征进口关税的货物，因品质或者规格原因，原状退货复运出境的。

（2）已征出口关税的货物，因品质或者规格原因，原状退货复运进境，并已重新缴纳因出口而退还的国内环节有关税收的。

（3）已征出口关税的货物，因故未装运出口，申报退关的。

海关应当自受理退税申请之日起 30 日内查实并通知纳税义务人办理退还手续。纳税义务人应当自收到通知之日起 3 个月内办理有关退税手续。

按照其他有关法律、行政法规规定应当退还关税的，海关应当按照有关法律、行政法规的规定退税。

（二）多征退税

海关发现多征税款的，应当立即通知纳税义务人办理退还手续。

纳税义务人发现多缴税款的，自缴纳税款之日起 1 年内，可以以书面形式要求海关退还多缴的税款并加算银行同期活期存款利息；海关应当自受理退税申请之日起 30 日内查实并通知纳税义务人办理退还手续。

纳税义务人应当自收到通知之日起 3 个月内办理有关退税手续。

第五节　关税的征收管理

一、关税申报

进口货物的纳税义务人应当自运输工具申报进境之日起 14 日内,出口货物的纳税义务人除海关特准的外,应当在货物运抵海关监管区后、装货的 24 小时以前,向货物的进出境地海关申报。进出口货物转关运输的,按照海关总署的规定执行。

进口货物到达前,纳税义务人经海关核准可以先行申报。申报的具体办法由海关总署另行规定。

纳税义务人应当依法如实向海关申报,并按照海关的规定提供有关确定完税价格、进行商品归类、确定原产地以及采取反倾销、反补贴或者保障措施等所需的资料;必要时,海关可以要求纳税义务人补充申报。

纳税义务人应当按照《中华人民共和国海关进出口税则》规定的目录条文和归类总规则、类注、章注、子目注释以及其他归类注释,对其申报的进出口货物进行商品归类,并归入相应的税则号列;海关应当依法审核确定该货物的商品归类。

海关可以要求纳税义务人提供确定商品归类所需的有关资料;必要时,海关可以组织化验、检验,并将海关认定的化验、检验结果作为商品归类的依据。

海关为审查申报价格的真实性和准确性,可以查阅、复制与进出口货物有关的合同、发票、账册、结付汇凭证、单据、业务函电、录音录像制品和其他反映买卖双方关系及交易活动的资料。

海关对纳税义务人申报的价格有怀疑并且所涉关税数额较大的,经直属海关关长或者其授权的隶属海关关长批准,凭海关总署统一格式的协助查询账户通知书及有关工作人员的工作证件,可以查询纳税义务人在银行或者其他金融机构开立的单位账户的资金往来情况,并向银行业监督管理机构通报有关情况。

海关对纳税义务人申报的价格有怀疑的,应当将怀疑的理由书面告知纳税义务人,要求其在规定的期限内书面作出说明、提供有关资料。

纳税义务人在规定的期限内未作说明、未提供有关资料的,或者海关仍有理由怀疑申报价格的真实性和准确性的,海关可以不接受纳税义务人申报的价格,并按规定估定完税价格。

海关审查确定进出口货物的完税价格后,纳税义务人可以以书面形式要求海关就如何确定其进出口货物的完税价格作出书面说明,海关应当向纳税义务人作出书面说明。

二、关税缴纳

纳税义务人应当自海关填发税款缴款书之日起 15 日内向指定银行缴纳税款。纳税义务人未按期缴纳税款的,从滞纳税款之日起,按日加收滞纳税款万分之五的滞纳金。

海关可以对纳税义务人欠缴税款的情况予以公告。

海关征收关税、滞纳金等,应当按人民币计征。进出口货物的成交价格以及有关费用以外币计价的,以中国人民银行公布的基准汇率折合为人民币计算完税价格;以基准汇率币种以外的外币计价的,按照国家有关规定套算为人民币计算完税价格。适用汇率的日期由海关总署规定。

纳税义务人因不可抗力或者在国家税收政策调整的情形下,不能按期缴纳税款的,经海关总署批准,可以延期缴纳税款,但是最长不得超过 6 个月。

三、关税保全

进出口货物的纳税义务人在规定的纳税期限内有明显的转移、藏匿其应税货物以及其他财产迹象的,海关可以责令纳税义务人提供担保;纳税义务人不能提供担保的,海关可以按照《海关法》的规定采取税收保全措施。

纳税义务人、担保人自缴纳税款期限届满之日起超过 3 个月仍未缴纳税款的,海关可以按照《海关法》的规定采取强制措施。

加工贸易的进口料件按照国家规定保税进口的,其制成品或者进口料件未在规定的期限内出口的,海关按照规定征收进口关税。

加工贸易的进口料件进境时按照国家规定征收进口关税的,其制成品或者进口料件在规定的期限内出口的,海关按照有关规定退还进境时已征收的关税税款。

经海关批准暂时进境或者暂时出境的下列货物,在进境或者出境时纳税义务人向海关缴纳相当于应纳税款的保证金或者提供其他担保的,可以暂不缴纳关税,并应当自进境或者出境之日起 6 个月内复运出境或者复运进境;经纳税义务人申请,海关可以根据海关总署的规定延长复运出境或者复运进境的期限:

(1) 在展览会、交易会、会议及类似活动中展示或者使用的货物。

(2) 文化、体育交流活动中使用的表演、比赛用品。

(3) 进行新闻报道或者摄制电影、电视节目使用的仪器、设备及用品。

(4) 开展科研、教学、医疗活动使用的仪器、设备及用品。

(5) 在本款第(1)项至第(4)项所列活动中使用的交通工具及特种车辆。

(6) 货样。

(7) 供安装、调试、检测设备时使用的仪器、工具。

(8) 盛装货物的容器。

(9) 其他用于非商业目的的货物。

暂准进境货物在规定的期限内未复运出境的,或者暂准出境货物在规定的期限内未复运进境的,海关应当依法征收关税。

可以暂时免征关税范围以外的其他暂准进境货物,应当按照该货物的完税价格和其在境内滞留时间与折旧时间的比例计算征收进口关税。具体办法由海关总署规定。

因品质或者规格原因,出口货物自出口之日起 1 年内原状复运进境的,不征收进口关税。因品质或者规格原因,进口货物自进口之日起 1 年内原状复运出境的,不征收出口关税。

因残损、短少、品质不良或者规格不符原因,由进出口货物的发货人、承运人或者保险公司免费补偿或者更换的相同货物,进出口时不征收关税。被免费更换的原进口货物不退运出境或者原出口货物不退运进境的,海关应当对原进出口货物重新按照规定征收关税。

四、税款的补征与追征

进出口货物放行后,海关发现少征或者漏征税款的,应当自缴纳税款或者货物放行之日起 1 年内,向纳税义务人补征税款。但因纳税义务人违反规定造成少征或者漏征税款的,海关可以自缴纳税款或者货物放行之日起 3 年内追征税款,并从缴纳税款或者货物放行之日起按日加收少征或者漏征税款万分之五的滞纳金。

海关发现海关监管货物因纳税义务人违反规定造成少征或者漏征税款的,应当自纳税义务人应缴纳税款之日起 3 年内追征税款,并从应缴纳税款之日起按日加收少征或者漏征税款万分之五的滞纳金。

报关企业接受纳税义务人的委托,以纳税义务人的名义办理报关纳税手续,因报关企业违反规定而造成海关少征、漏征税款的,报关企业对少征或者漏征的税款、滞纳金与纳税义务人承担纳税的连带责任。

报关企业接受纳税义务人的委托,以报关企业的名义办理报关纳税手续的,报关企业与纳税义务人承担纳税的连带责任。

除不可抗力外,在保管海关监管货物期间,海关监管货物损毁或者灭失的,对海关监管货物负有保管义务的人应当承担相应的纳税责任。

五、税款清缴

欠税的纳税义务人,有合并、分立情形的,在合并、分立前,应当向海关报告,依法缴清税款。纳税义务人合并时未缴清税款的,由合并后的法人或者其他组织继续履行未履行的纳税义务;纳税义务人分立时未缴清税款的,分立后的法人或者其他组织对未履行的纳税义务承担连带责任。

纳税义务人在减免税货物、保税货物监管期间,有合并、分立或者其他资产重组情形的,应当向海关报告。按照规定需要缴税的,应当依法缴清税款;按照规定可以继续享受减免税、保税待遇的,应当到海关办理变更纳税义务人的手续。

纳税义务人欠税或者在减免税货物、保税货物监管期间,有撤销、解散、破产或者其他依法终止经营情形的,应当在清算前向海关报告。海关应当依法对纳税义务人的应缴税款予以清缴。

六、关税争议

纳税义务人、担保人对海关确定纳税义务人,确定完税价格、商品归类,确定原产地、适用税率或者汇率、减征或者免征税款、补税、退税、征收滞纳金、确定计征方式以及确定纳税地点有异议的,应当缴纳税款,并可以依法向上一级海关申请复议。对复议决定不服的,可以依法向人民法院提起诉讼。

附:船舶吨税

船舶吨税简称吨税,是海关对进出一国港口的外籍船舶按其净吨位征收的一种税,是一国船舶使用了另一国家的助航设施而向该国缴纳的一种税,其征收税款主要用于港口建设维护及海上干线公用航标的建设维护。这一税种为世界多数国家所开征,其征税根据是外籍船舶使用了本国港口及助航设备,具有使用费的性质。有些国家称其为"灯塔税",属于行为税类。

我国船舶吨税是对在中国港口行驶的外国籍船舶、外商租用的中国籍船舶,以及中外合营企业使用的中外国籍船舶,按照船舶注册的净吨位征收的一种关税。1952 年 9 月 16 日政务院财政经济委员会批准,9 月 29 日海关总署发布施行《中华人民共和国海关船舶吨税暂行办法》,并于 1991 年、1994 年、2011 年进行了修订。经国务院第 182 次常务会议通过,《中华人民共和国船舶吨税暂行条例》自 2012 年 1 月 1 日起施行,《中华人民共和国海关船舶吨税暂行办法》同时废止。船舶吨税由海关代交通部征收,就地上缴中央国库。经国务院批准,自 2001 年 1 月 1 日起,将船舶吨税纳入中央预算管理,全部上交中央国库,不再作为预算外资金管理,船舶吨税成为国家中央财政收入的重要来源之一。

一、纳税人

船舶吨税由应税船舶的使用人(船长)或其委托的外轮代理公司为纳税人。

二、征收范围

船舶吨税的征收范围是境外港口进入境内港口的船舶。纳入征收范围的船分为机动船舶和非机动船舶。其中,机动船舶包括轮船、汽船和拖船,非机动船舶是指各种人力驾驶的船及驳船、帆船。

以下各种外籍船舶,免征船舶吨税:

(1) 应纳税额在人民币 50 元以下的船舶。

(2) 自境外以购买、受赠、继承等方式取得船舶所有权的初次进口到港的空载船舶。

(3) 吨税执照期满后 24 小时内不上下客货的船舶。

(4) 非机动船舶(不包括非机动驳船)。

(5) 捕捞、养殖渔船。

(6) 避难、防疫隔离、修理、终止运营或者拆解,并不上下客货的船舶。

(7) 军队、武装警察部队专用或者征用的船舶。

(8) 依照法律规定应当予以免税的外国驻华使领馆、国际组织驻华代表机构及其有关人员的船舶。

(9) 国务院规定的其他船舶。

三、计税依据

船舶吨税以注册船舶的净吨位为计税依据。净吨位是指由船籍国(地区)政府授权签发的船吨位证明书上标明的净吨位。净吨位尾数不足 0.5 吨的不计,达到或超过 0.5 吨的按 1 吨计算。小型船舶净吨位不足 1 吨的按 1 吨计税。拖船和非机动驳船分别按相同净吨位船舶税率的 50%计征。

四、税率

船舶吨税采用定额税率,按船舶净吨位的大小分等级设计单位税额。船舶吨税实行复式税率,按 30 日、90 日和 1 年三种不同纳税期分别规定了优惠税率和普通税率。中华人民共和国籍的应税船舶,船籍国(地区)与中华人民共和国签订含有相互给予船舶税费最惠国待遇条款的条约或者协定的应税船舶,适用优惠税率;其他应税船舶,适用普通税率。我国现行的船舶吨税税目税率如表 4-2 所示。

五、应纳税额的计算

船舶吨税的应纳税额按照船舶净吨位乘以适用税率计算,计税公式为:

$$船舶吨税＝净吨位×适用税率$$

应税船舶在船舶吨税执照期限内,因修理导致净吨位变化的,船舶吨税执照继续有效。应税船舶办理出入境手续时,应当提供船舶经过修理的证明文件。应税船在船舶吨税执照

表 4-2　　　　　　　　　　　　船舶吨税税目税率表

税　目 (按船舶净吨位划分)	税率(元/净吨)						备注
	普通税率(按执照期限划分)			优惠税率(按执照期限划分)			
	1 年	90 日	30 日	1 年	90 日	30 日	
不超过 2 000 净吨	12.6	4.2	2.1	9.0	3.0	1.5	拖船和非机动驳船分别按相同净吨位船舶税率的 50% 计征
超过 2 000 净吨,但不超过 10 000 净吨	24.0	8.0	4.0	17.4	5.8	2.9	
超过 10 000 净吨,但不超过 50 000 净吨	27.6	9.2	4.6	19.8	6.6	3.3	
超过 50 000 净吨	31.8	10.6	5.3	22.8	7.6	3.8	

期限内,因税目税率调整或者船籍改变而导致适用税率变化的,船舶吨税执照继续有效。因船籍改变而导致适用税率变化的,应税船舶在办理出入境手续时,应当提供船籍改变的证明文件。船舶吨税税款、滞纳金、罚款以人民币计算。

六、征收管理

船舶吨税由海关负责征收,按照船舶净吨位和吨税执照期限征收。吨税纳税义务发生时间为应税船舶进入港口的当日。应税船舶负责人应当自海关填发吨税缴款凭证之日起15 日内向指定银行缴清税款。未按期缴清税款的,自滞纳税款之日起,按日加收滞纳税款千分之五的滞纳金。

应税船舶负责人在每次申报纳税时,可以按照船舶吨税税目税率表选择申领一种期限的船舶吨税执照。应税船舶负责人申领吨税执照时,应当向海关提供船国籍证书或者海事部门签发的船舶国籍证书收存证明和船舶吨位证明。应税船舶负责人缴纳船舶吨税或者提供担保后,海关按照其申领的执照期限填发船舶吨税执照。

应税船舶在进入港口办理入境手续时,应当向海关申报纳税领取船舶吨税执照,或者交验船舶吨税执照。应税船舶在离开港口办理出境手续时,应当交验吨税执照。海关征收船舶吨税应当制发缴款凭证。在吨税执照期限内,应税船舶发生避难、防疫隔离、修理,并不上下客货的;军队、武装警察部队征用的,海关按照实际发生的天数批注延长吨税执照期限。应税船舶在吨税执照期满后尚未离开港口的,应当申领新的吨税执照,自上一次执照期满的次日起续缴吨税。

应税船舶因不可抗力在未设立海关地点停泊的,船舶负责人应当立即向附近海关报告,并在不可抗力原因消除后,依照本条例规定向海关申报纳税。海关发现少征或者漏征税款的,应当自应税船舶应当缴纳税款之日起 1 年内,补征税款。但因应税船舶违反规定造成少征或者漏征税款的,海关可以自应当缴纳税款之日起 3 年内追征税款,并自应当缴纳税款之日起按日加征少征或者漏征税款万分之五的滞纳金。海关发现多征税款的,应当立即通知应税船舶办理退还手续,并加算银行同期活期存款利息。应税船舶发现多缴税款的,可以自缴纳税款之日起 1 年内以书面形式要求海关退还多缴的税款并加算银行同期活期存款利息;海关应当自受理退税申请之日起 30 日内查实并通知应税船舶办理退还手续。

思考与练习

一、专业术语
关税　滑动关税　最惠国待遇关税　反倾销关税　反补贴关税　保障性关税　报复关税

二、思考题
1. 简述关税的作用。
2. 简述关税的类型。
3. 应如何适用关税税率？
4. 进口货物的原产地如何确定？
5. 如何审定和估定进出口货物的完税价格？
6. 关税有哪些法定减免项目？
7. 如何申报和缴纳关税？
8. 如何处理关税的征纳争议？

三、计算题

1. 某公司进口一批机器设备,经海关审定的成交价为 500 万美元,货物运抵我国境内输入地点起卸前的运输费 30 万美元,保险费 20 万美元,包装劳务费 5 万美元。市场汇率为 1 美元＝6.6 元人民币,该机器设备适用关税税率为 15％。计算进口该批货物应缴纳的关税。

2. 某进出口公司为增值税一纳税人,进口应税消费品一批,成交的离岸价格折合人民币 3 000 万元,另外支付该货物运抵我国关境内输入地点起卸前发生的运费 20 万元、保险费 10 万元、包装材料费用 10 万元,委托境内某运输企业将进口货物运抵本单位发生运输费用 10 万元,分别取得海关开具的完税凭证和运输单位开具的货票。入库后本月将进口的应税消费品全部销售,取得不含税销售额 8 000 万元。(该货物适用关税率 30％、增值税税率 13％、消费税税率 20％)
   要求:计算该公司进口环节及内销环节应纳的关税、增值税、消费税。

3. 某外贸公司 2019 年 5 月 1 日进口一批应税消费品。该批货物的货价为 350 万元人民币,国外运输费 40 万元,保险费 10 万元;关税税率 10％,消费税税率 30％,增值税税率 13％。
   要求:根据上述资料,回答下列问题:
   (1) 计算外贸公司当月进口环节应纳关税。
   (2) 计算外贸公司当月进口环节应纳消费税。
   (3) 计算外贸公司当月进口环节应纳增值税。

4. 某进出口公司 2019 年 5 月从 A 国进口货物一批,成交价(离岸价)折合人民币 9 000 万元(包括单独计价并经审查属实的货物进口后装配调试费用 60 万元,向境外采购代理人支付的买方佣金 50 万元)。另支付入境前运费 180 万元,保险费 90 万元。假设该货物适用的关税税率为 100％,增值税税率为 13％,消费税税率为 5％。
   要求:请分别计算该公司进口环节应缴纳的关税、消费税以及增值税。

5. 某商贸公司为增值税一船纳税人,并具有进出口经营权,2019 年 5 月发生相关经营业务如下:
   (1) 从国外进口小轿车 1 辆,支付买价 400 000 元、相关费用 30 000 元,支付到达我国海关前的运输费用 40 000 元、保险费用 20 000 元。
   (2) 将生产中使用的价值 500 000 元设备运往国外修理,出境时已向海关报明,支付给境外的修理费用 50 000 元,料件费 100 000 元,并在海关规定的期限内收回了该设备。
   (注:进口关税税率均为 20％,小轿车消费税税率为 9％,单位金额为元)
   要求:根据上述资料及税法相关规定回答下列问题:
   (1) 计算进口小轿车、修理设备应缴纳的关税。
   (2) 计算小轿车在进口环节应缴纳的消费税。
   (3) 计算小轿车、修理设备在进口环节应缴纳的增值税。

企业所得税

通过本章的学习,要求了解企业所得税的概念和我国企业所得税的发展历程;掌握企业所得税的征税对象、纳税人、应纳税所得额的确定、应纳税额的计算以及境外所得已纳税额的抵免;熟悉企业所得税的特点、企业所得税的税率、税收优惠和纳税申报。

本章重点是应纳税所得额的确定、应纳税额的计算;难点是境外所得已纳税额的抵免。

第一节 企业所得税概述

一、企业所得税的建立与发展

企业所得税是指对在中华人民共和国境内,企业和其他取得收入的组织取得的生产经营所得和其他所得征收的一种税。

自新中国成立一直到 20 世纪 70 年代末实行改革开放以前,基于当时中国的所有制结构、财政分配体制和税制结构,国家财政收入最主要的来源是国营企业上缴的利润,不征收所得税,因此,始终没有形成一套独立、完整、统一的企业所得税制度。

应当说,我国的企业所得税制度是随着改革开放和经济体制改革的不断推进而逐步建立、完善起来的。自改革开放至 2008 年以前,我国的企业所得税制度的建立和发展大体经历三个阶段。

(一)"五套"企业所得税制并存阶段(1980 年至 1991 年)

1. "三套"内资企业所得税制并存

从 1983 年到 1984 年,中国分两步将实行了 30 多年的国营企业上缴利润制度改为国营企业所得税制度,即国营企业"利改税"的第一步改革和第二步改革。1984 年 9 月 18 日,国务院发布了《中华人民共和国国营企业所得税条例(草案)》和《国营企业调节税征收办法》,规定大中型企业实行 55% 的比例税率,小企业实行 8 级超额累进税率,其税率为 55% ~ 10%。这标志着国家和国营企业的分配关系以法律的形式确立下来。

1985 年 4 月,国务院颁布了《中华人民共和国集体企业所得税暂行条例》,规定对城乡集体企业取得的生产经营所得和其他所得,统一征收集体企业所得税,执行税率与小型国营企业相同。

1988 年 6 月,国务院颁布了《中华人民共和国私营企业所得税暂行条例》,决定开征私营企业所得税,并实行 35% 的比例税率。

2. "两套"涉外企业所得税制并存

改革开放初期,为了适应开办中外合资经营企业的新情况,1980 年 9 月 10 日,全国人民代表大会常务委员会公布了《中华人民共和国中外合资经营企业所得税法》,并于公布之日起实施。该所得税法规定,合营企业的所得税税率为 30%,另按应纳所得税额附征 10% 的地方所得税;合营企业的外国合营者,从企业分得的利润汇出国外时,按汇出额缴纳 10% 的所得税。这是新中国成立以后制定的第一部涉外企业所得税法。

1981 年 12 月 13 日,全国人民代表大会常务委员会公布《中华人民共和国外国企业所得税法》,自 1982 年 1 月 1 日起实施。该所得税法规定,外国企业所得税按照 20%~40% 的五级超额累进税率计算,另按应纳税的所得额缴纳 10% 的地方所得税。《中华人民共和国外国企业所得税法》是继《中华人民共和国中外合资经营企业所得税法》公布之后,我国制定的第二部涉外企业所得税法。

(二)"四套"企业所得税制并存阶段(1991 年至 1993 年)

改革开放 10 多年后,在总结经验的基础上,按照税负从轻、优惠从宽、手续从简的原则,1991 年 4 月和 6 月我国颁布了《中华人民共和国外商投资企业和外国企业所得税法》和《中华人民共和国外商投资企业和外国企业所得税法实施细则》,代替了原来的两个涉外企业所得税法,并于同年 7 月 1 日实施。《中华人民共和国外商投资企业和外国企业所得税法》的实施,实现了"三个统一",即统一了税率、统一了税收优惠、统一了税收管辖权,从而使我国的涉外所得税制具有了突破性的发展。这样,加上上述三个内资企业所得税,该时期形成了"四套"企业所得税制并存的格局。

(三)"两套"企业所得税制并存阶段(1994 年至 2007 年)

三个内资企业所得税实质是按照企业所有制性质的不同而设置的。这种设置所带来的问题越来越明显:一是税率不同,造成了税收负担不公平,影响了企业间竞争的公平;二是所得税制不规范,不符合国际惯例。为了解决这些问题,实现税负公平,促进公平竞争,国务院于 1993 年 12 月颁布了《中华人民共和国企业所得税暂行条例》,正式将国营企业所得税、集体企业所得税和私营企业所得税合并统一为一个税种,即企业所得税,并统一实行 33% 的基本税率。这样,连同已经实施的外商投资企业和外国企业所得税,形成了两套企业所得税制并存的格局。

应当说,两套企业所得税法的实施,为增加我国的税收收入、吸引外资、促进我国经济体制的改革以及相关产业、地区、企业的发展起到了推动作用。但是,近年来,随着我国市场经济体制的发展,特别是加入世贸组织后,国内市场对外进一步开放,内资企业也融入世界经济体系,继续实行内外资企业不同的税收制度,必将使内资企业处于不平等竞争的地位,影响统一的、规范的、公平竞争的市场环境的建立。在此背景下,我国适时对内外资企业所得税制进行了合并。2007 年 3 月,第十届全国人民代表大会第五次会议通过了《中华人民共和国企业所得税法》,自 2008 年 1 月 1 日起施行。新的企业所得税法规范了纳税主体、统一和降低了税率、优化了税收优惠政策,标志着我国的企业所得税制度进入了一个崭新的发展阶段。

二、企业所得税的特点

1. 以所得额为课税对象,税源大小受企业经济效益的影响

企业所得税的课税对象是总收入扣除成本费用后的净所得额。净所得额的大小决定着税源的多少,总收入相同的纳税人,所得额不一定相同,缴纳的所得税也不一定相同。

2. 征税以量能负担为原则

企业所得税以所得额为课税对象,所得税的负担轻重与纳税人所得的多少有着内在联系,所得多、负担能力大的多征,所得少、负担能力小的少征,无所得、没有负担能力的不征,以体现税收公平的原则。

3. 税法对税基的约束力强

企业应纳税所得额的计算应严格按照《中华人民共和国企业所得税暂行条例》及其他有关规定进行,如果企业的财务会计处理办法与国家税收法规抵触的,应当按照税法的规定计算纳税。这一规定弥补了原来税法服从于财务制度的缺陷,有利于保护税基,维护国家利益。

4. 实行按年计算,分期预缴的征收办法

企业所得税的征收一般是以全年的应纳税所得额为计税依据的,实行按年计算、分月或分季预缴、年终汇算清缴的征收办法。对经营时间不足 1 年的企业,要将实际经营期间的所得额换算成 1 年的所得额计算缴纳所得税。

第二节　企业所得税的征税对象、纳税人和税率

一、企业所得税的征税对象

企业所得税的征税对象是企业的生产、经营所得和其他所得,是国家据以课征企业所得税的依据。

这里的"生产、经营所得"是指从事制造业、采掘业、交通运输业、建筑安装业、农业、林业、畜牧业、水利业、商品流通业、金融业、保险业、邮电通信业、服务业,以及经国务院财政、税务部门确认的其他营利事业取得的所得。工业企业从事制造业、采掘业以及其他经营活动的所得,自然应缴纳企业所得税。这里的"其他所得"是指股息、利息、租金、转让各类资产、特许权使用费以及营业外收益等所得。

另外,企业按照章程规定解散或者破产,以及因其他原因宣布终止,其清算结束后的清算所得,也属于企业所得税的征税对象。

需要指出的是,居民企业和非居民企业取得的所得,征税对象有明显的不同:

(1) 按照居民税收管辖权原则,凡居民企业应当就其来源于中国境内、境外的所得缴纳企业所得税。但为了避免重复课税,对居民企业的境外所得在境外已纳的所得税款可以抵免。

(2) 按照收入来源地税收管辖权原则,非居民企业在中国境内设立机构、场所的,应当就其所设机构、场所取得的来源于中国境内的所得,以及发生在中国境外但与其所设机构、场所有实际联系的所得,缴纳企业所得税。这里的"实际联系"是指非居民企业在中国境内设立的机构、场所拥有据以取得所得的股权、债权,以及拥有、管理、控制据以取得所得的财产等。

非居民企业在中国境内未设立机构、场所的,或者虽设立机构、场所但取得的所得与其所设机构、场所没有实际联系的,应当就其来源于中国境内的所得缴纳企业所得税。

关于来源于中国境内、境外的所得,按照以下原则确定:

① 销售货物所得,按照交易活动发生地确定;

② 提供劳务所得,按照劳务发生地确定;

③ 转让财产所得,不动产转让所得按照不动产所在地确定,动产转让所得按照转让动产

的企业或者机构、场所所在地确定,权益性投资资产转让所得按照被投资企业所在地确定;

④ 股息、红利等权益性投资所得,按照分配所得的企业所在地确定;

⑤ 利息所得、租金所得、特许权使用费所得,按照负担、支付所得的企业或者机构、场所所在地确定,或者按照负担、支付所得的个人的住所地确定;

⑥ 其他所得,由国务院财政、税务主管部门确定。

二、企业所得税的纳税人

(一)企业所得税纳税人的基本规定

企业所得税的纳税人是指在中华人民共和国境内,企业和其他取得收入的组织(以下统称企业)。税法规定的"企业",包括以下各类取得收入的组织:

(1)企业。企业包括公司制企业和其他非公司制企业。这里的"企业",不包括依照中国法律、行政法规规定成立的个人独资企业、合伙企业,但是包括依照外国法律法规在境外成立的个人独资企业和合伙企业。

(2)事业单位。事业单位是指国家为了社会公益目的,由国家机关举办或者其他组织利用国有资产举办的,从事教育、科技、文化、卫生等活动的社会服务组织。

(3)社会团体。社会团体是指由中国公民自愿组成,为实现会员共同意愿,按照其章程开展活动的非营利性社会组织。

(4)其他取得收入的组织。除了上述所列企业、事业单位、社会团体之外,还有不少类型的经济组织也能够依法取得各种收入,他们也是企业所得税的纳税人,如基金会、商会等。

(二)企业所得税纳税人的分类

按照登记注册地标准和实际管理控制地标准相结合的原则,税法将纳税人分为居民企业和非居民企业。

(1)居民企业。居民企业,是指依法在中国境内成立,或者依照外国(地区)法律成立但实际管理机构在中国境内的企业。这里,所谓依照外国(地区)法律成立的企业,包括依照外国(地区)法律成立的企业和其他取得收入的组织;所谓实际管理机构,是指对企业的生产经营、人员、账务、财产等实施实质性全面管理和控制的机构。

(2)非居民企业。非居民企业,是指依照外国(地区)法律成立且实际管理机构不在中国境内,但在中国境内设立机构、场所的,或者在中国境内未设立机构、场所,但有来源于中国境内所得的企业。这里的所谓机构、场所,是指在中国境内从事生产经营活动的机构、场所,包括:

① 管理机构、营业机构、办事机构;

② 工厂、农场、开采自然资源的场所;

③ 提供劳务的场所;

④ 从事建筑、安装、装配、修理、勘探等工程作业的场所;

⑤ 其他从事生产经营活动的机构、场所。

另外,非居民企业委托营业代理人在中国境内从事生产经营活动的,包括委托单位或者个人经常代其签订合同,或者储存、交付货物等,该营业代理人视为非居民企业在中国境内设立的机构、场所。

(三)扣缴义务人

在中国境内未设立机构、场所的非居民企业从境内取得的所得应缴纳的所得税,实行源泉扣缴,以支付人为扣缴义务人。税款由扣缴义务人在每次支付或者到期应支付时,从支付或者到期应支付的款项中扣缴。

对非居民企业在中国境内取得工程作业和劳务所得应缴纳的所得税,税务机关可以指定工程价款或者劳务费的支付人为扣缴义务人。

三、企业所得税的税率

企业所得税实行比例税率,其税率为25%。但非居民企业在中国境内未设立机构、场所的,或者虽设立机构、场所但取得的所得与其所设机构、场所没有实际联系的,其来源于中国境内的所得适用税率为20%。

第三节 企业所得税应纳税所得额的确定

一、应纳税所得额确定的原则和依据

企业所得税应纳税所得额的确定,以权责发生制为原则。除另有规定外,属于当期的收入和费用,不论款项是否收付,均作为当期的收入和费用;不属于当期的收入和费用,即使款项已经在当期收付,均不作为当期的收入和费用。

企业所得税应纳税所得额是企业所得税的计税依据,它是指纳税人每一纳税年度的收入总额减去不征税收入、免税收入、各项扣除以及允许弥补的以前年度亏损后的余额。应纳税所得额的计算公式为:

应纳税所得额=收入总额-不征税收入-免税收入-各项扣除额-以前年度亏额

税法规定的应纳税所得额的确定,主要包括收入总额的确定、不征税收入的确定、免税收入的确定、准予扣除项目金额的确定、资产的税务处理、关联企业间业务往来的税务处理、企业亏损弥补等内容。

二、收入总额的确定

收入总额是指企业每一纳税年度以货币形式和非货币形式从各种来源取得的收入,包括:①销售货物收入;②提供劳务收入;③转让财产收入;④股息、红利等权益性投资收益;⑤利息收入;⑥租金收入;⑦特许权使用费收入;⑧接受捐赠的收入;⑨其他收入。

企业发生非货币性资产交换,以及将货物、财产、劳务用于捐赠、偿债、赞助、集资、广告、样品、职工福利或者利润分配等用途的,除国务院财政、税务主管部门另有规定者外,应当视同销售货物、转让财产或者提供劳务。

企业以非货币形式取得的收入,应当按照公允价值确定收入额。公允价值是指按照市场价格确定的价值。

(一)销售货物的收入

销售货物的收入是指企业销售商品、产品、原材料、包装物、低值易耗品以及其他存货取得的收入。除《企业所得税法》及其实施条例另有规定外,企业销售收入的确认,必须遵循权责发生制原则和实质重于形式原则。

(1)企业销售商品同时满足下列条件的,应确认收入的实现:

　　① 商品销售合同已经签订,企业已将商品所有权相关的主要风险和报酬转移给购货方;

　　② 企业对已售出的商品既没有保留通常与所有权相联系的继续管理权,也没有实施有效控制;

　　③ 收入的金额能够可靠地计量;

　　④ 已发生或将发生的销售方的成本能够可靠地核算。

　　(2) 符合上款收入确认条件,采取下列商品销售方式的,应按以下规定确认收入实现时间:

　　① 销售商品采用托收承付方式的,在办妥托收手续时确认收入。

　　② 销售商品采取预收款方式的,在发出商品时确认收入。

　　③ 销售商品需要安装和检验的,在购买方接受商品以及安装和检验完毕时确认收入。如果安装程序比较简单,可在发出商品时确认收入。

　　④ 销售商品采用支付手续费方式委托代销的,在收到代销清单时确认收入。

　　(3) 采用售后回购方式销售商品的,销售的商品按售价确认收入,回购的商品作为购进商品处理。有证据表明不符合销售收入确认条件的,如以销售商品方式进行融资,收到的款项应确认为负债,回购价格大于原售价的,差额应在回购期间确认为利息费用。

　　(4) 销售商品以旧换新的,销售商品应当按照销售商品收入确认条件确认收入,回收的商品作为购进商品处理。

　　(5) 企业为促进商品销售而在商品价格上给予的价格扣除属于商业折扣,商品销售涉及商业折扣的,应当按照扣除商业折扣后的金额确定销售商品收入金额。

　　债权人为鼓励债务人在规定的期限内付款而向债务人提供的债务扣除属于现金折扣,销售商品涉及现金折扣的,应当按扣除现金折扣前的金额确定销售商品收入金额,现金折扣在实际发生时作为财务费用扣除。

　　企业因售出商品的质量不合格等原因而在售价上给予减让属于销售折让;企业因售出商品质量、品种不符合要求等原因而发生的退货属于销售退回。企业已经确认销售收入的售出商品发生销售折让和销售退回,应当在发生当期冲减当期销售商品收入。

　　(6) 企业以买一赠一等方式组合销售本企业商品的,不属于捐赠,应将总的销售金额按各项商品的公允价值的比例来分摊确认各项的销售收入。

　　(7) 以分期收款方式销售货物的,按照合同约定的收款日期确认收入的实现。

(二)提供劳务的收入

　　提供劳务的收入是指企业从事建筑安装、修理修配、交通运输、仓储租赁、金融保险、邮电通信、咨询经纪、文化体育、科学研究、技术服务、教育培训、餐饮住宿、中介代理、卫生保健、社区服务、旅游、娱乐、加工以及其他劳务服务活动取得的收入。

　　企业在各个纳税期末,提供劳务交易的结果能够可靠估计的,应采用完工进度(完工百分比)法确认提供劳务收入。

　　(1) 提供劳务交易的结果能够可靠估计,是指同时满足下列条件:

　　① 收入的金额能够可靠地计量;

　　② 交易的完工进度能够可靠地确定;

　　③ 交易中已发生和将发生的成本能够可靠地核算。

　　(2) 企业提供劳务完工进度的确定,可选用下列方法:

① 已完成工作的测量；

② 已提供劳务占劳务总量的比例；

③ 发生成本占总成本的比例。

（3）企业应按照从接受劳务方已收或应收的合同或协议价款确定劳务收入总额，根据纳税期末提供劳务收入总额乘以完工进度扣除以前纳税年度累计已确认提供劳务收入后的金额，确认为当期劳务收入；同时，按照提供劳务估计总成本乘以完工进度扣除以前纳税期间累计已确认劳务成本后的金额，结转为当期劳务成本。

（4）下列提供劳务满足收入确认条件的，应按规定确认收入：

① 安装费。应根据安装完工进度确认收入。安装工作是商品销售附带条件的，安装费在确认商品销售实现时确认收入。

② 宣传媒介的收费。应在相关的广告或商业行为出现于公众面前时确认收入。广告的制作费，应根据制作广告的完工进度确认收入。

③ 软件费。为特定客户开发软件的收费，应根据开发的完工进度确认收入。

④ 服务费。包含在商品售价内可区分的服务费，在提供服务的期间分期确认收入。

⑤ 艺术表演、招待宴会和其他特殊活动的收费。在相关活动发生时确认收入。收费涉及几项活动的，预收的款项应合理分配给每项活动，分别确认收入。

⑥ 会员费。申请入会或加入会员，只允许取得会籍，所有其他服务或商品都要另行收费的，在取得该会员费时确认收入。申请入会或加入会员后，会员在会员期内不再付费就可得到各种服务或商品，或者以低于非会员的价格销售商品或提供服务的，该会员费应在整个受益期内分期确认收入。

⑦ 特许权费。属于提供设备和其他有形资产的特许权费，在交付资产或转移资产所有权时确认收入；属于提供初始及后续服务的特许权费，在提供服务时确认收入。

⑧ 劳务费。长期为客户提供重复的劳务收取的劳务费，在相关劳务活动发生时确认收入。

（三）转让财产的收入

转让财产的收入是指企业转让固定资产、生物资产、无形资产、股权、债权等财产取得的收入。企业取得的转让财产收入，不论是以货币形式、还是非货币形式体现，除另有规定外，均应一次性计入确认收入的年度计算缴纳企业所得税。

1. 股权转让所得收入

企业转让股权收入，应于转让协议生效、且完成股权变更手续时，确认收入的实现。转让股权收入扣除为取得该股权所发生的成本后，为股权转让所得。企业在计算股权转让所得时，不得扣除被投资企业未分配利润等股东留存收益中按该项股权所可能分配的金额。

2. 国债转让收入

1）关于国债转让收入税务处理问题

第一，国债转让收入时间确认。企业转让国债应在转让国债合同、协议生效的日期，或者国债移交时确认转让收入的实现；企业投资购买国债，到期兑付的，应在国债发行时约定的应付利息的日期，确认国债转让收入的实现。

第二，国债转让收益（损失）计算。企业转让或到期兑付国债取得的价款，减除其购买国债成本，并扣除其持有期间的国债利息收入以及交易过程中相关税费后的余额，为企业转让国债收益（损失）。

第三,国债转让收益(损失)征税问题。根据《企业所得税法实施条例》第十六条规定,企业转让国债,应作为转让财产,其取得的收益(损失)应作为企业应纳税所得额计算纳税。

2)关于国债成本确定问题

通过支付现金方式取得的国债,以买入价和支付的相关税费为成本;通过支付现金以外的方式取得的国债,以该资产的公允价值和支付的相关税费为成本。

3)关于国债成本计算方法问题

企业在不同时间购买同一品种国债的,其转让时的成本计算方法,可在先进先出法、加权平均法、个别计价法中选用一种。计价方法一经选用,不得随意改变。

3. 企业转让上市公司限售股

1)纳税义务人的范围界定问题

根据《企业所得税法》第一条及其实施条例第三条的规定,转让限售股取得收入的企业(包括事业单位、社会团体、民办非企业单位等),为企业所得税的纳税义务人。

2)企业转让代个人持有的限售股征税问题

因股权分置改革造成原由个人出资而由企业代持的限售股,企业在转让时按以下规定处理:

第一,企业转让上述限售股取得的收入,应作为企业应税收入计算纳税。上述限售股转让收入扣除限售股原值和合理税费后的余额为该限售股转让所得。企业未能提供完整、真实的限售股原值凭证,不能准确计算该限售股原值的,主管税务机关一律按该限售股转让收入的15%,核定为该限售股原值和合理税费。

完成纳税义务后的限售股转让收入余额转付给实际所有人时不再纳税。

第二,依法院判决、裁定等原因,通过中国证券登记结算公司,企业将其代持的个人限售股直接变更到实际所有人名下的,不视同转让限售股。

3)企业在限售股解禁前转让限售股征税问题

企业在限售股解禁前将其持有的限售股转让给其他企业或个人(以下简称受让方),其企业所得税问题按以下规定处理:

第一,企业应按减持在证券登记结算机构登记的限售股取得的全部收入,计入企业当年度应税收入计算纳税。

第二,企业持有的限售股在解禁前已签订协议转让给受让方,但未变更股权登记、仍由企业持有的,企业实际减持该限售股取得的收入,依照第一项规定纳税后,其余额转付给受让方的,受让方不再纳税。

(四)股息、红利等权益性投资收益

股息、红利等权益性投资收益是指企业因权益性投资从被投资方取得的收入。除国务院财政、税务主管部门另有规定外,按照被投资方作出利润分配决定的日期确认收入的实现。

(五)利息收入

利息收入是指企业将资金提供他人使用但不构成权益性投资,或者因他人占用本企业资金取得的收入,包括存款利息、贷款利息、债券利息、欠款利息等收入。利息收入,按照合同约定的债务人应付利息的日期确认收入的实现。其中,关于企业取得的国债利息收入,需要注意如下几点。

1. 关于国债利息收入时间确认

（1）根《据企业所得税法实施条例》第十八条的规定，企业投资国债从国务院财政部门（即发行者）取得的国债利息收入，应以国债发行时约定应付利息的日期，确认利息收入的实现。

（2）企业转让国债，应在国债转让收入确认时确认利息收入的实现。

2. 关于国债利息收入计算

企业到期前转让国债，或者从非发行者投资购买的国债，其持有期间尚未兑付的国债利息收入，按以下公式计算确定：

$$国债利息收入＝国债金额×（适用年利率÷365）×持有天数$$

上述公式中的"国债金额"，按国债发行面值或发行价格确定；"适用年利率"按国债票面年利率或折合年收益率确定；如企业不同时间多次购买同一品种国债的，"持有天数"可按平均持有天数计算确定。

3. 关于国债利息收入免税问题

根据《企业所得税法》第二十六条的规定，企业取得的国债利息收入，免征企业所得税。具体按以下规定执行：

（1）企业从发行者直接投资购买的国债持有至到期，其从发行者取得的国债利息收入，全额免征企业所得税。

（2）企业到期前转让国债，或者从非发行者投资购买的国债，其持有期间按照公式——国债利息收入＝国债金额×（适用年利率÷365）×持有天数，计算确定的尚未兑付的国债利息收入，免征企业所得税。

总之，企业购买的自行持有期间的国债未兑付的利息收入以及自行持有到期的国债兑付的利息收入，免征企业所得税。要特别注意的是企业购买国债的利息收入免企业所得税是专门指企业购买国内的国债而不是购买国外的国债的国债利息收入。

（六）租金收入

租金收入是指企业提供固定资产、包装物或者其他有形资产的使用权取得的收入。租金收入，按照合同约定的承租人应付租金的日期确认收入的实现。

（七）特许权使用费收入

特许权使用费收入是指企业提供专利权、非专利技术、商标权、著作权以及其他特许权的使用权取得的收入。特许权使用费收入，按照合同约定的特许权使用人应付特许权使用费的日期确认收入的实现。

（八）接受捐赠收入

接受捐赠收入是指企业接受的来自其他企业、组织或者个人无偿给予的货币性资产、非货币性资产。接受捐赠收入，按照实际收到捐赠资产的日期确认收入的实现。

（九）其他收入

其他收入是指企业取得的除上述各项规定的收入外的其他收入，包括企业资产溢余收入、逾期未退包装物押金收入、确实无法偿付的应付款项、已作坏账损失处理后又收回的应收款项、债务重组收入、补贴收入、违约金收入、汇兑收益等。

1. 已作损失处理后又收回的资产

企业已经作为损失处理的资产，在以后纳税年度又全部收回或者部分收回时，应当计入当期收入。

　　企业在计算应纳税所得额时已经扣除的资产损失,在以后纳税年度全部或者部分收回时,其收回部分应当作为收入计入收回当期的应纳税所得额。

2. 补贴收入

　　企业取得的各类财政性资金,除属于国家投资和资金使用后要求归还本金的以外,均应计入企业当年收入总额。

　　财政性资金是指企业取得的来源于政府及其有关部门的财政补助、补贴、贷款贴息,以及其他各类财政专项资金,包括直接减免的增值税和即征即退、先征后退、先征后返的各种税收,但不包括企业按规定取得的出口退税款;所称国家投资,是指国家以投资者身份投入企业、并按有关规定相应增加企业实收资本(股本)的直接投资。

3. 债务重组收入

　　企业发生债务重组,应在债务重组合同或协议生效时确认收入的实现。

(十)可以分期确认收入实现的生产经营业务

　　(1)以分期收款方式销售货物的,按照合同约定的收款日期确认收入的实现。

　　(2)企业受托加工制造大型机械设备、船舶、飞机,以及从事建筑、安装、装配工程业务或者提供其他劳务等,持续时间超过 12 个月的,按照纳税年度内完工进度或者完成的工作量确认收入的实现。

(十一)采取产品分成方式取得收入的

　　采取产品分成方式取得收入的,按照企业分得产品的日期确认收入的实现,其收入额按照产品的公允价值确定。

三、不征税收入

　　收入总额中的下列收入为不征税收入:

　　(1)财政拨款。财政拨款是指各级人民政府对纳入预算管理的事业单位、社会团体等组织拨付的财政资金,但国务院和国务院财政、税务主管部门另有规定的除外。

　　(2)依法收取并纳入财政管理的行政事业性收费、政府性基金。行政事业性收费是指依照法律法规等有关规定,按照国务院规定程序批准,在实施社会公共管理,以及在向公民、法人或者其他组织提供特定公共服务过程中,向特定对象收取并纳入财政管理的费用。政府性基金是指企业依照法律、行政法规等有关规定,代政府收取的具有专项用途的财政资金。

　　(3)国务院规定的其他不征税收入。其他不征税收入是指企业取得的,由国务院财政、税务主管部门规定专项用途并经国务院批准的财政性资金。

四、准予扣除的项目

(一)准予扣除项目的内容

　　准予扣除的项目是指企业实际发生的与取得收入有关的、合理的支出,包括成本、费用、税金、损失和其他支出。这里的"有关的支出"是指与取得收入直接相关的支出;"合理的支出"是指符合生产经营活动常规,应当计入当期损益或者有关资产成本的必要和正常的支出。

　　(1)成本是指企业在生产经营活动中发生的销售成本、销货成本、业务支出以及其他耗费。

(2) 费用是指企业在生产经营活动中发生的销售费用、管理费用和财务费用,已经计入成本的有关费用除外。

(3) 税金是指企业发生的除企业所得税和允许抵扣的增值税以外的各项税金及其附加。

(4) 损失是指企业在生产经营活动中发生的固定资产和存货的盘亏、毁损、报废损失,转让财产损失,呆账损失,坏账损失,自然灾害等不可抗力因素造成的损失以及其他损失。

需要注意的是:

(1) 企业发生的支出应当区分收益性支出和资本性支出。收益性支出在发生当期直接扣除;资本性支出应当分期扣除或者计入有关资产成本,不得在发生当期直接扣除。

(2) 企业已经作为损失处理的资产,在以后纳税年度又全部收回或者部分收回时,应当计入当期收入。

(3) 企业的不征税收入用于支出所形成的费用或者财产,不得扣除或者计算对应的折旧、摊销扣除。

(4) 除《企业所得税法》及其实施条例另有规定外,企业实际发生的成本、费用、税金、损失和其他支出,不得重复扣除。

(二)部分准予扣除项目的范围和标准

纳税人在计算应纳税所得额时,下列项目应按规定的范围和标准扣除。

1. 工资薪金支出

企业发生的工资薪金支出,准予扣除。工资薪金,是指企业每一纳税年度支付给在本企业任职或者受雇的员工的所有现金形式或者非现金形式的劳动报酬,包括基本工资、奖金、津贴、补贴、年终加薪、加班工资,以及与员工任职或者受雇有关的其他支出。

2. 职工福利费、工会经费、职工教育经费

企业发生的职工福利费不超过工资薪金总额 14% 的部分,准予扣除;超过部分不得扣除。企业拨缴的工会经费,不超过工资薪金总额 2% 的部分,准予扣除;超过部分不得扣除。除国务院财政、税务主管部门另有规定外,企业发生的职工教育经费支出,不超过工资薪金总额 8% 的部分,准予扣除;超过部分,准予在以后纳税年度结转扣除。

根据《财政部　税务总局关于企业职工教育经费税前扣除政策的通知》(财税〔2018〕51号)的规定,自 2018 年 1 月 1 日起,企业发生的职工教育经费支出,不超过工资薪金总额 8% 的部分,准予在计算企业所得税应纳税所得额时扣除;超出部分,准予在以后纳税年度结转扣除。计算公式为:

$$当年的职工教育经费税前扣除额 = 工资薪金总额 \times 8\%$$

3. 住房公积金和各类保险费

企业依照国务院有关主管部门或者省级人民政府规定的范围和标准为职工缴纳的基本养老保险费、基本医疗保险费、失业保险费、工伤保险费、生育保险费等基本社会保险费和住房公积金,准予扣除。

企业为投资者或者职工支付的补充养老保险费、补充医疗保险费,在国务院财政、税务主管部门规定的范围和标准内,准予扣除。

除企业依照国家有关规定为特殊工种职工支付的人身安全保险费和国务院财政、税务主管部门规定可以扣除的其他商业保险费外，企业为投资者或者职工支付的商业保险费，不得扣除。

4. 借款利息支出

企业在生产经营活动中发生的下列利息支出，准予扣除：

（1）非金融企业向金融企业借款的利息支出、金融企业的各项存款利息支出和同业拆借利息支出、企业经批准发行债券的利息支出。

（2）非金融企业向非金融企业借款的利息支出，不超过按照金融企业同期同类贷款利率计算的数额的部分。

这里的借款利息支出是指纳税人除购置、建造固定资产、无形资产直接计入资产价值以及筹办期间发生的利息支出以外的利息支出。企业为购置、建造固定资产、无形资产和经过12个月以上的建造才能达到预定可销售状态的存货发生借款的，在有关资产购置、建造期间发生的合理的借款利息，应当作为资本性支出计入有关资产的成本，并依照税法的相关规定扣除。

5. 业务招待费支出

企业发生的与生产经营活动有关的业务招待费支出，按照发生额的60％扣除，但最高不得超过当年销售（营业）收入的5‰。

6. 广告费和业务宣传费支出

企业发生的符合条件的广告费和业务宣传费支出，除国务院财政、税务主管部门另有规定外，不超过当年销售（营业）收入15％的部分，准予扣除；超过部分，准予在以后纳税年度结转扣除。

7. 公益性捐赠支出

企业发生的公益性捐赠支出，在年度利润总额12％以内的部分，准予在计算应纳税所得额时扣除；超过年度利润总额12％的部分，准予结转以后3年内在计算应纳税所得额时扣除。

公益性捐赠是指企业通过公益性社会团体或者县级以上人民政府及其部门，用于《中华人民共和国公益事业捐赠法》规定的公益事业的捐赠。

年度利润总额是指企业依照国家统一会计制度的规定计算的年度会计利润。

8. 固定资产租赁费支出

企业根据生产经营活动的需要租入固定资产支付的租赁费，按照以下方法扣除：

（1）以经营租赁方式租入固定资产发生的租赁费支出，按照租赁期限均匀扣除。

（2）以融资租赁方式租入固定资产发生的租赁费支出，按照规定构成融资租入固定资产价值的部分应当提取折旧费用，分期扣除。

9. 专项资金

企业依照法律、行政法规有关规定提取的用于环境保护、生态恢复等方面的专项资金，准予扣除。上述专项资金提取后改变用途的，不得扣除。

10. 财产保险费

企业参加财产保险，按照规定缴纳的保险费，准予扣除。

11. 劳动保护支出

企业发生的合理的劳动保护支出，准予扣除。

12. 支付给总机构的费用

非居民企业在中国境内设立的机构、场所,就其中国境外总机构发生的与该机构、场所生产经营有关的费用,能够提供总机构出具的费用汇集范围、定额、分配依据和方法等证明文件,并合理分摊的,准予扣除。

（三）不得扣除的项目

纳税人在计算应纳税所得额时,下列项目不得扣除:

(1) 向投资者支付的股息、红利等权益性投资收益款项。

(2) 企业所得税税款。

(3) 税收滞纳金。

(4) 罚金、罚款和被没收财物的损失。

(5) 超过捐赠限额以外的捐赠支出。

(6) 赞助支出。赞助支出是指企业发生的与生产经营活动无关的各种非广告性质支出。

(7) 未经核定的准备金支出。

(8) 与取得收入无关的其他支出。

五、资产的税务处理

资产是企业拥有或者控制的能够以货币计量的经济资源,主要包括固定资产、无形资产、生物资产、投资资产、长期待摊费用、存货等。企业为取得其拥有的各项资产所支付的金额,应区分资本性支出和收益性支出,从而确定从收入总额中准予扣除的项目和不得扣除的项目,以正确计算应纳税所得额。对于资本性支出,不允许作为成本费用从纳税人的收入总额中一次性扣除,而应采取分期计提折旧或者分期摊销的方式从以后各期的收入总额中分期扣除。收益性支出可以作为成本费用从纳税人的收入总额中一次性扣除。税法规定的税务处理的资产,主要包括固定资产、无形资产、生物资产和存货。

（一）固定资产的税务处理

企业的固定资产是指企业为生产产品、提供劳务、出租或者经营管理而持有的、使用时间超过 12 个月的非货币性资产,包括房屋、建筑物、机器、机械、运输工具以及其他与生产经营活动有关的设备、器具、工具等。

1. 固定资产的计税基础

固定资产的计税基础是计提固定资产折旧的基数。由于企业按照税法规定计算的固定资产折旧准予扣除。因此,正确确定固定资产的计税基础,是确定企业应纳税所得额的重要一环。

税法规定,固定资产以历史成本为计税基础。历史成本,即企业取得该项资产时实际发生的支出,具体规定如下:

(1) 外购的固定资产,以购买价款和支付的相关税费以及直接归属于使该资产达到预定用途发生的其他支出为计税基础。

(2) 自行建造的固定资产,以竣工结算前发生的支出为计税基础。

(3) 融资租入的固定资产,以租赁合同约定的付款总额和承租人在签订租赁合同过程中发生的相关费用为计税基础,租赁合同未约定付款总额的,以该资产的公允价值和承租人在签订租赁合同过程中发生的相关费用为计税基础。

(4) 盘盈的固定资产,以同类固定资产的重置完全价值为计税基础。

（5）通过捐赠、投资、非货币性资产交换、债务重组等方式取得的固定资产,以该资产的公允价值和支付的相关税费为计税基础。

（6）改建的固定资产,除已足额提取折旧的固定资产改建支出以及租入固定资产的改建支出外,以改建过程中发生的改建支出增加计税基础。

2. 固定资产的折旧计提

1）折旧计提范围

应计提折旧的固定资产包括:房屋、建筑物;在用的机器设备、运输工具、器具、工具;季节性停用和大修停用的机器设备;以经营租赁方式租出的固定资产;以融资方式租入的固定资产等。

不得计提折旧扣除的固定资产包括:房屋、建筑物以外未投入使用的固定资产;以经营租赁方式租入的固定资产;以融资租赁方式租出的固定资产;已足额提取折旧仍继续使用的固定资产;与经营活动无关的固定资产;单独估价作为固定资产入账的土地;其他不得计算折旧扣除的固定资产。

2）折旧计提的依据和方法

企业应当自固定资产投入使用月份的次月起计算折旧;停止使用的固定资产,应当自停止使用月份的次月起停止计算折旧。

企业应当根据固定资产的性质和使用情况,合理确定固定资产的预计净残值,从固定资产的原价中减除。固定资产的预计净残值一经确定,不得变更。

固定资产按照直线法计提折旧。除国务院财政、税务主管部门另有规定外,固定资产计算折旧的最低年限:

（1）房屋、建筑物,为 20 年。

（2）飞机、火车、轮船、机器、机械和其他生产设备,为 10 年。

（3）与生产经营活动有关的器具、工具、家具等,为 5 年。

（4）飞机、火车、轮船以外的运输工具,为 4 年。

（5）电子设备,为 3 年。

根据《财政部　税务总局关于设备器具扣除有关企业所得税政策的通知》（财税〔2018〕54 号）规定,企业在 2018 年 1 月 1 日至 2020 年 12 月 31 日期间新购进的设备、器具,单位价值不超过 500 万元的,允许一次性计入当期成本费用在计算应纳税所得额时扣除,不再分年度计算折旧;单位价值超过 500 万元的,仍按《企业所得税法实施条例》《财政部　国家税务总局关于完善固定资产加速折旧企业所得税政策的通知》（财税〔2014〕75 号）、《财政部　国家税务总局关于进一步完善固定资产加速折旧企业所得税政策的通知》（财税〔2015〕106 号）等相关规定执行。这里的设备、器具是指除房屋、建筑物以外的固定资产。

（二）无形资产的税务处理

无形资产是指企业为生产产品、提供劳务、出租或者经营管理而持有的、没有实物形态的非货币性长期资产,包括专利权、商标权、著作权、土地使用权、非专利技术、商誉等。

1. 无形资产的计税基础

无形资产按照以下方法确定计税基础:

（1）外购的无形资产,以购买价款和支付的相关税费以及直接归属于使该资产达到预定用途发生的其他支出为计税基础。

（2）自行开发的无形资产,以开发过程中该资产符合资本化条件后至达到预定用途前发生的支出为计税基础。

（3）通过捐赠、投资、非货币性资产交换、债务重组等方式取得的无形资产,以该资产的公允价值和支付的相关税费为计税基础。

2. 无形资产的摊销费用计算

无形资产应当按照直线法计算摊销费用。作为投资或者受让的无形资产,有关法律规定或者合同约定了使用年限的,可以按照规定或者约定的使用年限分期摊销;有关法律或者合同没有约定使用年限的,或者自行开发的无形资产,摊销期不得少于 10 年。下列无形资产不得计算摊销费用扣除:

（1）自行开发的支出已在计算应纳税所得额时扣除的无形资产。

（2）自创商誉。

（3）与经营活动无关的无形资产。

（4）其他不得计算摊销费用扣除的无形资产。

（三）生产性生物资产的税务处理

生产性生物资产是指企业为生产农产品、提供劳务或者出租等而持有的生物资产,包括经济林、薪炭林、产畜和役畜等。

1. 生产性生物资产的计税基础

企业的生产性生物资产按照以下方法确定计税基础:

（1）外购的生产性生物资产,以购买价款和支付的相关税费为计税基础。

（2）通过捐赠、投资、非货币性资产交换、债务重组等方式取得的生产性生物资产,以该资产的公允价值和支付的相关税费为计税基础。

2. 生产性生物资产的折旧计提

企业的生产性生物资产应按照直线法计提折旧。企业应当自生产性生物资产投入使用月份的次月起计算折旧;停止使用的生产性生物资产,应当自停止使用月份的次月起停止计算折旧。

企业应当根据生产性生物资产的性质和使用情况,合理确定生产性生物资产的预计净残值,从生产性生物资产的原值中减除。生产性生物资产的预计净残值一经确定,不得变更。生产性生物资产计算折旧的最低年限:林木类生产性生物资产,为 10 年;畜类生产性生物资产,为 3 年。

（四）长期待摊费用的税务处理

1. 长期待摊费用的含义

长期待摊费用是指企业已经支出,但摊销期限在 1 年以上(不含 1 年)的各项费用,包括:已足额提取折旧的固定资产的改建支出;租入固定资产的改建支出;固定资产的大修理支出;其他应当作为长期待摊费用的支出。

固定资产的改建支出是指改变房屋或者建筑物结构、延长使用年限等发生的支出。固定资产的大修理支出是指同时符合下列条件的支出:①修理支出达到取得固定资产时的计税基础 50% 以上;②修理后固定资产的使用年限延长 2 年以上。

2. 长期待摊费用的摊销方法

（1）已足额提取折旧的固定资产的改建支出,按照固定资产预计尚可使用年限分期摊销。

（2）租入固定资产的改建支出,按照合同约定的剩余租赁期限分期摊销。

（3）固定资产的大修理支出,按照固定资产尚可使用年限分期摊销。

（4）其他应当作为长期待摊费用的支出，自支出发生月份的次月起，分期摊销，摊销年限不得低于 3 年。

（五）投资资产的税务处理

企业的投资资产是指企业对外进行权益性投资和债权性投资形成的资产。对于投资资产，税法规定：

（1）企业对外投资期间，投资资产的成本在计算应纳税所得额时不得扣除。

（2）企业在转让或者处置投资资产时，投资资产的成本，准予扣除。

投资资产按照以下方法确定成本：

（1）通过支付现金方式取得的投资资产，以购买价款为成本。

（2）通过支付现金以外的方式取得的投资资产，以该资产的公允价值和支付的相关税费为成本。

（六）存货的税务处理

存货是指企业持有以备出售的产品或者商品、处在生产过程中的在产品、在生产或者提供劳务过程中耗用的材料和物料等。

存货按照以下方法确定成本：

（1）通过支付现金方式取得的存货，以购买价款和支付的相关税费为成本。

（2）通过支付现金以外的方式取得的存货，以该存货的公允价值和支付的相关税费为成本。

（3）生产性生物资产收获的农产品，以产出或者采收过程中发生的材料费、人工费和分摊的间接费用等必要支出为成本。

企业使用或者销售的存货的成本计算方法，可以在先进先出法、加权平均法、个别计价法中选用一种。计价方法一经选用，不得随意变更。

六、应纳税所得额确定的其他规定

（一）亏损弥补

企业纳税年度发生的亏损，可以用下一纳税年度的所得弥补；下一纳税年度的所得不足弥补的，可以逐年继续弥补。

（1）这里的"亏损"是指企业依照《企业所得税法》和《企业所得税法实施条例》的规定将每一纳税年度的收入总额减除不征税收入、免税收入和各项扣除后小于零的数额。

（2）弥补亏损期限，亏损弥补期应从发生亏损年度的下一个年度起连续不间断地计算。根据《企业所得税法》第十八条规定，企业纳税年度发生的亏损，准予向以后年度结转，用以后年度的所得弥补，但结转年限最长不得超过 5 年。根据财政部、国家税务总局《关于延长高新技术企业和科技型中小企业亏损结转年限的通知》（财税〔2018〕76 号）第一条规定，"自 2018 年 1 月 1 日起，当年具备高新技术企业或科技型中小企业资格的企业，其具备资格年度之前 5 个年度发生的尚未弥补完的亏损，准予结转以后年度弥补，最长结转年限由 5 年延长至 10 年。"

另外，企业在汇总计算缴纳企业所得税时，其境外营业机构的亏损不得抵减境内营业机构的盈利；合伙企业的合伙人是法人和其他组织的，合伙人在计算其缴纳企业所得税时，不得用合伙企业的亏损抵减其盈利。

（二）关联企业间业务往来的税务处理

税法规定，企业与其关联方之间的业务往来，应当按照独立交易原则收取或者支付价款、费用。企业与其关联方之间的业务往来,不符合独立交易原则而减少企业或者其关联方应纳税收入或者所得额的,税务机关有权按照合理方法调整。

这里的"关联方"是指与企业有下列关联关系之一的企业、其他组织或者个人:

(1)在资金、经营、购销等方面存在直接或者间接的控制关系。

(2)直接或者间接地同为第三者控制。

(3)在利益上具有相关联的其他关系。

这里的"独立交易原则"是指没有关联关系的交易各方,按照公平成交价格和营业常规进行业务往来遵循的原则。

这里的"合理方法",包括:

(1)可比非受控价格法是指按照没有关联关系的交易各方进行相同或者类似业务往来的价格进行定价的方法。

(2)再销售价格法是指按照从关联方购进商品再销售给没有关联关系的交易方的价格,减除相同或者类似业务的销售毛利进行定价的方法。

(3)成本加成法是指按照成本加合理的费用和利润进行定价的方法。

(4)交易净利润法是指按照没有关联关系的交易各方进行相同或者类似业务往来取得的净利润水平确定利润的方法。

(5)利润分割法是指将企业与其关联方的合并利润或者亏损在各方之间采用合理标准进行分配的方法。

(6)其他符合独立交易原则的方法。

(三)非居民企业应纳税所得额的确定

在中国境内未设立机构、场所的非居民企业,或者虽设立机构、场所但取得的所得与其所设机构、场所没有实际联系的非居民企业,在境内取得的所得,按照下列方法计算其应纳税所得额:

(1)股息、红利等权益性投资收益和利息、租金、特许权使用费所得,以收入全额为应纳税所得额。

(2)转让财产所得,以收入全额减除财产净值后的余额为应纳税所得额。

(3)其他所得,参照前两项规定的方法计算应纳税所得额。

第四节　企业所得税的税收优惠

企业所得税的税收优惠是指国家根据经济和社会发展的需要,在一定时期内对特定地区、行业和企业的纳税人应缴纳的企业所得税,给予减征和免征的一种照顾和鼓励措施。税收优惠具有很强的政策导向作用,正确制定和运用这种政策,可以更好地发挥税收的调节功能,促进经济、社会的发展。现行的企业所得税的税收优惠主要有如下几项。

一、扶持农、林、牧、渔业发展的税收优惠

(1)企业从事下列项目的所得,免征企业所得税:①蔬菜、谷物、薯类、油料、豆类、棉花、麻类、糖料、水果、坚果的种植;②农作物新品种的选育;③中药材的种植;④林木的培育和种植;⑤牲畜、家禽的饲养;⑥林产品的采集;⑦灌溉、农产品初加工、兽医、农技推广、农机作业和维修等农、林、牧、渔服务业项目;⑧远洋捕捞。

（2）企业从事下列项目的所得,减半征收企业所得税:

①花卉、茶以及其他饮料作物和香料作物的种植;

②海水养殖、内陆养殖。

二、鼓励基础设施建设的税收优惠

企业从事港口码头、机场、铁路、公路、城市公共交通、电力、水利等项目投资经营所得,给予"三免三减半"的优惠,即自项目取得第一笔生产经营收入所属纳税年度起,第1年至第3年免征企业所得税,第4年至第6年减半征收企业所得税。

三、支持环境保护、节能节水、资源综合利用、安全生产的税收优惠

（1）企业从事公共污水处理、公共垃圾处理、沼气综合开发利用、节能减排技术改造、海水淡化等项目的所得,给予"三免三减半"的优惠,自项目取得第一笔生产经营收入所属纳税年度起,第1年至第3年免征企业所得税,第4年至第6年减半征收企业所得税。

（2）企业购置用于环境保护、节能节水、安全生产等专用设备的投资额,可以按一定比例实行税额抵免。

税额抵免是指企业购置并实际使用《环境保护专用设备企业所得税优惠目录》《节能节水专用设备企业所得税优惠目录》和《安全生产专用设备企业所得税优惠目录》规定的环境保护、节能节水、安全生产等专用设备的,该专用设备的投资额的10％可以从企业当年的应纳税额中抵免;当年不足抵免的,可以在以后5个纳税年度结转抵免。

享受该项税收优惠的企业,应当以实际购置并自身实际投入使用上述专用设备;企业购置上述专用设备在5年内转让、出租的,应当停止享受企业所得税优惠,并补缴已经抵免的企业所得税税款。

（3）企业综合利用资源,生产符合国家产业政策规定的产品所取得的收入,减按90％计入收入总额。

四、促进技术创新和科技进步的税收优惠

为了促进技术创新和科技进步,《企业所得税法》规定了五个方面的税收优惠。

(一)企业技术转让所得的税收优惠

在一个纳税年度内,居民企业技术转让所得不超过500万元的部分,免征企业所得税;超过500万元的部分,减半征收企业所得税。

(二)企业"三新"研发的税收优惠

企业为开发新技术、新产品、新工艺发生的研究开发费用,未形成无形资产计入当期损益的,在按照规定据实扣除的基础上,按照研究开发费用的75％加计扣除;形成无形资产的,按照无形资产成本的175％摊销。

上述政策的执行期间为2018年1月1日至2020年12月31日。

(三)创业投资的税收优惠

创业投资企业从事国家需要重点扶持和鼓励的创业投资,可以按投资额的一定比例抵扣应纳税所得额。抵扣应纳税所得额是指创业投资企业采取股权投资方式投资于未上市的中小高新技术企业2年以上的,可以按照其投资额的70％在股权持有满2年的当年抵扣该创业投资企业的应纳税所得额;当年不足抵扣的,可以在以后纳税年度结转抵扣。

（四）固定资产折旧的税收优惠

由于技术进步等原因，企业的固定资产确需加速折旧的，可以缩短折旧年限或者采取加速折旧的方法。

可以采取缩短折旧年限或者采取加速折旧的方法的固定资产包括：①由于技术进步，产品更新换代较快的固定资产；②常年处于强震动、高腐蚀状态的固定资产。

采取缩短折旧年限方法的，最低折旧年限不得低于《企业所得税法实施条例》规定一般折旧年限的 60%；采取加速折旧方法的，可以采取双倍余额递减法或者年数总和法。

（五）国家需要重点扶持的高新技术企业的减税

国家需要重点扶持的高新技术企业，减按 15% 的税率征收企业所得税。国家需要重点扶持的高新技术企业是指拥有核心自主知识产权，并同时符合下列条件的企业：

（1）产品（服务）属于《国家重点支持的高新技术领域》规定的范围。

（2）研究开发费用占销售收入的比例不低于规定比例。

（3）高新技术产品（服务）收入占企业总收入的比例不低于规定比例。

（4）科技人员占企业职工总数的比例不低于规定比例。

（5）高新技术企业认定管理办法规定的其他条件。

五、符合条件的非营利组织的收入的税收优惠

符合条件的非营利组织的收入免征企业所得税。符合条件的非营利组织是指同时符合下列条件的组织：

（1）依法履行非营利组织登记手续。

（2）从事公益性或者非营利性活动。

（3）取得的收入除用于与该组织有关的、合理的支出外，全部用于登记核定或者章程规定的公益性或者非营利性事业。

（4）财产及其孳息不用于分配。

（5）按照登记核定或者章程规定，该组织注销后的剩余财产用于公益性或者非营利性目的，或者由登记管理机关转赠给与该组织性质、宗旨相同的组织，并向社会公告。

（6）投入人对投入该组织的财产不保留或者享有任何财产权利。

（7）工作人员工资福利开支控制在规定的比例内，不变相分配该组织的财产。

六、支持小型微利企业发展的税收优惠

符合条件的小型微利企业，减按 20% 的税率征收企业所得税。根据财政部、国家税务总局《关于实施小微企业普惠性税收减免政策的通知》（财税〔2019〕13 号）的规定，符合条件的小型微利企业是指从事国家非限制和禁止行业，且同时符合年度应纳税所得额不超过 300 万元、从业人数不超过 300 人、资产总额不超过 5 000 万元等三个条件的企业。

这里的从业人数，包括与企业建立劳动关系的职工人数和企业接受的劳务派遣用工人数。从业人数、资产总额，应按企业全年的季度平均值确定。其具体计算公式为：

季度平均值＝（季初值＋季末值）÷2
全年季度平均值＝全年各季度平均值之和÷4

年度中间开业或者终止经营活动的，以其实际经营期作为一个纳税年度确定上述相

关指标。

自 2019 年 1 月 1 日至 2021 年 12 月 31 日,对年应纳税所得额不超过 100 万元的小型微利企业,其所得减按 25% 计入应纳税所得额,按 20% 的税率缴纳企业所得税。对年应纳税所得额超过 100 万元但不超过 300 万元的部分,减按 50% 计入应纳税所得额,按 20% 的税率缴纳企业所得税。上述小型微利企业是指从事国家非限制和禁止行业,且同时符合年度应纳税所得额不超过 300 万元、从业人数不超过 300 人、资产总额不超过 5 000 万元等三个条件的企业。

七、非居民企业的预提所得税的税收优惠

未在中国境内设立机构、场所的非居民企业取得的来源于中国境内的所得,以及非居民企业取得的来源于中国境内但与其在中国境内所设机构、场所没有实际联系的所得,减按 10% 的税率征收企业所得税。

八、其他税收优惠

(一) 可以免征企业所得税的所得

(1) 外国政府向中国政府提供贷款取得的利息所得。

(2) 国际金融组织向中国政府和居民企业提供优惠贷款取得的利息所得。

(3) 经国务院批准的其他所得。

(二) 可以免征企业所得税的企业所得

(1) 国债利息收入。它是指企业持有国务院财政部门发行的国债取得的利息收入。

(2) 符合条件的居民企业之间的股息、红利等权益性投资收益。它是指居民企业直接投资于其他居民企业取得的投资收益。股息、红利等权益性投资收益不包括连续持有居民企业公开发行并上市流通的股票不足 12 个月取得的投资收益。

(3) 在中国境内设立机构、场所的非居民企业从居民企业取得与该机构、场所有实际联系的股息、红利等权益性投资收益。

第五节　企业所得税应纳税额的计算

一、核算征收应纳税额的计算

应纳税额是《企业依照税法》规定应向国家缴纳的税款。应纳税额的计算公式为:

$$应纳税额 = 应纳税所得额 × 适用税率 - 减免税额 - 抵免税额$$

公式中的减免税额和抵免税额是指依照《企业所得税法》和国务院的税收优惠规定减征、免征和抵免的应纳税额。

【例 5-1】 某国有企业经税务机关核定,本年度生产经营情况为:产品销售收入为 3 000 万元,清理固定资产盘盈收入 30 万元,销售成本 2 600 万元,销售费用 100 万元,缴纳增值税 50 万元,缴纳消费税、城市维护建设税和教育费附加等销售税金 40 万元,发生财务费用 60 万元,发生管理费用 18 万元(其中业务招待费 15 万元),通过民政局向贫困地区捐款 10 万元。该企业应纳企业所得税额为:

收入总额 ＝ 3 000＋30 ＝ 3 030(万元)

准予列支的业务招待费限额 ＝ 3 000×5‰ ＝ 15(万元)

准予列支的业务招待费 ＝ 15×60％ ＝ 9(万元)

不准予列支的业务招待费 ＝ 15－9 ＝ 6(万元)

年度会计利润 ＝ 3 030－2 600－100－40－60－18－10 ＝ 202(万元)

公益性捐赠的扣除限额 ＝ 202×12％ ＝ 24.24(万元)

准予扣除的公益性捐赠 ＝ 10(万元)

应纳税所得额 ＝ 202－10＋6 ＝ 198(万元)

应纳企业所得税 ＝ 198×25％ ＝ 49.5(万元)

二、核定应纳税额的计算

(一)核定征收企业所得税的适用范围

纳税人具有下列情形之一的,应采取核定征收方式征收企业所得税:

(1)依照税收法律法规规定可以不设账簿的或按照税收法律法规规定动作应设置但未设置账簿的。

(2)只能准确核算收入总额,或收入总额能够查实,但其成本费用支出不能准确核算的。

(3)只能准确核算成本费用支出,或成本费用支出能够查实,但其收入总额不能准确核算的。

(4)收入总额及成本费用支出均不能正确核算,不能向主管税务机关提供真实、准确、完整纳税资料,难以查实的。

(5)账目设置和核算虽然符合规定,但并未按规定保存有关账簿、凭证及有关纳税资料的。

(6)发生纳税义务,未按照税收法律法规规定的期限办理纳税申报,经税务机关责令限期申报,逾期仍不申报的。

(二)核定征收的办法

核定征收方式包括定额征收和核定应税所得率征收两种办法,以及其他合理的办法。

(1)定额征收是指税务机关按照一定的标准、程序和办法,直接核定纳税人年度应纳企业所得税额,由纳税人按规定进行申报缴纳的办法。

(2)核定应税所得率征收是指税务机关按照一定的标准、程序和方法,预先核定纳税人的应税所得率,由纳税人根据纳税年度内的收入总额或成本费用等项目的实际发生额,按预先核定的应税所得率计算缴纳企业所得税的办法。

实行核定应税所得率征收办法的,应纳所得税额的计算公式为:

$$应纳所得税额＝应纳税所得额×适用税率$$

$$应纳税所得额 ＝ 收入总额×应税所得率$$

或
$$＝ 成本费用支出额÷(1－应税所得率)×应税所得率$$

这里的"应税所得率"是对核定征收企业所得税的企业计算其应纳税所得额时预先规定的比例,是企业应纳税的所得额占其经营收入的比例。应税所得率按表5-1规定的标准执行。

表 5-1 应税所得率表

经营行业	应税所得率
1. 农、林、牧、渔业	3%～10%
2. 制造业	5%～15%
3. 批发和零售贸易业	4%～10%
4. 交通运输业	7%～15%
5. 建筑业	8%～20%
6. 饮食业	8%～25%
7. 娱乐业	15%～30%
8. 其他行业	10%～30%

【例 5-2】 某私营企业,2018 年 2 月 10 日向其主管税务机关申报 2017 年度取得收入总额 186 万元,发生的直接成本 150 万元、其他费用 30 万元。经税务机关检查,其成本、费用无误,但收入总额不能准确核算。假定应税所得率为 20%,按照核定征收企业所得税的办法,该企业 2017 年度应缴纳企业所得税为:

$$应纳税所得额 = (150 + 30) \div (1 - 20\%) \times 20\% = 45(万元)$$
$$应纳所得税 = 45 \times 25\% = 11.25(万元)$$

三、境外所得已纳税额的抵免

企业所得税的税额抵免是指国家对企业来自境外所得依法征收所得税时,允许企业将其已在境外缴纳的所得税额从其应向我国缴纳的所得税额中扣除。税额抵免是消除国际对同一所得重复征税的一项重要措施,它对于保证境外投资所得和境内投资所得的税负公平有着重要意义。

(一)境外所得已纳税额抵免的适用范围

税法规定,企业取得的下列所得已在境外缴纳的所得税额,可以从其当期应纳税额中抵免:

(1)居民企业来源于中国境外的应税所得。

(2)非居民企业在中国境内设立机构、场所,取得发生在中国境外但与该机构、场所有实际联系的应税所得。

(二)境外所得已纳税额抵免的运用

企业取得的境外所得已在境外缴纳的所得税额,可以从其当期应纳税额中抵免,抵免限额为该项所得依照我国《企业所得税法》规定计算的应纳税额;超过抵免限额的部分,可以在以后 5 个年度内,用每年度抵免限额抵免当年应抵税额后的余额进行抵补。

"已在境外缴纳的所得税额"是指企业来源于中国境外的所得依照中国境外税收法律以及相关规定应当缴纳并已经实际缴纳的企业所得税性质的税款。

"抵免限额",是指企业来源于中国境外的所得,依照《企业所得税法》的有关规定计算的应纳税额。除国务院财政、税务主管部门另有规定外,该抵免限额应当分国(地区)不分项计算,计算公式为:

$$抵免限额 = 中国境内、境外所得税法计算的应纳税总额 \times 来源于某外国（地区）的应纳税所得额 \div 中国境内、境外应纳税所得总额$$

"5个年度"是指从企业取得的来源于中国境外的所得,已经在中国境外缴纳的企业所得税性质的税额超过抵免限额的当年的次年起连续5个纳税年度。

【例5-3】 某企业境内经营应纳税所得额为100万元,另外,该企业分别在A、B两国设有分支机构,在A国分支机构的应纳税所得额为50万元,A国所得税税率为24%;在B国的分支机构的应纳税所得额为30万元,B国所得税税率为30%。假设该企业在A、B两国所得按我国税法计算的应纳税所得额和按A、B两国税法计算的应纳税所得额一致,两个分支机构在A、B两国分别缴纳12万元和9万元。计算该企业汇总在我国应缴纳的企业所得税额。

(1)该企业按我国税法计算的境内、外所得的应纳税额:

$$应纳税额 = （100 + 50 + 30）\times 25\% = 45（万元）$$

(2)A、B两国的抵免限额:

$$A国抵免限额 = 45 \times [50 \div （100 + 50 + 30）] = 12.5（万元）$$
$$B国抵免限额 = 45 \times [30 \div （100 + 50 + 30）] = 7.5（万元）$$

在A国缴纳的所得税为12万元,低于扣除限额12.5万元,可全额抵免。

在B国缴纳的所得税为9万元,高于扣除限额7.5万元,其超过抵免限额的部分1.5万元不能抵免。

(3)在我国应缴纳的所得税:

$$应纳税额 = 45 - 12 - 7.5 = 25.5（万元）$$

除上述分国不分项抵免方法外,企业也可以采用定率抵免的方法。企业可以不区分免税或非免税项目,统一按境外应纳税所得额16.5%的比率抵免。

第六节　企业所得税的征收管理

一、企业所得税的征收方法

企业所得税实行按纳税年度计算、分月或者分季预缴、年终汇算清缴、多退少补的办法。纳税年度自公历1月1日起至12月31日止。企业在一个纳税年度中间开业,或者终止经营活动,使该纳税年度的实际经营期不足12个月的,应当以其实际经营期为一个纳税年度。企业依法清算时,应当以清算期间作为一个纳税年度。

二、企业所得税的纳税申报

企业应当自月份或者季度终了之日起15日内,向税务机关报送预缴企业所得税纳税申报表,预缴税款。企业应当自年度终了之日起5个月内,向税务机关报送年度企业所得税纳税申报表,并汇算清缴,结清应缴应退税款。

分月或者分季预缴企业所得税时,应当按照月度或者季度的实际利润额预缴;按照月度或者季度的实际利润额预缴有困难的,可以按照上一纳税年度应纳税所得额的月度或者季度平均额预缴,或者按照经税务机关认可的其他方法预缴。预缴方法一经确定,该纳税年度内不得随意变更。

扣缴义务人每次代扣的税款,应当自代扣之日起 7 日内缴入国库,并向所在地的税务机关报送扣缴企业所得税报告表。

三、企业所得税的纳税地点

(一)居民企业的纳税地点

(1)居民企业以企业登记注册地为纳税地点;登记注册地在境外的,以实际管理机构所在地为纳税地点。

(2)居民企业在中国境内设立不具有法人资格的营业机构的,应当汇总计算并缴纳企业所得税。

(二)非居民企业的纳税地点

(1)非居民企业从境内的机构、场所取得的所得,以及发生在中国境外但与其所设机构、场所有实际联系的所得,以机构、场所所在地为纳税地点。非居民企业在中国境内设立两个或者两个以上机构、场所的,经税务机关审核批准,可以选择由其主要机构、场所汇总缴纳企业所得税。这里的"主要机构、场所",应当同时符合下列条件:①对其他各机构、场所的生产经营活动负有监督管理责任;②设有完整的账簿、凭证,能够准确反映各机构、场所的收入、成本、费用和盈亏情况。

(2)在中国境内未设立机构、场所的非居民企业从境内取得的所得,以扣缴义务人所在地为纳税地点。扣缴义务人未依法扣缴或者无法履行扣缴义务的,由纳税人在所得发生地缴纳。纳税人未依法缴纳的,税务机关可以从该纳税人在中国境内其他收入项目的支付人应付的款项中,追缴该纳税人的应纳税款。

思考与练习

一、本章术语
亏损弥补 居民企业 非居民企业 公益性捐赠 应税所得率

二、问答题
1. 企业所得税的纳税人包括哪些类型?
2. 不征税收入和免税收入有什么共同之处?有什么根本的不同?
3. 促进技术创新和科技进步的税收优惠主要有哪些内容?
4. 核定征收企业所得税的适用范围包括哪些?

三、计算题
1. 某电器生产企业为增值税一般纳税人,2018 年度会计自行核算取得营业收入 25 000 万元、营业外收入 3 000 万元、投资收益 1 000 万元、扣除营业成本 12 000 万元、营业外支出 1 000 万元、税金及附加 300 万元、管理费用 6 000 万元、销售费用 5 000 万元、财务费用 2 000 万元,企业自行核算实现年度利润总额 2 700 万元。2019 年年初聘请某会计师事务所进行审计,发现如下问题:
   (1)2 月 28 日,企业签订租赁合同将一处价值 600 万元的仓库对外出租,取得本年不含税租金收入 30 万元,未计算缴纳房产税和印花税。
   (2)与境内关联企业签订资产交换协议,以成本 300 万元,不含税售价 400 万元的中央空调换入等值设备一台,会计上未作收入核算(成本已核算,增值税、城市维护建设税及教育费附加均已缴纳),未计算缴纳印花税。
   (3)管理费用和销售费用中含业务招待费 500 万元,广告费 3 000 万元。
   (4)上年结转未抵扣的广告费 850 万元。

(5) 管理费用中含新产品研究开发费用 2 000 万元。

(6) 计入成本、费用的实发工资 8 000 万元。拨缴职工工会经费 150 万元,发生职工福利费 1 200 万元、职工教育经费 250 万元。

(7) 该企业接受境内关联企业甲公司权益性投资金额 2 000 万元。2017 年以年利率 6% 向甲公司借款 5 000 万元,支付利息 300 万元计入财务费用,金融机构同期同类贷款利率为 5%,该企业实际税负高于甲公司,并无法提供资料证明其借款活动符合独立交易原则。

(8) 营业外支出中含通过中国青少年发展基金会援建希望小学捐款 400 万元,并取得合法票据。

(9) 购进属于《安全生产专用设备企业所得税优惠目录》规定的安全生产专用设备并投入使用,取得增值税专用发票,注明价款 500 万元、进项税额 85 万元。(其他相关资料:当地房产余值减除比例为 30%,购销合同印花税税率 0.3‰,财产租赁合同印花税税率为 1‰,各扣除项目均已取得有效凭证,相关优惠已办理必要手续)

要求:根据上述资料,按照下列顺序计算回答问题,需计算出合计数。

(1) 计算业务(1)应缴纳的房产税和印花税。

(2) 计算业务(2)应缴纳的印花税。

(3) 计算该企业 2018 年度的会计利润总额。

(4) 计算广告费支出应调整的应纳税所得额。

(5) 计算业务招待费支出应调整的应纳税所得额。

(6) 计算研发费用应调整的应纳税所得额。

(7) 计算工会经费、职工福利费和职工教育经费应调整的应纳税所得额。

(8) 计算利息支出应调整的应纳税所得额。

(9) 计算公益性捐赠应调整的应纳税所得额。

(10) 计算该企业 2018 年度的应纳税所得额。

(11) 计算该企业 2018 年度应缴纳的企业所得税额。

2. 假定某企业 2018 年度取得主营业务收入 3 000 万元,转让国债取得净收益 520 万元,其他业务收入 120 万元,与收入配比的成本 2 150 万元,全年发生销售费用 410 万元(其中广告费支出 120 万元),管理费用 230 万元(其中业务招待费支出 24 万元),利息费用 170 万元。营业外支出 70 万元(其中公益捐款支出 40 万元),假设不存在其他纳税事项。计算该企业 2018 年应缴纳的企业所得税。

3. 某企业 2018 年度实现利润总额 20 万元。经审核,在"财务费用"账户中扣除了两次利息费用:一次向银行借入流动资金 200 万元,借款期限 6 个月,支付利息费用 4.5 万元;另一次经批准向职工借入流动资金 50 万元,借款期限 6 个月,支付利息费用 2 万元。在"营业外支出"账户中扣除了直接向贫困地区的捐款 5 万元。假定不存在其他纳税调整事项。计算该企业 2018 年度应缴纳的企业所得税。

4. 温州市某企业 2017 年度境内生产经营亏损 10 万元,2018 年主营业务收入 980 万元,主营业务成本 680 万元,转让专利技术取得收入 500 万元,成本 248 万元,税金及附加 50 万元,从境内居民企业分回投资收益 50 万元;国库券转让收益 25 万元;境外投资企业亏损 40 万元。计算该企业 2018 年应纳所得税额。

5. 2018 年度,某企业财务资料显示,2018 年开具增值税专用发票取得收入 2 000 万元,另外从事运输服务,收入 220 万元。收入对应的销售成本和运输成本合计为 1 550 万元,期间费用、税金及附加为 200 万元,营业外支出 100 万元(其中 90 万元为公益性捐赠支出),上年度企业自行计算亏损 50 万元,经税务机关核定的亏损为 30 万元。计算企业在所得税前可以扣除捐赠支出。

6. 某公司 2017 年度"财务费用"账户对应两笔借款;①向银行借款 300 万元,年利率为 8%,期限为 9 个月;②向非金融机构借款 100 万元,与第一笔借款同期借入同期归还,实际利息为 10.5 万元。两笔借款均用于满足资金流动性需求。该公司 2017 年度可在计算应纳税所得额时扣除的利息费用是多少?

第六章

个 人 所 得 税

通过本章学习,知悉个人所得税的概念、税制类型以及其发展历程;熟知个人所得税的课税对象、纳税人、税率、税收优惠等税法规定;能正确计算个人所得税的应纳税所得额以及应纳税额。

本章重点包括个人所得税税制模式,税率、应纳税所得额的确定和应纳税额的计算;难点在于个人所得税不同所得项目费用扣除的确定,应纳税额的计算。

第一节 个人所得税概述

个人所得税是以个人所得为课税对象所征收的一种税。个人所得税法是调整征税机关与自然人(居民、非居民人)之间在个人所得税的征纳与管理过程中所发生的社会关系的法律规范的总称。

个人所得税是目前世界上大多数国家普遍征收的一个税种,是国家财政收入的重要来源,并且具有缩小贫富差距,实现社会公平的社会功能。英国是开征个人所得税最早的国家,在 1799 年英法百年战争时开始征收个人所得税,又称"击败拿破仑之税",其诞生背景是应战争之需、丰富国家财政收入而设。在此后的 220 多年间,个人所得税迅速发展,掀起了第一次世界性税改的浪潮。到了 1874 年成为英国一个固定的税种。美国为了筹措南北战争期间的战争费用,于 1862 年开征了个人所得税,至 1866 年个人所得税已占联邦政府全部财政收入的 25%。1913 年,美国国会通过了个人所得税法。2000 年 OECD(经济合作发展组织)的资料显示,发达国家个人所得税占国家税收收入总额的平均比重达到 29%,若把社会保险税考虑进来,这个比重则高达 51%。而无论是发达国家,还是发展中国家,在个人所得税立法过程中均力求体现量能课税原则,即按照纳税人的经济负担能力决定相应的税款征收,因此,个人所得税在英国还有一个传奇名称叫"罗宾汉税种"。"劫富济贫"可以说是对罗宾汉一生精准描述,也是对个人所得税功能的高度概括。或是基于两者的相似性,个人所得税在西方也有"罗宾汉税种"之称。

因此,世界各个国家都在努力发挥个人所得税的收入分配调节作用,以缓解收入差距扩大,体现社会的公平、公正。个人所得税在不同国家虽然课征制度不尽相同,但结果都是通过调节各个阶层的收入差距,使国家的每一个公民都能受益。

一、个人所得税的税制类型

个人所得税按税制设计及其征收方式可分为分类所得税制、综合所得税制以及综合与分类相结合的所得税制三种类型。

(一)分类所得税制模式

对属于一个纳税人的各类所得或各部分所得,区分所得来源,分别适用于不同的税率纳税。例如,对勤劳所得应课以较轻的税;对投资所得应课以较重的税。分类课征制下由税款所得地支付单位扣缴,利于实现源泉征收。其优点主要表现在两个方面:其一,可以借助差别税率对不同性质的所得区别对待,以实现特定的政策目标;其二,可以广泛地采用源泉课税法,课征简便,节省征收费用。但分类所得税制并未充分全面考虑纳税人情况。这种模式的缺陷也非常突出:首先,它违背了税负应具有的公平性,仅仅是以纳税人的收入多少作为标准来征税,却并没有考虑纳税人的经济负担,不能全面、完整地体现纳税人的纳税能力。看似促进了社会公平性,但实际上不利于缩小贫富差距。其次,不符合量能负担原则,相同收入的两个纳税人会因为他们的收入来源不同,造成收入相同但税负不同的情况,甚至会出现高收入者的税负要比一般收入者更少的情况。并且,随着社会经济的发展,个人收入来源的渠道和形式呈多样化的趋势,这对所得的分类无疑会带来一定的困难。因此,分类所得税制并不是一种理想的税制模式。分类所得税制模式适用于个人信用制度不完善、人们主动缴税纳税的意识不强的国家。

(二)综合所得税制模式

属于同一个纳税人的各种所得,不论其来源均视为一个所得整体,适用统一宽免和扣除规定,并统一按一个累进税率公式计算纳税。该税制税基较宽,包括各种形式收益都含在应税所得之中,也能体现公平税负原则。美国是实行综合所得税制的典型国家,它对课税所得范围采用"反列举"方法,只对免税或不予计列的所得进行列举,所以除列举项目之外的所得都必须纳税,因此课税所得范围更加宽泛,并有较强的调节收入分配作用。综合所得税制模式的优点表现在:税基较宽,能够反映纳税人的综合负担能力;考虑到个人经济情况和家庭负担情况,给予纳税人一定的减免照顾;就其总的净所得采取累进税率,这又可以达到调节纳税人所得税负担的目的,实现一定程度上的纵向再分配。其主要优势体现在公平原则和效率原则,因而是理想的个人所得税改革的目标模式。但综合所得税制要求纳税人自行申报,征管要求高,课征手续较为繁琐,征收费用较多,且不易管控,要求纳税人有较高的纳税意识、较健全的财务会计制度和先进的税收管理水平。

(三)综合与分类相结合的所得税制模式

该模式又叫混合所得税制模式。1917年,法国人别出心裁地设计了结合综合所得税制和分类所得税制的优点的混合所得税制。既要坚持"量能负担"原则,对不同来源的个人所得综合计征,又要坚持差别课税,对不同性质的所得予以区别对待。它先对纳税人各项所得按一定比例税率分别征税,从源泉代缴,然后综合纳税人全年各项所得,达到一定的数额再按规定累进税率征税。该所得税制最能体现税收的公平原则,因为它既实行差别课税,又采用累进税率全面课征,综合了前两种税制的优点,得以实行从源扣缴、防止漏税,全部所得又要合并申报,等于对所得的课税加上了"双保险",符合量能负担的要求。因此,综合与分类相结合的所得税制是一种适用性较强的所得税类型。不过其计算征收比较麻烦。国际上大多数国家,如韩国、日本、澳大利亚、瑞典、法国、意大利、荷兰、墨西哥、加拿大、德国、西班牙、瑞士、土耳其、英国、南非、俄罗斯、巴西、印度、越南、印度尼西亚等,实行综合与分类相结合的所得税制模式。

二、我国个人所得税的发展历程

从中华人民共和国成立以来,我国个人所得税经过了一个从无到有,再到初步建立和完善的发展历程,随着我国经济的不断发展和经济结构的不完善尤其是个人收入的迅速增长,个人所得税在增加政府财政收入、缩小居民收入差距的调节等方面发挥越来越大的作用。

(一)个人所得税在我国的初步建立阶段(1950—1993 年)

1950 年 7 月,政务院发布了新中国税制建设的纲领性文件《税政实施要则》,其中涉及对个人所得征税的主要是薪金报酬所得税和存款利息所得税。但由于当时我国生产力和人均收入水平低,实行低工资制,虽然设立了税种,却一直没有开征。

党的十一届三中全会以后,随着改革开放方针的贯彻落实,我国对外贸易、对外经济交往、对外文化技术交流与合作不断扩大,外籍人员到中国工作、提供劳务并取得各种收入的情况日益增多,因此,本着遵循国际惯例,维护我国税收权益,制定对个人所得征税的法律和法规成为历史的必然。1980 年 9 月 10 日,第五届全国人民代表大会第三次会议审议通过了《中华人民共和国个人所得税法》,并同时公布实施。同年 12 月 14 日,经国务院批准,财政部公布了个人所得税法施行细则。从此,我国的个人所得税制度开始建立。

同时,为了有效调节不同社会成员间收入水平的差距,国务院于 1986 年分别发布了《城乡个体工商户所得税暂行条例》和《个人收入调节税暂行条例》,与《中华人民共和国个人所得税法》形成我国个人所得课税三足鼎立的局面。

(二)统一的个人所得税建立和不断完善阶段(1994—2018 年)

为适应社会主义市场经济的需要,1994 年我国对税制进行一场具有深远影响的重大改革。改革的基本指导思想是:统一税法、公平税负,简化税制、合理分权,理顺分配关系、规范分配方式,保障财政收入,建立符合社会主义市场经济要求的税制体系。此次改革成为中国税制改革进程中的重要转折点与里程碑。其中重要的一项内容就是建立一部统一的适应中、外籍纳税人的新个人所得税法。1993 年 10 月 31 日第八届全国人民代表大会常务委员会第四次会议通过了《关于修改〈中华人民共和国个人所得税法〉的决定》,对个人所得税法进行了修订,将原来的个人所得税、个人收入调节税和城乡个体工商业户所得税三个对个人所得课税的法律、法规进行整合,规定不分内、外,所有中国居民和有来源于中国所得的非居民,均应依法缴纳个人所得税,同日发布了新修改的《中华人民共和国个人所得税法》。1994 年 1 月 28 日国务院配套发布了《中华人民共和国个人所得税法实施条例》。

1994 年以后,我国个人所得税又进行了几次调整和完善,包括:

(1) 1999 年 8 月 30 日,第九届全国人民代表大会常务委员会第十一次会议通过了《关于修改〈中华人民共和国个人所得税法〉的决定》,把个人所得税法第四条第二款“储蓄存款利息”免征个人所得税项目删去,从而开征了“个人储蓄存款利息所得税”,并明确规定增加一条:“对储蓄存款利息所得征收个人所得税的开征时间和征收办法由国务院规定。”

(2) 2005 年 7 月 26 日,国务院总理温家宝主持召开国务院常务会议,讨论并原则通过了《中华人民共和国个人所得税法修正案(草案)》。2005 年 10 月 27 日,第十届全国人民代表大会常务委员会第十八次会议再次审议《中华人民共和国个人所得税法修正案(草案)》,会议表决通过全国人民代表大会常务委员会关于修改个人所得税法的决定,个人所得税“工资薪金所得”的费用扣除标准提高至每月 1 600 元并于 2006 年 1 月 1 日起施行。

(3) 2007 年 6 月 29 日,第十届全国人民代表大会常务委员会第二十八次会议通过了《关于修改〈中华人民共和国个人所得税法〉的决定》,对《个人所得税法》进行了第四次修正。第十二条修改为:“对储蓄存款利息所得开征、减征、停征个人所得税及其具体办法,由国务院规定。"

(4) 2007 年 12 月 29 日,第十届全国人民代表大会常务委员会第三十一次会议表决通过了《关于修改〈中华人民共和国个人所得税法〉的决定》。个人所得税"工资薪金所得"的费用扣除标准再次提高,自 2008 年 3 月 1 日起由每月 1 600 元提高到 2 000 元。

(5) 2011 年 6 月 30 日,第十一届全国人民代表大会常务委员会第二十一次会议表决通过了全国人民代表大会常务委员会《关于修改〈中华人民共和国个人所得税法〉的决定》。个人所得税"工资薪金所得"的费用扣除标准再次调整,从现行的每月 2 000 元提高到 3 500 元。同时,将"工资薪金所得"的税率从九级超额累进税率修改为七级,并将第一级税率由 5%修改为 3%,取消 15%和 40%两档税率,扩大 3%和 10%两个低档税率和 45%最高档税率的适用范围等。该决定自 2011 年 9 月 1 日起实施。

(三)成熟个人所得税的实施阶段

2012 年 7 月 22 日,中央政府有关部门已经准备在 2012 年启动全国地方税务系统个人信息联网工作,为"按家庭征收个人所得税"改革做好技术准备。此前业内一直呼吁的综合税制有望实现。

2018 年 3 月 5 日,第十三届全国人民代表大会第一次会议在北京人民大会堂开幕。国务院总理李克强作政府工作报告指出:提高个人所得税费用扣除标准,增加子女教育、大病医疗等专项费用扣除,合理减负,鼓励人民群众通过劳动增加收入、迈向富裕。2018 年 6 月 19 日,《中华人民共和国个人所得税法修正案(草案)》提请第十三届全国人民代表大会常务委员会第三次会议审议:工资薪金、劳务报酬、稿酬和特许权使用费四项劳动性所得首次实行综合征税;个人所得税费用扣除标准由每月 3 500 元提高至每月 5 000 元(每年 6 万元);首次增加子女教育支出、继续教育支出、大病医疗支出、住房贷款利息和住房租金等专项附加扣除;优化调整税率结构,扩大较低档税率级距。

2018 年 8 月 31 日,第十三届全国人民代表大会常务委员会第五次会议通过了《关于修改〈中华人民共和国个人所得税法〉的决定》,修订后的《中华人民共和国个人所得税法》以及《中华人民共和国个人所得税法实施条例》自 2019 年 1 月 1 日起正式实施。2018 年 10 月 1 日起实施过渡期政策,工资薪金所得等综合所得费用按最新费用扣除标准每月 5 000 元和新税率表执行。由此迎来了我国个人所得税制的一次根本性变革——由分类所得税制改为综合与分类结合的所得税制。本次个人所得税的改革,通过提高减除费用标准,增加专项附加扣除,优化税率结构,使得我国的个人所得税制更趋向于公平与成熟,切实减轻了广大纳税人的税收负担,是贯彻落实党的"十九大"精神的实际行动,是顺应民心民意和经济社会发展新形势的务实举措。

新个人所得税法实施分为三个阶段:第一阶段,2018 年 10 月 1 日之前为过渡期政策准备阶段。第二阶段,2018 年 10 月 1 日至 2018 年 12 月 31 日为过渡期政策执行以及综合与分类相结合的所得税制(实施准备阶段)。过渡期内,工资、薪金所得将先行执行每月 5 000 元的减除费用标准并适用新个人所得税税率表,个体工商户的生产经营所得、企事业单位的承包承租经营所得也适用新的政策。第三阶段,2019 年 1 月 1 日起为新税制全面实施阶段。

需要指出的是,2019 年新个人所得税的改革和实施,作为我国个人所得税制的一次根本性变革,意义重大。这次改革的最大亮点有二:一是对工资薪金、劳务报酬、稿酬以及特许权使用费四项收入综合课征,按年计税;二是增加专项附加扣除,扣除更趋合理完善。这次改革通过提高基本减除费用标准,增加专项附加扣除,解决了费用扣除不合理、劳务所得税负过重等问题,通过优化调整税率结构、扩大低档税率的级距等解决了税率结构复杂、税率累进不合理及边际税率过高等问题,通过完善有关纳税人的规定、增加反避税条款及相关部门协助义务等试图解决税收征管法制化、信息化不足,个税流失严重等问题,对于最终实现低收入者不纳税,中等收入者适当缴税,高收入者多缴税,有重大意义。

总体来说,这次个人所得税改革,有利于调节社会收入分配,促进社会公平;有利于推动税收征管的现代化;有利于推动国家治理能力不断提高。

三、我国个人所得税的特点

和其他国家的个人所得税相比较,我国个人所得税有自己的特点;即使与我国以前不同历史时期实施的个人所得税相比较,也有很大的不同,主要体现在以下方面。

(一)实行综合与分类相结合的所得税制

综合与分类相结合的所得税制既顺应世界潮流趋势,又较为符合我国国情。它既符合量能课税原则,具有一定公平性,又适应我国的征税水平。同时,对累进的级次进行改进,减少级次,这样的设定更具有公平性,减轻了中低收入者的税负负担。对调节社会再分配,减小贫富差距具有更强的调节作用。而且,便于税务机关的征管,可以减少征税成本,有效提高征收效率。

(二)累进税率和比例税率并用

对于综合所得和经营所得部分适用七级和五级超额累进税率,可以调节收入,体现公平。

分类所得部分适用比例税率,计算简便,便于实行源泉扣缴,简化税法和征收管理。

(三)费用扣除形式

和以前分类所得税制中的费用扣除项目相比,2019年实施的新个人所得税法在确定应纳税所得额时,保留了以前的部分费用扣除项目,如工资薪金所得的标准费用扣除,经营所得项目中的成本、费用的据实扣除,以及部分所得的定额和定率相结合扣除等。同时,在综合和分类相结合的所得税制下,还增加了部分专项附加扣除项目,主要包括六大项扣除项目,分别是:子女教育、继续教育、大病医疗、住房贷款利息或者住房租金以及赡养老人等支出项目,使收入和支出联系更为紧密,使税制更趋于公平。但是同时也增加了纳税人的遵从成本以及征税人的征税成本。

(四)在采用课源制基础上,扩大了申报制的适用范围

新个人所得税法依然规定了扣缴义务人代扣代缴的义务,从而实施源头征收,避免税款流失同时减轻税务机关的征管压力。同时对于综合所得需要办理申报和汇算清缴的情形进行了明确。例如,在两处或者两处以上取得综合所得,且综合所得年收入额减去专项扣除的余额超过6万元;取得劳务报酬所得、稿酬所得、特许权使用费所得中一项或者多项所得,且综合所得年收入额减去专项扣除的余额超过6万元;纳税年度内预缴税额低于应纳税额的;等等。此时纳税人必须在规定的时间内进行纳税申报与汇算。纳税人需要退税的,应当办理汇算清缴,申报退税。

(五)以个人作为纳税单位

我国一直以来的个人所得税都是以自然人(包括个体工商户、个人独资企业与合伙企业的个人投资者)作为纳税人,还没有以家庭为单位作为纳税人。因此,某些情况下可能存在

较大的不合理。以养老为例,在我国普遍以家庭而不是以个人为单位的现实情况下,如果夫妻双方一方没有所得或者所得较少时,意味着其配偶将负担双方父母的赡养费用但只能扣除自己父母的赡养支出。

四、个人所得税的立法原则

(一)调节收入分配,体现社会公平

在谋求经济增长和实行市场经济体制的发展中国家,社会收入分配差距在一定时期的扩大是不可避免的。改革开放以来,随着经济的发展,我国人民的生活水平不断提高,一部分人已达到较高的收入水平,收入差距也明显扩大。因此,有必要对个人收入进行适当的税收调节。在保证人们基本生活不受影响的前提下,本着高收入者多纳税、中等收入者少纳税、低收入者不纳税的原则,通过征收个人所得税来缓解社会收入分配不公的矛盾,有利于在不损害效率的前提下,体现社会公平,保持社会稳定。

(二)增强纳税意识,树立义务观念

由于历史的原因和计划经济体制的影响,我国公民的纳税意识一直较为淡薄,义务观念比较缺乏。通过宣传个人所得税法,建立个人所得税的纳税申报、源泉扣缴制度,通过强化个人所得税的征收管理和对违反税法行为的处罚等措施,可以逐步培养、普及全民依法履行纳税义务的观念,有利于提高全体人民的公民意识和法制意识,为社会主义市场经济的发展创造良好的社会环境。

(三)扩大聚财渠道,增加财政收入

个人所得税是市场经济发展的产物,个人所得税应税收入是随着一国经济的市场化、工业化、城市化程度和人均 GDP 水平提高而不断增长的。目前,一些主要的西方发达国家都实行以所得税为主体的税制,个人所得税的规模和比重均比较大。就我国目前情况看,个人所得税收入还相对有限。但是,个人所得税仍然不失为一个收入弹性和增长潜力较大的税种,是国家财政收入的一个重要来源。增值税和企业所得税无须质疑,稳占税种收入第一、第二名的位置。第三、第四名在个人所得税和消费税两者之间交替。2017 年个人所得税收入占比自 2001 年之后第二次超过消费税,2018 年更是达到了 8.87%,远高于消费税的 6.8%,成为我国税制中的第三大税种(见图 6-1)。

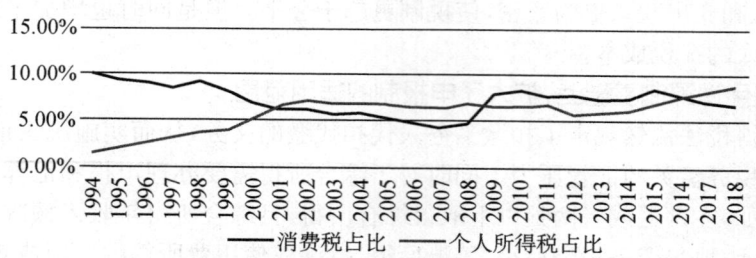

图 6-1 个人所得税收入与消费税收入占税收收入的比例

随着社会主义市场经济体制的建立和我国经济的进一步发展,我国居民的收入水平将逐步提高,个人所得税税源将不断扩大,个人所得税收入占国家税收总额的比重将逐年增加,最终将发展成为具有活力的一个主体税种。1994 年以来,个人所得税收入情况及个人所得税收入占税收收入的比的变化情况如表 6-1 和图 6-2 所示。

表 6-1　　　　　　　　　　　　个人所得税收入情况　　　　　　　　　　单位:亿元

年度	当年个人所得税收入	当年税收收入总额	个人所得税收入占比
1994	72.67	5 070.80	1.43%
1995	131.39	5 973.70	2.20%
1996	193.06	7 050.60	2.74%
1997	259.55	8 225.50	3.16%
1998	338.59	9 093.00	3.72%
1999	414.24	10 315.00	4.02%
2000	660.00	12 665.80	5.21%
2001	996.00	15 165.50	6.57%
2002	1 211.00	16 996.60	7.12%
2003	1 418.00	20 466.10	6.93%
2004	1 737.00	25 718.00	6.75%
2005	2 094.00	30 865.83	6.78%
2006	2 452.32	37 636.27	6.52%
2007	3 185.00	49 449.29	6.44%
2008	3 722.19	54 219.62	6.87%
2009	3 949.27	59 515.00	6.64%
2010	4 837.27	73 210.79	6.61%
2011	6 054.09	89 720.31	6.75%
2012	5 820.24	100 600.88	5.79%
2013	6 531.00	110 497.00	5.91%
2014	7 377.00	119 158.00	6.19%
2015	8 618.00	124 892.00	6.90%
2016	10 089.00	130 354.00	7.74%
2017	11 966.00	144 360.00	8.29%
2018	13 872.00	155 401.00	8.87%

注:数据来源于统计局、财政部网站。

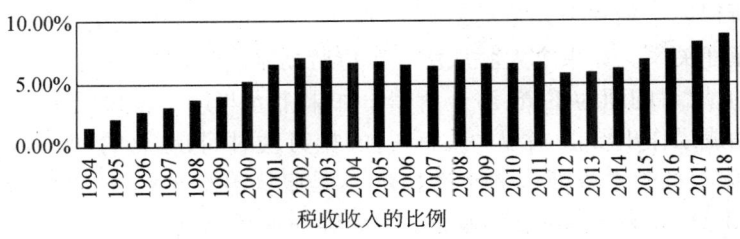

图 6-2　1994 年来个人所得税收入占税收收入的比的变化情况

第二节　个人所得税的征税对象、纳税人和税率

个人所得的基本课征制度包括三个基本要素:征税对象、纳税人和税率。

一、征税对象

个人所得税的征税对象是个人取得的各项应税所得。新个人所得税法中列举了九项属于征税范围的个人所得项目,并明确规定居民个人取得下列第(一)项至第(四)项所得,包括工资、薪金所得,劳务报酬所得,稿酬所得和特许权使用费所得,称综合所得,按纳税年度合并计算个人所得税;非居民个人取得上述第(一)项至第(四)项所得,按月或者按次分项计算个人所得税。纳税人取得下列第(五)项至第(九)项所得,包括经营所得,利息、股息、红利所得,财产租赁所得,财产转让所得和偶然所得依照个人所得税法规定分别计算个人所得税。也就是说,对居民纳税人而言,前四项所得项目综合课征个人所得税,其他五项所得分类或分项课征个人所得税;对非居民纳税人而言按月或者按次分项计算个人所得税。

个人所得税法规定的各项个人所得的范围主要包括以下内容。

(一)工资、薪金所得

工资、薪金所得是指个人因任职或者受雇取得的工资、薪金、奖金、年终加薪、劳动分红、津贴、补贴以及与任职或者受雇有关的其他所得。

一般来说,工资、薪金所得属于非独立个人劳动所得。非独立个人劳动是指个人所从事的是由他人指定、安排并接受管理的劳动。工资、薪金所得一般表现为个人在机关、团体、学校、部队、企事业单位及其他组织中任职、受雇而得到的报酬。通常情况下,把直接从事生产、经营或服务的劳动者所取得的收入称为工资;而把从事社会公职或管理活动的劳动者所取得的收入称为薪金。但在实际立法中,各国为了简便税法,并没有将工资和薪金加以区别,而是将它们合并为一个项目计征个人所得税。

除工资、薪金以外,奖金、年终加薪、劳动分红、津贴、补贴等也被确定为工资、薪金的范畴。年终加薪、劳动分红不分种类和取得情况,都按工资、薪金所得课税。但是,对一些补贴、津贴不属于工资、薪金性质或者不属于纳税人本人工资、薪金所得项目的收入,税法则规定不征税,包括独生子女补贴,执行公务员工资制度纳入基本工资总额的补贴、津贴差额和家属成员的副食品补贴、托儿补助费、差旅费津贴、误餐补助等。

(二)劳务报酬所得

劳务报酬所得是指个人从事劳务取得的所得,包括从事设计、装潢、安装、制图、化验、测试、医疗、法律、会计、咨询、讲学、翻译、审稿、书画、雕刻、影视、录音、录像、演出、表演、广告、展览、技术服务、介绍服务、经纪服务、代办服务以及其他劳务取得的所得。

劳务报酬所得属于独立个人劳动所得。其与工资、薪金所得最主要的区别就是看是否存在雇佣与被雇佣关系。如果个人服从用人单位劳动制度管理,不能自由安排劳动时间、地点等过程要素的,取得的即为工资、薪金所得。如果个人与用工单位是平等的合同关系,用工单位只对劳动成果作出要求,个人可以自行安排劳动时间、地点的,取得的即为劳务报酬所得。例如,某学校的美术教师从学校领工资,这是服从学校这个单位的工作安排而取得的所得,因而属于工资、薪金所得,但是如果这个老师在业余时间去做其他单位委托的设计工作,则取得的所得为劳务报酬所得。

(三) 稿酬所得

稿酬所得是指个人因其作品以图书、报刊等形式出版、发表而取得的所得。这里所说的作品,包括文学作品、书画作品、摄影作品,以及其他作品。作者去世后,财产继承人取得的遗作稿酬,亦应征收个人所得税。

我国税法将具有特许权使用费和劳务报酬性质的稿酬所得单独列为一个独立的税目,不仅因为稿酬所得有着不完全等同于特许权使用费所得和一般劳务报酬所得的特点,而且有利于单独制定征税办法,体现国家的优惠、照顾政策。

对报纸、杂志、出版社等单位的职员在本单位的刊物上发表作品、出版图书取得所得的征税问题,有关税收制度规定如下:

(1) 任职、受雇于报纸、杂志等单位的记者、编辑等专业人员,因在本单位的报纸、杂志上发表作品取得的所得,属于因任职、受雇而取得的所得,应与其当月工资收入合并,按工资、薪金所得项目征收个人所得税。

除上述专业人员以外,其他人员在本单位的报纸、杂志上发表作品取得的所得,应按稿酬所得项目征收个人所得税。

(2) 出版社的专业作者撰写、编写或翻译的作品,由本出版社以图书形式出版而取得的稿费收入,应按稿酬所得项目征收个人所得税。

(四) 特许权使用费所得

特许权使用费所得是指个人提供专利权、商标权、著作权、非专利技术以及其他特许权的使用权取得的所得;提供著作权的使用权取得的所得,不包括稿酬所得。

1. 专利权

专利权是指由国家专利主管机关依法授予专利申请人在一定的时期内对某项发明创造享有的专有利用的权利,它是工业产权的一部分,具有专有性(独占性)、地域性和时间性。

2. 商标权

商标权是指商标注册人依法律规定而取得的对其注册商标在核定商品上的独占使用权。商标权也是一种工业产权,可以依法取得、转让、许可使用、继承丧失、请求排除侵害。

3. 著作权

著作权即版权是指作者对其创作的文学科学和艺术作品依法享有的某些特殊权利。著作权是公民的一项民事权利,既具有民法中的人身权性质,也具有民法中的财产权性质,主要包括发表权署名权、修改权、保护权、使用权和获得报酬权。

4. 非专利技术

非专利技术即专利技术以外的专有技术。这类技术大多尚处于保密状态,仅为特定人知晓并占有。

(五) 经营所得

经营所得,包括以下几类所得:

(1) 个体工商户从事生产、经营活动取得的所得,个人独资企业投资人、合伙企业的个人合伙人来源于境内注册的个人独资企业、合伙企业生产、经营的所得。

(2) 个人依法从事办学、医疗、咨询以及其他有偿服务活动取得的所得。

(3) 个人对企业、事业单位承包经营、承租经营,以及转包、转租取得的所得。

(4) 个人从事其他生产、经营活动取得的所得。

（六）利息、股息、红利所得

利息、股息、红利所得是指个人拥有债权、股权等而取得的利息、股息、红利所得。

利息一般是指存款、贷款和债券的利息。股息、红利是指个人拥有股权取得的公司、企业分红,按照一定的比率派发的每股息金,称为股息。根据公司、企业应分配的超过股息部分的利润,按股派发的红股,称为红利。

个人取得国债利息、国家发行的金融债券利息、教育储蓄存款利息,均免征个人所得税。

储蓄存款在 1999 年 10 月 31 日前孳生的利息,不征收个人所得税;储蓄存款在 1999 年 11 月 1 日至 2007 年 8 月 14 日孳生的利息,按照 20% 的税率征收个人所得税;储蓄存款在 2007 年 8 月 15 日至 2008 年 10 月 8 日孳生的利息,按照 5% 的税率征收个人所得税;储蓄存款在 2008 年 10 月 9 日后(含 10 月 9 日)孳生的利息,暂免征收个人所得税。

（七）财产租赁所得

财产租赁所得是指个人出租不动产、机器设备、车船以及其他财产取得的所得。

（八）财产转让所得

财产转让所得是指个人转让有价证券、股权、合伙企业中的财产份额、不动产、机器设备、车船以及其他财产取得的所得。

对股票转让所得征收个人所得税的办法,由国务院另行规定,并报全国人民代表大会常务委员会备案。

（九）偶然所得

偶然所得是指个人得奖、中奖、中彩以及其他偶然性质的所得。

另外,《个人所得税法实施条例》明确规定,个人取得的所得,难以界定应纳税所得项目的,由国务院税务主管部门确定。

二、纳税人

个人所得税的纳税人为取得应税所得的个人(自然人)。世界各国的所得税都是按照属地原则和属人原则来确定税收管辖权。按照属地原则管辖权(或收入来源管辖权),凡来源于本国的所得均要征税;按照属人原则管辖权(或居民管辖权),凡本国居民,对其来源于本国和外国的所得均要征税,而对本国非居民,则另行确定其征税范围。各国制定不同的标准将取得所得的纳税人分为居民纳税人和非居民纳税人,用于对这两类纳税人设定不同的纳税义务。一般来说,与某个国家联系越紧密的个人承担的纳税义务也相应地越大;反之,纳税义务也越小。因此,居民纳税人承担无限纳税义务,即对其来源于境内、境外的所得,都要在居住国履行纳税义务,而非居民纳税人则承担有限纳税义务,仅就来源于境内的所得履行纳税义务。

按照国际通行的做法,我国个人所得税同时行使属地原则和属人原则双重税收管辖权,其纳税人既包括居民纳税人,又包括非居民纳税人,并且两者分别承担不同的纳税义务(见图 6-3)。

（一）居民纳税人及其纳税义务

根据我国新个人所得税法的规定,居民个人是指符合以下情况的人:

(1) 在中国境内有住所。

(2) 或者无住所而一个纳税年度内在中国境内居住累计满 183 天的个人。

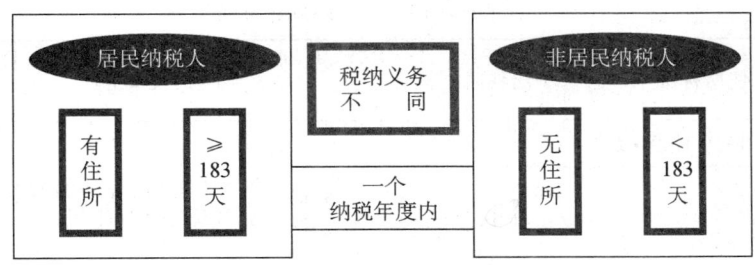

税纳年度（公历1月1日至12月31日）

图6-3　个人所得税纳税人

居民个人，从中国境内和境外取得的所得，依照个人所得税法规定缴纳个人所得税。

在中国境内有住所是指因户籍、家庭、经济利益关系而在中国境内习惯性居住。

纳税年度，自公历1月1日起至12月31日止。

无住所的居民纳税人又分为了两类：

（1）在中国境内无住所的个人，连续满6年在中国境内居住累计满183天的，就其来源于境内、境外的所有所得，在中国履行纳税义务。

（2）在中国境内无住所的个人，在中国境内居住累计满183天的年度连续不满6年的，经向主管税务机关备案，其来源于中国境外且由境外单位或者个人支付的所得，免予缴纳个人所得税；在中国境内居住累计满183天的任一年度中有一次离境超过30天的，其在中国境内居住累计满183天的年度的连续年限重新起算。

从中国境内和境外取得的所得，分别是指来源于中国境内的所得和来源于中国境外的所得。除国务院财政、税务主管部门另有规定外，下列所得，不论支付地点是否在中国境内，均为来源于中国境内的所得：

（1）因任职、受雇、履约等在中国境内提供劳务取得的所得。

（2）将财产出租给承租人在中国境内使用而取得的所得。

（3）许可各种特许权在中国境内使用而取得的所得。

（4）转让中国境内的不动产等财产或者在中国境内转让其他财产取得的所得。

（5）从中国境内企业、事业单位、其他组织以及居民个人取得的利息、股息、红利所得。

（二）非居民个人及纳税义务

根据我国新个人所得税法的规定，非居民个人是指以下情况的人：

（1）在中国境内无住所又不居住。

（2）或者无住所而一个纳税年度内在中国境内居住累计不满183天的个人。

非居民个人从中国境内取得的所得，依照个人所得税法规定缴纳个人所得税。与这两类非居民个人对应的两种纳税义务情况：

（1）在中国境内无住所且在一个纳税年度内在中国境内居住累计不超过183天，仅对其来源于境内的所得征收个人所得税。

（2）在中国境内无住所又不居住以及在中国境内无住所，一个纳税年度内在中国境内居住累计不超过90天的，其来源于中国境内的所得，由境外雇主支付并且不由该雇主在中国境内的机构、场所负担的部分，免予缴纳个人所得税。

居民与非居民的判定标准及纳税义务如表6-2所示。

表 6-2 个人所得税的纳税人及纳税义务

纳税人分类	住所标准	居住时间标准	纳税义务	计算方法的差异
居民个人:在中国境内有住所,或者无住所而一个纳税年度内在中国境内居住累计满 183 天的个人	(1) 有住所	无	来源于境内、境外的所得,均缴个人所得税	居民个人取得综合所得,按纳税年度合并计算个人所得税
	(2) 无住所	① 连续 6 年,在每个纳税年度都居住累积满 183 天(任一年度中没有一次离境超过 30 天的)		
		② 在中国境内居住累计满 183 天的年度连续不满 6 年的(居住累计满 183 天的任一年度中有一次离境超过 30 天的,其在中国境内居住累计满 183 天的年度的连续年限重新起算)	经向主管税务机关备案,其来源于中国境外且由境外单位或者个人支付的所得,免个人所得税	
非居民个人:在中国境内无住所又不居住,或者无住所而一个纳税年度内在中国境内居住累计不满 183 天的个人	无住所	① 在一个纳税年度内在中国境内居住累计不超过 183 天	来源于境外的所得,免个人所得税	非居民个人取得综合四项所得,按月或者按次分项计算个人所得税
		② 在一个纳税年度内在中国境内居住累计不超过 90 天	其来源于中国境内的所得,由境外雇主支付并且不由该雇主在中国境内的机构、场所负担的部分,免个人所得税	
		③ 不居住		

三、税率

(一)个人所得税的税率设计原则

采用分类所得税制模式的国家,一般是累进税率与比例税率并行;采用综合与分类相结合的所得税制模式的国家,综合课征部分采用超额累进税率,分类课征部分采用比例税率;采用综合所得税制模式的国家,均采用超额累进税率。目前只有少数国家采用单一比例税率的形式,如牙买加、俄罗斯、乌克兰等。

税率的设计原则,应是总体上减轻纳税人负担,尤其是低收入者和中等收入者负担,同时降低边际税率并简化征管。

(二)超额累进税率的规定

我国的个人所得税制从分类征收走向综合与分类相结合征收,个人所得项目分成了综合所得和单项所得,其中为了突出对综合所得的调节作用,对应的税率为超额累进税率。

(1)综合所得,适用 3%~45% 的超额累进税率(见表 6-3)。

表 6-3 个人所得税税率表一(综合所得适用)

级数	全年应纳税所得额	税率	速算扣除数
1	不超过 36 000 元的	3%	0
2	超过 36 000 元至 144 000 元的部分	10%	2 520
3	超过 144 000 元至 300 000 元的部分	20%	16 920

（续表）

级数	全年应纳税所得额	税率	速算扣除数
4	超过 300 000 元至 420 000 元的部分	25%	31 920
5	超过 420 000 元至 660 000 元的部分	30%	52 920
6	超过 660 000 元至 960 000 元的部分	35%	85 920
7	超过 960 000 元的部分	45%	181 920

注：本表所称全年应纳税所得额是指依照《个人所得税法》第六条的规定，居民个人取得综合所得以每一纳税年度收入额减除费用 6 万元以及专项扣除、专项附加扣除和依法确定的其他扣除后的余额。

另外，由于非居民个人取得工资、薪金所得，劳务报酬所得，稿酬所得和特许权使用费所得，实行按月计算应纳税额。非居民个人取得工资、薪金的税率表如表 6-4 所示。

表 6-4　　　　　　　　　　非居民个人取得工资、薪金所得税率表

级数	全月应纳税所得额	税率	速算扣除数
1	不超过 3 000 元的	3%	0
2	超过 3 000 元至 12 000 元的部分	10%	210
3	超过 12 000 元至 25 000 元的部分	20%	1 410
4	超过 25 000 元至 35 000 元的部分	25%	2 660
5	超过 35 000 元至 55 000 元的部分	30%	4 410
6	超过 55 000 元至 80 000 元的部分	35%	7 160
7	超过 80 000 元的部分	45%	15 160

（2）经营所得，适用 5%～35% 的超额累进税率（见表 6-5）。

表 6-5　　　　　　　　　　个人所得税税率表二（经营所得适用）

级数	全年应纳税所得额	税率
1	不超过 30 000 元的	5%
2	超过 30 000 元至 90 000 元的部分	10%
3	超过 90 000 元至 300 000 元的部分	20%
4	超过 300 000 元至 500 000 元的部分	30%
5	超过 500 000 元的部分	35%

注：本表所称全年应纳税所得额是指依照《个人所得税法》第六条的规定，以每一纳税年度的收入总额减除成本、费用以及损失后的余额。

（三）比例税率的规定

对个人所得税课税范围里的四个单项所得包括利息、股息、红利所得，财产租赁所得，财产转让所得和偶然所得，继续沿用旧个人所得税法的相关规定，采用比例税率，税率为 20%。

第三节　应纳税所得额的确定

个人所得税的计税依据为纳税人取得的应纳税所得额，即纳税人取得的收入总额中扣

除法定的费用后的余额。即:应纳税所得额＝收入总额－费用扣除额。

一、不同所得形式下收入额的确定

个人取得所得的形式,包括现金、实物、有价证券和其他形式的经济利益。

所得为实物的,应当按照取得的凭证上所注明的价格计算应纳税所得额,无凭证的实物或者凭证上所注明的价格明显偏低的,参照市场价格核定应纳税所得额;所得为有价证券的,根据票面价格和市场价格核定应纳税所得额;所得为其他形式的经济利益的,参照市场价格核定应纳税所得额。

二、费用扣除

我国现行的个人所得税制为综合与分类相结合的所得税制,因此,个人所得在计算应纳税额时按照不同的扣除办法,分成以下几类情况分别计算。

(一)按年扣除费用

1. 按年扣除固定费用及其他允许扣除项目

对于居民个人的综合所得实行按年计征,分期预缴的办法,因此每个月都要按照税法计算,用月收入总额减去费用扣除标准以及其他允许的扣除项目即为应纳税所得额,继而计算应纳税额并进行预缴。第 2 年 3～6 月份在进行个人所得税申报时,综合全年所得,除去年费用扣除标准以及其他各项扣除后确定年应纳税所得额并据以计算全年应纳税额并进行汇算清缴。

2. 按年扣除成本、费用及损失

对纳税人的经营所得,以每一纳税年度的收入总额减除成本、费用以及损失后的余额,为应纳税所得额。

(二)按月或者按次扣除费用

非居民个人的工资、薪金所得,以每月收入额减除固定费用后的余额为应纳税所得额。

财产租赁所得,以 1 个月内取得的收入为一次。每次收入不超过 4 000 元的,定额扣除 800 元;4 000 元以上的,定率扣除 20％费用,其余额为应纳税所得额。

财产转让所得,以转让财产的收入额减除财产原值和合理费用后的余额,为应纳税所得额。

劳务报酬所得、稿酬所得、特许权使用费所得,属于一次性收入的,以取得该项收入为一次;属于同一项目连续性收入的,以 1 个月内取得的收入为一次,以收入减除 20％的费用后的余额为收入额。稿酬所得的收入额减按 70％计算。

(三)不扣除任何费用

利息、股息、红利所得和偶然所得,以及非居民个人的劳务报酬所得、稿酬所得、特许权使用费所得,则没有规定任何扣除,直接以每次收入额为应纳税所得额。

利息、股息、红利所得,以支付利息、股息、红利时取得的收入为一次。

偶然所得,以每次取得该项收入为一次。

三、特殊规定

个人将其所得对教育、扶贫、济困等公益慈善事业进行捐赠,捐赠额未超过纳税人申报的应纳税所得额 30％的部分,可以从其应纳税所得额中扣除;国务院规定对公益慈善事业捐赠实行全额税前扣除的,从其规定。

　　个人将其所得对教育、扶贫、济困等公益慈善事业进行捐赠是指个人将其所得通过中国境内的公益性社会组织、国家机关向教育、扶贫、济困等公益慈善事业的捐赠;应纳税所得额是指计算扣除捐赠额之前的应纳税所得额。

第四节　应纳税额的计算

　　依据个人所得税法相关规定,不同纳税人不同所得项目的应纳税所得额的计算有较大区别,因此,不同所得项目应纳税额的计算方法也不尽相同。简单来看,居民纳税人和非居民纳税人的不同所得项目应纳税所得额的确定可以参照图6-4。

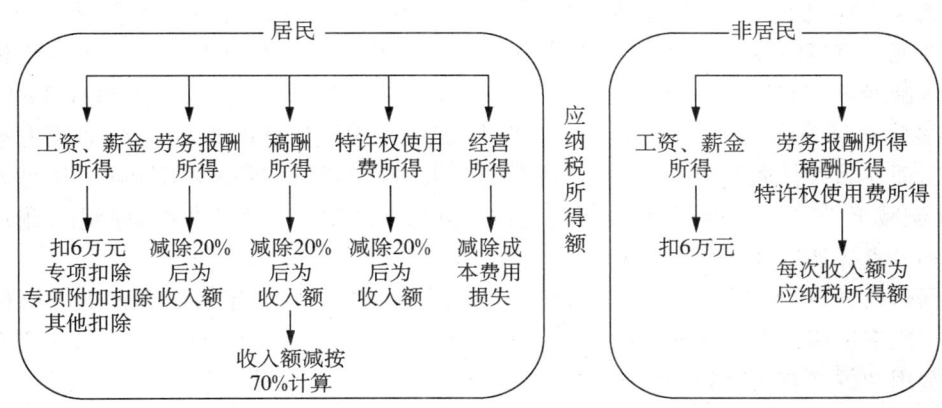

图 6-4　居民与非居民应纳税所得额的确定

　　《个人所得税法实施条例》第十八条规定,两个以上的个人共同取得同一项目收入的,应当对每个人取得的收入分别按照个人所得税法的规定计算纳税。

一、居民个人综合所得应纳税额的计算

(一)居民个人综合所得应纳税所得额的确定

　　居民个人综合所得的应纳税所得额为每一纳税年度的收入额减除费用 6 万元以及专项扣除、专项附加扣除和依法确定的其他扣除后的余额。

$$应纳税所得额 = 收入额 - 60\,000 - 专项扣除 - 专项附加扣除 - 其他扣除$$

　　专项扣除、专项附加扣除(见图6-5)和依法确定的其他扣除,以居民个人一个纳税年度的应纳税所得额为限额;一个纳税年度扣除不完的,不结转以后年度扣除。

　　需要特别指出的是,《个人所得税法实施条例》第二十八条明确了专项附加扣除的扣除时间和方式:居民个人取得工资、薪金所得时,可以向扣缴义务人提供专项附加扣除有关信息,由扣缴义务人扣缴税款时减除专项附加扣除。

图 6-5　专项附加扣除项目

纳税人同时从两处以上取得工资、薪金所得,并由扣缴义务人减除专项附加扣除的,对同一专项附加扣除项目,在一个纳税年度内只能选择从一处取得的所得中减除。

居民个人取得劳务报酬所得、稿酬所得、特许权使用费所得,应当在汇算清缴时向税务机关提供有关信息,减除专项附加扣除。

1. 收入额的确定

劳务报酬所得、稿酬所得、特许权使用费所得以收入减除 20% 的费用后的余额为收入额。稿酬所得的收入额减按 70% 计算。

2. 基本减除费用标准

基本减除费用按年扣除 60 000 元。

1993 年以后的《个人所得税法》的修正基本上都是围绕着工资、薪金所得的费用扣除标准进行的。1980 年的《个人所得税法》及 1986 年的个人收入调节税,费用扣除标准均为每人每月 800 元一直延续至 2005 年。2006 年 1 月、2008 年 3 月和 2011 年 9 月个人所得税的费用扣除标准经过三次调整,分别调整为 1 600 元、2 000 元和 3 500 元。每人每月 3 500 元的标准延续至 2018 年 9 月。另外,在境内工作取得工资、薪金所得的外籍人员、外籍专家及境内有住所而在境外任职取得工资、薪金所得的个人适用的附加减除费用标准也从每人每月3 200 元调减至 1 300 元,即从 2006 年起上述人员每人每月扣除的基本扣除费用和附加减除费用之和一直保持不变,为 4 800 元。

根据财政部、税务总局发布的《财政部 税务总局关于 2018 年第四季度个人所得税减除费用和税率适用问题的通知》(财税〔2018〕98 号)就 2018 年第四季度纳税人适用个人所得税减除费用和税率有关问题作了规定,对纳税人在 2018 年 10 月 1 日(含)后实际取得的工资、薪金所得,减除费用统一按照 5 000 元/月执行,并按照该通知所附个人所得税税率表计算应纳税额。对纳税人在 2018 年 9 月 30 日(含)前实际取得的工资、薪金所得,减除费用按照税法修改前规定执行。实质上来说,自 2018 年 10 月 1 日起,取消了上述的附加减除费用,标志着一直被人诟病的外籍人员、外籍专家在个人所得税上的部分所谓"超国民待遇"被取消,使个人所得税法更加符合国民待遇原则。

2019 年 1 月 1 日起,新个人所得税法正式实施,扣缴义务人向居民个人支付工资、薪金所得时,应当按照累计预扣法计算预扣税款,并按月办理全员全额扣缴申报。在累计预扣法下,累计预扣预缴应纳税所得额按如下方法计算:

$$\text{累计预扣预缴应纳税所得额} = \text{累计收入} - \text{累计免税收入} - \text{累计减除费用} - \text{累计专项扣除} - \text{累计专项附加扣除} - \text{累计依法确定的其他扣除}$$

其中:累计减除费用,按照 5 000 元/月乘以纳税人当年截至本月在本单位的任职受雇月份数计算。

3. 专项扣除

专项扣除包括居民个人按照国家规定的范围和标准缴纳的基本养老保险、基本医疗保险、失业保险等社会保险费和住房公积金等。

财政部、国家税务总局在《财政部 国家税务总局关于基本养老保险费基本医疗保险费失业保险费住房公积金有关个人所得税政策的通知》(财税〔2006〕10 号)已经明确,企事业单位按照国家或省(自治区、直辖市)人民政府规定的缴费比例或办法实际缴付的基本养老保险费、基本医疗保险费和失业保险费,免征个人所得税;个人按照国家或省(自治区、直辖市)人民政府规定的缴费比例或办法实际缴付的基本养老保险费、基本医疗保险费和失业保险费,允许在个人应纳税所得额中扣除。企事业单位和个人超过规定的比例和标准缴付的基本养老保险费、基本医疗保险费和失业保险费,应将超过部分并入个人当期的工资、薪金收入,计征个人所得税。

单位和个人分别在不超过职工本人上一年度月平均工资 12% 的幅度内,其实际缴存的住房公积金,允许在个人应纳税所得额中扣除。单位和职工个人缴存住房公积金的月平均工资不得超过职工工作地所在设区城市上一年度职工月平均工资的 3 倍,具体标准按照各地有关规定执行。单位和个人超过上述规定比例和标准缴付的住房公积金,应将超过部分并入个人当期的工资、薪金收入,计征个人所得税。

个人实际领(支)取原提存的基本养老保险金、基本医疗保险金、失业保险金和住房公积金时,免征个人所得税。

2019 年 4 月 1 日,《国务院办公厅关于印发降低社会保险费率综合方案的通知》中明确,自 2019 年 5 月 1 日起,降低城镇职工基本养老保险(包括企业和机关事业单位基本养老保险,以下简称养老保险)单位缴费比例。各省、自治区、直辖市及新疆生产建设兵团(以下统称省)养老保险单位缴费比例高于 16% 的,可降至 16%;目前低于 16% 的,要研究提出过渡办法。自 2019 年 5 月 1 日起,实施失业保险总费率 1% 的省,延长阶段性降低失业保险费率的期限至 2020 年 4 月 30 日。自 2019 年 5 月 1 日起,延长阶段性降低工伤保险费率的期限至 2020 年 4 月 30 日,工伤保险基金累计结余可支付月数在 18~23 个月的统筹地区可以现行费率为基础下调 20%,累计结余可支付月数在 24 个月以上的统筹地区可以现行费率为基础下调 50%。专项扣除的具体项目及标准参照表 6-6 执行。

表 6-6 专项扣除项目及标准

	保险项目	扣除方法或标准	政策依据	备注
专项扣除	基本养老保险	工资总额的 8%	个人所得税法、财税〔2006〕10 号	职工工资口径按照国家统计局口径计算,各省(自治区、直辖市)有差别规定
	基本医疗保险	工资总额的 2%		
	失业保险	工资总额的 1%		
	住房公积金	工资总额的 12% 以内		

4. 专项附加扣除

新个人所得税法规定的专项附加扣除项目主要包括子女教育、继续教育、大病医疗、住房贷款利息或者住房租金、赡养老人等支出,具体范围、标准和实施步骤由国务院确定,并报全国人民代表大会常务委员会备案。

2018 年 12 月 22 日,《国务院关于印发个人所得税专项附加扣除暂行办法的通知》(国发〔2018〕41 号)发布,明确了下文所述六项专项附加扣除项目的扣除标准和条件,并规定了各专项附加扣除项目扣除的起止时间和备查资料。这六项专项附加扣除项目可以说是本次个人所得税改革的另一个重点和亮点,解决的是中国人普遍存在的"买不起房,上不起学,看不起病"的重大社会问题,是"顺应民心民意和经济社会发展新形势的务实举措"。

《个人所得税专项附加扣除暂行办法》规定,个人所得税专项附加扣除遵循公平合理、利于民生、简便易行的原则。根据教育、医疗、住房、养老等民生支出变化情况,适时调整专项附加扣除范围和标准。

纳税人首次享受专项附加扣除,应当将专项附加扣除相关信息提交扣缴义务人或者税务机关,扣缴义务人应当及时将相关信息报送税务机关,纳税人对所提交信息的真实性、准确性、完整性负责。专项附加扣除信息发生变化的,纳税人应当及时向扣缴义务人或者税务机关提供相关信息。专项附加扣除相关信息,包括纳税人本人、配偶、子女、被赡养人等个人身份信息,以及国务院税务主管部门规定的其他与专项附加扣除相关的信息。

专项附加扣除信息采集有四种方式:①员工以纸质表方式报送的,单位应当将员工报送信息如实录入扣缴端软件,在发薪次月办理扣缴申报时通过扣缴端软件提交给税务机关,同时将纸质表留存备查。②员工以电子模板方式报送的,单位应当将电子模板信息导入扣缴端软件,在次月办理扣缴申报时通过扣缴端软件提交给税务机关,同时将电子模板内容打印,经员工签字、单位盖章后留存备查。③员工通过税务部门提供的手机 App 填报专项附加扣除信息并选择扣缴单位办理扣除;④员工通过税务部门提供的 WEB 端(各省电子税务局)填报专项附加扣除信息并选择扣缴单位办理扣除。在后两种方式下,税务机关将根据纳税人的选择把专项附加扣除相关信息全部推送至单位,单位在使用扣缴端软件下载后,即可为员工办理扣除;该方式下,员工和扣缴单位无须留存纸质扣除信息表。

纳税人需要留存备查的相关资料应当留存 5 年。

1)子女教育专项附加扣除

纳税人的子女年满 3 岁至小学入学前学前教育阶段以及接受全日制学历教育的相关支出,按照每个子女每月 1 000 元的标准定额扣除。

学历教育包括义务教育(小学、初中教育)、高中阶段教育(普通高中、中等职业、技工教育)、高等教育(大学专科、大学本科、硕士研究生、博士研究生教育)(见图 6-6)。

子女教育	享受条件	标准方式
	(1)子女年满3周岁以上至小学前,不论是否在幼儿园学习。 (2)子女正在接受小学、初中,高中阶段教育(普通高中、中等职业教育、技工教育)。 (3)子女正在接受高等教育(大学专科、大学本科、硕士研究生、博士研究生教育)。 上述受教育地点,包括在中国境内和在境外接受教育。	每个子女,每月扣除1 000元。多个符合扣除条件的子女,每个子女均可享受折扣。 扣除人有父母双方选择确定。既可以由父母一方全额扣除,也可以父母分别扣除500元。 扣除方式确定后,一个纳税年度内不能变更。

图 6-6 子女教育专项附加扣除的享受条件和标准方式

父母可以选择由其中一方按扣除标准的 100% 扣除,也可以选择由双方分别按扣除标准的 50% 扣除,具体扣除方式在一个纳税年度内不能变更。

纳税人子女在中国境外接受教育的,纳税人应当留存境外学校录取通知书、留学签证等相关教育的证明资料备查(见图 6-7)。

子女包括婚生子女、非婚生子女、养子女、继子女,也包括未成年但受到本人监护的非子女。因此子女教育的扣除主体是子女的法定监护人,包括生父母、继父母、养父母,父母之外的其他人担任未成年人的法定监护人的,比照执行。

学前教育:子女年满3周岁的当月至小学入学前1个月。　境内接受教育:不需要特别留存资料。

全日制学历教育:子女接受义务教育、高中教育、高等教育的入学当月——教育结束当月。

境外接受教育:境外学校录取通知书;留学签证等相关教育资料。

特别提示:因病或其他非主观原因休学但学籍继续保留的期间,以及施教机构按规定组织实施的寒暑假等假期,可连续扣除。

图6-7　子女教育专项附加扣除的起止时间与备查资料

【例6-1】　(1)2019年1月,小赵家两个孩子分别9岁的上小学三年级女儿和4岁的在家教育未上幼儿园的儿子。小赵2019年1月份工资为8 000元,如果当月支出附加扣除都从小赵这一边扣除,请问小赵本月能扣除的子女教育专项附加扣除和应纳税所得额分别是多少元?

小赵的两个孩子都符合子女教育专项附加扣除的标准。即子女年满3岁至小学入学前学前教育阶段以及接受全日制学历教育的相关支出,按照每个子女每月1 000元的标准定额扣除。因此,小赵本月可以扣除的子女教育专项附加扣除为:1 000×2=2 000(元);小赵的本月应纳税所得额为:8 000-5 000-2 000=1 000(元)。

(2)有多子女的父母,可以对不同的子女选择不同的扣除方式吗?离异重组家庭的又该如何扣除呢?

答:可以。有多子女的父母,可以对不同的子女选择不同的扣除方式,即对子女甲可以选择由一方按照每月1 000元的标准扣除,对子女乙可以选择由双方分别按照每月500元的标准扣除。

存在离异重组等情况的家庭,具体扣除方法由父母双方协商决定,一个孩子扣除总额不能超过1 000元/月,扣除人不能超过2个。

2)继续教育支出专项附加扣除

继续教育分两种类型:学历(学位)继续教育和职业资格继续教育。

(1)纳税人在中国境内接受学历(学位)继续教育的支出,在学历(学位)继续教育期间按照每月400元定额扣除。同一学历(学位)继续教育的扣除期限不能超过48个月。个人接受本科及以下学历(学位)继续教育,符合本办法规定扣除条件的,可以选择由其父母扣除,也可以选择由本人扣除(见图6-8)。

(2)纳税人接受技能人员职业资格继续教育、专业技术人员职业资格继续教育的支出,在取得相关证书的当年,按照3 600元定额扣除,并应当留存相关证书等资料备查(见图6-9)。

纳税人参加夜大、函授、现代远程教育、广播电视大学等教育,所读学校为其建立学籍档案的,可以享受学历(学位)继续教育扣除。

【例6-2】　2019年,小赵就读专科起点升本科(第1年),并且通过了教师资格考试和游泳救生员资格考试,取得了教师资格证书和游泳救生员资格证书,又参加了注册会计师考

（1）学历（学位）继续教育。

（2）技能人员职业资格继续教育；

专业技术人员职业资格继续教育。

职业资格具体范围，以人力资源和社会保障部公布的国家职业资格目录为准。

学历（学位）继续教育：每月400元；职业资格继续教育：3 600元/年。

例外，如果子女已就业，且正在接受本科以下学历（学位）继续教育，可以由父母选择按照子女教育扣除，也可以由子女本人选择按照继续教育扣除。

图6-8　继续教育支出专项附加扣除的享受条件与标准方式

学历（学位）继续教育：入学的当月至教育结束的当月。
同一学历（学位）继续教育的扣除期限最长不能超过48个月。
职业资格继续教育：取得相关职业资格继续教育证书上载明的发证（批准）日期的所属年度，即为可以扣除的年度。
需要提醒的是，专项附加扣除政策从2019年1月1日开始实施，故证书应当为2019年后取得。

职业资格继续教育：技能人员、专业技术人员职业资格证书等。

图6-9　继续教育支出专项附加扣除的起止时间与备查资料

试，当年通过六门科目中的三门科目考试。请问他在2019年如何进行专项附加扣除？（教师资格、注册会计师和游泳救生员资格均在人力资源和社会保障部国家职业资格目录中）

答：根据《个人所得税专项附加扣除暂行办法》，纳税人接受学历（学位）继续教育，可以按照每月400元的标准扣除，全年共计4 800元；在同年又取得技能人员职业资格证书或者专业技术人员职业资格证书的（应当留存相关证书等资料备查），且符合扣除条件的，可按照每年3 600元的标准定额扣除。但是，只能同时享受一个学历（学位）继续教育和一个职业资格继续教育。注册会计师的考试需要在六门都考过并取得注册会计资格证书的那年再进行扣除。

小赵2019年可以附加扣除的有：

专升本学历（学位）继续教育专项附加扣除 ＝ 400×12 ＝ 4 800(元)

教师资格或者游泳救生员资格专项附加扣除 ＝ 3 600(元)

继续教育支出专项附加扣除 ＝ 4 800＋3 600 ＝ 8 400(元)

3）大病医疗支出专项附加扣除

在一个纳税年度内，纳税人发生的与基本医保相关的医药费用支出，扣除医保报销后个人负担（指医保目录范围内的自付部分）累计超过15 000元的部分，由纳税人在办理年度汇算清缴时，在80 000元限额内据实扣除。纳税人及其配偶、未成年子女发生的医药费用支出，也适用此法分别计算扣除额（见图6-10）。

享受
条件

标准
方式

医保目录范围内的医药费用支出，
医保报销后的个人自付部分。

2019年发生的大病医疗支出，
要在2020年才能办理。

图 6-10 大病医疗支出专项附加扣除的享受条件与标准方式

纳税人发生的医药费用支出可以选择由本人或者其配偶扣除；未成年子女发生的医药费用支出可以选择由其父母一方扣除。

纳税人应当留存医药服务收费及医保报销相关票据原件（或者复印件）等资料备查。医疗保障部门应当向患者提供在医疗保障信息系统记录的本人年度医药费用信息查询服务（见图 6-11）。

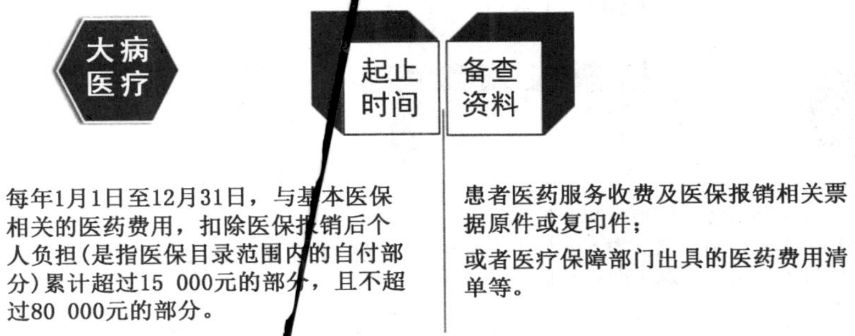

起止
时间

备查
资料

每年1月1日至12月31日，与基本医保相关的医药费用，扣除医保报销后个人负担（是指医保目录范围内的自付部分）累计超过15 000元的部分，且不超过80 000元的部分。

患者医药服务收费及医保报销相关票据原件或复印件；
或者医疗保障部门出具的医药费用清单等。

图 6-11 大病医疗支出专项附加扣除的起止时间与备查资料

【例 6-3】 以下几种情况是否可以对发生的大病医疗支出进行专项附加扣除，如果可以扣除，扣除金额是多少呢？

（1）2019 年，小赵和他妻子都发生了大病医疗支出。两人总共负担了 25 000 元，其中小赵自行负担了医疗费用 11 000 元，小赵妻子自行支出医疗费用 14 000 元。

答：家庭成员发生的医疗费用支出不得累加，小赵和他妻子两人发生的大病医疗支出均未超过 15 000 元，故两人均不能扣除。

（2）2019 年，小钱发生了大病医疗支出，自费部分 110 000 元。

答：2019 年，小钱个人医疗支出自费部分 110 000 元，超过大病医疗支出专项附加扣除的起付线 15 000 元，即：110 000－15 000＝85 000（元）。但是法定扣除限额为 80 000 元，所以小钱可以在税前按照大病医疗支出专项附加扣除限额最高额度 80 000 元扣除。

（3）2019 年，小孙家的 10 岁的孩子生病就医，自付医药费 30 000 元。

答：未成年子女发生的医药费自费部分在超过 15 000 元部分后，超过 15 000 元且低于规定限额 80 000 元的部分可以选择由其父母一方扣除。所以孩子发生的自费医药费可以由小孙或者小孙爱人一方扣除，扣除额度为：30 000－15 000＝15 000（元）。

（4）2019 年，小李年迈的父亲生了场大病，能否在小李的大病医疗支出中扣除。

答：不可以。只有纳税人本人、配偶、子女发生的医药费用超过 15 000 元且低于规定限额的部分才可以在纳税人的大病医疗支出中扣除。

（5）2019 年，小周的妻子生了场大病，在家休养，能否自己扣到不用交税了，再让小周继续扣除，或者大病医疗支出能否从小周这里扣除？

答：大病医疗支出可以自由选择纳税人自己扣除或者是配偶扣除，每人最高扣除限额为 8 万元，合计最高扣除限额为 16 万元。但是不能由两方共同扣除。

4）住房贷款利息支出专项附加扣除

纳税人本人或者配偶单独或者共同使用商业银行或者住房公积金个人住房贷款为本人或者其配偶购买中国境内住房，发生的首套住房贷款利息支出，在实际发生贷款利息的年度，按照每月 1 000 元的标准定额扣除，扣除期限最长不超过 240 个月。纳税人只能享受一次首套住房贷款的利息扣除。

首套住房贷款是指购买住房享受首套住房贷款利率的住房贷款。

经夫妻双方约定，可以选择由其中一方扣除，具体扣除方式在一个纳税年度内不能变更。

夫妻双方婚前分别购买住房发生的首套住房贷款，其贷款利息支出，婚后可以选择其中一套购买的住房，由购买方按扣除标准的 100% 扣除，也可以由夫妻双方对各自购买的住房分别按扣除标准的 50% 扣除，具体扣除方式在一个纳税年度内不能变更（见图 6-12）。

本人或者配偶，单独或者共同使用商业银行或住房公积金个人住房贷款，为本人或配偶购买中国境内住房，而发生的首套住房贷款利息支出。

首套住房贷款：
住房贷款利息支出是否符合政策，可查阅贷款合同（协议），或者向办理贷款的银行、住房公积金中心进行咨询

每月 1 000 元，扣除期限最长不超过 240 个月。

扣除人：夫妻双方约定，可以选择由其中一方扣除
确定后，一个纳税年度内不变

图 6-12　住房贷款利息支出专项附加扣除的享受条件与标准方式

纳税人应当留存住房贷款合同、贷款还款支出凭证备查（见图 6-13）。

贷款合同约定开始还款的当月——贷款全部归还或贷款合同终止的当月；

但扣除期限最长不得超过 240 个月。

住房贷款合同；
贷款还款支出凭证等。

图 6-13　住房贷款利息支出专项附加扣除的起止时间与备查资料

【例 6-4】　（1）小赵 2019 年 1 月从商业银行贷款购买了一套商品房，贷款期限为 25 年，购买的住房符合首套贷款利率要求，小赵可以适用住房贷款利息支出专项附加扣除吗？

答：小赵可以适用住房贷款利息支出附加扣除，按照每月 1 000 元标准定额扣除，扣除期限最长不得超过 240 个月（即 20 年）。但是由于小赵购买的商品房贷款期限为 25 年，超过

个人所得税法律规定可以最长抵扣 20 年,所以超出的年份所发生的房贷款利息支出不得进行专项附加扣除。

(2) 小钱和小孙是男女朋友,婚前两人各自从商业银行贷款购买了一套住房,且都符合首套住房标准。根据政策,2019 年 1 月 1 日后,两人每月可以有 1 000 元的住房贷款利息支出专项附加扣除。两人打算 2020 年结婚,则婚后两人如何享受住房贷款利息支出专项附加扣除政策?

答:纳税人只能享受一套首套住房贷款利息支出专项附加扣除。小钱和小孙结婚后,只能选择其中一套购买的住房作为首套住房享受住房贷款利息支出专项附加扣除政策,同时两人可以商量选择由购买方按照每月 1 000 元的标准定额扣除,或两人分别按照每月 500 元扣除,具体扣除方式在一个纳税年度内不得变更。

(3) 小李在婚前已从商业银行贷款购买首套房,2019 年后开始享受住房贷款利息支出专项附加扣除政策。如果 2020 年小李结婚,因为工作原因选择租房住,届时还可以享受住房贷款利息支出专项附加扣除政策吗?

答:可以。2019 年 1 月 1 日后首套房贷款尚未还清的,支出的贷款利息可以继续扣除。首套住房贷款利息支出,在不超过 20 年的偿贷期间可以每月 1 000 元的标准定额扣除。但是纳税人不得同时享受住房贷款利息支出专项附加扣除和住房租金支出专项附加扣除。

(4) 2019 年 2 月,小周刚办期限 30 年的房贷。小周现在扣完子女教育支出和赡养老人支出就不用缴税了,他是否可以选择过 2 年再开始办理房贷利息支出专项附加扣除?

答:住房贷款利息支出专项附加扣除实际可扣除时间为贷款合同约定开始还款的当月至贷款全部归还或贷款合同终止的当月,扣除期限最长不得超过 240 个月。因此,在不超过 240 个月以内,小周可以根据个人情况办理符合条件的住房贷款利息支出专项附加扣除。

5)住房租金支出专项附加扣除

纳税人在主要工作城市没有自有住房而发生的住房租金支出,可以按照以下标准定额扣除:直辖市、省会(首府)城市、计划单列市以及国务院确定的其他城市,扣除标准为每月 1 500 元;除上述所列城市以外,市辖区户籍人口超过 100 万人的城市,扣除标准为每月 1 100 元;市辖区户籍人口不超过 100 万人的城市,扣除标准为每月 800 元(市辖区户籍人口,以国家统计局公布的数据为准)。主要工作城市是指纳税人任职受雇的直辖市、计划单列市、副省级城市、地级市(地区、州、盟)全部行政区域范围;纳税人无任职受雇单位的,为受理其综合所得汇算清缴的税务机关所在城市(见图 6-14)。

住房租金 → 享受条件 | 标准方式

在主要工作城市租房,且同时符合以下条件:
(1) 本人及配偶在主要工作的城市没有自有住房。
(2) 已经实际发生了住房租金支出。
(3) 本人及配偶在同一纳税年度内,没有享受住房贷款利息支出专项附加扣除政策。也就是说,住房贷款利息与住房租金两项扣除政策只能享受其中一项,不能同时享受。

(1) 直辖市、省会(首府)城市、计划单列市以及国务院确定的其他城市:每月 1 500 元。
(2) 除上述城市以外的市辖区户籍人口超过 100 万人的城市:每月 1 100 元。
(3) 除上述城市以外的,市辖区户籍人口不超过 100 万人(含)的城市,每月 800 元。
谁来扣。
如夫妻双方主要工作城市相同的,只能由一方扣除,且为签订租赁住房合同的承租人来扣除。
如夫妻双方主要工作城市不同,且无房的,可按规定标准分别进行扣除。

图 6-14 住房租金支出专项附加扣除的享受条件与标准方式

纳税人的配偶在纳税人的主要工作城市有自有住房的,视同纳税人在主要工作城市有自有住房。夫妻双方主要工作城市相同的,只能由一方扣除住房租金支出。住房租金支出由签订租赁住房合同的承租人扣除。

纳税人及其配偶在一个纳税年度内不能同时分别享受住房贷款利息支出和住房租金支出专项附加扣除。

纳税人应当留存住房租赁合同、协议等有关资料备查(见图6-15)。

租赁合同(协议)约定的房屋租赁期开始的当月——租赁期结束的当月;提前终止合同(协议)的,以实际租赁行为终止的月份为准。

住房租赁合同或协议等。

图6-15　住房租金支出专项附加扣除的起止时间与备查资料

【例6-5】 下列情况下,是否可以进行住房租金支出专项附加扣除?

(1)小赵在北京工作,在北京已经购入住房,贷款期限30年,目前还在还款期,但一直未入住,自己仍租房居住。

答:不可以。享受住房租金支出专项附加扣除的前提是纳税人及配偶在主要工作城市没有住房。

(2)小钱在上海有一套自有住房,贷款期限30年,目前还在还款期。但小钱的工作地在北京,在北京无住房,租房居住。

答:可以。但是扣除了住房租金支出后就不能扣除住房贷款利息支出了。住房贷款利息支出和住房租金支出专项附加扣除只能二选一。

(3)小孙在北京工作,其爱人在上海工作,夫妻俩已在上海贷款买房,在北京无住房,小孙目前在北京租房居住。

答:小孙可以选择扣除房屋租金支出,也可以选择扣除房屋贷款利息支出,或者小孙爱人选择贷款利息支出。除此以外,不可以选择其他扣除方式。

(4)小李和爱人小周分居两地,在两个居住的城市都没有住房(也没有住房贷款利息专项附加扣除),都租房居住。

答:夫妻双方主要工作城市不同,且都无住房,可以分别适用房屋租金支出专项附加扣除。

(5)小吴在北京工作,但在廊坊租房居住,应该按哪个城市标准适用住房租金支出专项附加扣除?

答:纳税人在主要工作城市没有自有住房而实际租房发生的住房租金支出,可以按照实际工作地城市的标准定额扣除住房租金。所以小吴可以按照北京的标准(1 500元)适用住房租金支出专项附加扣除。

6)赡养老人支出专项附加扣除

纳税人赡养一位及以上被赡养人的赡养支出,统一按照以下标准定额扣除:

纳税人为独生子女的,按照每月2 000元的标准定额扣除;纳税人为非独生子女的,由其与兄弟姐妹分摊每月2 000元的扣除额度,每人分摊的额度不能超过每月1 000元。可以由赡养人均摊或者约定分摊,也可以由被赡养人指定分摊。约定或者指定分摊的须签订书面分摊协议,指定分摊优先于约定分摊。其具体分摊方式和额度在一个纳税年度内不能变更(见图6-16、图6-17)。

被赡养人是指年满60岁的父母,以及子女均已去世的年满60岁的祖父母、外祖父母。

被赡养人年满60周岁(含)。

被赡养人——父母(生父母、继父母、养父母),以及子女均已去世的祖父母、外祖父母。

纳税人为独生子女:每月2 000元。

纳税人为非独生子女,可以兄弟姐妹分摊每月2 000元的扣除额度,但每人分摊的额度不能超过每月1 000元。
具体分摊的方式:均摊、约定、指定分摊。

约定或指定分摊的,需签订书面分摊协议
具体分摊方式和额度确定后,一个纳税年度不变

图6-16　赡养老人支出专项附加扣除的享受条件与标准方式

被赡养人年满60周岁的当月至赡养义务终止的年末

采取约定或指定分摊的,需留存分摊协议

图6-17　赡养老人支出专项附加扣除的起止时间与备查资料

【例6-6】 2019年,在LTT公司当高管的39岁的小吴月收入3万元。他夫人不上班,在家照顾着已经退休的年逾60岁的父母以及90岁的祖母。小吴是独生子,那么他在2019年可以申报的赡养老人支出专项附加扣除是多少呢?

赡养老人支出专项附加扣除标准是按照每个纳税人有两位被赡养人测算的。被赡养人是指年满60岁的父母,以及子女均已去世的年满60岁的祖父母、外祖父母。只要父母其中一位达到60岁就可以享受扣除,不按照老人人数计算。由于小吴的父母都已年逾60岁,而且小吴是独生子,所以小吴的赡养支出可以按照每月2 000元的标准定额扣除。但是由于小吴的父母均在,所以小吴祖母的赡养支出应该从小吴爸爸的所得里扣除。

如果小吴还有两个姐姐,则小吴可以扣除的赡养支出为姐弟三人约定分摊或者由其父母指定分摊所签订的书面分摊协议中分摊的数额,但是最高每月不得超过1 000元。

5. 依法确定的其他扣除

依法确定的其他扣除,包括个人缴付符合国家规定的企业年金、职业年金,个人购买符合国家规定的商业健康保险、税收递延型商业养老保险的支出,以及国务院规定可以扣除的其他项目。

企业年金是指企业及其职工在依法参加基本养老保险的基础上,自主建立的补充养老

保险制度。《财政部 人力资源和社会保障部 国家税务总局关于企业年金 职业年金个人所得税有关问题的通知》(财税〔2013〕103 号)规定,企业和事业单位(以下统称单位)根据国家有关政策规定的办法和标准,为在本单位任职或者受雇的全体职工缴付的企业年金或职业年金单位缴费部分,在计入个人账户时,个人暂不缴纳个人所得税。个人根据国家有关政策规定缴付的年金个人缴费部分,在不超过本人缴费工资计税基数的 4% 标准内的部分,暂从个人当期的应纳税所得额中扣除。超过上述规定的标准缴付的年金单位缴费和个人缴费部分,应并入个人当期的工资、薪金所得,依法计征个人所得税。税款由建立年金的单位代扣代缴,并向主管税务机关申报解缴。年金基金投资运营收益分配计入个人账户时,个人暂不缴纳个人所得税。个人达到国家规定的退休年龄,按月领取的年金,全额按照"工资、薪金所得"项目适用的税率,计征个人所得税。

《财政部 国家税务总局 保监会关于将商业健康保险个人所得税试点政策推广到全国范围实施的通知》(财税〔2017〕39 号)规定,自 2017 年 7 月 1 日起,将商业健康保险个人所得税试点政策推广到全国范围实施。对个人购买符合规定的商业健康保险产品的支出,允许在当年(月)计算应纳税所得额时予以税前扣除,扣除限额为 2 400 元/年(200 元/月)。单位统一为员工购买符合规定的商业健康保险产品的支出,应分别计入员工个人工资薪金,视同个人购买,按上述限额予以扣除。2 400 元/年(200 元/月)的限额扣除为个人所得税法规定减除费用标准之外的扣除。适用商业健康保险税收优惠政策的纳税人是指取得工资薪金所得、连续性劳务报酬所得的个人,以及取得个体工商户生产经营所得、对企事业单位的承包承租经营所得的个体工商户业主、个人独资企业投资者、合伙企业合伙人和承包承租经营者。

《财政部 税务总局 人力资源社会保障部 中国银行保险监督管理委员会 证监会关于开展个人税收递延型商业养老保险试点的通知》(财税〔2018〕22 号)规定自 2018 年 5 月 1 日起,在上海市、福建省(含厦门市)和苏州工业园区实施个人税收递延型商业养老保险试点。试点期限暂定 1 年。对试点地区个人通过个人商业养老资金账户购买符合规定的商业养老保险产品的支出,允许在一定标准内税前扣除;计入个人商业养老资金账户的投资收益,暂不征收个人所得税;个人领取商业养老金时再征收个人所得税。取得工资薪金、连续性劳务报酬所得的个人,其缴纳的保费准予在申报扣除当月计算应纳税所得额时予以限额据实扣除,扣除限额按照当月工资薪金、连续性劳务报酬收入的 6% 和 1 000 元孰低办法确定。取得个体工商户生产经营所得、对企事业单位的承包承租经营所得的个体工商户业主、个人独资企业投资者、合伙企业自然人、合伙人和承包承租经营者,其缴纳的保费准予在申报扣除当年计算应纳税所得额时予以限额据实扣除,扣除限额按照不超过当年应税收入的 6% 和 12 000 元孰低办法确定。

依法确定的其他扣除项目、标准及政策依据如表 6-7 所示。

表 6-7 依法确定的其他扣除项目及标准、政策依据

	保险项目	扣除方法或标准	政策依据	备注
其他扣除	补充养老保险	本人缴费工资的 4%	财税〔2013〕103 号	本人上一年度月平均工资,不超过社会平均工资的 3 倍
	补充医疗保险	不得扣除	—	—
	商业健康保险	扣除限额:2 400 元/年或者 200 元/月	财税〔2017〕39 号	自 2017 年 7 月 1 日开始执行

（续表）

	保险项目	扣除方法或标准	政策依据	备注
其他扣除	个人税收递延型商业养老保险	工资薪金所得、连续性劳务报酬所得、经营所得中,6%和12 000元/年两者中的小者	财税〔2018〕22号	试点时间:2018年5月1日至2019年4月30日
				试点地区:上海市、福建省、苏州工业园区

（二）居民个人综合所得应纳税额的计算

$$居民个人综合所得应纳税额 = 应纳税所得额 \times 税率 - 速算扣除数$$

$$= \left(收入额 - 60\,000 - 专项扣除 - 专项附加扣除 - 其他扣除\right) \times 税率 - 速算扣除数$$

【例6-7】 小刘在LY公司任职,假定2019年每月取得工资、薪金收入20 000元,无免税收入,每月缴纳"三险一金"4 000元,每月发生的专项附加扣除为3 000元,无其他扣除。2019年2月取得劳务报酬收入3 000元,稿酬收入2 000元,试计算小刘2019年1月和2月预扣预缴税额和2019年度应纳税额。

解析:

（一）2019年1月工资、薪金所得预扣预缴计算

1月预扣预缴工资、薪金应纳税所得额＝收入－免税收入－基本减除费用－专项扣除－专项附加扣除－依法确定的其他扣除＝20 000－5 000－4 000－3 000＝8 000（元）（对应税率为3%）

1月应预扣预缴工资、薪金税额＝（预扣预缴应纳税所得额×预扣率－速算扣除数）－减免税额－已预扣预缴税额＝8 000×3%＝240（元）

2019年1月,LY公司预扣小刘个人所得税240元,并在次月申报期预缴。

（二）2019年2月

1. 工资、薪金所得预扣预缴计算

(1) 累计预缴应纳税所得额计算:

累计收入＝截至当前月份累计支付的工资、薪金所得收入额＝20 000＋20 000＝40 000（元）

累计免税收入＝0

累计基本减除费用＝5 000元/月×当前月份＝5 000×2＝10 000（元）

累计专项扣除＝截至当前月份累计专项扣除＝4 000＋4 000＝8 000（元）

累计专项附加扣除＝截至当前月份累计专项附加扣除＝3 000＋3 000＝6 000（元）

累计依法确定的其他扣除＝0

2月累计预扣预缴工资、薪金应纳税所得额＝累计收入－累计免税收入－累计基本减除费用－累计专项扣除－累计专项附加扣除－累计依法确定的其他扣除＝40 000－10 000－8 000－6 000＝26 000（元）（对应税率为3%）

(2) 应预扣预缴税额:

$$2月应预扣预缴税额 = \left(累计预扣预缴应纳税所得额 \times 预扣率 - 速算扣除数\right) - 累计减免税额 - 累计已预扣预缴税额$$

$$= 2\,600 \times 3\% - 240 = 780 - 240 = 540（元）$$

2. 劳务报酬收入预扣预缴个人所得税计算

（1）计算劳务报酬应纳税所得额＝收入－费用＝3 000－800＝2 200（元）。

（2）适用税率20%。

（3）预缴个人所得税额：应纳税所得额×税率＝2 200×20%＝440（元）。

3. 稿酬收入预扣预缴个人所得税计算

（1）计算稿酬应纳税所得额＝收入－费用＝2 000－800＝1 200（元）。

（2）适用税率20%。

（3）预缴个人所得税额：应纳税所得额×税率＝1 200×20%×(1－30%)＝168（元）。

（4）2月合计预扣预缴＝540＋440＋168＝1 148（元）。

（三）2019年度应纳税额的计算

累计收入 ＝ 20 000×12＋3 000×(1－20%)＋2 000×(1－20%)×70% ＝ 243 520（元）

累计基本减除费用 ＝ 5 000×12 ＝ 60 000（元）

累计专项扣除 ＝ 4 000×12 ＝ 48 000（元）

累计专项附加扣除 ＝ 3 000×12 ＝ 36 000（元）

应纳税所得额 ＝ 243 520－60 000－48 000－36 000 ＝ 99 520（元）

应纳税额 ＝ 99 520×10%－2 520 ＝ 7 432（元）

（三）特殊情况下应纳税额的计算

1. 居民个人取得全年一次性奖金

符合《国家税务总局关于调整个人取得全年一次性奖金等计算征收个人所得税方法问题的通知》（国税发〔2005〕9号）规定的，在2021年12月31日前，不并入当年综合所得，以全年一次性奖金收入除以12个月得到的数额，按照本通知所附按月换算后的综合所得税率表（以下简称月度税率表），确定适用税率和速算扣除数，单独计算纳税。其计算公式为：

$$应纳税额 ＝ 全年一次性奖金收入×适用税率－速算扣除数$$

居民个人取得全年一次性奖金，也可以选择并入当年综合所得计算纳税。

自2022年1月1日起，居民个人取得全年一次性奖金，应并入当年综合所得计算缴纳个人所得税。

【例6-8】 LY公司2019年1月25日发放2018年度全年一次性奖金，小刘获得奖金12万元，选择适用不计入综合所得计税方式，将奖金作为一次单独的收入，试计算并代扣代缴税款。

答：分三步计算。

第一步，先计算商数：120 000÷12＝10 000（元）。

第二步，根据商数确定税率、速算扣除数。查询月度税率表，适用税率10%，速算扣除数210。

第三步，计算应纳税额。

小刘全年一次性奖金应纳个人所得税额＝120 000×10%－210＝11 790（元）。

2. 中央企业负责人取得年度绩效薪金延期兑现收入和任期奖励

符合《国家税务总局关于中央企业负责人年度绩效薪金延期兑现收入和任期奖励征收个人所得税问题的通知》（国税发〔2007〕118号）规定的，在2021年12月31日前，参照本通知第一条第（一）项执行；2022年1月1日之后的政策另行明确。

3. 关于个人领取企业年金、职业年金的政策

个人达到国家规定的退休年龄,领取的企业年金、职业年金,符合《财政部　人力资源社会保障部　国家税务总局关于企业年金 职业年金个人所得税有关问题的通知》(财税〔2013〕103 号)规定的,不并入综合所得,全额单独计算应纳税款。其中,按月领取的,适用月度税率表计算纳税;按季领取的,平均分摊计入各月,按每月领取额适用月度税率表计算纳税;按年领取的,适用综合所得税率表计算纳税。

个人因出境定居而一次性领取的年金个人账户资金,或个人死亡后,其指定的受益人或法定继承人一次性领取的年金个人账户余额,适用综合所得税率表计算纳税。对个人除上述特殊原因外一次性领取年金个人账户资金或余额的,适用月度税率表计算纳税。

二、非居民个人应纳税额的计算

非居民个人的工资、薪金所得,以每月收入额减除费用 5 000 元后的余额为应纳税所得额;以每次收入额为应纳税所得额。相关计算公式为:

$$非居民个人应纳税额 = 应纳税所得额 × 税率 - 速算扣除数$$
$$工资、薪金所得应纳税所得额 = 收入额 - 5 000$$
$$劳务报酬所得 = 收入额$$
$$稿酬所得 = 收入额$$
$$特许权使用费所得 = 收入额$$

【例 6-9】　2019 年 1 月和 2 月,非居民 Mike 取得在中国境内其任职的 T 公司按月支付工资每月 10 000 元(税前)。假设其个税无其他减免及特殊事项,则 2019 年 1 月和 2 月 T 公司作为扣缴义务人代扣代缴 Mike 的个税是多少?

答:(1) 2019 年 1 月,Mike 应纳税额的计算:

第一步:计算应纳税所得额。

$$非居民个人工资、薪金应纳税所得额 = 收入额 - 减除费用 = 10 000 - 5 000 = 5 000(元)$$

第二步:查找对应税率。

对照国家税务总局公告 2018 年第 56 号附件二的"个人所得税预扣率表三",当月预扣率为 10%,速算扣除数为 210。

第三步:计算应纳税额。

$$代扣代缴个税 = 应纳税所得额 × 税率 - 速算扣除数 = 5 000 × 10\% - 210 = 290(元)$$

(2) 2019 年 2 月,Mike 应纳税额的计算:

第一步:计算应纳税所得额。

$$非居民个人工资、薪金所得 = 收入额 - 减除费用 = 10 000 - 5 000 = 5 000(元)$$

第二步:查找对应税率。

对照国家税务总局公告 2018 年第 56 号附件二的"个人所得税预扣率表三",当月预扣率为 10%,速算扣除数为 210。

第三步:计算应纳税额。

$$T 公司代扣代缴个税 = 应纳税所得额 × 税率 - 速算扣除数 = 5 000 × 10\% - 210 = 290(元)$$

【例 6-10】 2019 年 1 月,非居民个人 Mike 在中国境内 Q 公司参加商务活动,取得 Q 公司支付的一次性劳务报酬 10 000 元(税前)。Mike 个税无其他减免及特殊事项。2019 年 1 月,Q 公司作为扣缴义务人应代扣代缴多少个税?

答:分三步计算。

第一步:计算应纳税所得额。

$$\text{非居民个人劳务报酬应纳所得税额} = 收入 - 费用 = 收入 - 收入 \times 20\% = 10\,000 - 10\,000 \times 20\% = 8\,000(元)$$

第二步,找对应税率。

对照国家税务总局公告 2018 年第 56 号附件二的"个人所得税预扣率表三",当月预扣率为 10%,速算扣除数为 210。

第三步:计算应纳税额。

$$代扣代缴个税 = 应纳税所得额 \times 税率 - 速算扣除数 = 8\,000 \times 10\% - 210 = 590(元)$$

三、经营所得应纳税额的计算

经营所得以每一纳税年度的收入总额减除成本、费用以及损失后的余额为应纳税所得额。

成本、费用是指生产经营活动中发生的各项直接支出和分配计入成本的间接费用以及销售费用、管理费用、财务费用;损失是指生产经营活动中发生的固定资产和存货的盘亏、毁损、报废损失,转让财产损失,坏账损失,自然灾害等不可抗力因素造成的损失以及其他损失。

取得经营所得的个人,没有综合所得的,计算其每一纳税年度的应纳税所得额时,应当减除费用 6 万元、专项扣除、专项附加扣除以及依法确定的其他扣除。专项附加扣除在办理汇算清缴时减除。专项扣除、专项附加扣除以及依法确定的其他扣除相关规定参见居民个人综合所得应纳税所得额确定部分的内容。

从事生产经营活动,未提供完整、准确的纳税资料,不能正确计算应纳税所得额的,由主管税务机关核定应纳税所得额或者应纳税额。

另外,根据《财政部 税务总局关于 2018 年第四季度个人所得税减除费用和税率适用问题的通知》(财税〔2018〕98 号),就 2018 年第四季度个体工商户业主、个人独资企业和合伙企业自然人投资者、企事业单位承包承租经营者的生产经营所得计税方法问题作了规定:其一,对个体工商户业主、个人独资企业和合伙企业自然人投资者、企事业单位承包承租经营者 2018 年第四季度取得的生产经营所得,减除费用按照 5 000 元/月执行,前三季度减除费用按照 3 500 元/月执行;其二,对个体工商户业主、个人独资企业和合伙企业自然人投资者、企事业单位承包承租经营者 2018 年取得的生产经营所得,用全年应纳税所得额分别计算应纳前三季度税额和应纳第四季度税额,其中应纳前三季度税额按照个人所得税法修改前规定的税率和前三季度实际经营月份的权重计算,应纳第四季度税额按照该通知所附个人所得税税率表二即个人所得税法修改后规定的税率和第四季度实际经营月份的权重计算。

四、财产租赁所得应纳税额的计算

财产租赁所得,每次收入不超过 4 000 元的,减除费用 800 元;4 000 元以上的,减除

20%的费用,其余额为应纳税所得额。

财产租赁所得应纳税额的计算公式为:

$$应纳税所得额 = 收入额 - 800(收入额 \leqslant 4\,000)$$

或

$$应纳税所得额 = 收入额 \times (1 - 20\%)(收入额 > 4\,000)$$
$$应纳税额 = 应纳税所得额 \times 20\%$$

五、财产转让所得应纳税额的计算

财产转让所得以转让财产的收入额减除财产原值和合理费用后的余额为应纳税所得额。

财产转让所得,按照一次转让财产的收入额减除财产原值和合理费用后的余额计算纳税。

财产原值,按照下列方法确定:

(1) 有价证券,为买入价以及买入时按照规定缴纳的有关费用。

(2) 建筑物,为建造费或者购进价格以及其他有关费用。

(3) 土地使用权,为取得土地使用权所支付的金额、开发土地的费用以及其他有关费用。

(4) 机器设备、车船,为购进价格、运输费、安装费以及其他有关费用。

其他财产,参照前款规定的方法确定财产原值。

纳税人未提供完整、准确的财产原值凭证,不能按照第(1)款规定的方法确定财产原值的,由主管税务机关核定财产原值。

合理费用是指卖出财产时按照规定支付的有关税费。

财产转让所得应纳税额的计算公式为:

$$财产转让所得应纳税所得额 = 转让财产收入额 - 财产原值 - 合理费用$$
$$应纳税额 = 应纳税所得额 \times 20\%$$

六、利息、股息、红利所得和偶然所得应纳税额的计算

利息、股息、红利所得和偶然所得,以每次收入额为应纳税所得额。

利息、股息、红利所得和偶然所得应纳税额的计算公式为:

$$应纳税所得额 = 收入额$$
$$应纳税额 = 应纳税所得额 \times 20\%$$

七、税收抵免

居民个人从中国境内和境外取得的综合所得、经营所得,应当分别合并计算应纳税额;从中国境内和境外取得的其他所得,应当分别单独计算应纳税额。

《个人所得税法》第七条规定,居民个人从中国境外取得的所得,可以从其应纳税额中抵免已在境外缴纳的个人所得税额,但抵免额不得超过该纳税人境外所得依照本法规定计算的应纳税额。

可以从纳税人应纳税额中抵免的"已在境外缴纳的个人所得税额"是指居民个人来源于

中国境外的所得,依照该所得来源国家(地区)的法律应当缴纳并且实际已经缴纳的所得税额。

"纳税人境外所得依照本法规定计算的应纳税额"是居民个人抵免已在境外缴纳的综合所得、经营所得以及其他所得的所得税额的限额(抵免限额)。除国务院财政、税务主管部门另有规定外,来源于中国境外一个国家(地区)的综合所得抵免限额、经营所得抵免限额以及其他所得抵免限额之和,为来源于该国家(地区)所得的抵免限额,即相当于分国分项计算。

居民个人在中国境外一个国家(地区)实际已经缴纳的个人所得税额,低于依照前款规定计算出的来源于该国家(地区)所得的抵免限额的,应当在中国缴纳差额部分的税款;超过来源于该国家(地区)所得的抵免限额的,其超过部分不得在本纳税年度的应纳税额中抵免,但是可以在以后纳税年度来源于该国家(地区)所得的抵免限额的余额中补扣。补扣期限最长不得超过5年。

另外,居民个人申请抵免已在境外缴纳的个人所得税额,应当提供境外税务机关出具的税款所属年度的有关纳税凭证。

第五节 个人所得税的税收优惠

个人所得税法规定的税收优惠主要有两种:免税和减税。

一、免征个人所得税的税收优惠

下列各项个人所得,免征个人所得税:

(1)省级人民政府、国务院部委和中国人民解放军军以上单位,以及外国组织、国际组织颁发的科学、教育、技术、文化、卫生、体育、环境保护等方面的奖金。

(2)国债和国家发行的金融债券利息。

国债利息是指个人持有中华人民共和国财政部发行的债券而取得的利息。

国家发行的金融债券利息是指个人持有经国务院批准发行的金融债券而取得的利息。

(3)按照国家统一规定发给的补贴、津贴。

按照国家统一规定发给的补贴、津贴是指按照国务院规定发给的政府特殊津贴、院士津贴,以及国务院规定免予缴纳个人所得税的其他补贴、津贴。

(4)福利费、救济金。

福利费是指根据国家有关规定,从企业、事业单位、国家机关、社会组织提留的福利费或者工会经费中支付给个人的生活补助费;所称救济金是指各级人民政府民政部门支付给个人的生活困难补助费。

(5)保险赔款。

(6)军人的转业费、复员费、退役金。

(7)按照国家统一规定发给干部、职工的安家费、退职费、基本养老金或者退休费、离休费、离休生活补助费。

(8)依照有关法律规定应予免税的各国驻华使馆、领事馆的外交代表、领事官员和其他人员的所得。

依照有关法律规定应予免税的各国驻华使馆、领事馆的外交代表、领事官员和其他人员的所得是指依照《中华人民共和国外交特权与豁免条例》和《中华人民共和国领事特权与豁免条例》规定免税的所得。

（9）中国政府参加的国际公约、签订的协议中规定免税的所得。

（10）国务院规定的其他免税所得。

该项免税规定，由国务院报全国人民代表大会常务委员会备案。

（11）对乡、镇（含乡、镇）以上人民政府或经县（含县）以上人民政府主管部门批准成立的有机构、有章程的见义勇为基金会或者类似组织，奖励见义勇为者的奖金或奖品，经主管税务机关核准，免予征收个人所得税。

（12）个人购买体育彩票中奖收入的所得税，凡一次中奖收入不超过 1 万元的，暂免征收个人所得税；超过 1 万元的，应按税法规定全额征收个人所得税。

（13）对个人转让上市公司股票取得的所得暂免征收个人所得税。

（14）对特聘教授获得"长江学者成就奖"的奖金，可视为国务院部委颁发的教育方面的奖金，免予征收个人所得税。

（15）科研机构、高等学校转化职务科技成果以股份或出资比例等股权形式给予个人奖励，获奖人在取得股份、出资比例时，暂不缴纳个人所得税。

（16）企事业单位按照国家或省（自治区、直辖市）人民政府规定的缴费比例或办法实际缴付的基本养老保险费、基本医疗保险费和失业保险费，免征个人所得税。

（17）个人取得单张有奖发票奖金所得不超过 800 元（含 800 元）的，暂免征收个人所得税。

（18）生育妇女按照县级以上人民政府根据国家有关规定制定的生育保险办法，取得的生育津贴、生育医疗费或其他属于生育保险性质的津贴、补贴，免征个人所得税。

（19）以下情形的房屋产权无偿赠与，对当事双方不征收个人所得税：

① 房屋产权所有人将房屋产权无偿赠与配偶、父母、子女、祖父母、外祖父母、孙子女、外孙子女、兄弟姐妹；

② 房屋产权所有人将房屋产权无偿赠与对其承担直接抚养或者赡养义务的抚养人或者赡养人；

③ 房屋产权所有人死亡，依法取得房屋产权的法定继承人、遗嘱继承人或者受遗赠人。

（20）通过离婚析产的方式分割房屋产权是夫妻双方对共同共有财产的处置，个人因离婚办理房屋产权过户手续，不征收个人所得税。

（21）对个人独资企业和合伙企业从事种植业、养殖业、饲养业和捕捞业（以下简称"四业"），其投资者取得的"四业"所得，暂不征收个人所得税。

（22）对个人取得的 2012 年及以后年度发行的地方政府债券利息收入，免征个人所得税。

二、减征个人所得税的税收优惠

（1）有下列情形之一的，可以减征个人所得税，具体幅度和期限，由省、自治区、直辖市人民政府规定，并报同级人民代表大会常务委员会备案：①残疾、孤老人员和烈属的所得；②因自然灾害遭受重大损失的。

国务院可以规定其他减税情形，报全国人民代表大会常务委员会备案。

（2）对个人出租房屋取得的所得暂减按 10% 的税率征收个人所得税。

（3）残疾人员投资兴办或参与投资兴办个人独资企业和合伙企业的，残疾人员取得的生产经营所得,符合各省、自治区、直辖市人民政府规定的减征个人所得税条件的,经本人申请、主管税务机关审核批准,可按各省、自治区、直辖市人民政府规定减征的范围和幅度,减征个人所得税。

第六节　个人所得税的征收管理

一、特别纳税调整

为了解决个人所得税流失问题,新个人所得税法参照企业所得税法的相关规定引入了特别纳税调整等反避税条款,并增加了纳税调整时加收利息的规定。

《个人所得税法》第八条规定,纳税人有下列情形之一的,税务机关有权按照合理方法进行纳税调整:

(1) 个人与其关联方之间的业务往来不符合独立交易原则而减少本人或者其关联方应纳税额,且无正当理由。

(2) 居民个人控制的,或者居民个人和居民企业共同控制的设立在实际税负明显偏低的国家(地区)的企业,无合理经营需要,对应当归属于居民个人的利润不作分配或者减少分配。

(3) 个人实施其他不具有合理商业目的的安排而获取不当税收利益。

税务机关依照前款规定作出纳税调整,需要补征税款的,应当补征税款,并依法加收利息。《个人所得税实施条例》第二十三条规定加收的利息,应当按照税款所属纳税申报期最后一日中国人民银行公布的与补税期间同期的人民币贷款基准利率计算,自税款纳税申报期满次日起至补缴税款期限届满之日止按日加收。纳税人在补缴税款期限届满前补缴税款的,利息加收至补缴税款之日。

二、个人所得税的纳税申报

(一) 纳税人识别号

个人所得税以所得人为纳税人。纳税人有中国公民身份号码的,以中国公民身份号码为纳税人识别号;纳税人没有中国公民身份号码的,由税务机关赋予其纳税人识别号。扣缴义务人扣缴税款时,纳税人应当向扣缴义务人提供纳税人识别号。

(二) 需要办理纳税申报的情况

《个人所得税法》第十条规定,纳税人有下列情形之一的,纳税人应当依法办理纳税申报:

(1) 取得综合所得需要办理汇算清缴。

(2) 取得应税所得没有扣缴义务人。

(3) 取得应税所得,扣缴义务人未扣缴税款。

(4) 取得境外所得。

(5) 因移居境外注销中国户籍。

(6) 非居民个人在中国境内从两处以上取得工资、薪金所得。

(7) 国务院规定的其他情形。

(三) 纳税申报地点与时限

《个人所得税实施条例》规定,纳税人办理纳税申报的地点以及其他有关事项的具体办法,由国务院税务主管部门制定。2018 年 12 月 21 日,《国家税务总局关于个人所得税自行纳税申报有关问题的公告》(国家税务总局公告 2018 年第 62 号),根据上述七种情形规定了不同情况下纳税申报的具体时限。

1. 取得综合所得需要办理汇算清缴的纳税申报

需要办理汇算清缴的纳税人,应当在取得所得的次年 3 月 1 日至 6 月 30 日内,向任职、受雇单位所在地主管税务机关办理纳税申报,并报送《个人所得税年度自行纳税申报表》。纳税人有两处以上任职、受雇单位的,选择向其中一处任职、受雇单位所在地主管税务机关办理纳税申报;纳税人没有任职、受雇单位的,向户籍所在地或经常居住地主管税务机关办理纳税申报。

纳税人办理综合所得汇算清缴,应当准备与收入、专项扣除、专项附加扣除、依法确定的其他扣除、捐赠、享受税收优惠等相关的资料,并按规定留存备查或报送。

纳税人取得综合所得办理汇算清缴的具体办法,另行公告。

2. 取得经营所得的纳税申报

个体工商户业主、个人独资企业投资者、合伙企业个人合伙人、承包承租经营者个人以及其他从事生产、经营活动的个人取得经营所得,包括以下情形:

(1) 个体工商户从事生产、经营活动取得的所得,个人独资企业投资人、合伙企业的个人合伙人来源于境内注册的个人独资企业、合伙企业生产、经营的所得。

(2) 个人依法从事办学、医疗、咨询以及其他有偿服务活动取得的所得。

(3) 个人对企业、事业单位承包经营、承租经营以及转包、转租取得的所得。

(4) 个人从事其他生产、经营活动取得的所得。

纳税人取得经营所得,按年计算个人所得税,由纳税人在月度或季度终了后 15 日内,向经营管理所在地主管税务机关办理预缴纳税申报,并报送《个人所得税经营所得纳税申报表(A 表)》。在取得所得的次年 3 月 31 日前,向经营管理所在地主管税务机关办理汇算清缴,并报送《个人所得税经营所得纳税申报表(B 表)》;从两处以上取得经营所得的,选择向其中一处经营管理所在地主管税务机关办理年度汇总申报,并报送《个人所得税经营所得纳税申报表(C 表)》。

3. 取得应税所得,扣缴义务人未扣缴税款的纳税申报

纳税人取得应税所得,扣缴义务人未扣缴税款的,应当区别以下情形办理纳税申报:

(1) 居民个人取得综合所得的,按照公告第一条办理。

(2) 非居民个人取得工资、薪金所得,劳务报酬所得,稿酬所得,特许权使用费所得的,应当在取得所得的次年 6 月 30 日前,向扣缴义务人所在地主管税务机关办理纳税申报,并报送《个人所得税自行纳税申报表(A 表)》。有两个以上扣缴义务人均未扣缴税款的,选择向其中一处扣缴义务人所在地主管税务机关办理纳税申报。

非居民个人在次年 6 月 30 日前离境(临时离境除外)的,应当在离境前办理纳税申报。

(3) 纳税人取得利息、股息、红利所得,财产租赁所得,财产转让所得和偶然所得的,应当在取得所得的次年 6 月 30 日前,按相关规定向主管税务机关办理纳税申报,并报送《个人所得税自行纳税申报表(A 表)》。

税务机关通知限期缴纳的,纳税人应当按照期限缴纳税款。

4. 取得境外所得的纳税申报

居民个人从中国境外取得所得的,应当在取得所得的次年 3 月 1 日至 6 月 30 日内,向中国境内任职、受雇单位所在地主管税务机关办理纳税申报;在中国境内没有任职、受雇单位的,向户籍所在地或中国境内经常居住地主管税务机关办理纳税申报;户籍所在地与中国境内经常居住地不一致的,选择其中一地主管税务机关办理纳税申报;在中国境内没有户籍的,向中国境内经常居住地主管税务机关办理纳税申报。

纳税人取得境外所得办理纳税申报的具体规定,另行公告。

5. 因移居境外注销中国户籍的纳税申报

纳税人因移居境外注销中国户籍的,应当在申请注销中国户籍前,向户籍所在地主管税务机关办理纳税申报,进行税款清算。

(1)纳税人在注销户籍年度取得综合所得的,应当在注销户籍前,办理当年综合所得的汇算清缴,并报送《个人所得税年度自行纳税申报表》。尚未办理上一年度综合所得汇算清缴的,应当在办理注销户籍纳税申报时一并办理。

(2)纳税人在注销户籍年度取得经营所得的,应当在注销户籍前,办理当年经营所得的汇算清缴,并报送《个人所得税经营所得纳税申报表(B表)》。从两处以上取得经营所得的,还应当一并报送《个人所得税经营所得纳税申报表(C表)》。尚未办理上一年度经营所得汇算清缴的,应当在办理注销户籍纳税申报时一并办理。

(3)纳税人在注销户籍当年取得利息、股息、红利所得,财产租赁所得,财产转让所得和偶然所得的,应当在注销户籍前,申报当年上述所得的完税情况,并报送《个人所得税自行纳税申报表(A表)》。

(4)纳税人有未缴或者少缴税款的,应当在注销户籍前,结清欠缴或未缴的税款。纳税人存在分期缴税且未缴纳完毕的,应当在注销户籍前,结清尚未缴纳的税款。

(5)纳税人办理注销户籍纳税申报时,需要办理专项附加扣除、依法确定的其他扣除的,应当向税务机关报送《个人所得税专项附加扣除信息表》《商业健康保险税前扣除情况明细表》《个人税收递延型商业养老保险税前扣除情况明细表》等。

6. 非居民个人在中国境内从两处以上取得工资、薪金所得的纳税申报

非居民个人在中国境内从两处以上取得工资、薪金所得的,应当在取得所得的次月15日内,向其中一处任职、受雇单位所在地主管税务机关办理纳税申报,并报送《个人所得税自行纳税申报表(A表)》。

(四)纳税申报方式

纳税人可以采用远程办税端、邮寄等方式申报,也可以直接到主管税务机关申报。

(五)纳税申报其他有关问题

(1)纳税人办理自行纳税申报时,应当一并报送税务机关要求报送的其他有关资料。首次申报或者个人基础信息发生变化的,还应报送《个人所得税基础信息表(B表)》。

公告涉及的有关表证单书,由国家税务总局统一制定式样,另行公告。

(2)纳税人在办理纳税申报时需要享受税收协定待遇的,按照享受税收协定待遇有关办法办理。

三、个人所得税的预扣预缴

个人所得税以支付所得的单位或者个人为扣缴义务人。扣缴义务人应当按照国家规定办理全员全额扣缴申报。扣缴义务人向个人支付应税款项时,应当依照个人所得税法规定预扣或者代扣税款,按时缴库,并专项记载备查。支付,包括现金支付、汇拨支付、转账支付和以有价证券、实物以及其他形式的支付。扣缴义务人依法履行代扣代缴义务,纳税人不得拒绝。纳税人拒绝的,扣缴义务人应当及时报告税务机关。

居民个人向扣缴义务人提供有关信息并依法要求办理专项附加扣除的,扣缴义务人应当按照规定在工资、薪金所得按月预扣预缴税款时予以扣除,不得拒绝。纳税人首次享受专项附加扣除,应当将专项附加扣除相关信息提交扣缴义务人或者税务机关,扣缴义务人应当及时将相关信息报送税务机关,纳税人对所提交信息的真实性、准确性、完整性负责。专项附加扣除信息发生变化的,纳税人应当及时向扣缴义务人或者税务机关提供相关信息。专项附加扣除相关信息,包括纳税人本人、配偶、子女、被赡养人等个人身份信息,以及国务院税务主管部门规定的其他与专项附加扣除相关的信息。

扣缴义务人应当按照纳税人提供的信息计算办理扣缴申报,不得擅自更改纳税人提供的信息。扣缴义务人应当依法对纳税人报送的专项附加扣除等相关涉税信息和资料保密。纳税人发现扣缴义务人提供或者扣缴申报的个人信息、所得、扣缴税款等与实际情况不符的,有权要求扣缴义务人修改。扣缴义务人拒绝修改的,纳税人应当报告税务机关,税务机关应当及时处理。扣缴义务人发现纳税人提供的信息与实际情况不符的,可以要求纳税人修改。纳税人拒绝修改的,扣缴义务人应当报告税务机关,税务机关应当及时处理。

纳税人、扣缴义务人应当按照规定保存与专项附加扣除相关的资料。纳税人需要留存备查的相关资料应当留存 5 年。

税务机关可以对纳税人提供的专项附加扣除信息进行抽查,具体办法由国务院税务主管部门另行规定。税务机关发现纳税人提供虚假信息的,应当责令改正并通知扣缴义务人;情节严重的,有关部门应当依法予以处理,纳入信用信息系统并实施联合惩戒。

预扣预缴办法由国务院税务主管部门制定。2018 年 12 月 21 日,《国家税务总局关于发布〈个人所得税扣缴申报管理办法(试行)〉的公告》(国家税务总局公告 2018 年第 61 号)发布,以规范个人所得税扣缴申报行为,自 2019 年 1 月 1 日起施行。

(一) 扣缴义务人及扣缴义务

扣缴义务人是指向个人支付所得的单位或者个人。

扣缴义务人应当依法办理全员全额扣缴申报。全员全额扣缴申报是指扣缴义务人应当在代扣税款的次月 15 日内,向主管税务机关报送其支付所得的所有个人的有关信息、支付所得数额、扣除事项和数额、扣缴税款的具体数额和总额以及其他相关涉税信息资料。

扣缴义务人每月或者每次预扣、代扣的税款,应当在次月 15 日内缴入国库,并向税务机关报送《个人所得税扣缴申报表》。

扣缴义务人首次向纳税人支付所得时,应当按照纳税人提供的纳税人识别号等基础信息,填写《个人所得税基础信息表(A 表)》,并于次月扣缴申报时向税务机关报送。扣缴义务人对纳税人向其报告的相关基础信息变化情况,应当于次月扣缴申报时向税务机关报送。

(二) 扣缴申报的应税所得范围

实行个人所得税全员全额扣缴申报的应税所得包括:

(1) 工资、薪金所得。

(2) 劳务报酬所得。

(3) 稿酬所得。

(4) 特许权使用费所得。

(5) 利息、股息、红利所得。

（6）财产租赁所得。

（7）财产转让所得。

（8）偶然所得。

（三）不同应税所得预扣预缴税额的计算方法

1. 工资、薪金所得预扣预缴税额的计算方法

扣缴义务人向居民个人支付工资、薪金所得时，应当按照累计预扣法计算预扣税款，并按月办理扣缴申报。

累计预扣法是指扣缴义务人在一个纳税年度内预扣预缴税款时，以纳税人在本单位截至当前月份工资、薪金所得累计收入减除累计免税收入、累计减除费用、累计专项扣除、累计专项附加扣除和累计依法确定的其他扣除后的余额为累计预扣预缴应纳税所得额，适用个人所得税预扣率表一（见表6-8），计算累计应预扣预缴税额，再减除累计减免税额和累计已预扣预缴税额，其余额为本期应预扣预缴税额。余额为负值时，暂不退税。纳税年度终了后余额仍为负值时，由纳税人通过办理综合所得年度汇算清缴，税款多退少补。

具体计算公式为：

$$\begin{array}{l}\text{本期应预扣}\\\text{预缴税额}\end{array} = \left(\begin{array}{l}\text{累计预扣预缴}\\\text{应纳税所得额}\end{array} \times \text{预扣率} - \begin{array}{l}\text{速算扣}\\\text{除数}\end{array}\right) - \begin{array}{l}\text{累计减}\\\text{免税额}\end{array} - \begin{array}{l}\text{累计已预扣}\\\text{预缴税额}\end{array}$$

$$\begin{array}{l}\text{累计预扣预缴}\\\text{应纳税所得额}\end{array} = \begin{array}{l}\text{累计}\\\text{收入}\end{array} - \begin{array}{l}\text{累计免}\\\text{税收入}\end{array} - \begin{array}{l}\text{累计减}\\\text{除费用}\end{array} - \begin{array}{l}\text{累计专}\\\text{项扣除}\end{array} - \begin{array}{l}\text{累计专项}\\\text{附加扣除}\end{array} - \begin{array}{l}\text{累计依法确定}\\\text{的其他扣除}\end{array}$$

其中：累计减除费用，按照5 000元/月乘以纳税人当年截至本月在本单位的任职受雇月份数计算。

表6-8   **个人所得税预扣率表一**

（居民个人工资、薪金所得预扣预缴适用）

级数	累计预扣预缴应纳税所得额	预扣率	速算扣除数
1	不超过36 000元	3%	0
2	超过36 000元至144 000元的部分	10%	2 520
3	超过144 000元至300 000元的部分	20%	16 920
4	超过300 000元至420 000元的部分	25%	31 920
5	超过420 000元至660 000元的部分	30%	52 920
6	超过660 000元至960 000元的部分	35%	85 920
7	超过960 000元的部分	45%	181 920

扣缴义务人向居民个人支付工资、薪金所得，劳务报酬所得，稿酬所得，特许权使用费所得时，按以下方法预扣预缴个人所得税，并向主管税务机关报送《个人所得税扣缴申报表》：年度预扣预缴税额与年度应纳税额不一致的，由居民个人于次年3月1日至6月30日向主管税务机关办理综合所得年度汇算清缴，税款多退少补。

2. 劳务报酬所得、稿酬所得、特许权使用费所得预扣预缴税额的计算方法

扣缴义务人向居民个人支付劳务报酬所得、稿酬所得、特许权使用费所得时，应当按照以下方法按次或者按月预扣预缴税款：

劳务报酬所得、稿酬所得、特许权使用费所得以收入减除费用后的余额为收入额;其中,稿酬所得的收入额减按70%计算。

减除费用:预扣预缴税款时,劳务报酬所得、稿酬所得、特许权使用费所得每次收入不超过4 000元的,减除费用按800元计算;每次收入4 000元以上的,减除费用按收入的20%计算。

应纳税所得额:劳务报酬所得、稿酬所得、特许权使用费所得,以每次收入额为预扣预缴应纳税所得额,计算应预扣预缴税额。劳务报酬所得适用个人所得税预扣率表二(见表6-9),稿酬所得、特许权使用费所得适用20%的比例预扣率。

居民个人办理年度综合所得汇算清缴时,应当依法计算劳务报酬所得、稿酬所得、特许权使用费所得的收入额,并入年度综合所得计算应纳税款,税款多退少补。

表6-9 个人所得税预扣率表二

(居民个人劳务报酬所得预扣预缴适用)

级数	预扣预缴应纳税所得额	预扣率	速算扣除数
1	不超过20 000元	20%	0
2	超过20 000元至50 000元的部分	30%	2 000
3	超过50 000元的部分	40%	7 000

3. 非居民所得预扣预缴税额的计算方法

扣缴义务人向非居民个人支付工资、薪金所得,劳务报酬所得,稿酬所得和特许权使用费所得时,应当按照以下方法按月或者按次代扣代缴税款:

非居民个人的工资、薪金所得,以每月收入额减除费用5 000元后的余额为应纳税所得额;劳务报酬所得、稿酬所得、特许权使用费所得,以每次收入额为应纳税所得额,适用个人所得税税率表三(见表6-10)计算应纳税额。劳务报酬所得、稿酬所得、特许权使用费所得以收入减除20%的费用后的余额为收入额;其中,稿酬所得的收入额减按70%计算。

非居民个人在一个纳税年度内税款扣缴方法保持不变,达到居民个人条件时,应当告知扣缴义务人基础信息变化情况,年度终了后按照居民个人有关规定办理汇算清缴。

表6-10 个人所得税税率表三

(非居民个人工资、薪金所得,劳务报酬所得,稿酬所得,特许权使用费所得适用)

级数	应纳税所得额	税率	速算扣除数
1	不超过3 000元	3%	0
2	超过3 000元至12 000元的部分	10%	210
3	超过12 000元至25 000元的部分	20%	1 410
4	超过25 000元至35 000元的部分	25%	2 660
5	超过35 000元至55 000元的部分	30%	4 410
6	超过55 000元至80 000元的部分	35%	7 160
7	超过80 000元的部分	45%	15 160

4. 利息、股息、红利所得,财产租赁所得,财产转让所得或者偶然所得预扣预缴税额的计算方法

扣缴义务人支付利息、股息、红利所得,财产租赁所得,财产转让所得或者偶然所得时,应当依法按次或者按月代扣代缴税款。

利息、股息、红利所得,以支付利息、股息、红利时取得的收入为一次。

财产租赁所得,以 1 个月内取得的收入为一次。

财产转让所得,属于一次性收入的,以取得该项收入为一次;属于同一项目连续性收入的,以 1 个月内取得的收入为一次。

偶然所得,以每次取得该项收入为一次。

另外,纳税人需要享受税收协定待遇的,应当在取得应税所得时主动向扣缴义务人提出,并提交相关信息、资料,扣缴义务人代扣代缴税款时按照享受税收协定待遇有关办法办理。

四、个人所得税的汇算清缴

(一)需要办理个人所得税汇算清缴的情况

依照《个人所得税实施条例》规定,取得综合所得需要办理汇算清缴的情形包括:

(1)从两处以上取得综合所得,且综合所得年收入额减除专项扣除的余额超过 6 万元。

(2)取得劳务报酬所得、稿酬所得、特许权使用费所得中一项或者多项所得,且综合所得年收入额减除专项扣除的余额超过 6 万元。

(3)纳税年度内预缴税额低于应纳税额。

(4)纳税人申请退税。

纳税人申请退税,应当提供其在中国境内开设的银行账户,并在汇算清缴地就地办理税款退库。纳税人申请退税时提供的汇算清缴信息有错误的,税务机关应当告知其更正;纳税人更正的,税务机关应当及时办理退税。扣缴义务人未将扣缴的税款解缴入库的,不影响纳税人按照规定申请退税,税务机关应当凭纳税人提供的有关资料办理退税。

为了保证纳税人的汇算清缴,同时,《个人所得税法》规定,扣缴义务人应当按照国家规定办理全员全额扣缴申报,并向纳税人提供其个人所得和已扣缴税款等信息。《个人所得税专项附加扣除暂行办法》明确规定纳税人向收款单位索取发票、财政票据、支出凭证,收款单位不能拒绝提供。《个人所得税扣缴申报管理办法(试行)》规定,支付工资、薪金所得的扣缴义务人应当于年度终了后两个月内,向纳税人提供其个人所得和已扣缴税款等信息。纳税人年度中间需要提供上述信息的,扣缴义务人应当提供。纳税人取得除工资、薪金所得以外的其他所得,扣缴义务人应当在扣缴税款后,及时向纳税人提供其个人所得和已扣缴税款等信息。

汇算清缴的具体办法由国务院税务主管部门制定。

纳税人可以委托扣缴义务人或者其他单位和个人办理汇算清缴。

非居民个人取得工资、薪金所得,劳务报酬所得,稿酬所得和特许权使用费所得,有扣缴义务人的,由扣缴义务人按月或者按次代扣代缴税款,不办理汇算清缴。

(二)个人所得税汇算清缴及缴纳税款时限

(1)居民个人取得综合所得,按年计算个人所得税;有扣缴义务人的,由扣缴义务人按月或者按次预扣预缴税款;需要办理汇算清缴的,应当在取得所得的次年 3 月 1 日至 6 月

30 日内办理汇算清缴。

（2）纳税人取得经营所得，按年计算个人所得税，由纳税人在月度或者季度终了后15 日内向税务机关报送纳税申报表，并预缴税款；在取得所得的次年 3 月 31 日前办理汇算清缴。

（3）纳税人取得利息、股息、红利所得，财产租赁所得，财产转让所得和偶然所得，按月或者按次计算个人所得税，有扣缴义务人的，由扣缴义务人按月或者按次代扣代缴税款。

（4）纳税人取得应税所得没有扣缴义务人的，应当在取得所得的次月 15 日内向税务机关报送纳税申报表，并缴纳税款。

（5）纳税人取得应税所得，扣缴义务人未扣缴税款的，纳税人应当在取得所得的次年6 月 30 日前，缴纳税款；税务机关通知限期缴纳的，纳税人应当按照期限缴纳税款。

（6）居民个人从中国境外取得所得的，应当在取得所得的次年 3 月 1 日至 6 月 30 日内申报纳税。

（7）非居民个人在中国境内从两处以上取得工资、薪金所得的，应当在取得所得的次月15 日内申报纳税。

（8）纳税人因移居境外注销中国户籍的，应当在注销中国户籍前办理税款清算。

（9）扣缴义务人每月或者每次预扣、代扣的税款，应当在次月 15 日内缴入国库，并向税务机关报送扣缴个人所得税申报表。

纳税人办理汇算清缴退税或者扣缴义务人为纳税人办理汇算清缴退税的，税务机关审核后，按照国库管理的有关规定办理退税。

五、相关部门的协助义务

公安、人民银行、金融监督管理等相关部门应当协助税务机关确认纳税人的身份、金融账户信息。教育、卫生、医疗保障、民政、人力资源社会保障、住房城乡建设、公安、人民银行、金融监督管理等相关部门应当向税务机关提供纳税人子女教育、继续教育、大病医疗、住房贷款利息、住房租金、赡养老人等专项附加扣除信息。

个人转让不动产的，税务机关应当根据不动产登记等相关信息核验应缴的个人所得税，登记机构办理转移登记时，应当查验与该不动产转让相关的个人所得税的完税凭证。个人转让股权办理变更登记的，市场主体登记机关应当查验与该股权交易相关的个人所得税的完税凭证。

有关部门依法将纳税人、扣缴义务人遵守本法的情况纳入信用信息系统，并实施联合激励或者惩戒。

有关部门和单位有责任和义务向税务部门提供或者协助核实以下与专项附加扣除有关的信息：

（1）公安部门有关户籍人口基本信息、户籍成员关系信息、出入境证件信息、相关出国人员信息、户籍人口死亡标识等信息。

（2）卫生健康部门有关出生医学证明信息、独生子女信息。

（3）民政部门、外交部门、法院有关婚姻状况信息。

（4）教育部门有关学生学籍信息（包括学历继续教育学生学籍、考籍信息）、在相关部门备案的境外教育机构资质信息。

（5）人力资源社会保障等部门有关技工院校学生学籍信息、技能人员职业资格继续教育信息、专业技术人员职业资格继续教育信息。

（6）住房城乡建设部门有关房屋（含公租房）租赁信息、住房公积金管理机构有关住房公积金贷款还款支出信息。

（7）自然资源部门有关不动产登记信息。

（8）人民银行、金融监督管理部门有关住房商业贷款还款支出信息。

（9）医疗保障部门有关在医疗保障信息系统记录的个人负担的医药费用信息。

（10）国务院税务主管部门确定需要提供的其他涉税信息。

上述数据信息的格式、标准、共享方式，由国务院税务主管部门及各省、自治区、直辖市和计划单列市税务局商有关部门确定。

有关部门和单位拥有专项附加扣除涉税信息，但未按规定要求向税务部门提供的，拥有涉税信息的部门或者单位的主要负责人及相关人员承担相应责任。税务机关核查专项附加扣除情况时，纳税人任职受雇单位所在地、经常居住地、户籍所在地的公安派出所、居民委员会或者村民委员会等有关单位和个人应当协助核查。

六、个人所得税征收管理的其他规定

个人所得税的征收管理，依照本法和《税收征管法》的规定执行。纳税人、扣缴义务人和税务机关及其工作人员违反本法规定的，依照《税收征管法》和有关法律法规的规定追究法律责任。

各项所得的计算，以人民币为单位。所得为人民币以外的货币的，按照人民币汇率中间价折合成人民币缴纳税款。所得为人民币以外货币的，按照办理纳税申报或者扣缴申报的上1月最后一日人民币汇率中间价，折合成人民币计算应纳税所得额。年度终了后办理汇算清缴的，对已经按月、按季或者按次预缴税款的人民币以外货币所得，不再重新折算；对应当补缴税款的所得部分，按照上一纳税年度最后一日人民币汇率中间价，折合成人民币计算应纳税所得额。

对扣缴义务人按照所扣缴的税款，付给2‰的手续费。税务机关按照个人所得税法规定付给扣缴义务人手续费，应当填开退还书；扣缴义务人凭退还书，按照国库管理有关规定办理退库手续。这里不包括税务机关、司法机关等查补或者责令补扣的税款。扣缴义务人领取的扣缴手续费可用于提升办税能力、奖励办税人员。

个人所得税纳税申报表、扣缴个人所得税报告表和个人所得税完税凭证式样，由国务院税务主管部门统一制定。

对储蓄存款利息所得开征、减征、停征个人所得税及其具体办法，由国务院规定，并报全国人民代表大会常务委员会备案。军队人员个人所得税征收事宜，按照有关规定执行。

思考与练习

一、专业术语

个人所得税　居民　非居民　专项扣除　专项附加扣除　应纳税所得额　基本减除费用标准　综合所得　分项所得　综合与分类相结合的所得税制　分类所得税制　综合所得税制　预扣预缴　汇算清缴

二、思考题

1. 简述分类所得税制、综合所得税制、综合与分类相结合的所得税制各自的特点。

2. 我国个人所得税法是如何划分居民与非居民的？各自负担何种纳税义务？

3. 居民和非居民应纳税所得额的计算有什么不同？

4. 个人所得包括哪几项？

5. 专项扣除包括哪几项？专项附加扣除包括哪几项？

6. 综合所得包括哪几项？

7. 个人所得税的税率有几种？分别适用哪些情况？

8. 个人所得税应纳税所得额计算时费用扣除有哪几种？

9. 个人所得税税款缴纳方式有哪几种？

10. 哪些情况需要纳税人汇算清缴？

三、计算题

1. 2019年，小刘任职于LTT公司，每月工资15 000元。除工资薪金所得外无其他所得。每月扣除的"三险一金"3 000元，两个孩子均上学，子女教育支出专项附加扣除每月2 000元由其单独负担，赡养老人支出专项附加扣除每月2 000元（独生子），住房贷款利息支出专项附加扣除每月1 000元。无其他减免及特殊事项。

   要求：试计算小刘2019年的应纳个人所得税。

2. 小王任职于LTT公司，2019年1月1日起取得工资每月20 000元（税前）。小王个人所得税的专项扣除标准为4 000元/月，专项附加扣除标准为1 000元/月；除工资、薪金所得外无其他所得，无其他减免及特殊事项。

   要求：试计算自2019年1月至3月，LTT公司作为小王的扣缴义务人每个月应预扣预缴具体税额为多少？

3. 2019年，小刘任职于LTT公司，每月工资15 000元。每月扣除的"三险一金"3 000元，两个孩子均上学，子女教育支出专项附加扣除每月2 000元由其单独负担，赡养老人支出专项附加扣除每月2 000元（独生子），住房贷款利息支出专项附加扣除每月1 000元。无其他减免及特殊事项。LTT公司已预扣预缴小刘的工资、薪金个人所得税720元。除工资、薪金所得外，小刘在2019年3月份取得劳务报酬收入5 000元，已由支付单位预扣预缴个人所得税：$5 000 \times (1-20\%) \times 20\% = 800$（元）。6月份取得稿酬所得3 800元，已由支付单位预扣预缴个人所得税：$(3 800-800) \times (1-30\%) \times 20\% = 420$（元）。

   要求：试计算小刘2019年的综合所得应纳个人所得税。

第七章

资 源 税 制

学习 目标

通过本章的学习,了解我国资源税制的发展历程,熟悉我国资源税的税种构成,掌握我国资源税的税制规定,能够准确判定各个税种的征税范围,能够熟练计算各个税种的税额。

重点 难点

本章的重点是我国资源税的税种构成及其税制规定;难点是资源税的征税范围及计税依据的确定。

第一节 资 源 税

一、资源税概述

(一)资源税的概念

资源税是对在我国境内开采应税矿产品和生产盐的单位和个人,就其应税销售额或销售数量征收的一种税。

(二)资源税的产生与发展

1984 年,为了逐步建立和健全我国的资源税体系,我国开始征收资源税。鉴于当时的一些客观原因,资源税的征收范围很有限,只有煤炭、石油和天然气三种,后来又增加了铁矿石。

1993 年 12 月,国务院重新修订颁布了《中华人民共和国资源税暂行条例》,同年,财政部公布了资源税实施细则,自 1994 年 1 月 1 日起执行。此次修订把资源税的征收范围进一步扩大到其他非金属矿原矿、黑色金属矿原矿、有色金属矿原矿,在取消对盐税作为一个独立税种的同时,也把盐纳入了资源税的征收范围之内。2010 年开始,资源税从价计征改革试点正式启动。2010 年 6 月 1 日,财政部印发《新疆原油天然气资源税改革若干问题的规定》,率先在新疆实行原油、天然气资源税从价计征。2010 年 12 月 1 日,资源税改革试点扩大到内蒙古、甘肃、四川、青海、贵州、宁夏等 12 个西部省区,煤炭资源税改革仍然缺席。2011 年 9 月 21 日,《国务院关于修改〈中华人民共和国资源税暂行条例〉的决定》对原暂行条例进行了修订。此次修订的核心是逐步将资源税由从量定额征收改为从价定率征收。2011 年 10 月 10 日,国务院正式发布《国务院关于修改〈中华人民共和国资源税暂行条例〉的决定》,并于 2011 年 11 月 1 日执行。这次修改,将资源税纳税人的界定由原"境内"改为"领域及管辖海域",将原油和天然气改为从价征收,并提高了焦煤资源税税率,但煤炭资源税依然为从量计征。2011 年 10 月 28 日,财政部、国家税务总局发布《中华人民共和国资源税暂行条例实施细则》。2014 年 10 月 9 日,财政部、国家税务总局发布财税〔2014〕72 号文件,从 2014 年 12 月 1 日起正式将煤炭改为从价征收。同日,财政部、国家税务总局发布财税〔2014〕73 号文件,从 2014 年 12 月 1 日起原油、天然气矿产资源补偿费费率降为零,相应将资源税适用税率由 5% 提高至 6%。2015 年 4 月 30 日,财政部、国家税务总局发布财税〔2015〕52 号文件《财政部 国家税务总局关于实施稀土、钨、钼资源税从价计征改革的通知》,自 2015 年 5 月 1 日起对稀土、钨、钼资源税清费立税、从价计征。

2016 年 5 月,财政部、国家税务总局联合对外发文《财政部 国家税务总局 关于全面推进资源税改革的通知》,宣布自 2016 年 7 月 1 日起,在我国全面推进资源税改革,根据通知要求,我国将开展水资源税改革试点工作,并率先在河北试点,采取水资源费改税方式,将地表水和地下水纳入征税范围,实行从量定额计征,对高耗水行业、超计划用水以及在地下水超采地区取用地下水,适当提高税额标准,正常生产生活用水维持原有负担水平不变。为推进水资源的全面节约和循环利用,推动形成绿色发展方式和生活方式,按照党中央、国务院决策部署,2017 年 11 月 24 日,《财政部 税务总局 水利部关于印发〈扩大水资源税改革试点实施办法〉的通知》(财税〔2017〕80 号)明确,自 2017 年 12 月 1 日起在北京、天津、山西、山东、河南、四川、陕西、宁夏、内蒙古等 9 个省(自治区、直辖市)扩大水资源税改革试点。在总结试点经验基础上,财政部、国家税务总局将选择其他地区逐步扩大试点范围,条件成熟后在全国推开,其他自然资源也将逐步纳入征收范围。考虑到森林、草场、滩涂等资源在各地区的市场开发利用情况不尽相同,对其全面开征资源税条件尚不成熟,此次改革不在全国范围统一规定对森林、草场、滩涂等资源征税,但对具备征收条件的,授权省级政府可结合本地实际,根据森林、草场、滩涂等资源开发利用情况提出征收资源税具体方案建议,报国务院批准后实施。

(三) 资源税的特点

(1) 征税范围较窄。自然资源是生产资料或生活资料的天然来源,它包括的范围很广,如矿产资源、土地资源、水资源、动植物资源等。目前我国的资源税征税范围较窄,仅选择了部分级差收入差异较大,资源较为普遍,易于征收管理的自然资源列为征税范围。随着我国经济的快速发展,对自然资源的合理利用和有效保护将越来越重要,因此,资源税的征税范围应逐步扩大。

(2) 实行差别征收。我国现行资源税按照"资源条件好、收入多的多征;资源条件差、收入少的少征"的原则,根据自然资源等级分别确定不同的征收标准,以有效地调节资源级差收入。

(3) 实行源泉课征。不论采掘或生产单位是否属于独立核算,资源税均规定在采掘或生产地源泉控制征收,这样既照顾了采掘地的利益,又避免了税款的流失。这与其他税种由独立核算的单位统一缴纳不同。

二、资源税的征税范围、纳税义务人和税率

(一) 征税范围

资源税的征税范围是指在中华人民共和国境内开采、生产并销售应税产品的行为(见表 7-1)。

表 7-1 资源税的征税范围

类别	说 明
原油	对开采的天然原油征税,对人造石油不征税
天然气	专门开采和与原油同时开采的天然气征税,对地面抽采煤层气(煤矿瓦斯)暂不征税

(续表)

类别	说　明
煤炭	包括原煤和以未税原煤(自采原煤)加工的洗选煤
其他非金属矿	除原油、天然气、煤炭之外的非金属矿,包括石墨、硅藻土、高岭土、萤石、石灰石、硫铁矿、磷矿、氯化钾、硫酸钾、井矿盐、湖盐、提取地下卤水晒制的盐、煤层(成)气、海盐、稀土、未列举名称的其他非金属矿产品
金属矿	铁矿、金矿、铜矿、铝土矿、铅锌矿、镍矿、锡矿、钨、钼矿和未列举名称的其他金属矿产品原矿或精矿
水	江、河、湖泊(含水库)等地表水和地下水(区域范围为河北、北京、天津、山西、内蒙古、河南、山东、四川、宁夏、陕西等纳入水资源税改革试点的 10 省、市)

注:原煤是指开采出的毛煤经过简单选矸(矸石直径 50 mm 以上)后的煤炭,以及经过筛选分类后的筛选煤等;洗选煤是指经过筛选、破碎、水洗、风洗等物理化学工艺,去灰去矸后的煤炭产品,包括精煤、中煤、煤泥等,不包括煤矸石。

下列情形视同销售应税产品,征收资源税:

(1)纳税人以自采原矿直接加工为非应税产品的,视同原矿销售。

(2)纳税人以自采原矿洗选(加工)后的精矿连续生产非应税产品的,视同精矿销售。

(3)以应税产品投资、分配、抵债、赠与、以物易物等,视同应税产品销售。

(二)纳税义务人

在中华人民共和国领域及管辖海域开采应税矿产品或者生产盐的单位和个人,为资源税的纳税人。

收购未税矿产品的独立矿山、联合企业和其他单位(包括个体户)为资源税的扣缴义务人。

(三)税率

1. 税率的基本规定

对资源税税目税率幅度表(见表 7-2)中列举名称的 21 种资源品目和未列举名称的其他金属矿实行从价计征;对粘土、砂石,实行从量计征;对资源税税目税率幅度表中未列举名称的其他非金属矿产品,按照从价计征为主、从量计征为辅的原则,由省级人民政府确定计征方式。

表 7-2　　　　　　　　　　　　资源税税目税率幅度表

序号	税目		征税对象	税率幅度
1	金属矿	铁矿	精矿	1%～6%
2		金矿	金锭	1%～4%
3		铜矿	精矿	2%～8%
4		铝土矿	原矿	3%～9%
5		铅锌矿	精矿	2%～6%
6		镍矿	精矿	2%～6%
7		锡矿	精矿	2%～6%
8		未列举名称的其他金属矿产品	原矿或精矿	不超过 20%

（续表）

序号	税目		征税对象	税率幅度
9	非金属矿	石墨	精矿	3％～10％
10		硅藻土	精矿	1％～6％
11		高岭土	原矿	1％～6％
12		萤石	精矿	1％～6％
13		石灰石	原矿	1％～6％
14		硫铁矿	精矿	1％～6％
15		磷矿	原矿	3％～8％
16		氯化钾	精矿	3％～8％
17		硫酸钾	精矿	6％～12％
18		井矿盐	氯化钠初级产品	1％～6％
19		湖盐	氯化钠初级产品	1％～6％
20		提取地下卤水晒制的盐	氯化钠初级产品	3％～15％
21		煤层(成)气	原矿	1％～2％
22		粘土、砂石	原矿	每吨或立方米 0.1～5 元
23		未列举名称的其他非金属矿产品	原矿或精矿	从量税率每吨或立方米不超过 30 元；从价税率不超过 20％
24	海盐		氯化钠初级产品	1％～5％

对资源税税目税率幅度表中列举名称的资源品目,由省级人民政府在规定的税率幅度内提出具体适用税率建议,报财政部、国家税务总局确定核准。对未列举名称的其他金属和非金属矿产品,由省级人民政府根据实际情况确定具体税目和适用税率,报财政部、国家税务总局备案。

2. 税率的其他规定

（1）纳税人开采销售共伴生矿,共伴生矿与主矿产品销售额分开核算的,对共伴生矿暂不计征资源税;没有分开核算的,共伴生矿按主矿产品的税目和适用税率计征资源税。

（2）纳税人开采或者生产不同税目应税产品的,应当分别核算不同税目应税产品的销售额或者销售数量;未分别核算或者不能准确提供不同税目应税产品的销售额或者销售数量的,从高适用税率。

三、资源税的计税依据

资源税的计税依据为应税产品的计税销售额或销售数量,各税目的征税对象包括原矿、精矿(或原矿加工品)、金锭、氯化钠初级产品,具体按照《资源税税目税率幅度表》相关规定执行。对未列举名称的其他矿产品,省级人民政府可对本地区主要矿产品按矿种设定税目,对其余矿产品按类别设定税目,并按其销售的主要形态(如原矿、精矿)确定征税对象。

（一）计税销售额

1. 计税销售额确定的一般规定

销售额是指纳税人销售应税产品向购买方收取的全部价款和价外费用，不包括增值税销项税额和运杂费用。

运杂费用是指应税产品从坑口或洗选（加工）地到车站、码头或购买方指定地点的运输费用、建设基金以及随运销产生的装卸、仓储、港杂费用。运杂费用应与销售额分别核算，凡未取得相应凭据或不能与销售额分别核算的，应当一并计征资源税。

2. 计税销售额确定的其他规定

1）原矿销售额与精矿销售额换算或折算的规定

为公平原矿与精矿之间的税负，对同一种应税产品，征税对象为精矿的，纳税人销售原矿时，应将原矿销售额换算为精矿销售额缴纳资源税；征税对象为原矿的，纳税人销售自采原矿加工的精矿，应将精矿销售额折算为原矿销售额缴纳资源税。换算比或折算率原则上应通过原矿售价、精矿售价和选矿比计算，也可通过原矿销售额、加工环节平均成本和利润计算。

金矿以标准金锭为征税对象，纳税人销售金原矿、金精矿的，应比照上述规定将其销售额换算为金锭销售额缴纳资源税。

2）扣减已税产品购进金额的规定

纳税人以自采未税产品和外购已税产品混合销售或者混合加工为应税产品销售的，在计算应税产品计税销售额时，准予扣减已单独核算的已税产品购进金额；未单独核算的，一并计算缴纳资源税。已税产品购进金额当期不足扣减的可结转下期扣减。

纳税人核算并扣减当期外购已税产品购进金额，应依据外购已税产品的增值税发票、海关进口增值税专用缴款书或者其他合法有效凭据。

3. 税务机关确定或调整销售额的情形

纳税人有视同销售应税产品行为而无销售价格的，或者申报的应税产品销售价格明显偏低且无正当理由的，税务机关应按下列顺序确定其应税产品计税价格：

（1）按纳税人最近时期同类产品的平均销售价格确定。

（2）按其他纳税人最近时期同类产品的平均销售价格确定。

（3）按应税产品组成计税价格确定：

$$组成计税价格 ＝ 成本×（1＋成本利润率）÷（1－资源税税率）$$

（4）按后续加工非应税产品销售价格，减去后续加工环节的成本利润后确定。

（5）按其他合理方法确定。

纳税人与其关联企业之间的业务往来，应当按照独立企业之间的业务往来收取或者支付价款、费用。不按照独立企业之间的业务往来收取或者支付价款、费用，而减少其计税销售额的，税务机关可以按照《税收征管法》及其实施细则的有关规定进行合理调整。

（二）计税销售数量

销售数量是指从量计征的应税产品销售数量，包括应税产品实际销售数量和视同销售数量两部分。

原矿和精矿的销售额或者销售量应当分别核算，未分别核算的，从高确定计税销售额或者销售数量。

四、资源税的税收优惠

有下列情形之一的,减征或者免征资源税:

(1) 开采原油过程中用于加热、修井的原油免税。

(2) 纳税人开采或者生产应税产品过程中,因意外事故或者自然灾害等原因遭受重大损失的,由省、自治区、直辖市人民政府酌情决定减税或者免税。

(3) 国务院规定的其他减税、免税项目。

① 对符合条件的采用充填开采方式采出的矿产资源,资源税减征 50%;对符合条件的衰竭期矿山开采的矿产资源,资源税减征 30%。具体认定条件由财政部、国家税务总局规定。

② 对鼓励利用的低品位矿、废石、尾矿、废渣、废水、废气等提取的矿产品,由省级人民政府根据实际情况确定是否减税或免税,并制定具体办法。

五、资源税的征收管理

(一)资源税纳税义务发生的时间

(1) 纳税人销售应税产品,其纳税义务发生时间是:

① 纳税人采取分期收款结算方式的,其纳税义务发生时间,为销售合同规定的收款日期的当天;

② 纳税人采取预收货款结算方式的,其纳税义务发生时间,为发出应税产品的当天;

③ 纳税人采取其他结算方式的,其纳税义务发生时间,为收讫销售款或者取得索取销售款凭据的当天。

(2) 纳税人自产自用应税产品的纳税义务发生时间,为移送使用应税产品的当天。

(3) 扣缴义务人代扣代缴税款的纳税义务发生时间,为支付货款的当天。

(二)资源税的纳税环节

资源税在应税产品的销售或自用环节计算缴纳。以自采原矿加工精矿产品的,在原矿移送使用时不缴纳资源税,在精矿销售或自用时缴纳资源税。

纳税人以自采原矿加工金锭的,在金锭销售或自用时缴纳资源税。纳税人销售自采原矿或者自采原矿加工的金精矿、粗金,在原矿或者金精矿、粗金销售时缴纳资源税,在移送使用时不缴纳资源税。

以应税产品投资、分配、抵债、赠与、以物易物等,视同销售,依照有关规定计算缴纳资源税。

(三)资源税的纳税地点

纳税人开采或者生产资源税应税产品,应当依法向开采地或者生产地主管税务机关申报缴纳资源税。纳税人在本省、自治区、直辖市范围开采或者生产应税产品,其纳税地点需要调整的,由省级税务机关决定。

(四)资源税的纳税期限

纳税人的纳税期限为 1 日、3 日、5 日、10 日、15 日或者 1 个月,由主管税务机关根据实际情况具体核定。不能按固定期限计算纳税的,可以按次计算纳税。

纳税人以 1 个月为一期纳税的,自期满之日起 10 日内申报纳税;以 1 日、3 日、5 日、10 日或者 15 日为一期纳税的,自期满之日起 5 日内预缴税款,于次月 1 日起 10 日内申报纳税并结清上月税款。

附:水资源税改革试点

一、水资源税的开征

为加强水资源管理和保护,促进水资源节约与合理开发利用,2016 年 5 月 10 日,财政部、国家税务总局联合对外发文《财政部 国家税务总局 关于全面推进资源税改革的通知》,宣布自 2016 年 7 月 1 日起,我国全面推进资源税改革。根据该通知,我国将开展水资源税改革试点工作,并率先在河北试点,采取水资源费改税方式,将地表水和地下水纳入征税范围,实行从量定额计征,对高耗水行业、超计划用水以及在地下水超采地区取用地下水,适当提高税额标准,正常生产生活用水维持原有负担水平不变。在总结试点经验基础上,财政部、国家税务总局将选择其他地区逐步扩大试点范围,条件成熟后在全国推开。

2017 年 12 月 24 日,《财政部 国家税务总局 水利部关于印发〈扩大水资源税改革试点实施办法〉的通知》(财税〔2017〕80 号),宣布自 2017 年 12 月 1 日起在北京、天津、山西、内蒙古、山东、河南、四川、陕西、宁夏等 9 个省(自治区、直辖市)扩大水资源税改革试点。水资源税改革试点期间,水资源税收入全部归属试点省份。

二、水资源税的征税对象

水资源税的征税对象为地表水和地下水。

地表水是陆地表面上动态水和静态水的总称,包括江、河、湖泊(含水库)等水资源。

地下水是埋藏在地表以下各种形式的水资源。

三、水资源税的纳税人

除另有规定的情形外,其他直接取用地表水、地下水的单位和个人,为水资源税纳税人,应当按照规定缴纳水资源税。

相关纳税人应当按照《中华人民共和国水法》《取水许可和水资源费征收管理条例》等规定申领取水许可证。

下列情形,不缴纳水资源税:

(1)农村集体经济组织及其成员从本集体经济组织的水塘、水库中取用水的。

(2)家庭生活和零星散养、圈养畜禽饮用等少量取用水的。

(3)水利工程管理单位为配置或者调度水资源取水的。

(4)为保障矿井等地下工程施工安全和生产安全必须进行临时应急取用(排)水的。

(5)为消除对公共安全或者公共利益的危害临时应急取水的。

(6)为农业抗旱和维护生态与环境必须临时应急取水的。

四、水资源税的税率

水资源税采用差别定额税率。

除中央直属和跨省(区、市)水力发电取用水外,由试点省份省级人民政府统筹考虑本地区水资源状况、经济社会发展水平和水资源节约保护要求,在试点省份水资源税最低平均税额表(见表 7-3)规定的最低平均税额基础上,分类确定具体适用税额。

表 7-3 　　　　　　　　　试点省份水资源税最低平均税额表 　　　　　单位:元/立方米

省(市、区)	地表水最低平均税额	地下水最低平均税额
北京	1.6	4.0
天津	0.8	4.0

（续表）

省（市、区）	地表水最低平均税额	地下水最低平均税额
山西	0.5	2.0
内蒙古	0.5	2.0
山东	0.4	1.5
河南	0.4	1.5
四川	0.1	0.2
山西	0.3	0.7
宁夏	0.3	0.7

试点省份的中央直属和跨省（区、市）水力发电取用水税额为每千瓦时 0.005 元。跨省（区、市）界河水电站水力发电取用水水资源税额，与涉及的非试点省份水资源费征收标准不一致的，按较高一方标准执行。

五、水资源税应纳税额的计算

（1）水资源税实行从量计征，应纳税额的计算公式为：

$$应纳税额 = 实际取用水量 × 适用税额$$

关于实际取用水量。纳税人应当安装取用水计量设施。纳税人未按规定安装取用水计量设施或者计量设施不能准确计量取用水量的，按照最大取水（排水）能力或者省级财政、税务、水行政主管部门确定的其他方法核定取用水量。

城镇公共供水企业实际取用水量应当考虑合理损耗因素。

疏干排水的实际取用水量按照排水量确定。疏干排水是指在采矿和工程建设过程中破坏地下水层、发生地下涌水的活动。

关于适用税额。适用税额是指取水口所在地的适用税额。

（2）水力发电和火力发电贯流式（不含循环式）冷却取用水应纳税额的计算公式为：

$$应纳税额 = 实际发电量 × 适用税额$$

火力发电贯流式冷却取用水是指火力发电企业从江河、湖泊（含水库）等水源取水，并对机组冷却后将水直接排入水源的取用水方式。火力发电循环式冷却取用水是指火力发电企业从江河、湖泊（含水库）、地下等水源取水并引入自建冷却水塔，对机组冷却后返回冷却水塔循环利用的取用水方式。

六、水资源税的税收优惠

下列情形中，予以免征或者减征水资源税：

（1）规定限额内的农业生产取用水，免征水资源税。

（2）取用污水处理再生水，免征水资源税。

（3）除接入城镇公共供水管网以外，军队、武警部队通过其他方式取用水的，免征水资源税。

（4）抽水蓄能发电取用水，免征水资源税。

（5）采油排水经分离净化后在封闭管道回注的，免征水资源税。

（6）财政部、税务总局规定的其他免征或者减征水资源税情形。

七、水资源税的征收管理

（一）纳税义务发生的时间

水资源税的纳税义务发生时间为纳税人取用水资源的当日。

（二）纳税期限

除农业生产取用水外，水资源税按季或者按月征收，由主管税务机关根据实际情况确定。对超过规定限额的农业生产取用水水资源税可按年征收。不能按固定期限计算纳税的，可以按次申报纳税。

纳税人应当自纳税期满或者纳税义务发生之日起 15 日内申报纳税。

（三）纳税地点

水资源税的纳税人应当向生产经营所在地的税务机关申报缴纳水资源税。在试点省份内取用水，其纳税地点需要调整的，由省级财政、税务部门决定。

跨省（区、市）调度的水资源，由调入区域所在地的税务机关征收水资源税。

第二节 城镇土地使用税

一、城镇土地使用税概述

城镇土地使用税是指国家在城市、县城、建制镇、工矿区范围内，对使用土地的单位和个人，以其实际占用的土地面积为计税依据，按照规定的税额计算征收的一种税。

开征城镇土地使用税，有利于通过经济手段，加强对土地的管理，变土地的无偿使用为有偿使用，促进合理、节约使用土地，提高土地使用效益；有利于适当调节不同地区、不同地段之间的土地级差收入，促进企业加强经济核算，理顺国家与土地使用者之间的分配关系。

1988 年 9 月 27 日，国务院发布了《中华人民共和国城镇土地使用税暂行条例》（以下简称《城镇土地使用税暂行条例》），并规定从 1988 年 11 月 1 日起施行。2006 年 12 月 31 日，《国务院关于修改〈中华人民共和国城镇土地使用税暂行条例〉的决定》发布，对《城镇土地使用税暂行条例》进行了修改，并从 2007 年 1 月 1 日起实施。

二、城镇土地使用税征税范围

城镇土地使用税在城市、县城、建制镇和工矿区征收。

城市是指经国务院批准设立的市。城市的征税范围为市区和郊区。县城是指县人民政府所在地。县城的征税范围为县人民政府所在地的城镇。建制镇是指经省、自治区、直辖市人民政府批准设立的建制镇。建制镇的征税范围为镇人民政府所在地。工矿区是指工商业比较发达、人口比较集中，符合国务院规定的建制镇标准，但尚未设立建制镇的大中型工矿企业所在地。开征城镇土地使用税的工矿区须经省、自治区、直辖市人民政府批准。城市、县城、建制镇、工矿区的具体征税范围，由各省、自治区、直辖市人民政府确定。

三、城镇土地使用税纳税义务人

（1）城镇土地使用税以拥有土地使用权的单位和个人为纳税义务人。

（2）拥有土地使用权的纳税人不在土地所在地的，由代管人或实际使用人纳税。

（3）土地使用权属于未确定或权属纠纷未解决的，由实际使用人缴纳。

（4）土地使用权共有的,由各方按其实际使用的土地面积占总面积的比例,分别计算缴纳土地使用税。

四、城镇土地使用税税率

城镇土地使用税采用有幅度的差别定额税率,即按大、中、小城市和县城、建制镇、工矿区分别规定不同的税额。《城镇土地使用税暂行条例》规定的每平方米土地的年税额为:

（1）大城市 1.5 元至 30 元。

（2）中等城市 1.2 元至 24 元。

（3）小城市 0.9 元至 18 元。

（4）县城、建制镇、工矿区 0.6 元至 12 元。

此外,考虑到一些地区经济较为落后,需要适当降低税额,以及一些经济发达地区需要适当提高税额的情况,《城镇土地使用税暂行条例》规定,经济落后地区土地使用税的适用税额,经省、自治区、直辖市人民政府批准,可以适当降低,但降低额不得超过本条例规定的最低税额的 30%;经济发达地区的土地使用税的适用税额标准可以适当提高,但须报财政部批准。

五、城镇土地使用税的计税依据

城镇土地使用税以纳税人实际占用的土地面积为计税依据,并按照下列办法确定:

（1）由省、自治区、直辖市人民政府确定的单位组织测定土地面积的,以测定的土地面积为准。

（2）尚未测定,但纳税人持有政府部门核发的土地使用证书的,以证书确认的土地面积为准。

（3）尚未核发土地使用证书的,应由纳税人申报土地面积,据以纳税,待核发土地使用证书以后再作调整。

六、城镇土地使用税额计算

城镇土地使用税是以纳税人实际占用的土地面积为计税依据,按照规定的适用税额计算征收。其计算公式为:

$$年应纳税额 = 计税土地面积（平方米）\times 适用税额$$

七、城镇土地使用税的税收优惠

下列土地免征城镇土地使用税:

（1）国家机关、人民团体、军队自用的土地。

（2）由国家财政部门拨付事业经费的单位自用的土地。

（3）宗教寺庙、公园、名胜古迹自用的土地。

（4）市政街道、广场、绿化地带等公共用地。

（5）直接用于农、林、牧、渔业的生产用地。

（6）经批准开山填海整治的土地和改造的废弃土地,从使用的月份起免缴土地使用税 5 年至 10 年。

（7）由财政部另行规定免税的能源、交通、水利设施用地和其他用地。

除上述规定外，纳税人缴纳土地使用税确有困难需要定期减免的，由省、自治区、直辖市税务机关审核后，报国家税务总局批准。

八、城镇土地使用税的征收管理

（一）纳税义务发生的时间

（1）纳税人购置新建商品房，自房屋交付使用之次月起，缴纳城镇土地使用税。

（2）纳税人购置存量房，自办理房屋权属转移、变更登记手续，房地产权属登记机关签发房屋权属证书之次月起，缴纳城镇土地使用税。

（3）纳税人出租、出借房产，自交付出租、出借房产之次月起，缴纳城镇土地使用税。

（4）以出让或者转让方式有偿取得土地使用权的，应由受让方从合同约定交付土地时间的次月起缴纳城镇土地使用税；合同未约定交付土地时间的，由受让方从合同签订的次月起缴纳城镇土地使用税。

（5）纳税人新征用的耕地，自批准征用之日起满1年时，开始缴纳城镇土地使用税。

（6）纳税人新征用的非耕地，自批准征用次月起，缴纳城镇土地使用税。

（二）纳税地点

城镇土地使用税由土地所在地的税务机关征收。纳税人使用的土地不属于同一省（自治区、直辖市）管辖范围的，应由纳税人分别向土地所在地税务机关缴纳；在同一省（自治区、直辖市）管辖范围内，纳税人跨地区使用的土地，其纳税地点由省、自治区、直辖市税务机关确定。

（三）纳税期限

城镇土地使用税按年计算、分期缴纳。纳税期限由省、自治区、直辖市人民政府确定。各地一般结合当地情况，分别确定按月、季或半年等不同的期限缴纳。

第三节　耕地占用税

我国人口众多，耕地资源有限。为了合理利用土地资源，加强土地管理，保护耕地，防止乱占滥用耕地，同时为农业综合开发提供必要的资金来源。国务院于1987年4月1日发布了《中华人民共和国耕地占用税暂行条例》（以下简称《耕地占用税暂行条例》），2007年12月，国务院批准对该条例进行了修订，自2008年1月1日起施行。2018年12月29日，第十三届全国人民代表大会常务委员会第七次会议通过了《中华人民共和国耕地占用税法》（以下简称《耕地占用税法》），耕地占用税上升为法律。开征耕地占用税有利于加强土地管理，减少占有耕地行为，保护耕地资源。

一、耕地占用税概述

（一）耕地占用税的概念

耕地占用税是对在我国境内占用耕地建设建筑物、构筑物或者从事非农业建设的单位和个人征收的一种税。征税目的是为了合理利用土地资源，加强土地管理，保护农用耕地。

（二）耕地占用税的特点

耕地占用税作为一个出于特定目的、对特定的土地资源课征的税种，与其他税种相比，

具有比较鲜明的特点,主要表现在:

(1)兼具资源税与特定行为税的性质。耕地占用税以占用农用耕地建房或从事其他非农用建设的行为为征税对象,以约束纳税人占用耕地的行为、促进土地资源的合理运用为课征目的,除具有资源占用税的属性外,还具有明显的特定行为税的特点。

(2)采用地区差别税率。耕地占用税采用地区差别税率,根据不同地区的具体情况,分别制定差别税额,以适应中国地域辽阔、各地区之间耕地质量差别较大、人均占有耕地面积相差悬殊的具体情况,具有因地制宜的特点。

(3)在占用耕地环节一次性课征。耕地占用税在纳税人获准占用耕地的环节征收,除对获准占用耕地后超过2年未使用者须加征耕地占用税外,此后不再征收耕地占用税。因而,耕地占用税具有一次性征收的特点。

(4)税收收入专用于耕地开发与改良。耕地占用税收入按规定应用于建立发展农业专项基金,主要用于开展宜耕土地开发和改良现有耕地之用,因此,具有"取之于地、用之于地"的补偿性特点。

二、耕地占用税的征税范围

耕地占用税的征税范围包括纳税人为建设建筑物、构筑物或者从事非农业建设而占用的耕地。所谓"耕地"是指种植农业作物的土地,包括菜地、园地。其中,园地包括花圃、苗圃、茶园、果园、桑园和其他种植经济林木的土地。

纳税人因建设项目施工或者地质勘查临时占用耕地,应当依法缴纳耕地占用税。纳税人在批准临时占用耕地期满之日起1年内依法复垦,恢复种植条件的,全额退还已经缴纳的耕地占用税。

占用园地、林地、草地、农田水利用地、养殖水面、渔业水域滩涂以及其他农用地建设建筑物、构筑物或者从事非农业建设的,依法缴纳耕地占用税;建设直接为农业生产服务的生产设施的,不缴纳耕地占用税。

占用耕地建设农田水利设施的,不缴纳耕地占用税。

三、耕地占用税的纳税义务人

占用耕地建房或者从事非农业建设的单位或者个人,为耕地占用税的纳税人。

这里的"单位",包括国有企业、集体企业、私营企业、股份制企业、外商投资企业、外国企业以及其他企业和事业单位、社会团体、国家机关、部队以及其他单位;这里的"个人",包括个体工商户以及其他个人。

四、耕地占用税的计税依据和税率

(一)计税依据

耕地占用税以纳税人实际占用的耕地面积为计税依据,按照规定的适用税额一次性征收。

$$应纳税额 = 纳税人实际占用的耕地面积(平方米) \times 适用税额$$

(二)耕地占用税的税率

(1)人均耕地不超过1亩的地区(以县、自治县、不设区的市、市辖区为单位,下同),每平方米为10元至50元。

（2）人均耕地超过 1 亩但不超过 2 亩的地区,每平方米为 8 元至 40 元。

（3）人均耕地超过 2 亩但不超过 3 亩的地区,每平方米为 6 元至 30 元。

（4）人均耕地超过 3 亩的地区,每平方米为 5 元至 25 元。

各地区耕地占用税的适用税额,由省、自治区、直辖市人民政府根据人均耕地面积和经济发展等情况,在前款规定的税额幅度内提出,报同级人民代表大会常务委员会决定,并报全国人民代表大会常务委员会和国务院备案。各省、自治区、直辖市耕地占用税适用税额的平均水平,不得低于《耕地占用税法》所附各省、自治区、直辖市耕地占用税平均税额表规定的平均税额。

附:各省、自治区、直辖市耕地占用税平均税额表(见表 7-4)

表 7-4 各省、自治区、直辖市耕地占用税平均税额表

省、自治区、直辖市	平均税额元/平方米
上海	45.0
北京	40.0
天津	35.0
江苏、浙江、福建、广东	30.0
辽宁、湖北、湖南	25.0
河北、安徽、江西、山东、河南、重庆、四川	22.5
广西、海南、贵州、云南、陕西	20.0
山西、吉林、黑龙江	17.5
内蒙古、西藏、甘肃、青海、宁夏、新疆	12.5

五、耕地占用税的减免

（1）军事设施、学校、幼儿园、社会福利机构、医疗机构占用耕地,免征耕地占用税。

（2）铁路线路、公路线路、飞机场跑道、停机坪、港口、航道、水利工程占用耕地,减按每平方米 2 元的税额征收耕地占用税。

（3）农村居民在规定用地标准以内占用耕地新建自用住宅,按照当地适用税额减半征收耕地占用税;其中农村居民经批准搬迁,新建自用住宅占用耕地不超过原宅基地面积的部分,免征耕地占用税。

（4）农村烈士遗属、因公牺牲军人遗属、残疾军人以及符合农村最低生活保障条件的农村居民,在规定用地标准以内新建自用住宅,免征耕地占用税。

（5）根据国民经济和社会发展的需要,国务院可以规定免征或者减征耕地占用税的其他情形,报全国人民代表大会常务委员会备案。

免征或者减征耕地占用税后,纳税人改变原占地用途,不再属于免征或者减征耕地占用税情形的,应当按照当地适用税额补缴耕地占用税。

六、耕地占用税的征收管理

耕地占用税的纳税义务发生时间为纳税人收到自然资源主管部门办理占用耕地手续的

书面通知的当日。纳税人应当自纳税义务发生之日起 30 日内申报缴纳耕地占用税。

思考与练习

一、专业术语

资源税　城镇土地使用税　耕地占用税

二、思考题

1. 我国资源税征税范围包括哪些？如何认识现行资源税的征税范围？

2. 城镇土地使用税与耕地占用税的征税范围是如何规定的？

三、计算题

1. 某油田企业为增值税一般纳税人。2019 年 2 月，该企业销售自产原油 1 000 吨，取得含税收入 2 340 万元，同时向购买方收取赔偿金 3.51 万元、储备费 2.34 万元；支付运输费用 1 万元，取得增值税专用发票。原油资源税税率 6%。请计算该油田企业当月应缴纳的资源税。

2. 2019 年年初，某食品加工厂实际占地 10 000 平方米，其中生产办公用地 8 000 平方米，幼儿园用地 1 500 平方米，将剩余的 500 平方米无偿提供给公安局使用。已知该厂所在地城镇土地使用税年税额为 4 元/平方米。请计算该厂当年应缴纳的城镇土地使用税。

第八章

财 产 税 制

学习 目标

财产税制包括房产税、契税和车船税三个税种。通过本章的学习,要求了解房产税、契税和车船税的概念和特征;掌握房产税、契税和车船税的纳税人、征税范围、税率设置以及应纳税额计算;熟悉房产税、契税和车船税的税收优惠和征收管理的相关规定。

重点 难点

本章重点是房产税、契税和车船税的纳税人、征税范围、税率设置以及应纳税额计算;难点是把握上海、重庆房产税试点与我国现行房产税的区别。

第一节 房 产 税

房产税是我国一个古老税种,最早始于周代。中华人民共和国成立后,政务院于1950年1月公布了《全国税政实施要则》,规定全国统一征收房产税和地产税。同年6月,为简并税种,将房产税和地产税合并为房地产税。1973年税制改革,在简化税制的原则下,把试行工商税的企业缴纳的城市房地产税并入了工商税,但保留城市房地产税这一税种,只对居民个人和房产管理部门以及外侨的房屋继续征收。1984年在工商税全面改革过程中,重新恢复对房产征税。1986年9月15日,国务院正式发布了《中华人民共和国房产税暂行条例》,从当年10月1日开始施行。各省、自治区、直辖市人民政府根据暂行条例规定,先后制定了实施细则。2008年12月31日,颁布中华人民共和国国务院令,1951年8月8日,政务院公布的《中华人民共和国城市房地产税暂行条例》自2009年1月1日起废止。自2009年1月1日起,外商投资企业、外国企业和组织以及外籍个人,依照《中华人民共和国房产税暂行条例》缴纳房产税。

一、房产税的概念与特点

(一)房产税的概念

房产税是以房屋为征税对象,按照房屋的计税余值或租金收入,向产权所有人征收的一种财产税。

(二)房产税的特点

1. 房产税属于房产税中的个别财产税

财产税按征收方式分类,可分为一般财产税与个别财产税。一般财产税也称综合财产税,是对纳税人拥有的财产综合课征的税收。个别财产税也称特种财产税,是对纳税人所拥有的土地、房屋、资本或其他财产分别课征的税收。房产税属于个别财产税。

2. 征税范围限于城镇的经营性住房

房产税是在城市、县城、建制镇、工矿区范围内征收,不涉及农村。农村的房屋,大部分是农民居住用房,为了不增加农民负担,对农村的房屋没有纳入征收范围。另外,对某些拥有住房、但自身没有纳税能力的单位,税法也通过免税方式将这类房屋排除在征收范围之外。

自 2011 年 1 月起,上海、重庆开始试点对住房征收房产税,但是两试点方案均存在公平性不足的问题,故至今没有大范围推广。

3. 通过区别房屋的经营适用方式规定征税办法

拥有房屋的单位和个人,既可以自己使用房屋,又可以把房屋用于出租、出典。房产税根据纳税人经营形式不同,确定对房屋征税既可以按房产计税余值征收,又可以按租金收入征收,使其符合纳税人的经营特点,便于平衡税收负担和征收管理。

二、房产税的征收对象、纳税人、税率

(一)房产税的征收对象和课税范围

1. 房产税的征收对象

房产税的征税对象是房产,即有屋面和围护结构(有墙或两边有柱),能够遮风避雨,可提供人们在其中生产、学习、工作、娱乐、居住或储藏物资的场所。

由于房屋属不动产,所以与房屋不可分割的各种附属设备或一般不单独计算价值的配套设施,也应作为房屋一并征税。但独立于房屋之外的建筑物,如水塔、烟囱、变电塔、油池油柜、酒窖菜窖、酒精池、糖蜜池、室外游泳池、围墙、玻璃暖房、砖瓦石灰窑以及各种油气罐等,不属于房产,不征收房产税。

房地产开发企业开发的商品房在出售前,对房地产开发企业而言是一种产品,因此,对房地产开发企业建造的商品房,在售出前,不征收房产税;但对售出前房地产开发企业已使用或出租、出借的商品房应按规定征收房产税。

2. 房产税的课税范围

房产税的课税范围为城市、县城、建制镇和工矿区。

城市是指经国务院批准设立的市,包括市区、郊区和市辖县县城,但不包括农村。

县城是指县人民政府所在地。

建制镇是指经省、自治区、直辖市人民政府批准设立的建制镇。具体为镇人民政府所在地,不包括所辖的行政村。

工矿区是指工商业比较发达,人口比较集中,符合国务院规定的建制镇标准,但尚未设立建制镇的大中型工矿企业所在地。开征房产税的工矿区须经省、自治区、直辖市人民政府批准。

(二)房产税的纳税人

房产税由房屋的产权所有人缴纳,即以在征税范围内拥有房屋产权的单位和个人为纳税人。它包括产权所有人、经营管理单位、承典人、房产代管人或者使用人,具体包括:

(1)产权属于国家所有的,由经营管理单位缴纳;产权属于集体和个人所有的,由集体单位和个人纳税。

(2)产权出典的由承典人缴纳。

(3)产权所有人、承典人不在房产所在地的,或产权未确定及租典纠纷未解决的,由房产代管人或使用人缴纳。

(4)无租使用其他单位房产的纳税单位和个人,使用人代为缴纳房产税(按照房产余值)。

（三）房产税的税率和计税依据

1. 房产税的税率

房产税采用比例税率,按照房产余值计算应纳税额的,适用税率为 1.2%;按照房产租金收入计算应纳税额的,适用税率为 12%。另外,对住房出租收入设计优惠税率征收(见表 8-1)。

表 8-1 　　　　　　　　　　　　房产税的税率及适用范围

税率	适用范围
1.2%的规定税率	自有房产用于生产经营
12%的规定税率	出租非居住的房产取得租金收入
4%的优惠税率	个人出租住房收入

2. 房产税的计税依据

房产税的计税依据应是房产的价值。房产的价值有三种表现形式:第一种是房产的原值,即房屋的造价;第二种是房产的净值,即房屋的原值扣除折旧后的价值;第三种是房产的市价,即买卖房屋的市场价值(价格)。比较这三种房产价值形式,按房产原值计税比较稳定、但不够合理,因为随着时间的推移,房产的价值会发生变化,或者增加,或者减少;按房产净值计税,不仅计税复杂,而且也不科学;较为合理的计税依据应是房产的市价。因为市价是房产的现实价值,同时还包含了房屋因土地开发利用而增加的价值。但按房产市价计税,也存在着房屋估价工作量大且市价标准很难确定的问题。

基于上述考虑,1984 年税制改革时决定对经营自用的房屋以房产余值为计税依据,对出租的房屋按租金收入计税。这样,既可以将房屋的自然损耗因房屋后期的增值因素等综合考虑进去,同时也便于对不同房屋征税的管理。所以,房产税采用从价计税,计税依据有按计税余值计税和按租金收入计税两种形式,具体又分为:

1) 对经营自用的房屋,以房产的计税余值作为计税依据

房产的计税余值是指依照房产原值一次减除 10%～30%的损耗价值以后的价值。其中,房产原值是指纳税人按规定记载的房屋造价或原值。纳税人未按规定记载的,应调整房产原值;房产原值明显不合理的,应重新予以评估;对没有房产原值的,应由房屋所在地的税务机关参考同类房屋的价值核定。房产原值应包括与房屋不可分割的各种附属设备或一般不单独计算价值的配套设施,主要有:暖气、卫生、通风、照明、煤气、中央空调等设备;各种管线,如蒸汽、压缩空气、石油、给水排水等管道及电力、电信、电缆导线;电梯、升降机、过道、晒台等。

纳税人对原有房屋进行改建、扩建的,要相应增加房屋的原值。

在确定计税余值时,房产原值的具体减除幅度,由省、自治区、直辖市人民政府确定。这样规定,既有利于各地根据本地情况因地制宜地确定计税余值,又有利与平衡税收负担,简化计算手续,提高征管效率。

2) 对于出租的房屋,以租金收入为计税依据

房产的租金收入,是房屋产权所有人出租房产使用权所得的报酬,包括货币收入和实物收入。对以劳务或其他形式为报酬抵付房租收入的,应根据当地同类房产的租金水平,确定一个标准租金额依率计征。

3) 投资联营及融资租赁房产的计税依据

对投资联营的房产,在计征房产税时应区别对待,对于以房产投资联营,投资者参与投

资利润分红、共担风险的,以房产的余值作为计税依据计征房产税,对以房产投资,收取固定收入,不承担联营风险的,实际是以联营名义取得房产租金,应由出租方按租金收入计算缴纳房产税。

对融资租赁房屋的情况,由于租赁费包括购进房屋的价款、手续费、借款利息等,且租赁期满以后,当承租方偿还最后一笔租赁费时,房屋产权一般都转移到承租方,实际上是一种以分期付款方式购买房屋的形式,所以在计征房产税时,应以房产余值计算征收。融资租赁的房产,由承租人自融资租赁合同约定开始日的次月起依照房产余值缴纳房产税,合同未约定开始日的,由承租人自合同签订的次月起依照房产余值缴纳房产税。

4)关于无租使用其他单位房产和出典房产的计税依据

无租使用其他单位房产的应税单位和个人,依照房产余值代缴纳房产税。产权出典的房产,由承典人依照房产余值缴纳房产税。

三、房产税的计算方法

(一)从价计征

$$应纳税额 = 应税房产原值 \times (1 - 扣除比例) \times 1.2\%$$

【例 8-1】 某公司的经营用房原值为 10 000 000 元,按当地规定允许减除 30% 后计税,适用税率为 1.2%,其应纳房产税的计算方法为:

$$应纳税额 = 10\,000\,000 \times (1 - 30\%) \times 1.2\% = 84\,000(元)$$

(二)从租计征

$$应纳税额 = 租金收入 \times 12\%(或 4\%)$$

【例 8-2】 某公司将闲置房屋出租,每月租金收入 5 000 元,适用税率为 12%,其应纳房产税税额的计算方法为:

$$每月应纳税额 = 50\,000 \times 12\% = 6\,000(元)$$

(三)地下建筑应纳房产税的计算

房产税征收范围内的具备房屋功能的地下建筑,包括与地上房屋相连的地下建筑以及完全建在地面以下的建筑、地下人防设施等,均应计算缴纳房产税。

1. 自用的地下建筑物

(1)工业用途房产,以房屋原价的 50%~60% 作为应税房产原值:

$$应纳税额 = 应税房产原值 \times (1 - 扣除比例) \times 适用税率$$

(2)商业和其他用途房产,以房屋原价的 70%~80% 作为应税房产原值:

$$应纳税额 = 应税房产原值 \times (1 - 扣除比例) \times 适用税率$$

2. 出租的地下建筑物

$$应纳税额 = 租金收入 \times 适用税率$$

四、房产税的征收管理

(一)纳税义务发生时间

(1)纳税人将原有房产用于生产经营,从生产经营之月起缴纳房产税。

（2）纳税人自行新建房屋用于生产经营，从建成之次月起缴纳房产税。

（3）纳税人委托施工企业建设的房屋，从办理验收手续之次月起缴纳房产税。

（4）纳税人购置新建商品房，自房屋交付使用之次月起缴纳房产税。

（5）纳税人购置存量房，自办理房屋权属转移、变更登记手续，房地产权属登记机关签发房屋权属证书之次月起缴纳房产税。

（6）纳税人出租、出借房产，自交付出租、出借房产之次月起缴纳房产税。

（7）房地产开发企业自用、出租、出借本企业建造的商品房，自房屋使用或交付之次月起缴纳房产税。

（二）纳税期限

房产税实行按年征收，分期缴纳。纳税期限由省、自治区、直辖市人民政府规定。各地一般规定按季或按半年预征，按季度或半年缴纳一次。

（三）纳税地点

房产税在房产所在地缴纳。房产不在同一地方的纳税人，应按房产的坐落地点分别向房产所在地的税务机关缴纳。

（四）纳税申报

房产税的纳税申报是房屋产权所有人或纳税人缴纳房产税必须施行的法定手续。纳税义务人应根据税法要求，将现有房屋的坐落地点、结构、面积、原值、出租收入等情况，据实向当地税务机关办理纳税申报，并按规定纳税。如果纳税人住址发生变更，产权发生转移，以及出现新建、改建、扩建、拆除房屋等情况，而引起房产原值发生变化或者是租金收入变化的，都要按规定及时向税务机关办理变更登记，以便税务机关及时掌握纳税人的房产变动情况。

五、房产税的税收优惠

（1）国家机关、人民团体、军队自用的房产免征房产税。但对出租房产以及非自身业务使用的生产、营业用房，不属于免税范围。对于其所属的附属工厂、商店、招待所等不属于单位公务、业务的用房，应照章纳税。

（2）由国家财政部门拨付事业经费的单位（全额或差额预算管理的事业单位），本身业务范围内使用的房产免征房产税。

由国家财政部门拨付事业经费的单位，其经费来源实行自收自支后，应征收房产税。但为了鼓励事业单位经济自立，由国家财政部门拨付事业经费的单位，其经费来源实行自收自支后，从事业单位经费实行自收自支的年度起，免征房产税3年。

（3）宗教寺庙、公园、名胜古迹自用的房产免征房产税。但宗教寺庙、公园、名胜古迹中附设的营业单位，如影剧院、饮食部、茶社、照相馆等所使用的房产及出租的房产，不属于免税范围，应照章纳税。

（4）个人所有非营业用的房产免征房产税。对个人拥有的营业用房或者出租的房产，不属于免税房产，应照章纳税。

（5）经财政部批准免税的其他房产：

① 非营利性医疗机构、疾病控制机构和妇幼保健机构等卫生机构自用房产，免征房产税。

② 按政府规定价格出租的公有住房和廉租住房，包括企业和自收自支事业单位向职工

出租的单位自有住房,房管部门向居民出租的公有住房,落实私房政策中带户发还产权并以政府规定租金标准向居民出租的私有住房等,暂免征收房产税。

③ 经营公租房的租金收入,免征房产税。

六、房产税改革试点方案

近年来,随着城镇化进程加快以及经济的高速发展,房地产价格水涨船高,为了加强对房地产市场的政策干预,2011 年 1 月 27 日,国务院召开常务会议,同意将部分城市作为改革试点对居民住房征收房产税,具体征收办法由试点省、自治区、直辖市人民政府从实际出发研究、制定和部署。上海和重庆率先进行试点,征收住房的房产税。

(一)上海市房产税改革试点

上海市颁布《上海市开展对部分个人住房征收房产税试点的暂行办法》,并于 2011 年 1 月 28 日起施行,具体实施方案如下:

(1) 征收对象是上海市居民家庭在上海市新购且属于该居民家庭第二套及以上的住房(包括新购的二手存量住房和新建商品住房)和非上海市居民家庭在上海市新购的住房。

(2) 纳税人为应税住房产权所有人,产权所有人为未成年人的,由其法定监护人代为纳税。

(3) 计税依据为参照应税住房的房地产市场价格确定的评估值,评估值按规定周期进行重估,在试点初期,暂以应税住房的市场交易价格作为计税依据,按市场交易价格的 70% 计算缴纳,适用税率 0.6%. 应税住房每平方米市场交易价格低于上海市上年度新建商品住房平均销售价格 2 倍(含)的,减按 0.4% 征收。

(4) 税收减免:

① 上海市居民家庭在上海市新购且属于该居民家庭第二套及以上住房的,合并计算的家庭全部住房面积(指住房建筑面积,下同)人均不超过 60 平方米(即免税住房面积,含 60 平方米)的,其新购的住房暂免征收房产税;人均超过 60 平方米的,对于新购住房超出部分的面积,按本暂行办法规定计算征收房产税,合并计算的家庭全部住房面积为居民家庭新购住房面积和其他住房面积的总和。

② 上海市居民家庭在新购一套住房后的 1 年内出售该居民家庭原有唯一住房的,其新购住房已按本暂行办法规定计算征收的房产税,可予退还。

③ 上海市居民家庭中的子女成年后,因婚姻等需要而首次新购住房,且该住房属于成年子女家庭唯一住房的,暂免征收房产税。

④ 符合国家和本市有关规定引进的高层次人才、重点产业急需人才,持有上海市居住证并在上海市工作生活的,其在上海市新购住房且该住房属于家庭唯一住房的,暂免征收房产税。

⑤ 持有上海市居住证满 3 年并在上海市工作生活的购房人,其在上海市新购住房且该住房属于家庭唯一住房的,暂免征收房产税;持有上海市居住证但不满 3 年的购房人,其上述住房先按本暂行办法规定计算征收房产税,待持有上海市居住证满 3 年并在上海市工作生活的,其上述住房已征收的房产税可予退还。

⑥ 其他需要减税或免税的住房,由市政府决定。

(5) 对房产税试点征收的收入,用于保障性住房建设等方面的支出。

(6) 房产税由应税住房所在地的税务机关负责征收。房产税税款自纳税人取得应税住房产权的次月起计算,按年计征,不足年的按月计算应纳房产税额。

(二)重庆市房产税改革试点

重庆市颁布《重庆市关于开展对部分个人住房征收房产税改革试点的暂行办法》和《重庆市个人住房房产税征收管理实施细则》,并于 2011 年 1 月 28 日起施行,具体实施方案如下:

(1)征收范围为个人拥有的独栋商品住宅、个人新购的高档住房以及在重庆市无户籍、无企业、无工作的个人新购的第二套(含第二套)以上的普通住房。其中,高档住房是指建筑面积交易单价达到上 2 年主城九区新建商品住房成交建筑面积均价 2 倍(含 2 倍)以上的住房。

(2)纳税人为应税住房产权所有人。产权人为未成年人的,由其法定监护人纳税。产权出典的。由承典人纳税。产权所有人、监护人、承典人不在房产所在地的,或者产权未确定及租典纠纷未解决的,由代管人或使用人纳税。

(3)应税住房的计税价值为房产交易价。属于本办法规定的应税住房用于出租的,按本办法的规定征收房产税,不再按租金收入征收房产税,独栋商品住宅和高档住房建筑面积交易单价在上 2 年主城九区新建商品住房成交建筑面积均价 3 倍以下的住房,税率为 0.5%;3 倍(含 3 倍)至 4 倍的,税率为 1%;4 倍(含 4 倍)以上的税率为 1.2%;在重庆市同时无户籍、无企业、无工作的个人新购第二套(含第二套)以上的普通住房,税率为 0.5%。

自 2013 年 1 月 1 日起,重庆市高档住房应税价格开始执行新标准,应税价格起点由 2012 年的 12 152 元/平方米提高为 12 779 元/平方米,较上年提高了 627 元。

(4)扣除免税面积以家庭为单位,一个家庭只能对一套应税住房扣除免税面积。

纳税人在本办法施行前拥有的独栋商品住宅,免税面积 180 平方米;新购的独栋商品住宅、高档住房,免税面积为 100 平方米。

纳税人家庭拥有多套新购应税住房的,按时间顺序对先购的应税住房计算扣除免税面积。在重庆市同时无户籍、无企业、无工作的个人的应税住房均不扣除免税面积。

(5)税收减免:

① 对农民在宅基地上建造的自有住房,暂免征收房产税

② 在重庆市同时无户籍、无企业、无工作的个人拥有的普通应税住房,如纳税人在重庆市具备有户籍、有企业、有工作任一条件的,从当年起免征税,如已缴纳税款的,退还当年已缴税款。

③ 因自然灾害等不可抗力因素,纳税人纳税确有困难的,可向税务机关申请减免税和缓缴税款。

(6)个人住房房产税的纳税义务发生时间为取得住房的次月,税款按年计征,不足 1 年的按月计算应纳税额。

(7)个人住房房产税收入全部用于公共租赁房的建设和维护。

上海、重庆两市开始对部分个人住房征收房产税。重庆偏重对高档房的征收,对外地炒房客从第二套房开始征税。上海则针对新增一般房地产。规定对上海居民家庭新购第二套及以上住房和非上海居民家庭的新购住房征收房产税。

从收入情况来看,2011 年,重庆市财政局公布,当年的房产税收入仅约 1 亿元,仅占同期地方财政收入的 0.03%、一般预算收入中税收收入的 0.11%,基本可以忽略不计;上海市财政局公布的房产税收入为 22.1 亿元,这个数字仅占上海市总体财政收入的 0.64%。

上述问题的存在,主要原因在于:一是试点地区政策的税制要素设计不合理,税基偏窄,重庆市仅对存量独栋别墅和高档住宅征收房产税,而上海市未将存量房纳入课税范围。二是税率偏低,上海市的实际有效税率只有0.42%,重庆市实际执行的税率大多也只有0.5%。三是计税依据不实,两市均采用房地产的交易价格,而非评估价值作为计税依据。四是减免过宽。上海市规定人均60平方米的免税面积,按普通三口之家计算就是180平方米,既与我国实际人均住房面积(2010年为31.6平方米)相差较大,也与抑制不合理住房需求的初衷相背离。

第二节 契 税

契税在我国有悠久的历史,它起源于1600年前东晋的"估税"。此后,历代封建王朝对不动产的买卖、典当等产权转移变动都要征收契税,但征税范围和税率不尽相同。中华人民共和国成立后,废止了旧中国的契税。1950年4月,政务院公布了《中华人民共和国契税暂行条例》,此条例一直沿用了40多年,已不能适应经济发展的要求。因此,1997年,我国重新制定了《中华人民共和国契税暂行条例》(以下简称《契税暂行条例》)。契税一次性征收,并且普遍适用于内外资企业和中国公民、外籍人员。

一、契税的概念和特点

(一)契税的概念
契税是以在中华人民共和国境内转移土地、房屋权属为征税对象,向产权承受人征收的一种财产税。

(二)契税的特点
契税与其他税种相比,具有以下特点。

1. 契税属于财产转移税

契税以发生转移的不动产,主要是土地和房屋为征税对象,具有财产转移课税性质。土地、房屋产权未发生转移的,不征契税。

2. 契税由财产承受人缴纳

一般税种在税制中确定纳税人,都确定销售者为纳税人,即卖方纳税。而契税属于土地、房屋产权发生交易过程中的财产税,由承受人纳税,即买方纳税。对买方征税的主要目的,在于承认不动产转移生效,承受人纳税以后,便可拥有转移过来的不动产的产权或使用权,法律保护纳税人的合法权益。

二、契税的征收对象、纳税人、税率

(一)契税的征收对象
契税的征税对象是境内发生使用权转移的土地、发生所有权转移的房屋,具体包括以下几项内容。

1. 国有土地使用权出让

国有土地使用权出让是指土地使用者向国家交付土地使用权出让费用,国家将国有土地使用权在一定年限内让与土地使用者的行为。

2. 土地使用权的转让

土地使用权的转让是指土地使用者以出售、赠与、交换或者其他方式将土地使用权转移给其他单位和个人的行为。土地使用权的转让不包括农村集体土地承包经营权的转移。

3. 房屋买卖

房屋买卖是指房屋所有者将其房屋出售，由承受者交付货币、实物、无形资产或者其他经济利益的行为。

4. 房屋赠与

房屋赠与是指房屋所有者将其房屋无偿转让给受赠者的行为。

5. 房屋交换

房屋交换是指房屋所有者之间相互交换房屋的行为。

6. 土地、房屋继承

法定继承人（包括配偶、子女、父母、兄弟姐妹、祖父母、外祖父母）继承土地、房屋权属，不征契税。非法定继承人根据遗嘱承受死者生前的土地、房屋权属，属于赠与行为，应征收契税。

7. 视同土地使用权转让、房屋买卖或者房屋赠与征税的情形

（1）以土地、房屋权属作价投资、入股。

（2）以土地、房屋权属抵债。

（3）以获奖方式承受土地、房屋权属。

（4）以预购方式或者预付集资建房款方式承受土地、房屋权属。

8. 不征收契税的情况

（1）在股权转让中，单位、个人承受企业股权，企业土地、房屋权属不发生转移，不征收契税。

（2）企业依照法律规定、合同约定分设为两个或两个以上投资主体相同的企业，对派生方、新设方承受原企业土地、房屋权属，不征收契税。

（3）政府主管部门对国有资产进行行政性调整和划转过程中发生的土地、房屋权属转移，不征收契税。

（4）企业改制重组过程中，同一投资主体内部所属企业之间土地、房屋权属的无偿划转，包括母公司与其全资子公司之间，同一公司所属全资子公司之间，同一自然人与其设立的个人独资企业、一人有限公司之间土地、房屋权属的无偿划转，不征收契税。

（二）契税的纳税人

契税的纳税人是指境内转移土地、房屋权属承受的单位和个人。境内是指中华人民共和国实际税收行政管辖范围内；土地、房屋权属是指土地使用权和房屋所有权；单位是指企业、事业单位、国家机关、军事单位和社会团体以及其他组织；个人是指个体经营者及其他个人，包括中国公民和外籍人员。

（三）契税的税率

契税实行 3％～5％ 的幅度比例税率，主要是考虑我国经济发展不平衡，各地经济差别较大的实际情况。契税的具体适用税率由省、自治区、直辖市人民政府在 3％～5％ 的幅度内根据各地实际情况确定。

2008 年 10 月 22 日，财政部和国家税务总局下发的《财政部 国家税务总局关于调整房地产交易环节税收政策的通知》（财税〔2008〕137 号）规定，个人首次购买 90 平方米及以下普通住房的，对个人销售或购买住房契税税率暂统一下调到 1％。首次购房证明由住房所在地县（区）住房建设主管部门出具。2010 年 4 月，财政部、国家税务总局下发了《财政部 国家

税务总局关于首次购买普通住房有关契税政策的通知》(财税〔2010〕13号),再次收紧首次购买普通住房的契税优惠政策,规定两个或两个以上个人共同购买90平方米及以下普通住房,其中一人或多人已有购房记录的,该套房产的共同购买人均不适用首次购买普通住房的契税优惠政策。

《财政部 国家税务总局 住房和城乡建设部关于调整房地产交易环节契税、个人所得税优惠政策的通知》(财税〔2010〕94号)规定对个人购买普通住房且该住房属于家庭(成员范围包括购房人、配偶以及未成年子女,下同)唯一住房的,减半征收契税。对个人购买90平方米及以下普通住房,且该住房属于家庭唯一住房的,减按1%税率征收契税。

三、契税的计算和征收管理

(一)契税的计算

1. 计税依据

契税的计税依据为不动产的价格。由于土地、房屋权属的转移方式不同,定价方法不同,因而契税的计税依据也不同,具体有以下几种情况:

1)国有土地使用权出让、土地使用权出售、房屋买卖的计税依据

国有土地使用权出让、土地使用权出售、房屋买卖,以成交价格为计税依据。成交价格是指土地、房屋权属转移合同确定的价格,包括承受者应交付的货币、实物、无形资产或者其他经济利益。

2)土地使用权赠与、房屋赠与的计税依据

土地使用权赠与、房屋赠与的计税依据,由征收机关参照当地土地使用权出售、房屋买卖的市场价格核定。

3)土地使用权交换、房屋交换的计税依据

土地使用权交换、房屋交换的计税依据为所交换的土地使用权、房屋的价格差额。也就是说,交换价格相等时,免征契税;交换价格不相等时,由多交付的一方缴纳契税。

4)以划拨方式取得土地使用权,经批准转让房地产的计税依据

以划拨方式取得土地使用权,经批准转让房地产的计税依据为补交的土地使用权出让费用或者土地收益,由房地产转让者补交契税。

5)房屋附属设施征收契税的依据

采取分期付款方式购买房屋附属设施土地使用权、房屋所有权的,应按合同规定的总价款计征契税。如果房屋附属设施单独计价,应按照当地确定的适用税率征收契税;如果房屋附属设施与房屋统一计价,则与房屋适用相同的税率。

为防止瞒价逃税,《契税暂行条例》规定,成交价格明显低于市场价格并且无正当理由的,或者所交换土地使用权、房屋的价格差额明显不合理并且无正当理由的,征收机关可以参照市场价格确定计税依据。

2. 计税方法

契税应纳税额根据契税的计税依据和规定的适用税率计算征收。其计算公式为:

$$应纳税额 = 计税依据 \times 税率$$

应纳税额以人民币计算,若以外汇结算,可按照纳税义务发生之日中国人民银行公布的人民币市场汇率中间价折合成人民币计算。

【例8-3】 某单位购买一块土地的使用权,成交价格为1 000万元,当地规定的契税税率为4％,该单位应纳多少契税?

$$应纳税额 = 1\,000 \times 4\% = 40(万元)$$

【例8-4】 居民甲为了改善居住条件,20××年5月将原来两套一室住房与居民乙的一套三室住房进行交换,支付交换价差260 000元,出于投资目的,当月还购买商铺一套,成交价格600 000元;居民乙取得价值分别为160 000元和220 000元的住房及差价款260 000元后,将其中一套价值220 000元的住房等价交换给了居民丙,计算甲、乙、丙相关行为应缴纳的契税。假定该省契税税率为4％。

(1) 居民甲购买房屋和支付差价应缴纳契税:

$$应纳税额 = 600\,000 \times 4\% + 260\,000 \times 4\% = 34\,400(元)$$

(2) 居民乙与居民甲交换住房不缴纳契税。

(3) 居民乙与居民丙等价交换房屋,双方均不缴纳契税。

(二)契税的征收管理

1. 纳税义务发生时间

契税的纳税义务发生时间,为纳税人签订土地、房屋权属转移合同的当天,或者纳税人取得其他具有土地、房屋权属转移合同性质凭证的当天。

2. 纳税期限

纳税人应当自纳税义务发生之日起10日内,向土地、房屋所在地的契税征收机关办理纳税申报,并在契税征收机关核定的期限内缴纳税款。

3. 纳税地点

契税向土地、房屋所在地契税征收机关缴纳。

纳税人应当持契税完税凭证和其他规定的文件材料,依法向土地管理部门、房产管理部门办理有关土地、房屋的权属变更登记手续。

纳税人未出具契税完税凭证的,土地管理部门、房产管理部门不予办理有关土地、房屋的权属变更登记手续。

4. 其他管理

(1) 纳税人须出具契税完税凭证和其他规定的文件材料,房地产管理部门才能办理有关土地、房屋的权属变更登记手续。

(2) 根据人民法院、仲裁委员会的生效法律文书发生土地、房屋权属转移,纳税人不能取得销售不动产发票的,可持人民法院执行裁定书原件及相关材料办理契税纳税申报税务机关应予受理。

(3) 购买新建商品房的纳税人在办理契税纳税申报时,由于销售新建商品房的房地产开发企业已办理注销税务登记或者被税务机关列为非正常户等原因,致使纳税人不能取得销售不动产发票的,税务机关在核实有关情况后应予受理。

四、契税的税收优惠

(一)契税减免的基本规定

(1) 国家机关、事业单位、社会团体、军事单位承受土地、房屋用于办公、教学、医疗、科研和军事设施的,免征契税。

（2）城镇职工按规定第一次购买公有住房的，免征契税。

（3）因不可抗力丧失住房而重新购买住房的，酌情准予减征或者免征契税。

（4）土地、房屋被县级以上人民政府征用、占用后，重新承受土地、房屋权属的，由省级人民政府确定是否减免。

（5）承受荒山、荒沟、荒丘、荒滩土地使用权，并用于农、林、牧、渔业生产的，免征契税。

（6）经外交部确认，依照我国有关法律规定以及我国缔结或参加的双边和多边条约或协定，应当予以免税的外国驻华使馆、领事馆、联合国驻华机构及其外交代表、领事官员和其他外交人员承受土地、房屋权属的，免征契税。

（二）财政部规定的其他减征、免征契税的项目

（1）售后回租及相关事项的契税政策：

① 对金融租赁公司开展售后回租业务，承受承租人房屋、土地权属的，照章征税。对售后回租合同期满，承租人回购原房屋、土地权属的，免征契税。

② 以招拍挂方式出让国有土地使用权的，纳税人为最终与土地管理部门签订出让合同的土地使用权承受人。

③ 市、县级人民政府根据《国有土地上房屋征收与补偿条例》有关规定征收居民房屋，居民因个人房屋被征收而选择货币补偿用于重新购置房屋，并且购房成交价格不超过货币补偿的，对新购房屋免征契税；购房成交价格超过货币补偿的，对差价部分按规定征收契税。居民因个人房屋被征收而选择房屋产权调换，并且不缴纳房屋产权调换差价的，对新换房屋免征契税；缴纳房屋产权调换差价的，对差价部分按规定征收契税。

④ 企业承受土地使用权用于房地产开发，并在该土地上代政府建设保障性住房的，计税价格为取得全部土地使用权的成交价格。

⑤ 单位、个人以房屋、土地以外的资产增资，相应扩大其在被投资公司的股权持有比例，无论被投资公司是否变更工商登记，其房屋、土地权属不发生转移，不征收契税。

⑥ 个体工商户的经营者将其个人名下的房屋、土地权属转移至个体工商户名下，或个体工商户将其名下的房屋、土地权属转回原经营者个人名下，免征契税。

合伙企业的合伙人将其名下的房屋、土地权属转移至合伙企业名下，或合伙企业将其名下的房屋、土地权属转回原合伙人名下，免征契税。

（2）对国家石油储备基地第一期项目建设过程中涉及的契税予以免征。

符合上述减免税规定的契税纳税人应在土地、房屋权属转移合同生效的 10 日内，向土地、房屋所在地的征收机关提出减免税申报。计税金额在 10 000 万元（含 10 000 万元）以上的，由省级征收机关办理减免手续，在办理减免手续完毕后 30 日内报国家税务总局备案。

（3）在婚姻关系存续期间，房屋、土地权属原归夫妻一方所有，变更为夫妻双方共有或另一方所有的，或者房屋、土地权属原归夫妻双方共有，变更为其中一方所有的，或者房屋、土地权属原归夫妻双方共有，双方约定、变更共有份额的，免征契税。

（4）对已缴纳契税的购房单位和个人，在未办理房屋权属变更登记前退房的，退还已纳契税；在办理房屋权属变更登记后退房的，不予退还已纳契税。

（5）对公租房经营管理单位购买住房作为公租房，免征契税。

（6）依据《财政部　国家税务总局关于棚户区改造有关税收政策的通知》（财税〔2013〕101 号），棚户区改造相关税收政策规定如下：

对经营管理单位回购已分配的改造安置住房继续作为改造安置房源的,免征契税。

个人首次购买 90 平方米以下改造安置住房,按 1%的税率计征契税;购买超过 90 平方米,但符合普通住房标准的改造安置住房,按法定税率减半计征契税。

个人因房屋被征收而取得货币补偿并用于购买改造安置住房,或因房屋被征收而进行房屋产权调换并取得改造安置住房,按有关规定减免契税。改造安置住房是指相关部门和单位与棚户区被征收人签订的房屋征收(拆迁)补偿协议或棚户区改造合同(协议)中明确用于安置被征收人的住房或通过改建、扩建、翻建等方式实施改造的住房。

(7) 对经营性文化事业单位转制中资产评估增值、资产转让或划转涉及的契税,自 2014 年 1 月 1 日至 2018 年 12 月 31 日,符合现行规定的享受相应税收优惠政策。

(8) 对饮水工程运营管理单位为建设饮水工程而承受土地使用权,免征契税。

(9) 对个人购买家庭唯一住房(家庭成员范围包括购房人、配偶以及未成年子女),面积为 90 平方米及以下的,减按 1%的税率征收契税;面积为 90 平方米以上的,减按 1.5%的税率征收契税。

(10) 对个人购买家庭第二套改善性住房。面积为 90 平方米及以下的,减按 1%的税率征收契税;面积为 90 平方米以上的,减按 2%的税率征收契税。

家庭第二套改善性住房是指已拥有一套住房的家庭,购买的家庭第二套住房。

(三)企业改制重组中的税收优惠

1. 企业公司制改造

非公司制企业,按照《中华人民共和国公司法》的规定,整体改建为有限责任公司(含国有独资公司)或股份有限公司,或者有限责任公司整体改建为股份有限公司的,对改建后的公司承受原企业土地、房屋权属,免征契税。

非公司制国有独资企业或国有独资有限责任公司,以其部分资产与他人组建新公司,且该国有独资企业(公司)在新设公司中所占股份超过 50%的,对新设公司承受该国有独资企业(公司)的土地、房屋权属,免征契税。

国有控股公司以部分资产投资组建新公司,且该国有控股公司占新公司股份 85%以上的,对新公司承受该国有控股公司土地、房屋权属,免征契税。

整体改建是指不改变原企业的投资主体,并承继原企业权利、义务的行为。国有控股公司是指国家出资额占有限责任公司资本总额 50%以上,或国有股份占股份有限公司股本总额 50%以上的国有控股公司。

2. 企业合并

两个或两个以上的企业,依据法律规定、合同约定,合并改建为一个企业,且原投资主体存续的,对其合并后的企业承受原合并各方的土地、房屋权属,免征契税。

3. 企业出售

国有、集体企业出售,被出售企业法人予以注销,并且买受人按照《中华人民共和国劳动法》等国家有关法律法规政策妥善安置原企业全部职工,其中与原企业 30%以上职工签订服务年限不少于 3 年的劳动用工合同的,对其承受所购企业的土地、房屋权属,减半征收契税;与原企业全部职工签订服务年限不少于 3 年的劳动用工合同的,免征契税。

4. 企业注销、破产

企业依照有关法律、法规的规定实施注销、破产后,债权人(包括注销、破产企业职工)承受注销、破产企业土地、房屋权属以抵偿债务的,免征契税;对非债权人承受注销、破产企业土地、房屋权属,凡按照《中华人民共和国劳动法》等国家有关法律法规政策妥善安置原企业全部职工,其中与原企业 30％以上职工签订服务年限不少于 3 年的劳动用工合同的,对其承受所购企业的土地、房屋权属,减半征收契税;与原企业全部职工签订服务年限不少于 3 年的劳动用工合同的,免征契税。

5. 债转股

经国务院批准实施债权转股权的企业,对债权转股权后新设立的公司承受原企业的土地、房屋权属,免征契税。

第三节　车　船　税

我国对车船征税的历史很悠久,如汉代的缗、明清的船钞。中华人民共和国成立前,不少城市对车、船征收牌照税。中华人民共和国成立后,中央人民政府政务院于 1951 年颁布了《车船使用牌照税暂行条例》,对车、船征收车船使用牌照税。1986 年 9 月,国务院在实施工商税制改革时,又发布了《中华人民共和国车船使用税暂行条例》,开征车船使用税,按有关规定,车船使用税暂行条例不适用于外商投资企业、外国企业和外籍个人。因此,对外商投资企业、外国企业和外籍个人仍依照《车船使用牌照税暂行条例》的规定征收车船使用牌照税。2006 年 12 月,我国将车船使用税和车船使用牌照税合并,公布了《中华人民共和国车船税暂行条例》,从 2007 年 1 月 1 日起施行。2011 年 2 月 25 日,全国人民代表大会常务委员会通过了《中华人民共和国车船税法》(以下简称《车船税法》),12 月 5 日,国务院颁布了《中华人民共和国车船税法实施条例》。车船税法及其实施条例于 2012 年 1 月 1 日起施行。

一、车船税的概念和特点

(一)车船税的概念

车船税是对中华人民共和国境内应税的车辆、船舶(简称车船)的所有人或者管理人征收的一种税。

(二)车船税的特点

1. 车船税属于财产税中的个别财产税

车船税是以在我国境内应依法到公安、交通、农业、渔业、军事等管理部门办理登记的车船为征税对象而征收的一种财产税,属于个别财产税的范畴。

2. 实行分类定额税率

车船税按照车辆与船舶,分别规定适用的定额税率。以适应我国各地经济发展不平衡,车辆种类繁多、大小不同的实际情况,并在一定程度上保持税负的大体均衡。

另外,《车船税法》实施后:一是提高了法律级次,由原来暂行条例的形式上升为法律的形式。二是扩大了征税范围,除对依法应当在车船登记管理部门登记的车船继续征税外,将在机场、港口以及其他企业内部场所行驶或者作业且依法不需在车船登记管理部门登记的车船也纳入征税范围。三是完善了税收优惠。除了保留省、自治区、直辖市人民政府可以对公共交通车船给予定期减免税优惠外,还增加了对节约能源和使用新能源的车船、对受严重自然灾害影响纳税困难以及有其他特殊原因确需减免税的车船,可以减征或者免征车船税等税收优惠。

二、车船税的征收对象、纳税人、税目与税率

(一)车船税的征收对象

车船税的征收对象是指在中华人民共和国境内属于《车船税法》所附车船税税目税额表规定的车辆、船舶。车辆、船舶,是指:

(1)依法应当在车船管理部门登记的机动车辆和船舶,即依法应当在公安、交通、农业、渔业、军事等依法具有车船管理职能的部门登记的车船。在机场、港口以及其他企业内部场所行驶或者作业,并在车船管理部门登记的车船,亦属于车船税的征税范围。

(2)依法不需要在车船管理部门登记、在单位内部场所行驶或者作业的机动车辆和船舶。

车船税的征税范围包括车辆和船舶两大类。其中,车辆为机动车,船舶为机动船和非机动船。

(二)车船税的纳税人

在中华人民共和国境内属于《车船税法》所附车船税税目税额表规定的车辆、船舶的所有人或者管理人,为车船税的纳税人,应当缴纳车船税。

其中,所有人是指在我国境内拥有车船的单位和个人;管理人是指对车船具有管理使用权,但不具有所有权的单位。上述单位包括国有企业、集体企业、私营企业、股份制企业、外商投资企业、外国企业以及其他企业和事业单位、社会团体、国家机关、军队以及其他单位;所称的个人,包括个体工商户以及其他个人。

车船的所有人或者管理人未缴纳车船税的,使用人应当代为缴纳车船税。

(三)车船税的税目与税率

对于属于征税范围内的车辆和船舶,车船税将其划分为若干税目和子目。其中,车辆划分为载客汽车、载货汽车、三轮汽车、低速货车、摩托车、专项作业车和轮式专用机械车;载客汽车又按照乘客数量和发动机气缸容量划分为大型客车、中型客车、小型客车和微型客车四个子目。船舶按照净吨位划分为四个子目。

车船税实行定额税率,分别按"辆""自重吨位""净吨位"规定吨位税额。为照顾不同地区之间经济发展水平和税收负担能力的差别,车船税采用了幅度税额。车辆、船舶的具体适用税额,由省级人民政府根据本地的具体情况在《车船税法》规定的税额幅度内具体确定(见表8-2)。

表8-2 车船税税目税额表

税目		计税单位	年基准税额	备注
乘用车[按发动机气缸容量(排气量)分档]	1.0升(含)以下的	每辆	60元至360元	核定载客人数9人(含)以下
	1.0升以上至1.6升(含)的		300元至540元	
	1.6升以上至2.0升(含)的		360元至660元	
	2.0升以上至2.5升(含)的		660元至1 200元	
	2.5升以上至3.0升(含)的		1 200元至2 400元	
	3.0升以上至4.0升(含)的		2 400元至3 600元	
	4.0升以上的		3 600元至5 400元	

（续表）

税目		计税单位	年基准税额	备注
商用车	客车	每辆	480 元至 1 440 元	核定载客人数 9 人（含）以上，包括电车
	货车	整备质量每吨	16 元至 120 元	包括半挂牵引车、三轮汽车和低速载货汽车等
挂车		整备质量每吨	按照货车税额的 50% 计算	
其他车辆	专用作业车	整备质量每吨	16 元至 120 元	不包括拖拉机
	轮式准用机械车		16 元至 120 元	
摩托车		每辆	36 元至 180 元	
船舶	机动船舶	净吨位每吨	3 元至 6 元	拖船、非机动驳船分别按照机动船舶税额的 50% 计算
	游艇	艇身长度每米	600 元至 2 000 元	

三、车船税的计算和征收管理

（一）车船税的计算

1. 计税依据

车船税依据"排气量""整备质量""核定载客数""净吨位""千瓦""艇身长度"，以"每辆""整备质量每吨""净吨位每吨"艇身长度每米为计税单位，采用定额税率。车船的适用税额依照车船税税目税额表执行。车辆的具体适用税额由省、自治区、直辖市人民依照政府车船税税目税额表规定的税额幅度和国务院的规定确定。

2. 计税方法

车船税实行从量定额征收。其计算公式为：

$$应纳税额 = 车船税的计税单位 \times 单位税额$$

1) 车辆的计税

（1）乘用车按照排气量区间划分为 7 个档次，以"每辆"为计税单位，排气量越大，每辆每年税额越高。

（2）商用车划分为客车和货车。其中，客车（核定载客人数 9 人以上，包括电车）以"每辆"为计税单位；货车（包括半挂牵引车、三轮汽车和低速载货汽车等）按"整备质量每吨"为计税单位。

（3）挂车按相同整备质量的货车税额的 50% 计算应纳税额。

（4）其他车辆包括专用作业车和轮式专用机械车，按整备质量每吨每年税额为 16 元至 120 元。

（5）摩托车每辆每年税额为 36 元至 180 元。

车辆的具体适用税额由省、自治区、直辖市人民政府依照车船税税目税额表规定的税额幅度和国务院的规定确定。

2）船舶的计税

（1）机动船舶具体适用税额：

净吨位不超过 200 吨的，每吨 3 元；净吨位超过 200 吨但不超过 2 000 吨的，每吨 4 元；净吨位超过 2 000 吨但不超过 10 000 吨的，每吨 5 元；净吨位超过 10 000 吨的，每吨 6 元。

拖船按照发动机功率每 1 千瓦折合净吨位 0.67 吨计算征收车船税。拖船、非机动车驳船分别按照机动船舶税额的 50% 计算。

（2）游艇具体适用税额：艇身长度不超过 10 米的，每米 600 元；艇身长度超过 10 米但不超过 18 米的，每米 900 元；艇身长度超过 18 米但不超过 30 米的，每米 1 300 元；艇身长度超过 30 米的，每米 2 000 元；辅助动力帆艇，每米 600 元。

3）计税标准的特殊规定

《车船税法》及其实施条例所涉及的排气量、整备质量、核定载客人数、净吨位、千瓦、艇身长度，以车船登记管理部门核发的车船登记证书或者行驶证所载数据为准。

依法不需要办理登记的车船和依法应当登记而未办理登记或者不能提供车船登记证书、行驶证的车船，以车船出厂合格证明或者进口凭证标注的技术参数、数据为准；不能提供车船出厂合格证明或者进口凭证的，由主管税务机关参照国家相关标准核定，没有国家相关标准的参照同类车船核定。

【例 8-5】 某企业拥有小轿车 3 辆（排气量分别为 1.6 升、2.5 升、4.0 升）；面包车 1 辆；整备质量 5 吨的载货汽车 1 辆。当地小轿车年税额分别为 420 元、900 元和 3 480 元；面包车年税额 960 元；载货汽车整备质量每吨年税额 96 元。计算该企业当年应缴纳的车船税。

$$应缴税额 = 420 + 900 + 3\,480 + 960 + 96 \times 5 = 6\,240（元）$$

【例 8-6】 某运输公司拥有出租小汽车 50 辆，大型客车 20 辆，自重 8 吨的载货汽车 15 辆，自重 20 吨的载货汽车 5 辆，计算该公司每年应纳的车船税。（当地政府规定：载货汽车每年税额标准为 120 元/吨；大型客车每年税额标准为 660 元/辆、小型客车每年税额标准为 460 元/辆）

$$应纳税额 = 50 \times 460 + 20 \times 600 + (15 + 5) \times 120 = 37\,400（元）$$

（二）车船税的征收管理

1. 纳税义务发生时间

车船税的纳税义务发生时间，为车船管理部门核发的车船登记证书或者行驶证书所记载日期的当月。

纳税人未按照规定到车船管理部门办理应税车船登记手续的，以车船购置发票所载开具时间的当月作为车船税的纳税义务发生时间。对未办理车船登记手续且无法提供车船购置发票的，由主管税务机关核定纳税义务发生时间。

新购置的车船，购置当年的应纳税额自纳税义务发生的当月起按月计算。

2. 车船税的纳税期限

车船税纳税义务发生时间为取得车船所有权或者管理权的当月，即为购买车船的发票或者其他证明文件所载日期的当月。对于在国内购买的机动车，购买日期以《机动车销售统一发票》所载日期为准；对于进口机动车，购买日期以《海关关税专用缴款书》所载日期为准；对于购买的船舶，以购买船舶的发票或者其他证明文件所载日期的当月为准。

3. 车船税的纳税地点

依法需要办理登记的车船,车船税的纳税地点为车船的登记地或者车船税扣缴义务人所在地。依法不需要办理登记的车船,车船税的纳税地点为车船的所有人或者管理人所在地。

4. 税源管理

税务机关应当积极同相关部门建立联席会议、合作框架等制度,采集以下第三方信息:

（1）保险机构代收车船税车辆的涉税信息。

（2）公安交通管理部门车辆登记信息。

（3）海事部门船舶登记信息。

（4）公共交通管理部门车辆登记信息。

（5）渔业船舶登记管理部门船舶登记信息。

（6）其他相关部门车船涉税信息。

5. 风险管理

税务机关应当加强车船税风险管理,构建车船税风险管理指标体系,依托现代化信息技术,对车船税管理的风险点进行识别、监控、预警,做好风险应对处置工作。

6. 车船税的申报缴纳

车船税按年申报,分月计算,一次性缴纳。纳税年度为公历1月1日至12月31日。车船税按年申报缴纳。

7. 车船税的扣缴规定

保险公司等机动车车船税扣缴义务人在代收车船税时,应当在机动车交通事故责任强制保险的保险单以及保费发票上注明已收税款的信息,作为代收税款凭证。

扣缴义务人已代收代缴车船税的,纳税人不再向车辆登记地的主管税务机关申报缴纳车船税。没有扣缴义务人的,纳税人应当向主管税务机关自行申报缴纳车船税。

已缴纳车船税的车船在同一纳税年度内办理转让过户的,不另纳税,也不退税。

扣缴义务人应当及时解缴代收代缴的税款和滞纳金,并向主管税务机关申报。

四、车船税的税收优惠

（一）法定减免

（1）捕捞、养殖渔船是指在渔业船舶管理部门登记为捕捞船或者养殖船的船舶。

（2）军队、武装警察部队专用的车船是指按照规定在军队、武装警察部队车船管理部门登记,并领取军队、武警牌照的车船。

（3）警用车船是指公安机关、国家安全机关、监狱、劳动教养管理机关和人民法院、人民检察院领取警用牌照的车辆和执行警务的专用船舶。

（4）依照法律规定应当予以免税的外国驻华使领馆、国际组织驻华代表机构及其有关人员的车船。

（5）对节约能源的减半征收车船税、对使用新能源的车船免征车船税;对受严重自然灾害影响纳税困难以及有其他特殊原因确需减税、免税的,可以减征或者免征车船税。

节约能源、使用新能源的车辆包括纯电动汽车、燃料电池汽车和混合动力汽车,具体包括:

① 纯电动商用车、燃料电池商用车和插电式混合动力汽车免征车船税。

② 其他混合动力汽车按照同类车辆适用税额减半征税。

（6）省、自治区、直辖市人民政府根据当地实际情况，可以对公共交通车船，农村居民拥有并主要在农村地区使用的摩托车、三轮汽车和低速载货汽车，定期减征或者免征车船税。

（二）特定减免

（1）经批准临时入境的外国车船和香港特别行政区、澳门特别行政区、台湾地区的车船，不征收车船税。

（2）按照规定缴纳船舶吨税的机动船舶，自《车船税法》实施之日起 5 年内免征车船税。

（3）机场、港口内部行驶或作业的车船，自《车船税法》实施之日起 5 年内免征车船税。

思考与练习

一、专用术语

房产税　房产余值　契税　车船税

二、思考题

1. 房产税的征税范围是如何规定的？

2. 房产税的纳税人包括哪些？

3. 简述房产税的征纳方法。

4. 车船税有哪些特征？

5. 车船税的税率是如何规定的？

6. 简述车船税的征纳方法。

7. 简述契税的特点。

8. 契税有哪些税收优惠？

三、计算题

1. 某省一企业 20×× 年度自有房屋 10 栋，其中 8 栋用于生产，房产原值 1 000 万元，不包括冷暖通风设备 60 万元；2 栋房屋租给某公司作经营用房，年租金收入 50 万元。试计算该企业当年应纳的房产税。（注：该省规定按房产原值一次扣除 20% 后的余值计税）

2. 某运输公司拥有载货汽车 15 辆（货车自重全部为 10 吨）；载人大客车 20 辆；小客车 10 辆。计算该公司应纳的车船税。（注：载货汽车按自重每吨年税额 80 元，载人大客车每辆年税额 500 元，小客车每辆年税额 400 元）

3. 居民甲有两套住房，将一套出售给居民乙，成交价格为 100 000 元；将另一套两室住房与居民丙交换成两套一室住房，并支付换房差价款 40 000 元。试计算甲、乙、丙相关行为应缴纳的契税（假定税率为 5%）。

第九章

其 他 税 制

本章内容涉及行为税制和特定目的税制,行为税主要包括印花税;特定目的税主要包括城市维护建设税、车辆购置税、土地增值税、环境保护税和烟叶税五个税种。通过本章的学习,要求了解印花税、城市维护建设税、车辆购置税、土地增值税、环境保护税和烟叶税的概念和特征;掌握印花税、城市维护建设税、车辆购置税、土地增值税、环境保护税和烟叶税的纳税人、征税范围、税率设置以及应纳税额计算;熟悉印花税、城市维护建设税、车辆购置税、土地增值税、环境保护税和烟叶税的税收优惠和征收管理的相关规定。

本章重点是印花税、城市维护建设税、车辆购置税、土地增值税、环境保护税和烟叶税的税收优惠和征收管理的相关规定;难点是印花税、城市维护建设税、车辆购置税、土地增值税、环境保护税和烟叶税应纳税额的计算。

第一节 印 花 税

一、印花税的概念和特点

(一) 印花税的概念

印花税是对经济活动和经济交往中书立、领受具有法律效力的凭证的行为所征收的一种税。因采用在应税凭证上粘贴印花税票作为完税的标志而得名。

印花税历史悠久,最早始于荷兰。公元1624年,荷兰政府发生经济危机,财政困难。当时执掌政权的统治者摩里斯为了解决财政上的需要问题,拟提出要用增加税收的办法来解决支出的困难,但又怕人民反对,便要求政府的大臣们出谋献策。众大臣议来议去,就是想不出两全其美的妙法来。于是,荷兰的统治阶级就采用公开招标办法,以重赏来寻求新税设计方案,谋求敛财之妙策。印花税,就是从千万个应征者设计的方案中精选出来的"杰作"。印花税的产生较之其他税种,更具有传奇色彩。

印花税的设计者可谓独具匠心。他观察到人们在日常生活中使用契约、借贷凭证之类的单据很多,连绵不断,一旦征税,税源将很大;而且,人们还有一个心理,认为凭证单据上由政府盖个印,就成为合法凭证,在诉讼时可以有法律保障,因而对缴纳印花税也乐于接受。正是这样,印花税被资产阶级经济学家誉为税负轻微、税源畅旺、手续简便、成本低廉的"良税"。

从1624年世界上第一次在荷兰出现印花税后,由于印花税"取微用宏",简便易行,欧美各国竞相效法。丹麦在1660年、法国在1665年、部分北美地区在1671年、奥地利在1686年、英国在1694年先后开征了印花税。它在不长的时间内,就成为世界上普遍采用的一个税种,在国际上盛行。

辛亥革命后,北洋政府于 1912 年 10 月正式公布了《印花税法》,并于 1913 年正式实施。这是中国征收印花税的起始。1913 年至 1949 年年底,中华民国政府共印制发行了 9 套印花税票,地方印制 29 套印花税票,同时还印制了契税票、汇兑印纸、司法印纸等税票。其中有名的为"长城图""嘉禾图""孙中山像"等印花税票。在此期间,中国共产党领导的各革命根据地、解放区也印制了多种印花税票。自 1938 年 5 月晋察冀边区开始,东北、山东、华中、陕甘宁、东江等地都印制发行了印花税票。其中有的是在中华民国税票上加字,有些是由革命政府自行印制的。如"帆船""工厂""运输"等印花税票。

中华人民共和国成立后,由于税收不统一,中央政府于 1950 年 1 月 30 日公布了《全国税政实施要则》,于 12 月公布了《印花税暂行条例》,并于 1951 年 1 月公布了《印花税暂行条例施行细则》,从此统一了印花税法。在此期间,中央政府分别于 1949 年 11 月发行"旗球图"印花税票;于 1952 年 7 月发行"机器图""鸽球图"印花税票,并一直用到 1958 年。当年,全国施行税改,中央取消了印花税并将其并入工商统一税。1988 年 8 月 6 日,中华人民共和国国务院 11 号令发布《中华人民共和国印花税暂行条例》,规定重新在全国统一开征印花税。是年 10 月 1 日,正式恢复征收印花税,国家税务总局监制发行了新中国第三套印花税票,图案表现了宇航、钻井、海陆空交通、炼钢、收割机、大学等,该套印花税票被称为"建设图"。2001 年,中国印制发行了"社会主义现代化建设图"一套九枚的印花税票,还印制小型张一枚。2003 年,中国又印制发行了恢复印花税收后的第三套印花税票"中国世界文化遗产图"一套九枚,同时印制小型张一枚,六连张一枚,小全张一枚,小本票一种,并制作了纪念册。

(二)印花税的特点

1. 兼有凭证税和行为税性质

印花税是对单位和个人书立、领受的应税凭证征收的一种税,具有凭证税性质。任何一种应税经济凭证反映的都是某种特定的经济行为,因此,对凭证征税,实质上也是对经济行为的课税。

2. 征税范围广泛

印花税的征税对象包括了经济活动和经济交往中的各种应税凭证,凡书立和领受这些凭证的单位和个人都要缴纳印花税,其征税范围是极其广泛的。随着市场经济的发展和经济法制的逐步健全,依法书立经济凭证的现象将会愈来愈普遍。因此,印花税的征收面将更加广泛。

3. 税率低、税负轻

印花税与其他税种相比较,税率要低得多,其税负较轻,具有广集资金、积少成多的财政效应。

4. 由纳税人自行完成纳税义务

纳税人通过自行计算、购买并粘贴印花税票的方法完成纳税义务,并在印花税票和凭证的骑缝处自行盖戳注销或画销。这也与其他税种的缴纳方法存在较大区别。

二、印花税的征收对象、纳税人、税率

(一)印花税的征收对象

印花税的征税对象是指在我国境内所书立、领受、使用的印花税应税凭证,《中华人民共和国印花税暂行条例》采取列举方式规定其征税范围,共列举了 13 个税目。2018 年 11 月

1日，《中华人民共和国印花税法》（以下简称《印花税法》）向社会公开征求意见，征求意见稿对征税对象的规定与此前《中华人民共和国印花税暂行条例》中的相关规定一致，即印花税的征税对象为书面形式的合同、产权转移书据、营业账簿和权利、许可证照，以及上市交易或者挂牌转让的公司股票和以股票为基础发行的存托凭证。其具体征税范围如下。

1. 各类合同

合同是指根据《中华人民共和国合同法》和其他有关合同法规订立的合同，包括购销、加工承揽、建设工程勘察设计、建筑安装工程承包、财产租赁、货物运输、仓储保管、借款、财产保险、技术合同或者具有合同性质的凭证。"具有合同性质的凭证"是指具有合同效力的协议、契约、合约、单据、确认书及其他各种名称的凭证。合同具体包括：

（1）购销合同，包括供应、预购、采购、购销结合及协作、调剂、补偿、贸易等合同。此外，还包括出版单位与发行单位之间订立的图书、报纸、期刊和音像制品的应税凭证。

对发电厂与电网之间、电网与电网之间（国家电网公司系统、南方电网公司系统内部各级电网互供电量除外）签订的购售电合同按购销合同征收印花税。电网与用户之间签订的供用电合同不属于印花税列举征税的凭证，不征收印花税。

（2）加工承揽合同，包括加工、定作、修缮、修理、印刷、广告、测绘、测试等合同。

（3）建设工程勘察设计合同，包括勘察、设计合同。

（4）建筑安装工程承包合同，包括建筑、安装工程承包合同。承包合同包括总承包合同、分包合同和转包合同。

（5）财产租赁合同，包括租赁房屋、船舶、飞机、机动车辆、机械、器具、设备等合同，还包括企业、个人出租门店、柜台等签订的合同。

（6）货物运输合同，包括民用航空、铁路运输、海上运输、公路运输和联运合同，以及作为合同使用的单据。

（7）仓储保管合同，包括仓储、保管合同，以及作为合同使用的仓单等。

（8）借款合同，包括银行及其他金融组织与借款人（不包括银行同业拆借）所签订的合同，以及只填开借据并作为合同使用、取得银行借款的借据。融资租赁合同属于借款合同。

（9）财产保险合同，包括财产、责任、保证、信用保险合同，以及作为合同使用的单据。财产保险合同分为企业财产保险、机动车辆保险、货物运输保险、家庭财产保险和农牧业保险五大类。"家庭财产两全保险"属于家庭财产保险合同。

（10）技术合同，包括技术开发、转让、咨询、服务等合同，以及作为合同使用的单据。

2. 产权转移书据

产权转移书据是指单位和个人产权的买卖、继承、赠与、交换、分割等所立的书据。产权转移书据的征税范围是指经政府管理机关登记注册的动产、不动产的所有权转移所立的书据，以及企业股权转让所立的书据，包括财产所有权和版权、商标专用权、专利权、专有技术使用权等转移书据。

土地使用权出让合同、土地使用权转让合同、商品房销售合同按产权转移书据征收印花税。

3. 营业账簿

营业账簿是指单位或者个人记载生产经营活动的财务会计核算账簿。营业账簿按其反映内容的不同，可分为记载资金的账簿和其他账簿。

记载资金的账簿是指反映生产经营单位资本金数额增减变化的账簿。其他账簿是指除上述账簿以外的有关其他生产经营活动内容的账簿,包括日记账簿和明细分类账簿。

4. 权利、许可证照

权利、许可证照是指政府部门确认单位和个人某种法定权利的各种证书以及颁发的准予单位和个人从事生产经营活动的营业执照的统称,包括政府部门发给的房屋产权证、营业执照、商标注册证、专利证、土地使用证。

5. 其他凭证类

其他凭证是指上述四类凭证以外,经财政部确定征税的其他凭证。

(二)印花税的纳税人

印花税的纳税人是指在我国境内书立、领受、使用印花税征税范围所列举的凭证,并应依法履行纳税义务的单位和个人。

所谓"单位和个人"是指国内各类企业、事业、机关、团体、部队以及中外合资企业、合作企业、外资企业、外国公司企业和其他经济组织及其在华机构等单位和个人。

上述单位和个人,按照书立、使用、领受应税凭证的不同,可以分别确定为立合同人、立账簿人、立据人、领受人和使用人五种。

1. 立合同人

各类经济合同的纳税人为立合同人。立合同人是指合同的当事人,即对合同有直接权利和义务关系的单位和个人,但不包括合同的担保人、证人、鉴定人。当事人有两方或两方以上的,各方均为纳税人。

2. 立据人

各种产权转移书据的纳税人为立据人。所立书据以合同方式签订的,应由持有书据的各方分别按全额贴花。

3. 立账簿人

营业账簿的纳税人是立账簿人。立账簿人是指设立并使用营业账簿的单位和个人。

4. 领受人

权利、许可证照的纳税人是领受人。领受人是指领取或接受并持有该项凭证的单位和个人。

5. 使用人

在国外书立、领受,但在国内使用的应税凭证,其纳税人是使用人。

对纳税人以电子形式签订的各类应税凭证按规定征收印花税。

如果同一凭证,由两方或两方以上当事人共同书立并各持一份的,各方均为印花税纳税人,应当分别就所持凭证的金额计税贴花,但担保人、证人、鉴定人不作为纳税人。如果应税凭证是由当事人的代理人代为书立的,则代理人承担纳税义务。

(三)印花税的税率

印花税采用比例税率和定额税率两种形式。

(一)比例税率

各类合同以及具有合同性质的凭证、产权转移书据、营业账簿中记载资金的账簿,适用比例税率。比例税率分为五个档次,具体规定如下:

适用 0.5‰税率的是借款合同。

适用 3‰税率的是购销合同、建筑安装工程承包合同、技术合同。

适用 5‰税率的是加工承揽合同、建设工程勘察设计合同、货物运输合同、产权转移书据、营业账簿中记载资金的账簿。

适用 1‰税率的是财产租赁合同、仓储保管合同、财产保险合同。

(二)定额税率

权利、许可证照和营业账簿税目中的其他账簿,适用定额税率,均按件贴花,税额为5 元。

注:自 2018 年 5 月 1 日起,对营业账簿税目中的其他账簿免征印花税,对营业账簿中记载资金的账簿减半征税(税目、税率表详见表 9-1)。

表 9-1　　　　　　　　　　　　印花税税目、税率表

税目	范围	税率	纳税人	说明
购销合同	包括供应、预购、采购、购销结合及协作、调剂、补偿贸易等合同	按购销金额 3‰贴花	合同人	
加工承揽合同	包括加工、定作、修缮、修理、印刷广告、测绘、测试等合同	按加工承揽收入 5‰贴花	合同人	
建设工程勘察设计合同	包括勘察、设计合同	按收取费用 5‰贴花	合同人	
建筑安装工程承包合同	包括建筑、安装工程承包合同	按承包金额 3‰贴花	合同人	
财产租赁合同	包括租赁房屋、船舶、飞机、机动车辆、机械、器具、设备等合同	按租赁金额 1‰贴花	合同人	税额不足 1 元,按 1 元贴花
货物运输合同	包括民用航空运输、铁路运输、海上运输、内河运输、公路运输和联运合同	按运输费用 5‰贴花	合同人	单据作为合同使用的,按合同贴花
仓储保管合同	包括仓储、保管合同	按仓储保管费用 1‰贴花	合同人	
借款合同	银行及其他金融组织和借款人(不包括银行同业拆借)所签订的借款合同	按借款金额 0.5‰贴花	合同人	单据作为合同使用的,按合同贴花
财产保险合同	包括财产、责任、保证、信用等保险合同	按保险费收入 1‰贴花	合同人	单据作为合同使用的,按合同贴花
技术合同	包括技术开发、咨询、服务等合同	按所载金额 3‰贴花	合同人	
产权转移书据	包括财产所有权和版权、商标使用权、专利权、专有技术使用权等转移书据	按所载金额 5‰贴花	立据人	
营业账簿	生产、经营用账册	记载资金的账簿,按实收资本和资本公积的合计金额 5‰贴花。	立账簿人	2018 年 5 月 1 日起减半贴花

(续表)

税目	范围	税率	纳税人	说明
权利、许可证照	包括政府部门发给的房屋产权证、工商营业执照、商标注册证、专利证、土地使用证	按件贴花5元	领受人	

注：证券交易印花税自 1990 年在深圳开征,当时主要是为了稳定初创的股市及适度调节炒股收益,由卖出股票者按成交金额的 6‰缴纳。同年 11 月份,深圳市对股票买方也开征 6‰的印花税,这是内地双边征收印花税的历史开端。

1991 年 10 月,深圳市将印花税税率调整到 3‰,上海也开始对股票买卖实行双边征收,税率为 3‰。

1992 年 6 月,国家税务总局和国家体改委联合发文,明确规定股票交易双方按 3‰缴纳印花税。

1997 年 5 月,证券交易印花税税率从 3‰提高到 5‰。

1998 年 6 月,证券交易印花税税率从 5‰下调至 4‰。

1999 年 6 月,B 股交易印花税税率降低为 3‰。

2001 年 1 月,财政部决定将 A、B 股交易印花税税率统一降至 2‰。

2005 年 1 月,财政部又将证券交易印花税税率由 2‰下调为 1‰。

2007 年 5 月 30 日起,财政部将证券交易印花税税率由 1‰调整为 3‰。

2008 年 4 月 24 日起,调整证券(股票)交易印花税税率,由 3‰调整为 1‰。

2008 年 9 月 19 日起,调整证券(股票)交易印花税征收方式,由对双方当事人征收证券(股票)交易印花税,调整为单边征税,印花税税率为 1‰。

三、印花税的计算

(一) 计税依据

印花税根据征税项目的不同,其计税依据可以分为从价计征的计税依据和从量计征的计税依据。

1. 从价计征的计税依据

实行从价计征印花税的计税依据为应税凭证所记载的金额、费用、收入额,具体是指:

(1) 购销合同的计税依据为购销金额。

(2) 加工承揽合同的计税依据为加工或承揽收入,如有受委托方提供原材料金额的,可不进入计税金额;非受托方提供辅助材料的金额,则应并入计税金额。

(3) 建设工程勘察设计合同的计税依据为收取的费用。

(4) 建筑安装工程承包合同的计税依据为承包金额。

(5) 财产租赁合同的计税依据为租赁金额。

(6) 货物运输合同的计税依据为运输费用,但不包括装卸费和保险费。

(7) 仓储保管合同的计税依据为仓储保管费用。

(8) 借款合同的计税依据为借款金额。

(9) 财产保险合同的计税依据为保险费收入,不包括所投保财产的价值。

(10) 技术合同的计税依据为合同所载的价款、报酬或使用费,不包括研究开发经费。

(11) 产权转移书据的计税依据为所载金额。

(12) 营业账簿税目中记载资金的账簿的计税依据为"实收资本"与"资本公积"两项的合计金额。

2. 从量计征的计税依据

实行从量计征印花税的其他账簿和权利、许可证照的计税依据为应税凭证件数。

3. 计税依据的特殊规定

(1) 上述凭证以"金额""收入""费用"作为计税依据的,应当全额计税,不得作任何扣除。

（2）按金额比例贴花的应税凭证，未标明金额的，应按照凭证所载数量及国家牌价计算金额；没有国家牌价的，按市场价格计算金额，然后按规定税率计算应纳税额。

（3）有些合同，在签订时无法确定计税金额，如技术转让合同中的转让收入，是按销售收入的一定比例收取或是按实际利润分成的；财产租赁合同，只是规定了月（天）租金标准而无租赁期限。对这类合同，可在签订时先按定额5元贴花，以后结算时再按实际金额计税，补贴印花。

（4）商品购销活动中，采用以货换货方式进行商品交易签订的合同，是反映既购又销双重经济行为的合同。对此，应按合同所载的购、销合计金额计税贴花。合同未列明金额的，应按合同所载购、销数量依照国家牌价或者市场价格计算应纳税额。

（5）以施工单位将自己承包的建设项目分包或者转包给其他施工单位所签订的分包合同或者转包合同，应按新的分包合同或转包合同所载金额计算应纳税额。

（6）对国内各种形式的货物联运，凡在起运地统一结算全程运费的，应以全程运费作为计税依据，由起运地运费结算双方缴纳印花税；凡分程结算运费的，应以分程的运费作为计税依据，分别由办理运费结算的各方缴纳印花税。

（7）跨地区经营的分支机构使用的营业账簿，应由各分支机构于其所在地计算贴花。对上级单位核拨资金的分支机构，其记载资金的账簿按核拨的账面资金额计税贴花，其他账簿按定额贴花；对上级单位不核拨资金的分支机构，只就其他账簿按件定额贴花。为避免对同一资金重复计税贴花，上级单位记载资金的账簿，应按扣除拨给下属机构资金数额后的其余部分计税贴花。

（二）应纳税额的计算

印花税以应税凭证所记载的金额、费用、收入额或者凭证的件数为计税依据，按照规定的适用税率或者适用税额标准计算应纳税额。根据计税依据和适用税率的不同，印花税应纳税额的计算，可分为以下两种情况：

1. 实行比例税率的凭证，应纳税额的计税公式

$$应纳税额 = 应税凭证所载金额 \times 适用比例税率$$

【例 9-1】　A、B 两家公司签订一份购销合同，购销金额为 800 万元，印花税适用税率为 3‰。两家公司分别应纳税额为多少元？

$$应纳税额 = 800 \times 3‰ = 0.24（万元）$$

2. 实行定额税率的应税凭证，应纳税额的计税公式

$$应纳税额 = 应税凭证件数 \times 单位税额$$

【例 9-2】　某公司 2019 年度启用除资金账簿外的其他生产、经营账簿 12 件，领取各种权利、许可证照共有 26 件，计算其应纳的印花税。

$$应纳税额 = 26 \times 5 = 130（元）$$

3. 应纳税额计算应注意的问题

（1）同一凭证，载有两个或两个以上经济事项而适用不同税目税率，如分别记载金额的,应分别计算应纳税额,相加后按合计税额贴花;如未分别记载金额的,按税率高的计税贴花。

（2）应税凭证所载金额为外国货币的,应按照凭证书立当日国家外汇管理局公布的外汇牌价折合成人民币,然后计算应纳税额。

（3）应纳税额不足1角的,免纳印花税;1角以上的,其税额尾数不满5分的不计,满5分的按1角计算。财产租赁合同应纳税额不足1元的,按1元贴花。

（4）应税合同在签订时纳税义务即已产生,应计算应纳税额并贴花。所以,不论合同是否兑现或是否按期兑现,均应贴花。

（5）印花税票为有价证券,其票面金额以人民币为单位,分为1角、2角、5角、1元、2元、5元、10元、50元、100元九种。

四、印花税的征收管理

（一）纳税方法

印花税的纳税方法,根据税额大小、贴花次数以及税收征收管理的需要,分别采用以下三种纳税方法。

1. 自行贴花方法

纳税人书立、领受或者使用《印花税法》列举的应税凭证的同时,纳税义务即已产生,应当根据应纳税凭证的性质和适用的税目税率,自行计算应纳税额,自行购买印花税票,自行一次贴足印花税票并加以注销或画销,纳税义务才算全部履行完毕。值得注意的是,纳税人购买了印花税票,支付了税款,国家就取得了财政收入。但就印花税来说,纳税人支付的税款并不等于已履行了纳税义务,纳税人必须自行贴花并注销或画销,这样才算完整地完成了纳税义务。

这种办法,一般适用于应税凭证较少或者贴花次数较少的纳税人。

2. 汇贴或汇缴方法

为了简化纳税手续,应纳印花税额较大,即一份凭证应纳税额超过500元的,应向当地税务机关申请填写缴款书或者完税凭证,将其中一联粘贴在凭证上或者由税务机关在凭证上加注完税标记代替贴花。这就是通常所说的"汇贴"办法。

对同一类应税凭证需要频繁贴花的纳税人,应向当地税务机关申请按期汇总缴纳印花税,获准汇总缴纳印花税的纳税人,应持有税务机关发给的汇缴许可证。汇总缴纳的期限由当地税务机关确定,但最长期限不超过1个月。

实行印花税按期汇总缴纳的单位,对征税凭证和免税凭证汇总时,凡分别汇总的,按本期征税凭证的汇总金额计算缴纳印花税;凡确属不能分别汇总的,应按本期全部凭证的实际汇总金额计算缴纳印花税。

凡汇总缴纳印花税的凭证,应加注税务机关指定的汇缴戳记、编号并装订成册后,将已贴印花税票或者缴款书的一联粘附册后,盖章注销,保存备查。

3. 委托代征方法

委托代征办法是通过税务机关的委托,经由发放或者办理应纳税凭证的单位代为征收印花税税款。税务机关应与代征单位签订代征委托书。所谓发放或者办理应纳税凭证的单位是指发放权利、许可证照的单位和办理凭证的鉴证、公证及其他有关事项的单位。如按照印花税法规定,市场监督管理机关核发各类营业执照的同时,负责代售印花税票,征收印花税税款,并监督领受单位和个人负责贴花。

（二）纳税环节与纳税地点

1. 纳税环节

印花税应当在书立或领受时贴花,具体是指在合同签订时、账簿启用时和证照领受时贴花。如果合同是在国外签订,并且不便在国外贴花的,应在将合同带入境时办理贴花纳税手续。

2. 纳税地点

印花税一般是就地纳税。对于全国性商品物资订货会(包括展销会、交易会等)上所签订合同应纳的印花税,由纳税人回其所在地后及时办理贴花完税手续;对地方主办、不涉及省际关系的订货会、展销会上所签订合同的印花税,其纳税地点由各省、自治区、直辖市人民政府自行确定。

（三）违章处理

（1）在应纳税凭证上未贴或者少贴印花税票的或者已粘贴在应税凭证上的印花税票未注销或者未划销的,由税务机关追缴其不缴或者少缴的税款、滞纳金,并处不缴或者少缴税款50%以上5倍以下罚款。

（2）已贴用的印花税票揭下重用造成未缴或少缴印花税的,由税务机关追缴其不缴或者少缴的税款、滞纳金,并处不缴或者少缴的税款50%以上5倍以下的罚款;构成犯罪的依法追究其刑事责任

（3）伪造印花税票的由税务机关责令改正,处2 000万元以上1万元以下的罚款;情节严重的,处1万元以上5万元以下的罚款;构成犯罪的依法追究刑事责任。

（4）按期汇总缴纳印花税的纳税人,超过税务机关核定的纳税期限,未缴或少缴印花税款的,由税务机关追缴其不缴或者少缴的税款、滞纳金,并处不缴或者少缴税款50%以上5倍以下的罚款;情节严重的同时撤销其汇缴许可证;构成犯罪的,依法追究其刑事责任。

（5）纳税人违反以下规定的,由税务机关责令限期改正,可处2 000元以下的罚款;情节严重的,处2 000元以上1万元以下的罚款:

① 凡汇总缴纳印花税的凭证,应加注税务机关指定的汇缴戳记,编号并装订成册后,将已贴印花或者缴款书的一联粘附册后,盖章注销,保存备查。

② 纳税人对纳税凭证应妥善保存。凭证的保存期限,凡国家已有明确规定的,按规定办理;没有明确规定的其余凭证均应在履行完毕后保存1年。

五、印花税的税收优惠

（一）基本免税规定

根据《中华人民共和国印花税暂行条例》及其实施细则的规定,下列合同免征印花税:

（1）已缴纳印花税的凭证的副本或者抄本,以副本或者抄本视同正本使用的,应另贴印花。

（2）财产所有人将财产赠给政府、社会福利单位、学校所立的书据。

（3）国家指定的收购部门与村民委员会、农民个人书立的农副产品收购合同。

（4）无息、贴息贷款合同。

（5）外国政府或者国际金融组织向我国政府及国家金融机构提供优惠贷款所书立的合同。

（6）经财政部批准免税的其他凭证。

(二)支持住房制度改革的印花税优惠

(1)对个人出租、承租住房签订的租赁合同,免征印花税。

(2)对个人销售或购买住房暂免征收印花税。

(三)运输合同的印花税优惠

(1)军事物资运输。凡附有军事运输命令或使用专用的军事物资运费结算凭证,免纳印花税。

(2)抢险救灾物资运输。凡附有县级以上(含县级)人民政府抢险救灾物资运输证明文件的运费结算凭证,免纳印花税。

(3)新建铁路的工程临管线运输。为新建铁路运输施工所需物料,使用工程临管线专用运费结算凭证,免纳印花税。

(4)对铁路、公路、航运、水路承运快件行李、包裹开具的托运单据,暂免贴印花。

(四)企业改制过程中印花税的优惠

1. 关于资金账簿的印花税

(1)实行公司制改造的企业在改制过程中成立的新企业(重新办理法人登记的),其新启用的资金账簿记载的资金或因企业建立资本纽带关系而增加的资金,凡原已贴花的部分可不再贴花,未贴花的部分和以后新增加的资金按规定贴花。

公司制改造包括国有企业依《中华人民共和国公司法》整体改造成国有独资有限责任公司;企业通过增资扩股或者转让部分产权,实现他人对企业的参股,将企业改造成有限责任公司或股份有限公司;企业以其部分财产和相应债务与他人组建新公司;企业将债务留在原企业,而以其优质财产与他人组建的新公司。

(2)以合并或分立方式成立的新企业,其新启用的资金账簿记载的资金,凡原已贴花的部分可不再贴花,未贴花的部分和以后新增加的资金按规定贴花。

合并包括吸收合并和新设合并。分立包括存续分立和新设分立。

(3)企业债权转股权新增加的资金按规定贴花。

(4)企业改制中经评估增加的资金按规定贴花。

(5)企业其他会计科目记载的资金转为实收资本或资本公积的资金按规定贴花。

2. 关于各类应税合同的印花税

企业改制前签订但尚未履行完的各类应税合同,改制后需要变更执行主体的,对仅改变执行主体、其余条款未作变动且改制前已贴花的,不再贴花。

3. 关于产权转移书据的印花税

企业因改制签订的产权转移书据免予贴花。

4. 股权分置改革的印花税

股权分置改革过程中因非流通股股东向流通股股东支付对价而发生的股权转让,暂免征收印花税。

(五)其他优惠

1. 军工企业印花税优惠

(1)国防科工委管辖的军工企业和科研单位,与军队、武警总队、公安、国家安全部门,为研制和供应军火武器(包括指挥、侦察、通信装备,下同)所签订的合同免征印花税。

(2)国防科工委管辖的军工系统内各单位之间,为研制军火武器所签订的合同免征印花税。

2. 基金单位印花税优惠

对投资者申购和赎回基金单位,暂不征收印花税。

3. 教育事业印花税优惠

对国家拨付事业经费和企业办的各类学校、托儿所、幼儿园自用的房产、土地,免征房产税、城镇土地使用税;对财产所有人将财产赠给学校所立的书据,免征印花税。

第二节　城市维护建设税

一、城市维护建设税的概念和特点

(一)城市维护建设税的概念

城市维护建设税是以纳税人实际缴纳的增值税、消费税(营业税已取消,以下不再涉及营业税)的税额为计税依据,依法计征的一种税。

1985年2月,国务院公布《中华人民共和国城市维护建设税暂行条例》(以下简称《城市维护建设税暂行条例》),规定自1985年起征收城市维护建设税。城市维护建设税以纳税人实际缴纳的增值税、消费税额为计税依据,按纳税人所在地在市区、县城和镇或者其他地区,分别适用7%、5%和1%的税率。《城市维护建设税暂行条例》实施以来,运行比较平稳。2000年至2017年,全国累计征收城市维护建设税35 350亿元,年均增长15%,其中2017年征收城市维护建设税4 362亿元。城市维护建设税对组织财政收入、加强城市维护建设发挥了重要作用。

《中共中央关于全面深化改革若干重大问题的决定》提出"落实税收法定原则",制定城市维护建设税法是重要任务之一,已列入全国人民代表大会常务委员会和国务院立法工作计划。制定城市维护建设税法,有利于完善城市维护建设税法律制度,增强科学性、稳定性和权威性,有利于构建适应社会主义市场经济需要的现代财税制度,有利于深化改革开放和推进国家治理体系和治理能力现代化。

(二)城市维护建设税的特点

1. 税款专款专用,具有受益税性质

按照财政的一般性要求,税收及其他政府收入应当纳入国家预算,根据需要统一安排其用途,并不规定各个税种收入的具体使用范围和方向,否则也就无所谓国家预算。但是作为例外,也有个别税种事先明确规定使用范围与方向,税款的缴纳与受益更直接地联系起来,我们通常称其为受益税。城市维护建设税专款专用,用来保证城市的公共事业和公共设施的维护和建设,就是一种具有受益税性质的税种。

2. 属于一种附加税

城市维护建设税与其他税种不同,没有独立的征税对象或税基,而是以增值税、消费税"二税"实际缴纳的税额之和为计税依据,随"二税"同时附征,本质上属于一种附加税。

3. 根据城镇规模设计税率

一般来说,城镇规模越大,所需要的建设与维护资金越多。与此相适应,城市维护建设税规定,纳税人所在地为城市市区的,税率为7%;纳税人所在地为县城、建制镇的,税率为5%;纳税人所在地不在城市市区、县城或建制镇的,税率为1%。这种根据城镇规模不同。差别设置税率的办法,较好地照顾了城市建设的不同需要。

4. 征收范围较广

鉴于增值税、消费税在我国现行税制中属于主体税种,而城市维护建设税又是其附加税,原则上讲,只要缴纳增值税、消费税中任一税种的纳税人都要缴纳城市维护建设税。这也就等于说,除了减免税等特殊情况,任何从事生产经营活动的企业单位和个人都要缴纳城市维护建设税,这个征税范围当然是比较广的。

二、城市维护建设税的纳税人、税率

(一)城市维护建设税的纳税人

承担城市维护建设税纳税义务的单位和个人。原规定缴纳产品税、增值税、营业税的单位和个人为城市维护建设税的纳税人,1994年税制改革后,改为缴纳增值税、消费税、营业税的单位(不包括外商投资企业、外国企业和进口货物者)和个人为城市维护建设税的纳税人。

自2010年12月1日起,对外商投资企业、外国企业及外籍个人征收城市维护建设税。

2016年5月起全面实行营业税改征增值税,营业税全面取消。按照现行税法的规定,城市维护建设税的纳税人是在征税范围内从事工商经营,缴纳"二税"(即增值税、消费税,下同)的单位和个人。任何单位或个人,只要缴纳"二税"中的一种,就必须同时缴纳城市维护建设税。

(二)城市维护建设税的税率

根据《城市维护建设税暂行条例》及其实施细则有关规定,城市维护建设税是根据城市维护建设资金的不同层次的需要而设计的,实行分区域的差别比例税率,即按纳税人所在城市、县城或镇等不同的行政区域分别规定不同的比例税率。其具体规定为:

(1)纳税人所在地在市区的,税率为7%。这里称的"市"是指国务院批准建制市的城市,"市区"是指省人民政府批准的市辖区(含市郊)的区域范围。

(2)纳税人所在地在县城、镇的税率为5%。这里所称的"县城、镇"是指省人民政府批准的县城、县属镇(区级镇),县城、县属镇的范围按县人民政府批准的城镇区域范围。

(3)纳税人所在地不在市区、县城、县属镇的,税率为1%。纳税人在外地发生缴纳增值税、消费税的,按纳税发生地的适用税率计征城市维护建设税。

城市维护建设税的适用税率,一般按纳税人所在地的适用税率执行,但对下列情况,按规定执行:

① 纳税人所在地为工矿区的,应根据行政区划确定适用税率。

② 铁道部应缴纳城市维护建设税的适用税率,因其计税依据为铁道部实际集中缴纳的增值税额,难以确定适用的地区差别比例税率,所以,财政部作出特案规定,税率统一为5%。

③ 由受托方代征、代扣"二税"的单位和个人,其代征代扣的城市维护建设税按受托方所在地适用税率。

④ 流动经营无固定纳税地点的单位和个人,在经营地缴纳"二税"的,其城市维护建设税的缴纳按经营地适用税率。

三、城市维护建设税的计算和征收管理

(一)城市维护建设税的计算

1. 计税依据

城市维护建设税是以纳税人实际缴纳的流转税额为计税依据征收的一种税,纳税环节

确定在纳税人缴纳的增值税、消费税的环节上,从商品生产到消费流转过程中只要发生增值税、消费税的其中一种税的纳税行为,就要以这种税为依据计算缴纳城市维护建设税。

对纳税人违反增值税、消费税有关税法而加收的滞纳金和罚款,是税务机关对纳税人违法行为的经济制裁,不作为城市维护建设税的计税依据,但纳税人在被查补增值税、消费税和被处以罚款时,应同时对其偷逃的城市维护建设税进行补税和罚款。

海关对进口产品代征的消费税、增值税,不征收城市维护建设税。

2. 计税方法

城市维护建设税以纳税人实际缴纳的增值税、消费税额为计税依据,按照规定的适用税率计算应纳税额。其计算公式为:

$$应纳税额 = 实际缴纳的增值税、消费税额 \times 适用税率$$

【例 9-3】 某公司地处城市市区,2018 年 6 月应依法缴纳增值税 35 万元、消费税 15 万元。增值税、消费税已按时缴纳。请计算该公司应缴纳的城建税。

$$应纳税额 = (35 + 15) \times 7\% = 3.5(万元)$$

根据财税〔2005〕25 号规定:自 2005 年 1 月 1 日起,就生产企业出口货物全面实行免抵退税办法后,经国家税务局正式审核批准的当期免抵的增值税额应纳入城市维护建设税和教育费附加的计征范围,分别按规定的税(费)率征收城市维护建设税和教育费附加。

2005 年 1 月 1 日前,已按免抵的增值税额征收的城市维护建设税和教育费附加不再退还,未征的不再补征。

所以公式中的增值税部分还应加上生产企业出口货物实行免抵退税办法产生的免抵税额;如果当期有免抵税额,一般在生产企业免抵退汇总表中会有体现。

实行免抵退的生产企业的城市维护建设税计算公式应为:

$$应纳税额 = (实际缴纳的增值税 + 当期免抵税额 + 消费税) \times 适用税率$$

(二)城市维护建设税的征收管理

1. 纳税期限

城市维护建设税应当与增值税和消费税同时缴纳,其纳税期限与增值税和消费税相同。不能按固定期限纳税的,可以按次纳税。

2. 纳税地点

城市维护建设税附加税的性质决定了纳税人缴纳增值税、消费税的地点,就是该纳税人缴纳城市维护建设税的地点。比如,某施工企业所在地在 A 市,而本期它在 B 市承包工程,按规定应当就其工程结算收入在 B 市缴纳增值税,相应地,也应当在 B 市缴纳与增值税相应的城市维护建设税。

但是,在下列情况下,纳税地点为:

(1)代征代扣增值税、消费税的单位和个人,其城市维护建设税的纳税地点为代征代扣地。

(2)跨省开采的油田,下属生产单位与核算单位不在一个省内的,其生产的原油,在油井所在地缴纳增值税,其应纳税款由核算单位按照各油井的产量和规定税率,计算汇拨各油井缴纳。所以,各油井应纳的城市维护建设税,应由核算单位计算,随同增值税一并汇拨油井所在地,由油井在缴纳增值税的同时,一并缴纳城市维护建设税。

（3）对管道局输油部分的收入，由取得收入的各管道局于所在地缴纳增值税。所以，其应纳的城市维护建设税，也应由取得收入的各管道局于所在地缴纳增值税时一并缴纳城市维护建设税。

（4）对流动经营无固定纳税地点的单位和个人，应随同"二税"在经营地按适用税率缴纳城市维护建设税。

3. 纳税申报

对于按规定以 1 日、3 日、5 日、10 日、15 日为一期缴纳增值税和消费税的纳税人，应在按规定预缴增值税和消费税的同时，预缴相应的城市维护建设税。企业应当于月度终了后在进行增值税和消费税申报的同时，进行城市维护建设税的纳税申报。

对于以 1 个月为一期缴纳增值税和消费税的施工企业，应当在缴纳当月增值税和消费税时，同时按照纳税申报表确定的应纳税额全额缴纳城市维护建设税。

四、城市维护建设税的税收优惠

（1）城市维护建设税随同"二税"的减免而减免。

（2）对于因减免税而需进行"二税"退库的，城市维护建设税也同时退库。但是对出口产品退还增值税、消费税的，不退还已缴纳的城市维护建设税；对"二税"实行先征后返、先征后退、即征即退办法的，除另有规定外，对随"二税"附征的城市维护建设税和教育费附加，一律不予退（返）还。

（3）海关对进口产品代征的增值税、消费税，不征收城市维护建设税。

（4）为支持国家重大水利工程建设，对国家重大水利工程建设基金免征城市维护建设税。

（5）对个别缴纳城市维护建设税确有困难的企业和个人，由市（县）人民政府审批，可以酌情给予减免照顾。

附：教育费附加

一、教育费附加的概念

教育费附加是以缴纳人实际缴纳的增值税、消费税（由于营业税已取消，不涉及营业税，简称"二税"）税额为依据征收的一种附加费。为了加快地方教育事业的发展，调动各种社会力量办教育的积极性，扩大地方教育经费的资金来源，国务院于 1986 年 4 月 28 日颁布了《征收教育费附加的暂行规定》，决定从 1986 年 7 月 1 日起，在全国范围内征收教育费附加。1990 年 6 月国务院对《征收教育费附加的暂行规定》进行了修改，2005 年 8 月国务院再次对其进行了修改，并从同年 10 月 1 日起执行。

二、教育费附加的基本规定

（一）缴纳人

缴纳增值税、消费税的单位和个人，除按照《国务院关于筹措农村学校办学经费的通知》缴纳农村教育费附加的单位外，都是教育费附加的纳税人。但海关对进口产品征收的增值税、消费税，不征收教育费附加。

（二）计征依据和附加率

教育费附加的计税依据与城市维护建设税相同，以纳税人实际缴纳的增值税、消费税为计税依据，附加率为 3%。

（三）减免和退还

（1）对由于减免增值税、消费税而发生退税的，同时退还教育费附加。但对出口产品退还增值税、消费税的，不再退还已征的教育费附加。

（2）对从事生产卷烟和经营烟叶产品的单位，减半征收教育费附加。

（四）征纳管理

教育费附加由税务机关征收，其征收管理按照"二税"的有关规定办理。

地方征收的教育费附加，按专项资金管理，由教育部门统筹安排，提出分配方案，商得同级财政部门同意，用于改善中小学教学设施和办学条件。

第三节　车辆购置税

一、车辆购置税的概念和特点

（一）车辆购置税的概念

车辆购置税是对有取得并自用应税车辆的行为的单位和个人征收的一种税。

车辆购置税是以中华人民共和国国务院令第 294 号发布的《中华人民共和国车辆购置税暂行条例》为依据，自 2001 年 1 月 1 日起征收并取代车辆购置附加费的新税种。原有的车辆购置附加费是 1985 年经国务院批准，在全国范围内普遍强制征收的专项用于国家公路建设的政府性基金，已成为交通基础设施建设的重要资金来源，具有明显的税收特性。相比较而言，税收行为比收费行为规范，收支要纳入预算，实行规范化财政管理，接受社会各界监督。将车辆购置附加费改为车辆购置税，要求纳税人依法缴纳税款，有利于理顺政府分配关系，提高财政收入的比重，增强政府宏观调控能力。因此，开征车辆购置税取代原有车辆购置附加费，有利于交通基础设施建设资金的依法足额筹集，确保资金专款专用，从而促进交通基础设施建设事业的健康发展。

《中华人民共和国车辆购置税法》自 2019 年 7 月 1 日起施行，自此，车辆购置税由条例上升为法律。

（二）车辆购置税的特点

1. 征收范围单一、征收环节单一

车辆购置税以购置的特定车辆为课税对象，而不是对所有的车辆征税，范围比较窄。同时车辆购置税实行一次课征制，其征收环节确定为消费领域中的使用环节（即最终消费环节）。

2. 税率单一、征收方法简便

车辆购置税适用单一比例税率，税率为 10％。税率不因车辆不同而不同，不随课税对象数额变动而变动。它具有计征简便、负担稳定的特点，有利于依法治税。

3. 车辆购置税属于特定目的税

车辆购置税由税务机关负责征收，它取之于车辆，用之于交通建设，其征税具有专门服务体系，不挪作他用，由中央财政根据国家交通建设投资计划，统筹安排。这种特定目的的税收，可以保证国家财政支出需要，既有利于统筹合理地安排资金，又有利于保证特定事业和建设支出的需要。

4. 价外征收，税负不易转嫁

车辆购置税和增值税一样在价格之外另行征收。其应纳税额并不构成车辆购置税的计税依据,附加于价格之外。且其税收的缴纳者即为最终的税收负担者,税负不易转嫁,具有直接税的性质。

二、车辆购置税的征收对象、纳税人、税率

(一)车辆购置税的征收对象

在中华人民共和国境内购置汽车、有轨电车、汽车挂车、排气量超过 150 毫升的摩托车(以下统称应税车辆)为征税对象。

(二)车辆购置税的纳税人

车辆购置税的纳税人是在我国境内购置应税车辆的单位和个人。

购置是指以购买、进口、自产、受赠、获奖或者其他方式取得并自用应税车辆的行为。

"单位"包括各类企业、事业单位、社会团体、国家机关、部队以及其他单位。"个人"包括中华人民共和国公民和外国公民。

(三)车辆购置税的税率

车辆购置税实行统一比例税率,税率为 10%。

三、车辆购置税的计算和征收管理

(一)车辆购置税的计算

1. 计税依据:应税车辆的价格

由于应税车辆购置的来源不同,计税价格的组成也就不一样。车辆购置税的计税依据有以下几种情况:

(1)购买自用(包括购买自用的国产、进口应税车辆)车辆的计税依据为纳税人购买应税车辆而支付给销售方的全部价款和价外费用(不含增值税)。

(2)进口自用车辆以组成计税价格为计税依据。

$$组成计税价格 = 关税完税价格 + 关税 + 消费税$$
$$= (关税完税价格 + 关税) \div (1 - 消费税税率)$$

(3)其他自用(如自产、受赠、获奖和以其他方式取得并自用)车辆的计税依据顺序如下:

① 以国家税务总局核定的最低计税价格为依据。

② 未核定最低计税价格的,以纳税人提供的有效价格证明注明的价格。

③ 有效价格证明注明的价格明显偏低的,税务机关有权核定。

最低计税价格是指国家税务总局依据机动车生产企业或者经销商提供的车辆价格信息,参照市场平均交易价格核定的车辆购置税计税价格。

(4)进口旧车、不可抗力因素导致受损的车辆、库存超过 3 年的车辆、行驶 8 万千米以上的试验车辆以及国家税务总局规定的其他车辆应按有效价格证明上注明的价格或税务机关核定的价格为计税依据。

(5)免税条件消失的车辆,以免税车辆初次办理纳税申报时确定的计税价为基准,每满 1 年扣减 10%。

$$计税依据 = 初次办理纳税申报时确定的计税价 \times [1 - (已使用年限 \times 10\%)] \times 100\%$$

① 自初次办理纳税申报之日起使用年限未满 10 年,每满 1 年扣减 10%。

② 未满 1 年,计税依据为免税车辆的原计税价格。

③ 使用年限 10 年及以上,计税价格为 0。

(6) 最低计税价格作为计税依据的确定。

基本规定:纳税人购买自用或者进口自用应税车辆,申报的计税价格低于同类型应税车辆的最低计税价格,又无正当理由的,按照最低计税价格征收车辆购置税。

特殊情形的最低计税价格规定:

① 对已缴纳并办理了登记注册手续的车辆,其底盘发生更换,其最低计税价格按同类型新车最低计税价格的 70% 计算。

$$计税依据 = 同类型新车最低计税价格 \times 70\%$$

② 非贸易渠道进口车辆的最低计税价格,为同类型新车最低计税价格。

2. 计税方法

车辆购置税实行从价定率的办法计算应纳税额。应纳税额的计算公式为:

$$应纳税额 = 计税价格 \times 税率$$

【例 9-4】　某开发公司 20×× 年 4 月经批准进口小轿车 1 辆,关税完税价格为 46 万元。已知小轿车消费税税率为 5%,关税税率为 40%,车辆购置税税率为 10%。计算进口小轿车应缴纳的车辆购置税。

(1) 进口小轿车在进口环节应缴纳的关税:

$$关税完税价格 \times 税率 = 46 \times 40\% = 18.4(万元)$$

(2) 进口小轿车在进口环节应缴纳的消费税:

$$组成计税价格 = (关税完税价格 + 关税) \div (1 - 消费税税率) = (46 + 18.4) \div (1 - 5\%) = 67.79(万元)$$

进口环节应缴纳的消费税 $= 67.79 \times 5\% = 3.39(万元)$

(3) 进口小轿车应缴纳的车辆购置税:

$$应纳税额 = (关税完税价格 + 关税 + 消费税) \times 税率 = 67.79 \times 10\% = 6.78(万元)$$

(二)车辆购置税的征收管理

1. 纳税申报:一车一申报

提供资料:纳税人身份证明;车辆价格证明;车辆合格证明;其他。

2. 纳税环节

纳税人应当在向公安机关等车辆管理机构办理车辆登记注册手续前,缴纳车辆购置税,即最终消费环节缴纳。

3. 纳税地点

(1) 纳税人购置应税车辆,应当向车辆登记注册地(即车辆的上牌落籍地或落户地)的主管税务机关申报纳税。

(2) 购置不需办理车辆登记注册手续的应税车辆,应当向纳税人所在地主管税务机关申报纳税。

4. 纳税期限

(1) 购买自用的应税车辆,自购买之日(即购车发票上注明的销售日期)起 60 日内申报纳税。

（2）进口自用的应税车辆，应当自进口之日（报关进口的当天）起 60 日内申报纳税。

（3）自产、受赠、获奖和以其他方式取得并自用的应税车辆，应当自取得之日起 60 日内申报纳税。

5. 缴税方法

缴税方法包括自报核缴、集中征收缴纳、代征、代扣、代收。

6. 车辆购置税的退税制度

已缴纳车辆购置税的车辆，发生下列情形之一的，准予纳税人申请退税：

（1）车辆退回生产企业或者经销商的。

（2）符合免税条件的设有固定装置非运输车辆但已征税的。

车辆退回生产企业或者经销商的，纳税人申请退税时，主管税务机关自纳税人办理纳税申报之日起，按已纳税款每满 1 年扣减 10%，计算退税额；未满 1 年的，按已缴纳税款全额退税。

四、车辆购置税的税收优惠

（一）法定减免

（1）外国驻华使馆、领事馆和国际组织驻华机构及其外交人员自用车辆免税。

（2）中国人民解放军和中国人民武装警察部队列入军队武器装备订货计划的车辆免税。

（3）设有固定装置的非运输车辆免税。

（4）国务院规定予以免税或者减税的"其他情形"：

① 防汛部门和森林消防部门用于指挥、检查、调度、报汛（警）、联络的设有固定装置的指定型号的车辆。

② 回国服务的留学人员用现汇购买 1 辆自用国产小汽车。

③ 长期来华定居专家进口 1 辆自用小汽车。

（5）农用三轮运输车。

（6）城市公交企业购置的公共汽电车辆。

（二）退税

已纳车辆购置税，在办理车辆登记手续前需退税的，可申请退税。

第四节 土 地 增 值 税

一、土地增值税的概念和特点

（一）土地增值税的概念

土地增值税是对有偿转让国有土地使用权及地上建筑物和其他附着物产权并取得增值性收入的单位和个人所征收的一种税。

土地属于不动产，对土地课税是一种古老的税收形式，也是各国普遍征收的一种财产税。有些国家和地区将土地单列出来征税，如土地税、地价税、农地税、未开发土地税、荒地税、城市土地税、土地登记税、土地转让税、土地增值税、土地租金税、土地发展税等。有些国家和地区鉴于土地与地面上的房屋、建筑物及其他附着物密不可分，对土地、房屋及其他附着物一起征税,统称为房地产税、不动产税、财产税等。

对土地征税,依据征税的税基不同,大致可以分为两大类:一类是财产性质的土地税,它以土地的数量或价值为税基,或实行从量计税,或采取从价计税,前者如我国历史上曾开征的田赋和地亩税,后者如地价税等。这类土地税的历史十分悠久,属于原始的直接税或财产税。另一类是收益性质的土地税,其实质是对土地收益或地租的征税。

新中国成立以来,虽然先后开征过契税、城市房地产税、房产税、城镇土地使用税等税种,但这些税种大多属于传统的土地税,有的还带有行为税的特点,调节房地产市场的力度很有限。国务院于 1993 年 12 月 13 日发布了《中华人民共和国土地增值税暂行条例》(以下简称《土地增值税暂行条例》),财政部于 1995 年 1 月 27 日颁布了《中华人民共和国土地增值税暂行条例实施细则》(以下简称《土地增值税暂行条例实施细则》),决定对自 1994 年 1 月 1 日起在全国开征土地增值税。

(二) 土地增值税的特点

土地增值税有以下几个特点。

1. 以转让房地产取得的增值额为征税对象

我国的土地增值税属于"土地转移增值税"的类型,将土地、房屋的转让收入合并征收。作为征税对象的增值额,是纳税人转让房地产的收入减除税法规定准予扣除项目金额后的余额。

2. 征税面比较广

凡在我国境内转让房地产并取得增值收入的单位和个人,除税法规定免税的外,均应依照税法规定缴纳土地增值税。换言之,凡发生应税行为的单位和个人,不论其经济性质,也不分内、外资企业或中、外籍人员,无论专营或兼营房地产业务,均有缴纳土地增值税的义务。

3. 采用扣除法和评估法计算增值额

土地增值税在计算方法上考虑我国实际情况,以纳税人转让房地产取得的收入,减除法定扣除项目金额后的余额作为计税依据。对旧房及建筑物的转让,以及对纳税人转让房地产申报不实、成交价格偏低的,采用评估价格法确定增值额,计征土地增值税。

4. 实行超率累进税率

土地增值税的税率是以转让房地产的增值率高低为依据,按照累进原则设计的,实行分级计税。增值率高的,适用税率高、多纳税;增值率低的,适用税率低、少纳税。

5. 实行按次征收,纳税时间、缴纳方法根据房地产转让情况而定

土地增值税发生在房地产转让环节,实行按次征收、每发生一次转让行为,就应根据每次取得的增值额征一次税。其纳税时间和缴纳方法根据房地产转让情况而定。

(三) 土地增值税的立法原则

开征土地增值税是国家运用税收手段规范房地产市场秩序,合理调节土地增值收益分配,维护国家权益,促进房地产市场健康发展的重要举措,其基本立法原则主要体现在以下三个方面。

1. 适度加强国家对房地产开发、交易行为的宏观调控

改革开放前,我国土地使用制度一直采取行政划拨的方式,土地实行无偿、无限期使用,不允许土地进行买卖,既没有土地交易行为,更不存在土地交易市场。实践证明,这种土地制度不利于提高土地资源的使用效益。改革开放后,我国对土地使用制度逐步进行改革,随着 1987 年深圳第一块土地买卖成交,改变了土地无偿使用、不准买卖的传统规定,确立了房地产有偿使用、允许转让土地使用权的政策和制度。新的土地使用政策和制度的实施,从根本上促进了我国房地产市场的建立。这对于合理配置土地资源,提高土地使用效益,增加政府财政收入,改善城市基础设施和人民生活居住条件,以及带动国民经济相关产业的发展,都产生了积极作用。

但是,由于有关土地管理的各项制度滞后,不健全、不配套,以及行政管理上的偏差,在房地产业发展中出现了一些问题,主要体现为房地产开发过热,炒买炒卖房地产的投机之风一度盛行,房地产价格上涨过猛,投入房地产的资金规模过大,国家土地资源浪费严重,国有土地资源收益流失过多,冲击和危害了国民经济的健康、协调发展,而且也造成了社会分配不公。

为此,我国决定借鉴世界上一些国家和地区的有益做法,开征土地增值税,利用税收杠杆对房地产业的开发、经营和房地产市场进行适当调控,以保护房地产业和房地产市场的健康发展,控制房地产的投机行为,促进土地资源的合理利用,调节部分单位和个人通过房地产交易取得的过高收入。

2. 抑制土地炒买炒卖,保障国家的土地权益

土地收益,主要来源于土地的增值,而土地增值主要基于两个方面的原因:一是自然增值,即土地资源是有限的,随着经济建设的发展,生产和生活建设用地扩大,土地资源相对发生紧缺,导致土地价格上升。这是土地增值的主要因素。二是投资增值,即投入资金开发建造,把"生地"变为"熟地",建成各种生产、生活、商业设施,改善了生产和生活环境而形成土地增值。在我国,土地资源属国家所有,国家为整治和开发土地投入巨额资金,应参与土地增值收益分配,并取得较大份额。同时,对房地产开发者投资、开发房地产,也应保证其获得合理收益,即能够得到合理的投资回报,以促进房地产业的正常发展。

然而,有些地区出于招商引资或急于求成搞建设的考虑,盲目进行土地开发,竞相压低国有土地批租价格,给炒买炒卖者留下可乘之机,致使国家土地增值收益流失严重,极大地损害了国家利益。通过对土地增值性收益征税,可以在一定程度上堵塞漏洞,减少国家土地资源及增值性收益的流失,遏制土地投机行为,保护房地产开发者的合法权益,维护国家的整体利益。

3. 规范国家参与土地增值收益的分配方式,增加财政收入

目前,我国涉及房地产交易市场的税收,主要有增值税、企业所得税、个人所得税、契税等。这些税种对转让房地产收益只具有一般的调节作用,对房地产转让者增值所获得的过高收入起不到特殊的调节作用。对土地增值收益征税,可以为增加国家财政收入开辟新的财源。

二、土地增值税的征税范围

根据《土地增值税暂行条例》的规定,土地增值税是对有偿转让中华人民共和国国有土地使用权、地上的建筑物及其附着物并取得的收入征收。

转让国有土地使用权、地上的建筑物及其附着物并取得收入是指以出售或者其他方式有偿转让房地产的行为,但不包括以继承、赠与方式无偿转让房地产的行为。国有土地是指按国家法律规定属于国家所有的土地。地上的建筑物是指建于土地上的一切建筑物,包括地上、地下的各种附属设施。附着物是指附于土地上的不能移动、一经移动即遭损坏的物品。

收入包括转让房地产的全部价款及有关的经济收益,即包括货币收入、实物收入和其他收入。赠与是指房地产所有人、土地使用权所有人将房屋产权、土地使用权赠与直系亲属或直接赡养义务人,或通过我国境内的非营利性社会团体、国家机关将房屋产权、土地使用权赠与教育、民政和其他社会福利、公益事业。

三、土地增值税的纳税义务人

《土地增值税暂行条例》规定,对转让国有土地使用权、地上的建筑物及其附着物,即转让房地产并取得收入的单位和个人为土地增值税的纳税人,应当依法缴纳土地增值税。

一切行政企事业单位和个人,无论是国有企业、集体企业、私营企业、股份制企业、个体工商户,还是外商投资企业,也无论是专营还是兼营房地产开发业务的,只要其出售房地产,就是土地增值税的纳税义务人,就应当依其土地增值收益按规定税率缴纳土地增值税。

四、土地增值税的税率

土地增值税实行四级超率累进税率,最低税率为30%,最高税率为60%。增值额未超过扣除项目金额50%的部分,税率为30%;增值额超过扣除项目金额50%、未超过扣除项目金额100%的部分,税率为40%;增值额超过项目扣除金额100%、未超过扣除额100%的部分,税率为50%;增值额超过扣除项目金额200%的部分,税率为60%(见表9-2)。

表9-2　　　　　　　　　　土地增值税税率

级数	级距	税率	速算扣除率
1	增值额未超过扣除项目金额50%的部分	30%	0
2	增值额超过扣除项目金额50%、未超过扣除项目金额100%的部分	40%	5%
3	增值额超过扣除项目金额100%、未超过扣除项目金额200%的部分	50%	15%
4	增值额超过扣除项目金额200%的部分	60%	35%

五、土地增值税的计算

(一)土地增值税的计税依据

土地增值税是以转让房地产取得的收入,减除法定扣除项目金额后的增值额作为计税依据。

1. 应税收入的确定

纳税人转让房地产取得的应税收入,包括转让房地产取得的全部价款及有关的经济收益。从形式上看包括货币收入、实物收入和其他收入。非货币收入要折合成货币金额计入收入总额。"营改增"后,土地增值税纳税人转让房地产取得的收入为不含增值税收入。

适用增值税一般计税方法的纳税人,其转让房地产的土地增值税应税收入不含增值税销项税额;适用简易计税方法的纳税人,其转让房地产的土地增值税应税收入不含增值税应纳税额。

房地产开发企业在"营改增"后进行房地产开发项目土地增值税清算时,按以下方法确定应税收入:土地增值税应税收入＝"营改增"前转让房地产取得的收入＋营改增后转让房地产取得的不含增值税收入。

2. 扣除项目的确定

(1) 取得土地使用权所支付的金额(适用新建房转让和存量房地产转让),包括地价款和取得土地使用权时按国家统一规定缴纳的有关费用。其中,"取得土地使用权所支付的金额"可以有三种形式:以出让方式取得土地使用权的,为支付的土地出让金;以行政划拨方式取得土地使用权的,为转让土地使用权时按规定补缴的出让金;以转让方式取得土地使用权的,为支付的地价款。"按国家统一规定缴纳的有关费用"是指纳税人在取得土地使用权过程中为办理有关手续,按国家统一规定缴纳的有关登记、过户手续费和契税。

(2) 房地产开发成本(适用新建房转让),包括土地征用及拆迁补偿费(包括土地征用费、耕地占用税等)、前期工程费、建筑安装工程费、基础设施费、公共配套设施费、开发间接费用等。

(3) 房地产开发费用(适用新建房转让)。

① 纳税人能够按转让房地产项目计算分摊利息支出并能提供金融机构贷款证明的:

$$允许扣除的房地产开发费用 = 利息 + \left(\begin{array}{c}取得土地使用权\\所支付的金额\end{array} + \begin{array}{c}房地产\\开发成本\end{array}\right) \times 5\% 以内$$

注:利息最高不能超过按商业银行同类同期贷款利率计算的金额。

② 纳税人不能按转让房地产项目计算分摊利息支出或不能提供机构贷款证明的(包含全部使用自有资金没有利息支出的情况):

允许扣除的房地产开发费用 ＝(取得土地使用权所支付的金额＋房地产开发成本)×10% 以内

③ 房地产开发企业既向金融机构借款,又有其他借款的,其房地产开发费用计算扣除时不能同时适用上述①②项所述两种办法。

(4) 与转让房地产有关的税金(适用新建房转让和存量房地产转让),包括转让房地产时缴纳的营业税("营改增"前发生)、城市维护建设税、印花税(非房地产开发企业)。教育费附加和地方教育附加视同税金扣除。

(5) 财政部规定的其他扣除项目(适用房地产开发企业的新建房转让),从事房地产开发企业的纳税人加计扣除额为:(取得土地使用权所支付的金额＋房地产开发成本)×20%。

(6) 转让旧房及建筑物的评估价格及有关规定。

税法规定,纳税人转让旧房的,应按房屋及建筑物的评估价格、取得土地使用权所支付的地价款和按国家统一规定缴纳的有关费用以及在转让环节缴纳的税金(不含增值税),作为扣除项目金额计征土地增值税。其中,"旧房及建筑物的评估价格"是指转让已使用过的房屋及建筑物时,由政府批准设立的房地产评估机构评定的重置成本价乘以成新度折扣率后的价格。评估价格须经当地税务机关确认。

纳税人转让旧房及建筑物,凡不能取得评估价格,但能提供购物发票的,经当地税务部门确认,可按发票所载金额从购买年度起至转让年度止每年加计5%计算扣除。计算扣除项目时"每年"按购房发票所载日期起至售房发票开具之日止,每满12个月计1年;超过1年,未满12个月但超过6个月的,可以视同为1年。

对纳税人购房时缴纳的契税,凡能提供契税完税凭证的,准予作为"与转让房地产有关的税金"予以扣除,但不作为加计5%的基数。

对于转让旧房及建筑物,既没有评估价格,又不能提供购房发票的,由税务机关核定征收。

对取得土地使用权时未支付地价款或不能提供已支付的地价款凭据的,不允许扣除取得土地使用权时所支付的金额。

(二)应纳税额的计算

1. 确定增值额

在计算应纳税额的时候,应先用纳税人取得的房地产转让收入减除有关各项扣除项目金额,计算得出增值额。

纳税人有下列情形之一的,按照房地产评估价格计算征收:①隐瞒、虚报房地产成交价格的;②提供扣除项目金额不实的;③转让房地产的成交价格低于房地产的评估价格,又无正当理由的。

2. 计算土地增长率

通过计算土地增长率(即增值额与扣除项目金额之间的比例)来确定适用税率的档次和对应的速算扣除系数。

3. 计算应纳税额

$$应纳税额 = 增值额 \times 税率 - 扣除项目金额 \times 速算扣除系数$$

【例9-5】　某房地产开发公司建造并出售了一幢写字楼,取得销售收入1 000万元(增值税税率为9%,可抵扣进项税额50万元;城市维护建设税税率为7%;教育费附加征收率为3%)。该公司为建造该写字楼支付的地价款为100万元,建造该写字楼的房地产开发成本为200万元(注:该公司因同时建造其他商品房,不能按该写字楼计算分摊银行贷款利息支出)。该公司所在地政府确定的费用扣除比例为10%。计算该公司转让该写字楼应纳的土地增值税。

(1)转让收入为1 000万元。

(2)扣除项目金额:

①取得土地使用权所支付的金额为100万元。

②房地产的开发成本为200万元。

③与转让房地产有关的费用为:

$$(100 + 200) \times 10\% = 30(万元)$$

④与转让房地产有关的税金为:

$$(1 000 \times 9\% - 50) \times (1 + 7\% + 3\%) = 44(万元)$$

⑤从事房地产开发的加计扣除为:

$$(100 + 200) \times 20\% = 60(万元)$$

⑥扣除项目金额合计为:

$$100 + 200 + 30 + 44 + 60 = 434(万元)$$

(3)转让房地产的增值额为:

$$1\,000 - 434 = 566(万元)$$

（4）增值额与扣除项目金额的比例为：

$$566 \div 434 \approx 130.4\%$$

（5）应纳的土地增值税为：

① 分步法：

增值额未超过扣除项目 50% 的部分，适用 30% 的税率，应纳税额为：

$$434 \times 50\% \times 30\% = 65.1(万元)$$

增值额超过扣除项目 50% 未超过 100% 的部分，适用 40% 的税率，应纳税额为：

$$434 \times (100\% - 50\%) \times 40\% = 86.8(万元)$$

增值额超过扣除项目 100% 未超过 200% 的部分，适用 50% 的税率，应纳税额为：

$$566 - 434 \times 100\% \times 50\% = 66(万元)$$
$$应纳税额 = 65.1 + 86.8 + 66 = 217.9(万元)$$

② 速算法：

$$应纳税额 = 566 \times 50\% - 434 \times 15\% = 217.9(万元)$$

4. 出售旧房及建筑物

先按评估价格及有关因素计算、确定扣除项目金额，再根据上述方法计算应纳税额。其中，评估价格＝重置成本价×成新度折扣率。

5. 特殊售房方式应纳税额的计算

房地产业经营方式较为特殊，征收管理难度较大。其中，最突出的是纳税人成片受让土地使用权分期分批开发、转让房地产，以及纳税人采取预售方式出售商品房。为了加强土地增值税的征收管理，堵塞漏洞，保证税收及时足额入库，《土地增值税暂行条例实施细则》规定，土地增值税以纳税人房地产成本核算的最基本核算项目或核算对象为单位计算。依据这项原则，对上述两种经营方式采取先按比例预征，然后清算的方法。预征率为：东部地区省份不得低于 2%，中部和东北地区省份不得低于 1.5%，西部地区省份不得低于 1%。其具体清算方法如下：纳税人成片受让土地使用权后，分期分批开发、转让房地产的，对允许扣除项目的金额可按转让土地使用权的面积占总面积的比例计算分摊。若按此办法难以计算或明显不合理，也可按建筑面积或税务机关确认的其他方式计算分摊。

按转让土地使用权的面积占总面积的比例，计算分摊扣除项目金额的计算公式为：

扣除项目金额 ＝ 扣除项目总金额×（转让土地使用权的面积或建筑面积÷受让土地使用权的面积）

六、土地增值税的征收管理

（一）预征率的确定

预征率的确定要科学合理，除保障性住房外，东部地区省份预征率不得低于 2%，中部地区和东北地区省份不得低于 1.5%，西部地区省份不得低于 1%。

（二）纳税期限与纳税地点

土地增值税的纳税人应在转让房地产合同签订后的 7 日内，到房地产所在地主管税务机关办理纳税申报,并向税务机关提交房屋及建筑物产权、土地使用权证书,土地转让、房产买卖合同,房地产评估报告及其他与转让房地产有关的资料。纳税人转让的房地产坐落在两个或两个以上地区的,应按房地产所在地分别申报纳税。如果纳税人经常发生房地产转让而难以在每次转让后申报缴纳土地增值税,经税务机关批准,可以定期申报纳税,具体期限由主管税务机关根据实际情况确定。纳税人选择定期申报方式的,应向纳税所在地主管税务机关备案。定期申报方式确定后,1年之内不得变更。

七、土地增值税的税收优惠

(1)转让房屋,增值额未超过扣除项目金额之和20%的,免征土地增值税。

第一,建造普通标准住宅出售,其增值额未超过扣除项目金额20%的,免征土地增值税,增值额超过扣除项目金额20%的,应就其全部增值额按规定计税。

普通标准住宅必须同时满足:①住宅小区建筑容积率在1.0以上;②单套建筑面积在120平方米以下;③实际成交价格低于同级别土地上住房平均交易价格1.2倍以下(允许单套建筑面积和价格标准适当浮动,但向上浮动的比例不得超过上述标准的20%)。

第二,转让旧房作为保障性住房且增值额未超过扣除项目金额20%的免税。

第三,转让旧房作为公租房房源且增值额未超过扣除项目金额20%的免税。

(2)因国家建设需要依法征用、收回的房地产。

(3)因城市实施规划、国家建设需要而搬迁,由纳税人自行转让房地产的,免税。

(4)对企事业单位、社会团体以及其他组织转让旧房作为公租房房源,且增值额未超过扣除项目金额20%的,免征土地增值税。

(5)企业在投资改制过程中转让房地产的税收优惠:

① 企业兼并中,对被兼并企业将房地产转让到兼并企业的,暂免征收土地增值税。

② 对以房地产进行投资、联营的,投资、联营的一方以土地(房地产)作价入股进行投资或作为联营条件,将房地产转让到所投资、联营的企业中,暂免征收土地增值税。但对投资、联营企业将上述房地产再转让的,应征收土地增值税。但对于以土地(房地产)作价入股进行投资或联营的,凡所投资、联营的企业从事房地产开发的,或者房地产开发企业以其建造的商品房进行投资、联营的,均不得暂免征收土地增值税。

③ 对于一方出地,一方出资金,双方合作建房,建成后按比例分房自用的,暂免征收土地增值税;建成后转让的,应征收土地增值税。

(六)个人转让房地产的税收优惠

自2008年11月1日起,对个人销售住房暂免征收土地增值税。

八、房地产开发企业土地增值税清算

(一)进行土地增值税清算的单位

土地增值税以国家有关部门审批的房地产开发项目为单位进行清算,对于分期开发的项目,以分期项目为单位清算。开发项目中同时包含普通住宅和非普通住宅的,应分别计算增值额。

(二)纳税人进行土地增值税清算的条件

以下三种情况纳税人应进行土地增值税清算:

(1)房地产开发项目全部竣工、完成销售的。

（2）整体转让未竣工决算房地产开发项目的。

（3）直接转让土地使用权的。

主管税务机关可要求纳税人进行土地增值税清算的四种情况：①已竣工验收的房地产开发项目，已转让的房地产建筑面积占整个项目可售建筑面积的比例在85％以上，或该比例虽未超过85％，但剩余的可售建筑面积已经出租或自用的。②取得销售（预售）许可证满3年仍未销售完毕的。③纳税人申请注销税务登记但未办理土地增值税清算手续的。④省税务机关规定的其他情况

（三）非直接销售和自用房地产的收入确定

（1）房地产开发企业将开发产品用于职工福利、奖励、对外投资、分工、偿债、换取非货币性资产等，发生所有权转移时应视同销售房地产。

（2）房地产开发企业用建造的房地产安置回迁户的，安置用房视同销售处理。

以上两种情况的收入按下列方法和顺序确认：①按本企业在同一地区、同一年度销售的同类房地产的平均价格确定；②由主管税务机关参照当地当年、同类房地产的市场价格或评估价值确定。

房地产开发企业将开发的部分房地产转为企业自用或用于出租等商业用途时，产权未发生转移的，不征收土地增值税，在税款清算时不列收入，不扣除相应的成本和费用。

（四）可据实扣除的项目

（1）房地产开发企业开发建造的与清算项目配套的居委会和派出所用房、会所、停车场（库）、物业管理场所、变电站、热力站、水厂、文体场馆、学校、幼儿园、托儿所、医院、邮电通信等公共设施：①建成后产权属于全体业主所有的，其成本、费用可以扣除；②建成后无偿移交给政府、公用事业单位用于非营利性社会公共事业的，其成本、费用可以扣除；③建成后有偿转让的，应计算收入，并准予扣除成本、费用。

（2）房地产开发企业销售已装修的房屋，其装修费用可以计入房地产开发成本。

（3）房地产开发企业在工程竣工验收后，根据合同规定，扣留建筑安装施工企业一定比例的工程款，作为开发项目的质量保证金，在计算土地增值税时，建筑安装施工企业就质量保证金对房地产开发企业开具发票的，按发票所载金额予以扣除。

（4）房地产开发企业为取得土地使用权所支付的契税，应视同"按国家统一规定缴纳的有关费用"，计入"取得土地使用权所支付的金额"中扣除。

（5）房地产开发企业支付给回迁户的补差价款，计入拆迁补偿费；回迁户支付给房地产开发企业的补差价款，应抵减本项目拆迁补偿费。

（6）货币安置拆迁的，房地产开发企业凭合法有效凭据计入拆迁补偿费。

（五）可核定扣除的项目

前期工程费、建筑安装工程费、基础设施费、开发间接费用的凭证或资料不符合清算要求或不实的。

（六）不可扣除的项目

（1）除另有规定外，扣除取得土地使用权所支付的金额；房地产开发成本费用及与转让房地产有关税金，须提供合法有效凭证；不能提供合法有效凭证的，不予扣除。

（2）房地产开发企业的预提费用，除另有规定外，不得扣除。

（3）房地产开发企业在工程竣工验收后，根据合同约定，扣留建筑安装施工企业一定比例的工程款，作为开发项目的质量保证金，建筑安装施工企业就质量保证金未对房地产开发

企业开具发票的,扣留的质保金,不得扣除。

(4) 房地产开发企业逾期开发缴纳的土地闲置费不得扣除。

(七) 税务机关可以参照与房地产开发企业开发规模和收入水平相近的当地企业的土地增值税税负情况,按不低于预征率的征收率核定征收土地增值税的五种情形

(1) 依照法律、行政法规的规定应当设置但未设置账簿的;

(2) 擅自销毁账簿或者拒不提供纳税资料的;

(3) 虽设置账簿,但账目混乱或者成本资料、收入凭证、费用凭证残缺不全,难以确定转让收入或者扣除项目金额的;

(4) 符合土地增值税清算条件,未按照规定的期限办理清算手续,经税务机关责令限期清算,逾期仍不清算的;

(5) 申报的计税依据明显偏低,又无正当理由的。

为了规范核定工作,核定征收率原则上不得低于 5%,各省级税务机关要结合本地实际,区分不同房地产类型制定核定征收率。

(八) 清算后再转让房地产的情形

在土地增值税清算时未转让的房地产,清算后销售或有偿转让的,纳税人应按规定进行土地增值税的纳税申报,扣除项目金额按清算时的单位建筑面积的成本费用乘以销售或转让面积计算:

$$单位建筑面积成本费用 = 清算时的扣除项目总金额 \div 清算的总建筑面积$$

(九) 清算后应补税与滞纳金

纳税人按规定预缴土地增值税后,清算补缴的土地增值税,在主管税务机关规定的期限内补缴的,不加收滞纳金。

第五节　环境保护税

一、环境保护税的概念和特点

(一) 环境保护税的概念

环境保护税(简称环保税)是对在中华人民共和国领域和中华人民共和国管辖的其他海域,直接向环境排放应税污染物的企业、事业单位和其他生产经营者征收的一种税。

20 世纪 70 年代到 80 年代初。这个时期环保税主要体现为补偿成本的收费。其产生主要是基于"污染者负担"的原则,要求排污者承担监控排污行为的成本,种类主要包括用户费、特定用途收费等,尚不属典型的环保税,只能说是环保税的雏形。20 世纪 80 年代至90 年代中期。这个时期的环保税种类日益增多,如排污税、产品税、能源税、二氧化碳税和二氧化硫税等纷纷出现。功能上综合考虑了引导和财政功能。20 世纪 90 年代中期至今。这个时期是环保税迅速发展的时期,为了实施可持续发展战略。各国纷纷推行利于环保的财政、税收政策,许多国家还进行了综合的环保税制改革。

2016 年 12 月 25 日,第十二届全国人民代表大会常务委员会第二十五次会议通过了《中华人民共和国环境保护税法》(以下简称《环境保护税法》),这是我国第四部经过立法机关正式立法的税收实体法。环境保护税作为费改税开征的税种,自 2018 年 1 月 1 日起施行。环境保护"费改税"发展进程如表 9-3 所示。

表 9-3　　　　　　　　　　　　环境保护"费改税"的过程

年份	措　　施
1979	确立了排污费制度
1982	开始实施《征收排污费暂行办法》
2003	发布《排污费征收使用管理条例》
2007	首次提出开征环境保护税,将"费改税"提上日程
2014	发布《关于调整排污费征收标准等有关问题的通知》,进一步完善排污费标准
2015	国务院公布《中华人民共和国环境保护税法(征求意见稿)》
2016	全国人民代表大会第二十五次会议正式通过《中华人民共和国环境保护税法》
2017	国务院发布《中华人民共和国环境保护税法实施条例》
2018	《中华人民共和国环境保护税法》正式实施

(二)环境保护税的特点

1. 以污染当量为计税依据,具有"寓禁于征"的特点

在市场经济体制下,环境保护问题是无法靠市场本身来解决的。因为市场并非万能的,对于经济发展所带来的诸如环境保护等"外部性"问题,它是无能为力的。其原因在于,在市场经济条件下经济活动主体完全根据自身经济利益最大化的目标决定自己的经济行为,他们往往既不从全局考虑宏观经济效益,也不会自觉地考虑生态效率和环境保护问题。因而,那些高消耗高污染、内部成本较低而外部成本较高的企业或产品会在高额利润的刺激下盲目发展,从而造成资源的浪费、环境的污染和破坏,降低宏观经济效益和生态效率。对此,市场本身是无法进行自我矫正的。为了弥补市场的缺陷,政府必须采取各种手段对经济活动进行必要的干预。除通过法律和行政等手段来规范经济活动主体的行为之外,还应采用税收等经济手段进行宏观调控。

2. 对于在我国领域和管辖的其他海域的行为征税,属于特定行为税

税收作为政府筹集财政资金的工具和对社会经济生活进行宏观调控的经济杠杆,在环境保护方面是大有可为的。针对污染和破坏环境的行为课征环境保护税,一方面会加重那些污染、破坏环境的企业或产品的税收负担,通过经济利益的调节来矫正纳税人的行为,促使其减轻或停止对环境的污染和破坏;另一方面又可以将课征的税款作为专项资金,用于支持环境保护。在其他有关税种的制度设计中对有利于保护环境和治理污染的生产经营行为或产品采取税收优惠措施,可以引导和激励纳税人保护环境、治理污染。

3. 属于地方性税种,需要地方各部门协作配合

环境保护税开征前,排污收费收入是归属于地方的,开征环境保护税,没有改变税收收入的归属。《环境保护税法》规定,县级以上地方人民政府应当建立税务机关、环境保护主管部门和其他相关单位分工协作工作机制,加强环境保护税征收管理,保障税款及时足额入库。

4. 纳税不能免除污染环境应承担的责任

《环境保护税法》规定,直接向环境排放应税污染物的企业、事业单位和其他生产经营者,除依照《环境保护税法》规定缴纳环境保护税外,应当对所造成的损害依法承担责任。即纳税不能免除污染责任。

(三)环境保护税的征收目的

我国目前征收的环境保护税是之前排污费的延续和完善,主要目的是为了更好地保护和改善生态环境,推进生态文明建设。

二、环境保护税的征收对象、纳税人、税率

(一)环境保护税的征收对象

环境保护税的征收对象主要包括大气污染物、水污染物、固体废物和噪声。

(二)环境保护税的纳税人

在中华人民共和国领域和中华人民共和国管辖的其他海域,直接向环境排放应税污染物的企业、事业单位和其他生产经营者为环境保护税的纳税人,应当依法缴纳环境保护税。

依法设立的城乡污水集中处理、生活垃圾集中处理场所超过国家和地方规定的排放标准向环境排放应税污染物的,应当缴纳环境保护税。

企业、事业单位和其他生产经营者贮存或者处置固体废物不符合国家和地方环境保护标准的,应当缴纳环境保护税。

有下列情形之一的,不属于直接向环境排放污染物,不缴纳相应污染物的环境保护税:

(1)企业、事业单位和其他生产经营者向依法设立的污水集中处理、生活垃圾集中处理场所排放应税污染物的。

(2)企业、事业单位和其他生产经营者在符合国家和地方环境保护标准的设施、场所贮存或者处置固体废物的。

城乡污水集中处理场所是指为社会公众提供生活污水处理服务的场所,不包括为工业园区、开发区等工业聚集区域内的企业事业单位和其他生产经营者提供污水处理服务的场所,以及企业事业单位和其他生产经营者自建自用的污水处理场所。

(三)环境保护税的税率

环境保护税实行定额税率形式,对大气污染、水污染规定了幅度定额税率,根据污染当量计算;对固体污染物和噪声规定了具体的定额税率,按剂量单位计征。

环境保护税的税目、税额,依照《环境保护税法》所附环境保护税税目税额表(见表9-4)执行。

表 9-4 环境保护税税目税额表

税 目		计税单位	税额
大气污染物		每污染当量	1.2~12元
水污染物		每污染当量	1.4~14元
固体污染物	煤矸石	每吨	5元
	尾矿	每吨	15元
	危险废物	每吨	1 000元
	冶炼渣、粉煤灰、炉渣、其他固体废物(含半固态、液态废物)	每吨	25元

（续表）

税　目		计税单位	税额
噪声	工业噪声	超标 1～3 分贝	每月 350 元
		超标 4～6 分贝	每月 700 元
		超标 7～9 分贝	每月 1 400 元
噪声	工业噪声	超标 10～12 分贝	每月 2 800 元
		超标 13～15 分贝	每月 5 600 元
		超标 16 分贝以上	每月 11 200 元

应税大气污染物和水污染物的具体适用税额的确定和调整,由省、自治区、直辖市人民政府统筹考虑本地区环境承载能力、污染物排放现状和经济社会生态发展目标要求,在《环境保护税法》所附环境保护税税目税额表规定的税额幅度内提出,报同级人民代表大会常务委员会决定,并报全国人民代表大会常务委员会和国务院备案。

三、环境保护税的计算和征收管理

（一）环境保护税的计算

1. 计税依据

应税污染物的计税依据,按照下列方法确定:

（1）应税大气污染物按照污染物排放量折合的污染当量数确定。

（2）应税水污染物按照污染物排放量折合的污染当量数确定。

（3）应税固体废物按照固体废物的排放量确定。

（4）应税噪声按照超过国家规定标准的分贝数确定。

污染当量是指根据污染物或者污染排放活动对环境的有害程度以及处理的技术经济性,衡量不同污染物对环境污染的综合性指标或者计量单位。同一介质相同污染当量的不同污染物,其污染程度基本相当。

应税大气污染物、水污染物的污染当量数,以该污染物的排放量除以该污染物的污染当量值计算。每种应税大气污染物、水污染物的具体污染当量值,依照《环境保护税法》所附应税污染物和当量值表执行。

纳税人有下列情形之一的,以其当期应税大气污染物、水污染物的产生量作为污染物的排放量:

（1）未依法安装使用污染物自动监测设备或者未将污染物自动监测设备与环境保护主管部门的监控设备联网。

（2）损毁或者擅自移动、改变污染物自动监测设备。

（3）篡改、伪造污染物监测数据。

（4）通过暗管、渗井、渗坑、灌注或者稀释排放以及不正常运行防治污染设施等方式违法排放应税污染物。

（5）进行虚假纳税申报。

纳税人有下列情形之一的,以其当期应税固体废物的产生量作为固体废物的排放量:

（1）非法倾倒应税固体废物。

（2）进行虚假纳税申报。

2. 计税方法

环境保护税应纳税额按照下列方法计算：

（1）应税大气污染物的应纳税额为污染当量数乘以具体适用税额，计算公式为：

$$污染当量数 = 排放量 \div 污染当量值$$
$$应纳税额 = 污染当量数 \times 适用税额$$

（2）应税水污染物的应纳税额为污染当量数乘以具体适用税额，计算公式为：

① 一般污水：

$$污染当量数 = 污染物排放量（千克）\div 污染当量值$$

污染物排放量与污水排放量不是等同概念。按照环保税申报要求，采用监测机构监测方法计算污染物排放量的，污染物排放量＝污水排放量×实测浓度值÷1 000（注：将污染物排放量换算成千克）。

② PH 值、大肠菌群数、余氯量：

$$污染当量数 = 污水排放量（吨）\div 该污染物的污染当量值（吨）$$

③ 色度：

$$污染当量数 = 污水排放量（吨）\times 色度超标倍数 \div 色度的污染当量值（吨·倍）$$

④ 禽畜养殖业的水污染物：

$$污染当量数 = 禽畜养殖数量 \div 污染当量值$$

⑤ 小型企业和第三产业排放的水污染物：

$$污染当量数 = 污水排放量（吨）\div 污染当量值（吨）$$

⑥ 医院排放的水污染物：

$$A. 污染当量数 = 医院床位数 \div 污染当量值$$
$$B. 污染当量数 = 污水排放量 \div 污染当量值$$

（3）应税固体废物的应纳税额为固体废物排放量乘以具体适用税额，计算公式为：

$$\frac{固体废物}{排放量} = \frac{当期固体废}{物的产生量} - \frac{当期固体废物}{的综合利用量} - \frac{当期固体废}{物的贮存量} - \frac{当期固体废}{物的处置量}$$
$$应纳税额 = 固体废物排放量 \times 具体适用税额$$

（4）应税噪声的应纳税额为超过国家规定标准的分贝数对应的具体适用税额，计算公式为：

$$应纳税额 = 噪声分贝数 \times 具体适用税额$$

（二）环境保护税的征收管理

1. 纳税期限和方法

环境保护税按月计算，按季申报缴纳。不能按固定期限计算缴纳的，可以按次申报缴纳。

纳税义务发生时间为纳税人排放应税污染物的当日。纳税人应当向应税污染物排放地的税务机关申报缴纳环境保护税。

纳税人申报缴纳时,应当向税务机关报送所排放应税污染物的种类、数量,大气污染物、水污染物的浓度值,以及税务机关根据实际需要要求纳税人报送的其他纳税资料。

纳税人按季申报缴纳的,应当自季度终了之日起 15 日内,向税务机关办理纳税申报并缴纳税款。纳税人按次申报缴纳的,应当自纳税义务发生之日起 15 日内,向税务机关办理纳税申报并缴纳税款。

税务机关发现纳税人的纳税申报数据资料异常或者纳税人未按照规定期限办理纳税申报的,可以提请环境保护主管部门进行复核,环境保护主管部门应当自收到税务机关的数据资料之日起 15 日内向税务机关出具复核意见。税务机关应当按照环境保护主管部门复核的数据资料调整纳税人的应纳税额。

2. 纳税地点

纳税人应当向应税污染物排放地的税务机关申报缴纳环境保护税。

(1)应税大气污染物、水污染物排放口所在地。

(2)应税固体废物产生地。

(3)应税噪声产生地。

纳税人跨区域排放应税污染物,税务机关对税收征收管辖有争议的,由争议各方按照有利于征收管理的原则协商解决;不能协商一致的,报请共同的上级税务机关决定。

3. 协同管理

环境保护主管部门依照《环境保护税法》和有关环境保护法律法规的规定负责对污染物的监测管理。县级以上地方人民政府应当建立税务机关、环境保护主管部门和其他相关单位分工协作工作机制,加强环境保护税征收管理,保障税款及时足额入库。

环境保护主管部门和税务机关应当建立涉税信息共享平台和工作配合机制。环境保护主管部门应当将排污单位的排污许可、污染物排放数据、环境违法和受行政处罚情况等环境保护相关信息,定期交送税务机关。税务机关应当将纳税人的纳税申报、税款入库、减免税额、欠缴税款以及风险疑点等环境保护税涉税信息,定期交送环境保护主管部门。

税务机关应当将纳税人的纳税申报数据资料与环境保护主管部门交送的相关数据资料进行比对。税务机关发现纳税人的纳税申报数据资料异常或者纳税人未按照规定期限办理纳税申报的,可以提请环境保护主管部门进行复核,环境保护主管部门应当自收到税务机关的数据资料之日起 15 日内向税务机关出具复核意见。税务机关应当按照环境保护主管部门复核的数据资料调整纳税人的应纳税额。核定计算污染物排放量的,由税务机关会同环境保护主管部门核定污染物排放种类、数量和应纳税额。

四、环境保护税的税收优惠

(1)下列情形,暂予免征环境保护税:

① 农业生产(不包括规模化养殖)排放应税污染物的。

② 机动车、铁路机车、非道路移动机械、船舶和航空器等流动污染源排放应税污染物的。

③ 依法设立的城乡污水集中处理、生活垃圾集中处理场所排放相应应税污染物,不超

过国家和地方规定的排放标准的。

④ 纳税人综合利用的固体废物,符合国家和地方环境保护标准的。

⑤ 国务院批准免税的其他情形,由国务院报全国人民代表大会常务委员会备案。

(2)纳税人排放应税大气污染物或者水污染物的浓度值低于国家和地方规定的污染物排放标准30%的,减按75%征收环境保护税。纳税人排放应税大气污染物或者水污染物的浓度值低于国家和地方规定的污染物排放标准50%的,减按50%征收环境保护税。

应税大气污染物浓度值的小时平均值或者应税水污染物浓度值的日平均值,以及监测机构当月每次监测的应税大气污染物、水污染物的浓度值,均不得超过国家和地方规定的污染物排放标准,才可以享受减征环境保护税。

减征环境保护税的,应当对每一排放口排放的不同应税污染物分别计算。

第六节　烟　叶　税

一、烟叶税的概念

烟叶税是对在中华人民共和国境内收购烟叶的单位按照其收购烟叶的收购金额征收的一种税。

1958年我国颁布实施《中华人民共和国农业税条例》(以下简称《农业税条例》)。1983年,国务院以《农业税条例》为依据,选择特定农业产品征收农林特产农业税。当时农林特产农业税征收范围不包括烟叶,对烟叶另外征收产品税和工商统一税。1994年我国进行了财政体制和税制改革,国务院决定取消原产品税和工商统一税,将原农林特产农业税与原产品税和工商统一税中的农林牧水产品税目合并,改为统一征收农业特产农业税,并于同年1月30日发布《国务院关于对农业特产收入征收农业税的规定》(国务院令143号)。其中规定对烟叶在收购环节征收,税率为31%。1999年,将烟叶特产农业税的税率下调为20%。2004年6月,根据《中共中央国务院关于促进农民增加收入若干政策的意见》(中发〔2004〕1号),财政部、国家税务总局下发《关于取消除烟叶外的农业特产农业税有关问题的通知》(财税〔2004〕120号),规定从2004年起,除对烟叶暂保留征收农业特产农业税外,取消对其他农业特产品征收的农业特产农业税。2005年12月29日,第十届全国人大常委会第十九次会议决定,《农业税条例》自2006年1月1日起废止。至此,对烟叶征收农业特产农业税失去了法律依据。2006年4月28日,国务院公布了《中华人民共和国烟叶税暂行条例》,并自公布之日起施行。2017年12月27日,中华人民共和国第十二届全国人民代表大会常务委员会第三十一次会议通过《中华人民共和国烟叶税》,自2018年7月1日起施行。

二、烟叶税的征收对象、纳税人、税率

(一)烟叶税的征收对象

烟叶的征税对象是收购的烟叶,所谓烟叶是指晾晒烟叶、烤烟叶。

(二)烟叶税的纳税人

2018年7月1日之前,在中华人民共和国境内,依照《中华人民共和国烟叶税暂行条例》的规定收购烟叶的单位为烟叶税的纳税人。

2018年7月1日之后,在中华人民共和国境内,依照《中华人民共和国烟叶税法》的规定

收购烟叶的单位为烟叶税的纳税人。

所谓"收购烟叶的单位"是指依照《中华人民共和国烟草专卖法》的规定有权收购烟叶的烟草公司或受其委托收购烟叶的单位。

（三）烟叶税的税率

烟叶税实行比例税率,税率为20%。实行20%的比例税率,主要是考虑到烟叶属于特殊的专卖品,其税率不宜存在地区间的差异,否则就会形成地区之间的税收的不公平竞争,不利于烟叶种植的统一规划和烟叶市场烟叶收购价格的统一。

三、烟叶税的计算和征收管理

（一）烟叶税的计算

1. 计税依据

2018年7月1日之前,烟叶税的计税依据为纳税人收购烟叶的收购金额,包括纳税人支付给烟叶销售者的烟叶收购价款和价外补贴;2018年7月1日之后,烟叶税的计税依据为纳税人收购烟叶实际支付的价款总额。

2. 计税方法

2018年7月1日之前,烟叶税的应纳税额按照纳税人收购烟叶的收购金额和规定的税率计算。其应纳税额的计算公式为:

$$应纳税额 = 烟叶收购金额 \times 税率$$
$$烟叶收购金额 = 收购价款 \times (1 + 10\%)$$

其中,10%是统一规定的价外补贴。

2018年7月1日之后,烟叶税的应纳税额按照纳税人收购烟叶实际支付的价款总额和规定的税率计算。其应纳税额的计算公式为:

$$应纳税额 = 实际支付的价款总额 \times 税率$$

（二）烟叶税的征收管理

1. 纳税地点

纳税人收购烟叶,应当向烟叶收购地的主管税务机关申报纳税。

2. 纳税期限和纳税申报

烟叶税按月计征,纳税人应当于纳税义务发生月终了之日起15日内申报并缴纳税款。

烟叶税的纳税义务发生时间为纳税人收购烟叶的当日。收购烟叶的当日是指纳税人向烟叶销售者收购付讫收购烟叶款项或者开具收购烟叶凭据的当天。

思考与练习

一、专用术语

印花税　城市维护建设税　车辆购置税　教育费附加　土地增值税　土地增值额　环境保护税　污染当量　烟叶税

二、思考题

1. 印花税有何特点?
2. 印花税的征税范围是如何规定的?
3. 印花税的纳税人包括哪些?

4. 印花税课征方法是如何规定的？

5. 城市维护建设税有哪些特征？

6. 城市维护建设税的税收优惠包括哪些？

7. 车辆购置税有哪些特征？

8. 车辆购置税的计税依据如何确定？

9. 土地增值税有何特点？

10. 土地增值税的纳税人有哪些？

11. 土地增值税的征税范围是如何规定的？

12. 如何计算转让旧房及建筑物的土地增值税？

13. 土地增值税如何征收和管理？

14. 简述环境保护税的概念及特点。

15. 简述环境保护税的开征意义。

16. 环境保护税的协同管理是如何规定的？

三、计算题

1. 某企业2018年2月开业，领受房产权证、营业执照、土地使用证各一件，与其他企业订立转移专用技术使用权书据一件，所载金额80万元；订立产品购销合同两件，所载金额为150万元；与银行订立借款合同一份，所载金额为40万元。此外，企业的营业账簿中，"实收资本"科目载有资金600万元，其他营业账簿20本。2018年12月，该企业"实收资本"科目所载资金增加为800万元。

　　试计算该企业2018年2月份应纳印花税额和12月份应补缴的印花税额。

2. 位于某市的甲地板厂在2018年1月份购进一批木材，取得增值税专用发票注明不含税价格800 000元，当月委托位于县城的乙工厂加工成实木地板，支付不含税加工费150 000元。乙工厂2月份交付50%的实木地板，3月份完工交付剩余部分。已知实木地板消费税税率为5%，计算乙工厂3月应代收代缴的城市维护建设税。

3. 某外贸进出口公司20××年11月12日，从国外进口10辆宝马公司生产的宝马BMW 318 I型小轿车，气缸容量为1 800毫升。该公司报关进口这批小轿车时，经报关地口岸海关对有关报关资料的审查，确定关税计税价格为198 000元/辆，海关按关税政策规定课征关税217 800元/辆，并按消费税、增值税有关规定分别代征进口消费税21 884元/辆、增值税74 406元/辆。由于业务工作的需要，该公司将两辆小轿车用于本单位使用。

　　根据该纳税人提供的有关报关进口资料和经海关审查确认的有关完税证明资料，计算应纳的车辆购置税（以上金额为人民币）。

4. 某房地产开发公司出售一幢写字楼，收入总额为10 000万元。开发该写字楼有关支出为：支付地价款及各种费用1 000万元；房地产开发成本3 000万元；财务费用中的利息支出为500万元（可按转让项目计算分摊并提供金融机构证明）；转让环节缴纳的有关税费共计为555万元；该单位所在地政府规定的其他房地产开发费用计算扣除比例为5%。

　　试计算该房地产开发公司应纳的土地增值税。

5. 某养殖场2018年2月养牛存栏量为100头，污染当量值为0.1头，假设当地水污染物适用税额为每污染当量2.8元，当月应纳环境保护税为多少元？

6. 某企业2018年3月产生尾矿1 000吨，其中综合利用的尾矿300吨（符合国家相关规定），在符合国家和地方环境保护标准的设施贮存300吨。尾矿环境保护税适用税额为每吨15元，该企业当月尾矿应缴纳的环境保护税为多少元？

税 收 管 理

通过本章的学习,要求学生了解我国税收管理制度的主要内容,包括税务登记、账簿凭证管理、纳税申报管理、发票管理等;掌握税款征收方式、缴库方式、税款保障及减免退税管理等知识;熟悉税务检查的内容及形式、税务检查的方法及程序、税务检查中征纳双方的权力与义务;了解税收法律责任的相关规定。

本章重点是我国税收管理制度的主要内容;难点是税收管理各环节的要求、税收法律责任的相关规定。

第一节 税收基础管理

税收基础管理是税款征收入库的基础性工作管理制度,主要包括税务登记、账簿凭证管理、发票管理、纳税申报管理。

一、税务登记制度

税务登记是税务机关对纳税人的生产经营活动,包括开业、主要经营事项变更、注销等情况进行登记,并据此对纳税人实施税务管理的一项法定制度。

税务登记管理办法规定,除国家机关、个人和无固定生产经营场所的小商贩外,企业、企业在外地设立的分支机构和从事生产经营的场所,个体工商户和从事生产经营的事业单位(以下统称从事生产经营的纳税人);有独立的生产经营权、在财务上独立核算并定期向发包人或者出租人上交承包费或租金的承包承租人,以及在中国境内承包建筑、安装、装配、勘探工程和提供劳务的境外企业都要按照相关规定办理税务登记。

税务登记包括设立税务登记、变更税务登记、注销税务登记、外出经营报验登记以及停业、复业登记等纳税人应按照《税收征管法》规定在法定期限内申请办理税务登记,按照要求使用税务登记证件并按时办理换证、验证手续。

多证合一后税务登记环节改为备案登记。

二、账簿、凭证管理

账簿、凭证管理是直接影响税收征纳的一种基础性管理。由于账簿、凭证所反映的纳税人的纳税能力会直接影响计税基数的确定,从而会影响应纳税额的计算,因而账簿、凭证所反映的会计信息必须真实、准确、可靠。为此,必须加强对账簿、凭证的管理。

《税收征管法》及其实施细则规定,纳税人、扣缴义务人应当按照有关法律、行政法规和国务院财政、税务主管部门的规定设置账簿,根据合法、有效凭证记账,进行核算。已经使用的账簿、凭证应按规定保存一定的时限,不得擅自销毁。

由于目前我国税收法律法规与财务会计制度的规定有一定差异,所以要求纳税人自领取税务登记证件之日起 15 日内,将其财务会计制度或者财务会计处理办法报送主管税务机关备案。

三、发票管理

发票管理是税务管理的组成部分,它与账簿、凭证管理密切相关,并具有相对的独立性。发票是指在购销商品、提供或者接受服务以及从事其他经营活动中,开具、收取的收付款凭证。发票是记载相关主体经济往来的商事凭证,它能够证明相关主体之间的款项收付和资金流向,因而它不仅是会计核算的原始凭证,而且也是征税机关进行税款征收和税务检查的重要依据。

发票分为普通发票和增值税专用发票两种类型。《中华人民共和国发票管理办法》及其实施细则对发票的印制、发票的领购、发票的开具、发票的保管等作出了详细的规定。由于增值税专用发票具有税款抵扣功能,因此管理也更为严格,国家税务总局于 2006 年10 月 17 日颁布的《增值税专用发票使用规定》对增值税专用发票的印制、领购、开具、保管等方面的管理作了明确规定。

四、纳税申报

纳税申报是在纳税义务发生后,纳税人按期向征税机关申报与纳税有关的各类事项的一种制度。纳税申报不仅是纳税义务人、扣缴义务人等履行其相关义务的法定程序,而且也是税务机关依据形式课税原则行使其税款征收权的微观的、现实的基础。从管理的角度说,纳税申报制度是税务管理制度的重要组成部分;从税收征纳程序的角度来说,纳税申报是税收征纳程序中的一个重要环节。

根据我国《税收征管法》及其实施细则规定,纳税人必须依照法律、行政法规规定或者税务机关依照法律、行政法规的规定确定的申报期限、申报内容如实办理纳税申报,报送纳税申报表、财务会计报表以及税务机关根据实际需要要求纳税人报送的其他纳税资料。即使是享受减税、免税待遇的纳税人,在减税、免税期间也应当按照规定办理纳税申报。可见,无论纳税人在实体上是否应缴纳税款,在程序上均应履行纳税申报的义务。

纳税人按照规定的期限办理纳税申报确有困难,需要延期的,应当在规定的期限内向税务机关提出书面延期申请,经税务机关核准,在核准的期限内办理。

第二节　税收征收管理

税收征收管理是指税务机关对纳税人或扣缴义务人应缴的税款依法征缴入库的管理活动。税收征收管理是整个税收管理体系的中心内容,是实现税收管理目标的关键所在。税收征收管理的具体内容包括税收征收的内涵、税款征收方式管理、税款入库管理、征收期限及延期纳税管理、税款保障措施管理等。

一、税款征收的概念

税款征收是税务机关依照税收法律、法规规定,将纳税人的应纳税款征缴入库的一系列管理活动的总称。税款征收是税收征收管理工作中的中心环节,是全部税收征管工作的目的和归宿,在整个税收管理中占据着极其重要的地位。

按照《税收征管法》规定,税务机关是税款征收的主体。税务机关在行使征税权的过程中应依照法律、行政法规的规定征收税款,不得违反法律、行政法规的规定开征、停征、多征、少征、提前征收、延缓征收或者摊派税款。税务机关应当将各种税收的税款、滞纳金、罚款,按照国家规定的税款入库方法、预算科目和预算级次及时缴入国库,不得占压、挪用、截留,不得缴入国库以外或者国家规定的税款账户以外的任何账户。

二、税款的征收方式

税款征收方式是税务机关在组织税款入库过程中采取的具体计算征收税款的方法和形式。

(一)由应纳税额确定方式形成的征收方式

1. 查账征收

查账征收是指税务机关根据纳税人的会计账册资料,依照税法规定计算征收税款的一种方式。查账征收适用于经营规模较大,财务会计制度健全、能够如实核算和提供生产经营情况,并且能够正确计算应纳税款,纳税意识较强的纳税人。

2. 查定征收

查定征收是指税务机关根据纳税人的从业人员、生产设备、耗用原材料等因素,查定核实其在正常生产经营条件下,应税产品的产量、销售额,并据以征收税款的一种征收方式。查定征收主要适用于会计核算不健全的小型工矿企业和个体工商业户。如果实际产量超过查定产量时,由纳税人报请补征;实际产量不及查定产量时,可由纳税人报请重新核定。

3. 查验征收

查验征收是指税务机关对纳税人应纳税商品,通过查验数量、按照市场一般销售单价计算其收入并据以征收税款的一种方式。查验征收主要适用于零星、流动性大的税源,如城乡集贸市场的临时经营和机场、码头等场外经销商品的税款征收。进行查验征收时,税务机关要做好查验登记,将查验商品的数量、价格、销售量、所征税款等逐一登记至登记簿上,以掌握税源,严格加强管理。

4. 定期定额征收

定期定额征收是指税务机关根据纳税人自报及有关单位评议情况,核定其一定时期应税收入及应纳税额并分月征收的一种征收方式。定期定额征收方式适用于生产经营规模较小、营业额和所得额不能准确计算的小型工商业户的税款征收。

(二)由征收手段决定的征收方式

1. 自行计算,自行缴纳

自行计算,自行缴纳是目前最主要的征收方式,是指纳税人自己计算应纳税额,自行申报、自行缴纳,即自行申报纳税。

2. 核定征收

核定征收是指税务机关在无账可查或难以查账的情况下核定纳税人的应纳税额,并据以征收税款的一种征收税款的方式。这是我国税收征管工作中一直采用的一种方式。世界上许多国家对那些难以用账簿计征税款的纳税人通常也采取这种方式,称为"评估税收"。

3. 代扣代缴、代收代缴

代扣代缴是指按照税法规定,负有代扣代缴税款义务的单位和个人,在向纳税人支付款项的同时,依法从支付款项中扣收纳税人应纳税款并按照规定的期限和缴库办法申报解缴的一种方式。例如,《资源税暂行条例》规定,收购未税矿产品的单位为资源税的扣缴义务人,由扣缴义务人在收购环节代扣代缴资源税。

代收代缴是指按照税法规定,负有收缴税款的法定义务人,负责对纳税人应纳的税款进行代收代缴。即由与纳税人有经济业务往来的单位和个人在向纳税人收取款项时依法收取税款。这种方式一般是指税收网络覆盖不到或者很难控管的领域,如消费税中的委托加工由受托方代收加工产品的税款。但受委托加工应税消费品的个体经营者不承担代收代缴消费税的义务。目前,我国的车辆购置税就是由税务机关委托交通管理部门代收代缴的,这种方式同样适用于对零星分散、不易控制的税源实行税源控制。

4. 委托代征

委托代征是指税务机关委托有关单位或个人,代其向纳税人征收税款的一种方式。委托代征方式有利于弥补税务机关在征管力量上的不足,加强源泉控管,提高征管效能,主要适用于零星分散、流动性大的税款征收如应税证照的印花税。

三、税款缴库方式

税款缴库方式是指纳税人应纳税款和扣缴义务人扣收的税款缴入国库的具体方式。国库是负责办理国家预算资金收入和支出的机构,是国家财政收支的保管和出纳机关。税务机关征收的税款都必须及时足额地缴入国库。我国现行税收缴库方式有如下两种。

(一)直接缴库

直接缴库是指纳税人或扣缴义务人直接向国库经收处缴纳税款的一种缴库方式。凡在银行开立账户的纳税人或扣缴义务人都应当根据不同的税款征收方式,自己填写或由税务机关填写税收缴款书,在规定的期限内直接向国库经收处缴纳税款。纳税人在银行未开立账户的,可根据其具体情况确定税款缴库方式。

(二)汇总缴库

汇总缴纳是指税务机关直接向纳税人收取税款,并按照规定的期限向国库或国库经收处汇总解缴的一种缴库方式。这种方式主要适用于直接向国库经收处缴纳税款有困难,以及没有在银行户头开设结算账户的纳税人,如个体工商户、临时经营者或个人。

四、延期纳税的管理

纳税人、扣缴义务人发生纳税义务或扣缴义务后,必须在税法规定的期限内缴纳、解缴税款。但是纳税人因特殊困难,不能按期缴纳税款的,经省、自治区、直辖市税务机关批准,可以延期缴纳,但最长不能超过3个月。

税务机关应当自收到申请延期缴纳税款报告之日起20日内作出批准或不批准的决定;不予批准的,从缴纳税款期限届满之日起加收滞纳金。

五、税款的多退少补

税务机关征收税款、纳税人缴纳税款是一项政策性强、技术难度高的工作。在征收税款的过程中,由于税法理解错误、计算错误、错用税率或财务技术处理失当等原因,会造成多征或少征、多缴或少缴税款情形的出现。多征税款要退还,少征税款要追征才符合按实征收原则。

（一）多收税款的退还

按照《税收征管法》及其实施细则规定,纳税人超过应纳税额缴纳的税款,税务机关发现后应当立即退还;纳税人自结算缴纳税款之日起 3 年内发现的,可以向税务机关要求退还多缴的税款并加算银行同期存款利息,税务机关及时查实后应当立即退还;涉及从国库中退库的,依照法律、行政法规有关国库管理的规定退还。

（二）追缴少收税款

根据《税收征管法》的规定,因税务机关的责任致使纳税人、扣缴义务人未缴、少缴税款的,税务机关在 3 年内可以要求纳税人、扣缴义务人补缴税款,但是不得加收滞纳金。对偷税、抗税、骗税的,税务机关追征其未缴或者少缴的税款、滞纳金或者骗取的税款,追征期不受时间限制。

六、税款保障制度

（一）加收滞纳金

滞纳金是指税务机关依照税法的规定,对未按照法律、行政法规的规定或者税务机关依照法律、行政法规的规定确定的期限缴纳税款的纳税人,和未按照规定的期限解缴税款的扣缴义务人按比例加收的资金。滞纳金是对纳税人、扣缴义务人占用国家税款的经济补偿,也是对纳税人、扣缴义务人未按期缴纳税款的一种惩戒,以敦促纳税人如期缴纳税款。

（二）纳税保证

纳税保证是税务机关对未办理税务登记的纳税人在发生纳税义务后,为保证其履行纳税义务所采取的一种控制管理措施。

1. 提交纳税保证金

税务机关对未领取营业执照从事工程承包或者提供劳务的单位和个人,以及其他来本地经营需领购发票的,可以责令其提交纳税保证金。所收取的保证金大于其应纳税款和滞纳金的,应当退还多余的保证金;不足抵缴税款的,应向纳税人追征。

2. 责令提供纳税担保

纳税担保措施的适用范围有:从事生产经营的纳税人有逃避纳税义务行为的,可以在规定的纳税期之前,责令限期缴纳税款;在限期内发现纳税人有明显的转移、隐匿其应纳税的商品、货物,以及其他财产迹象的;欠缴税款的纳税人或者它的法定代表人需要出境的;纳税人、扣缴义务人、纳税担保人同税务机关在纳税上发生争议需要依法申请行政复议的。

（三）税收保全

税收保全是指税务机关在纳税人的某些行为将导致税款难以保证的情况下,于规定的纳税期之前采取的限制纳税人处理或者转移商品、货物或其他财产的措施,其目的是保证税款按期、足额征收入库。

税收保全措施适用于有逃避纳税义务行为的从事生产、经营的纳税人。对非从事生产、经营的纳税人,扣缴义务人和纳税担保人,不能适用该措施。

税务机关实施税收保全措施要书面通知纳税人开户银行或者其他金融机构冻结纳税人的金额相当于应纳税款的存款;扣押、查封纳税人价值相当于应纳税款的商品、货物或者其他财产。

（四）强制执行

税收强制执行措施是税务机关对未按规定期限履行税款缴纳等法定义务的税收管理相

对人依法采取的强制性收缴措施。其目的是确保国家利益,保证国家财政资金的正常安排使用。

1. 税收强制执行措施的适用条件

按照《税收征管法》规定,从事生产、经营的纳税人、扣缴义务人未按照规定的期限缴纳或者解缴税款,纳税担保人未按照规定的期限缴纳所担保的税款,由税务机关责令限期缴纳,逾期仍未缴纳的;税务机关对从事生产经营的纳税人采取税收保全措施后,纳税人限期内不履行纳税义务的;对未取得营业执照从事经营或临时经营的纳税人,由税务机关采取纳税保全措施后,纳税人依然不缴纳税款的,经县以上税务局(分局)局长批准,可以采取强制执行措施。

2. 税收强制执行措施的方式

税务机关可以对纳税人采取以下税收强制执行措施:书面通知纳税人开户银行或者其他金融机构从纳税人存款中扣缴税款;扣押、查封、依法拍卖或者变卖其价值相当于应纳税款的商品、货物或者其他财产,以拍卖或者变卖所得抵缴税款。

(五)未办理税务登记和临时经营纳税人的税款征收

对未按照规定办理税务登记的从事生产、经营的纳税人以及临时从事经营的纳税人,由税务机关核定其应纳税额,责令缴纳;不缴纳的,税务机关可以扣押其价值相当于应纳税款的商品、货物。扣押后缴纳应纳税款的,税务机关必须立即解除扣押,并归还所扣押的商品、货物;扣押后仍不缴纳应纳税款的,经县以上税务局(分局)局长批准,依法拍卖或者变卖所扣押的商品、货物,以拍卖或者变卖所得抵缴税款。

(六)离境清税

离境清税是针对需要出境的欠缴税款的纳税人采取的追缴税款措施。按照《税收征管法》规定,欠缴税款的纳税人或者他的法定代表人需要出境的,应当在出境前向税务机关结清应纳税款、滞纳金或者提供担保。未结清税款、滞纳金,又不提供担保的,税务机关可以通知出境管理机关阻止其出境。其目的是防止纳税人利用出境逃避纳税义务,以确保国家权益不受损失。

(七)欠税清缴

欠税是指纳税人未按照规定期限缴纳税款,扣缴义务人未按照规定的期限解缴税款的行为。欠税行为直接影响国家税收收入的及时、足额入库。欠税清缴则是指税务机关通过欠税公告、大额欠税的财产处理报告制度,以及税收代位权和撤销权的行使,敦促纳税人尽快将欠缴的税款缴入国库的方式。

七、减免退税管理

(一)减免税管理

1. 减免税管理的概念、种类

减免税管理就是对减免税政策制度进行组织落实工作的总称。《税收减免管理办法》规定,减免税分为报批类减免税和备案类减免税。报批类减免税是指应由税务机关审批的减免税项目;备案类减免税是指取消审批手续的减免税项目和不需税务机关审批的减免税项目。

报批类减免税管理是指对纳税人依法应该享受的减免税,实行由税务机关审批确认后实际实行的减免税项目的管理。纳税人享受报批类减免税,应提交相应资料,提出申请,经按《税收减免管理办法》规定具有审批权限的税务机关审批确认后执行。

备案类减免税管理是指对纳税人依法享受不需税务机关审批的减免税项目的管理。纳税人享受备案类减免税,应提请备案,经税务机关登记备案后,自登记备案之日起执行。纳税人未按规定备案的,一律不得减免税。

2. 减免税管理的程序

(1)减免税的申请、申报。《税收减免管理办法》规定,纳税人申请报批类减免税的,应当在政策规定的减免税期限内,向主管税务机关或直接向有权审批的税务机关提出书面申请。

(2)减免税的审批实施。《税收减免管理办法》规定,由纳税人所在地主管税务机关受理、应当由上级税务机关审批的减免税申请,主管税务机关应当自受理申请之日起10个工作日内直接上报有权审批的上级税务机关。

减免税申请符合法定条件、标准的,有权税务机关应当在规定的期限内作出准予减免税的书面决定。依法不予减免税的,应当说明理由,并告知纳税人享有依法申请行政复议或者提起行政诉讼的权利。

(二)出口退(免)税管理

出口货物退(免)税是国际贸易中通常采用的并为世界各国普遍接受的、目的在于鼓励各国出口货物公平竞争的一种退还或免征间接税的税收措施。

出口货物退(免)税是指在国际贸易业务中,对报关出口的货物退还或免征其在国内各生产和流转环节按税法规定缴纳的增值税和消费税,即对出口货物实行零税率。由于各种货物出口前涉及征免税情况有所不同,且国家对少数货物有限制出口政策,因此,对货物出口的不同情况,国家在遵循"征多少、退多少""未征不退和彻底退税"基本原则的基础上,制定了不同的税务处理办法。目前,我国的出口货物税收政策包括出口免税并退税、出口免税不退税、出口不免税也不退税三种形式。

《出口货物退(免)税管理办法》对出口货物退(免)税的认定、申报、受理、审核、审批、日常管理和违章处理等环节和内容进行了明确的规定。

1. 出口货物退(免)税的认定管理

按照《出口货物退(免)税管理办法》规定,出口商应持对外贸易经济合作部及其授权单位批准其出口经营权的批件和营业执照于批准之日起30日内向所在地主管退税业务的税务机关办理退税认定手续。未办理退税登记或没有重新认定的出口企业一律不予办理出口货物的退税或免税。

已办理出口货物退(免)税认定的出口商,其认定内容发生变化的,须自有关管理机关批准变更之日起30日内,持相关证件向税务机关申请办理出口货物退(免)税认定变更手续。

出口商发生解散、破产、撤销以及其他依法应终止出口货物退(免)税事项的,应持相关证件、资料向税务机关办理出口货物退(免)税注销认定。

2. 出口货物退(免)税程序

出口商应在规定期限内,收齐出口货物退(免)税所需的有关单证,使用国家税务总局认可的出口货物退(免)税电子申报系统生成电子申报数据,如实填写出口货物退(免)税申报表,向税务机关申报办理出口货物退(免)税手续;逾期申报的,除另有规定者外,税务机关不再受理该笔出口货物的退(免)税申报,该补税的应按有关规定补征税款。

出口商申报出口货物退(免)税时,税务机关应及时予以接受并进行初审。经初步审核,出口商报送的申报资料、电子申报数据及纸质凭证齐全的,税务机关受理该笔出口货物退(免)税申报。出口商报送的申报资料或纸质凭证不齐全的,除另有规定者外,税务机关不予受理该笔出口货物的退(免)税申报,并要当即向出口商提出改正、补充资料、凭证的要求。

税务机关受理出口商的出口货物退(免)税申报后,应为出口商出具回执,并对出口货物退(免)税申报情况进行登记。

3. 出口退税的法律责任

主管出口退税的税务机关应根据当地的实际情况决定对企业办理出口退税的情况组织全面检查或抽查。对有骗取出口退税嫌疑的出口业务,经主管人员提出理由或根据,并报国家税务总局中心支局、支局的主管局长或国家税务总局直属进出口税收管理处、分局进出口税收管理处处长批准,可单独立案检查。在检查期间,对该项货物暂停办理退税。已办理退税的,企业应提供补税担保。如果企业不能提供担保,经审批退税的税务机关批准,可书面通知企业开户银行暂停支付相当于应补税款的存款。待结案后,根据实际情况予以处理。

由于出口企业过失而造成实际退(免)税款大于应退(免)税款逾期未核销的,主管出口退税的税务机关应当责令其限期缴回多退或已免征的税款。逾期不缴的,从限期期满之日起,依未缴税款额按日加收 0.5‰ 的滞纳金。

企业采取伪造、涂改、贿赂或其他非法手段骗取退税的,除按《税收征管法》第四十四条处罚外,对骗取退税情节严重的企业,经省级以上(含本级)税务局批准,停止其半年以上的出口退税权。在停止退税期间出口和代理出口的货物,一律不予退税。企业骗取退税数额较大或情节特别严重的,由对外贸易经济合作部撤销其出口经营权。

对为经营出口货物企业非法提供或开具假专用税票或其他假退税凭证的,按其非法所得处以 5 倍以下罚款。数额较大,情节严重造成企业骗取退税的,应从重处罚或提交司法机关追究刑事责任。

第三节　纳　税　评　估

一、纳税评估的概念

纳税评估是实现对纳税人的申报质量和税务机关的征收质量的双重监控的一种税源监控方法。国家税务总局在《纳税评估管理办法》中提出,纳税评估是税务机关通过对纳税人涉税相关数据信息的分析,对纳税人和扣缴义务人纳税申报(包括减、免、缓、抵、退税申请)情况的真实性和准确性作出的定性判断与定量分析,并根据结果采取进一步征管措施的税务管理行为。纳税评估有广义和狭义之分。广义的纳税评估是指各有关主体为保障税收收入,维护国家利益,根据有关法律、法规,按照一定的标准和程序,以社会信息共享为基础,运用科学的技术手段和方法,从税收角度对纳税人各项涉税事宜的评估,包括资产评估、交易评估、纳税申报评估、纳税遵从评估等各方面。狭义的纳税评估仅指对纳税人纳税申报结果的评估。纳税评估概念可以进一步描述为税务机关为对纳税人、扣缴义务人提供的涉税情况以及对相关部门和有关社会机构提供的各种资料和信息的真实性和准确性进行分析、判断和评定,并作出相应处理的税收管理活动。

二、纳税评估的一般工作程序

纳税评估的工作程序包括六个主要步骤:搜集整理资料、确定评估对象、审核评析、约谈举证、评估处理和成果评价。

(一)搜集整理资料

完整的纳税评估信息资料是纳税评估的前提,纳税评估信息主要包括纳税申报信息及其他征管信息。在进行纳税评估前,评估人员要搜集纳税人的纳税申报表、申报附列资料、前期纳税资料、财务资料及税务机关日常掌握的资料和税务机关通过各种方式获取的市场监督管理、银行、海关等其他相关部门的外部涉税信息资料。

(二)确定评估对象

根据设定的纳税评估指标,评估人员利用人工法、机选法和人机结合法对所有纳税人的纳税申报情况进行审核比较、控制分析,发现纳税人有可能存在的税收问题,将申报异常的对象筛选出来,确定出重点评估对象进行评估。审核涉及的内容主要包括收入、存货、资金、成本、利润等有关指标,重点是销售收入、销项税额、进项税额及税负率。

(三)审核评析

评估人员根据国家有关政策和掌握的纳税评估资料,针对计算机审核出的需要进一步评估确定的疑点问题,结合日常管理中掌握的实际情况,如税款缴纳情况、发票使用情况和以前年度检查情况等相关涉税信息进一步分析判断。评估人员在对纳税人纳税申报整体分析的基础上,通过一定的方法和要求进行筛选,确定纳税约谈对象。

(四)约谈举证

约谈举证是评估人员针对确定的重点评估对象,约请纳税人到税务机关解释说明涉税疑问,就计算机初审和人工评析出的问题或疑点说明情况,进一步给予政策性宣传和辅导的过程。

(五)评估处理

评估人员对人工评析和约谈举证后确定的疑点问题,根据有关法律、法规规定和事实依据,依照权限作出评估结论或移送稽查作为必查案件处理。

(六)成果评价

成果评价是依据一定的方法和手段,以纳税评估工作中实际评估入库税款的多少、评估任务完成率、评估质量率、移交稽查质量率为考核依据,对纳税评估工作过程、工作质量及工作成效进行考核及评定的过程。

三、纳税评估方法

纳税评估常用的主要方法有:比较分析法、比率分析法、结构分析法、趋势分析法、逻辑推理法。

(一)比较分析法

比较分析法是指对纳税人当期申报资料、会计报表和相关涉税资料的某项数据与某一事先设定好的数值进行对比分析,包括同一纳税人与不同时期的数据比较,同一行业中不同企业的相同时期数据比较,纳税人当期申报资料中某项指标与该指标的正常变动边界值的数据比较,揭示纳税人缴纳税款情况在同行业中所处的地位、变化趋势及相关数据存在的差距的评估方法。例如,将评估年度某税种的纳税额与以前年度的纳税额进行比较,计算其增减额和增长率;将评估年度的销售额与以前年度的销售额进行比较,计算其增减额和增长率;将会计报表中的主营业务收入或其他业务收入与以前年度的相同项目的金额进行比较等。

(二)比率分析法

比率分析法是指评估人员利用当期申报资料、会计报表和相关涉税资料相关数值的比率,揭示纳税人缴纳税款情况的一种评估方法,如资产负债率、存货周转率、主营业务收入变动率、税收负担率、增值税纳税额增减变动率、所得税贡献变动率、消费税负担变动率等。

(三)结构分析法

结构分析法是指评估人员利用当期申报资料、会计报表和相关涉税资料中某个指标数据占另一个指标数据的比重,揭示纳税人缴纳税款情况的一种评估方法,如增值税税收负担率、主营业务利润税收负担率等。

(四)趋势分析法

趋势分析法是指评估人员将纳税人连续多期的申报资料、会计报表和相关涉税资料相同项目进行比较,分析各期相关项目数额或比率的增减变化及发展趋势,判定评估期是否符合发展趋势的一种评估方法。

(五)逻辑推理法

逻辑推理法是对具有内在逻辑联系的数据进行正负相关合理性进行分析,是一种定量与定性相结合的评估方法。这种评估方法包括两个方面:一是财务指标之间的配比关系。通常情况下,收入变动和成本、费用变动呈正比,资产、存货周转率与利润率之间正相关;二是不同税种之间的逻辑关系。具有相同税基或近似计税依据的税种之间,纳税人的申报税额应该有相同的增减变化趋势。通过不同税种之间的逻辑关系分析,可发现纳税人申报异常变化。

四、纳税评估指标体系

从纳税人的财务状况、税负状况、企业特征方面可将纳税评估指标分为税负状况指标、资产管理能力指标、偿债能力指标、盈利能力指标四个方面的定量指标和企业性质、信用水平的定性指标。纳税评估指标体系包括通用指标体系和分税种特定指标体系两大类。

(一)纳税评估通用指标体系

1. 收入类评估分析指标及其计算公式

主营业务收入变动率=(本期主营业务收入-基期主营业务收入)÷基期主营业务收入×100%。

如果主营业务收入变动率超出预警值范围,则可能存在少计收入、多列成本等问题,需运用其他指标进一步分析。

2. 成本类评估分析指标及其计算公式

(1)单位产成品原材料耗用率=本期投入原材料÷本期产成品成本×100%。

通过分析单位产品当期耗用原材料与当期产出的产成品成本比率,判断纳税人是否存在账外销售问题、是否错误使用存货计价方法、是否人为调整产成品成本或应纳所得额等问题。

(2)主营业务成本变动率=(本期主营业务成本-基期主营业务成本)÷基期主营业务成本×100%,主营业务成本率=主营业务成本÷主营业务收入。

主营业务成本变动率超出预警值范围,可能存在销售未计收入、多列成本费用、扩大税前扣除范围等问题。

3. 费用类评估分析指标及其计算公式

(1) 主营业务费用变动率=(本期主营业务费用－基期主营业务费用)÷基期主营业务费用×100%,主营业务费用率=(主营业务费用÷主营业务收入)×100%。

与预警值相比,如相差较大,可能存在多列费用问题。

(2) 营业(管理、财务)费用变动率=[本期营业(管理、财务)费用－基期营业(管理、财务)费用]÷基期营业(管理、财务)费用×100%。

如果营业(管理、财务)费用变动率与前期相差较大,则可能存在税前多列支营业(管理、财务)费用问题。

(3) 成本费用率=(本期营业费用＋本期管理费用＋本期财务费用)÷本期主营业务成本×100%。

通过该公式,评估人员可分析纳税人期间费用与销售成本之间的关系,与预警值相比较,如相差较大,企业可能存在多列期间费用问题。

4. 利润类评估分析指标及其计算公式

主营业务利润变动率=(本期主营业务利润－基期主营业务利润)÷基期主营业务利润×100%

其他业务利润变动率=(本期其他业务利润－基期其他业务利润)÷基期其他业务利润×100%

上述指标若与预警值相比相差较大,可能存在多结转成本或不计、少计收入问题。

5. 资产类评估分析指标及其计算公式

(1) 净资产收益率=净利润÷平均净资产×100%。

通过该公式,评估人员可分析纳税人资产综合利用情况。如果指标与预警值相差较大,则可能存在隐瞒收入,或闲置未用资产计提折旧问题。

(2) 总资产周转率=(利润总额＋利息支出)÷平均总资产×100%,存货周转率=主营业务成本÷[(期初存货成本＋期末存货成本)÷2]×100%。

通过该公式,评估人员可分析总资产和存货周转情况,推测销售能力。如果总资产周转率或存货周转率加快,而应纳税额减少,则可能存在隐瞒收入、虚增成本的问题。

(3) 应收(付)账款变动率=[期末应收(付)账款－期初应收(付)账款]÷期初应收(付)账款×100%。

通过该公式,评估人员可分析纳税人应收(付)账款增减变动情况,判断其销售实现和可能发生坏账情况。如果应收(付)账款增长率增高,而销售收入减少,则可能存在隐瞒收入、虚增成本的问题。

(4) 固定资产综合折旧率=基期固定资产折旧总额÷基期固定资产原值总额×100%。

固定资产综合折旧率若高于基期标准值,则可能存在税前多列支固定资产折旧额问题。评估人员可要求企业提供各类固定资产的折旧计算情况,分析固定资产综合折旧率变化的原因。

(5) 资产负债率=负债总额÷资产总额×100%,其中:负债总额=流动负债＋长期负债,资产总额是扣除累计折旧后的净额。

通过该公式,评估人员可分析纳税人经营活力,判断其偿债能力。如果资产负债率与预警值相差较大,则企业偿债能力有问题,要考虑由此对税收收入产生的影响。

(二)纳税评估分税种特定指标体系

1. 流转税纳税评估特定指标(以增值税为例)

(1)增值税税收负担率(简称增值税税负率)=(本期应纳税额÷本期应税主营业务收入)×100%。

销售额变动率高于正常峰值及增值税税负率低于预警值或销售额变动率正常,而增值税税负率低于预警值的,以进项税额为评估重点,查证有无扩大进项抵扣范围、骗抵进项税额、不按规定申报抵扣等问题,对应核实销项税额计算的正确性。

(2)进项税金控制额。

将增值税纳税申报表计算的本期进项税额,与纳税人财务会计报表计算的本期进项税额进行比较;与该纳税人历史同期的进项税额控制额进行纵向比较;与同行业、同等规模的纳税人本期进项税额控制额进行横向比较;与税收管理员掌握的本期进项税额实际情况进行比较,查找问题,对评估对象的申报真实性进行评估。

2. 所得税纳税评估特定指标(以企业所得税为例)

(1)所得税税收负担率(简称所得税税负率)=应纳所得税额÷利润总额×100%。

与当地同行业同期和本企业基期所得税负担率相比,低于标准值可能存在不计或少计销售(营业)收入、多列成本费用、扩大税前扣除范围等问题,运用其他相关指标深入评估分析。

(2)主营业务利润税收负担率(简称利润税负率)=(本期应纳税额÷本期主营业务利润)×100%。

与预警值对照,与当地同行业同期和本企业基期所得税负担率相比,如果低于预定值,企业可能存在销售未计收入、多列成本费用、扩大税前扣除范围等问题,应作进一步分析。

3. 资源税评估特定指标

资源税税负变动系数=本期资源税收负担率÷上年同期资源税收负担率,其中:资源税收负担率=(应纳税额÷主营业务收入)×100%。

本指标是本期资源税负担率与上年同期资源税负担率的对比分析。一般在产品售价相对稳定的情况下两者的比值应接近1。

4. 其他税评估特定指标(以印花税为例)

印花税税负变动系数=本期印花税负担率÷上年同期印花税负担率,其中:印花税负担率=(应纳税额÷计税收入)×100%。

本指标用于分析可比口径下印花税额占计税收入的比例及其变化情况。本期印花税负担率与上年同期对比,正常情况下两者的比值应接近1。当比值小于1,可能存在未足额申报印花税问题,进入下一工作环节处理。

第四节　税务检查制度

税务检查与税务管理、税款征收共同构成了税收征收管理法律制度中的三个重要的环节。管理是基础,征收是核心,检查是保障。纳税人缴纳税款后,税务机关依法实施税务检查,既可以发现税务登记、申报等事前监控中的漏洞和问题,也可以检查核实税款征收的质量,从而成为事后监控的一道重要环节。

一、税务检查的内容及形式

(一)税务检查的内容

根据《税收征管法》及其相关法律的规定,我国税务检查的内容主要有:

(1)检查纳税人对国家税收政策、税收法规的执行情况,检查其有无隐瞒收入、乱摊成本、少计利润、虚报费用及偷、漏、欠、骗税款等行为。

(2)检查纳税人对《税收征管法》的遵守和执行情况,查其有无不按纳税程序办事和违反征管制度的问题。

(3)检查纳税人对财经纪律和财务会计制度的遵守和执行情况,查其有无弄虚作假、贪污挪用及其他违反财经纪律和财务制度的行为。

(4)检查纳税人的生产经营管理和经济核算情况,了解企业各方面情况,帮助企业改善经营管理,加强经济核算,健全内部管理制度等。

(二)税务检查的形式

税务检查的形式,按组织形式可以分为:纳税人自查、税务机关专业检查、部门联合检查等。纳税人自查是指由纳税人的财会人员自行检查纳税情况的一种形式;税务机关专业检查是指由税务机关主持进行的税务稽查,包括日常稽查、专项稽查和专案稽查等三种,这是税务检查中最主要的形式。部门联合检查是指由税务稽查机构联合市场监督管理、银行等部门机构,对税源较大、业务复杂或纳税意识不强、偷漏税较严重的纳税人所进行的重点检查。

二、税务检查的方法及程序

(一)税务检查的方法

税务检查是一种政策性和技术性极强的业务工作,涉及纳税人大量的财务会计资料,必须讲究科学的检查方法和技巧,才能减少盲目性,克服混乱性,提高效率,保证检查的质量和效果。

1. 全查法与抽查法

全查法是对被查纳税人一定时期里所有会计凭证、账簿、报表及各种存货进行全面、系统地检查的一种方法。

抽查法是对被查纳税人一定时期内的会计凭证、账簿、报表及各种存货,抽取一部分进行检查的一种方法。

2. 顺查法与逆查法

顺查法与逆查法相对,是对被查纳税人按照其会计核算的顺序,依次检查会计凭证、账簿、报表,并将其相互核对的一种检查方法。

逆查法是指逆会计核算的顺序,依次检查会计报表、账簿及会计凭证,并将其相互核对的一种稽查方法。

3. 现场检查法与调账检查法

现场检查法与调账检查法相对,是指税务机关派人员到被查纳税人的机构办公地点对其账务资料进行检查的一种方法。

调账检查法是指将被查纳税人的财务资料调到税务机关进行检查的一种方法。

4. 比较分析法与控制计算法

比较分析法是将被查纳税人检查期有关财务指标的实际完成数进行纵向或横向比较,

分析其异常变化情况,从中发现纳税问题线索的一种方法。

控制计算法也称为逻辑推算法,是指根据被查纳税人财务数据的相互关系,用可靠或科学测定的数据,验证其检查期账目记录或申报的资料是否正确的一种检查方法。

5.　审阅法与盘存法

审阅法是对被查纳税人的会计账簿、凭证等财务资料,通过直观地审查阅览,发现在纳税人方面存在问题的一种方法。

盘存法是指通过对被查纳税人的货币资金、存货及固定资产等实物进行盘点清查,核实其账实是否相符,进而发现纳税问题的一种检查方法。

上述的各种税务检查方法,在实务中具体选择哪一种,应视检查的要求和被查对象的生产经营特点、财务管理水平和具体情况加以确定。

(二)税务检查的程序

根据《税务稽查工作规程》的规定,税务稽查一般有确定稽查对象、实施稽查、审理、执行和税务稽查案卷管理五个步骤。

1.　确定稽查对象

稽查人员通过一定的程序或方法,按照一定标准遴选检查对象,确定检查目标。选案是检查的基础,选案的准确性对检查的效果有重大的影响。确定稽查对象的依据是纳税人的申报表、举报材料,以及上级税务稽查机关的指令。

2.　实施稽查

稽查人员采用各种检查方法,包括一系列的强制措施,对具体检查项目包括账簿、报表、会计凭证等进行调查和核实,确认事实,澄清疑点,落实检查方案,稽查完毕提交《税务稽查报告》。

3.　审理

审理人员审阅《税务稽查报告》及有关资料,确认事实是否清楚,证据是否确凿,适用法律是否恰当,程序是否合法,拟定的处理意见是否得当。

4.　执行

税务执行人员按照经批准的《税务处理决定书》送达文书并监督执行,必要时,采取强制执行措施或移送法院。

5.　税务稽查案卷管理

税务稽查案件终结后,在稽查各环节形成的各种资料应当统一送交审理部门,经审理部门整理于结案后的 60 日内立卷归档。税务稽查案卷包括工作报告、来往文书和有关证据三类资料。

三、税务检查中税务机关的权力与义务

(一)税务检查中税务机关的权力

税务检查权是税务机关在检查活动中依法享有的权力,是税务机关实施税务检查行为、监督纳税人履行纳税义务、查处税务违法行为的重要手段和保证。《税收征管法》及其实施细则规定,税务机关的检查权包括查账权、场地检查权、责成提供资料权、询问权、交通邮政检查权、存款账户核查权、调查取证权、采取税收保全、税务行政强制权和违法行为处罚权。

(二)税务机关在税务检查中的义务

根据《税收征管法》及其实施细则的规定,税务机关应当建立科学的检查制度,统筹安排检查工作,严格控制对纳税人、扣缴义务人的检查次数。税务机关应当制定合理的税务稽查工作规程,负责选案、检查、审理、执行的人员的职责应当明确,并相互分离、相互制约,规范选案程序和检查行为。

税务人员进行税务检查时,应当出示税务检查证和税务检查通知书,并有责任为被检查人保守秘密。

四、税务稽查案件复查制度

税务稽查案件复查的主要内容是调查和审理是否符合法定程序;认定事实是否清楚,证据是否确凿,数据是否准确;定性处理适用依据是否正确适当;税务处理决定执行是否及时得当;税务文书使用是否正确规范。

稽查局应当提出税务稽查案件复查工作计划,确定工作重点,报请主管税务局领导批准。组织复查的稽查局对税务稽查案件复查报告的事实内容和处理意见进行审议,根据不同情况分别作出复查结论。税务稽查案件复查终结后,组织复查的稽查局应当对案件原处理单位及其人员的执法质量进行评价,作出书面鉴定,并报告主管税务局。复查取得的证据材料由重新作出税务处理决定的稽查局归档保管,原税务处理决定的证据材料仍由案件原处理单位归档保管。税务稽查案件复查情况应当通报,并列入税务稽查工作考核内容。

第五节 税收法律责任

一、税收法律责任的概念和种类

(一)税收法律责任的概念
税收法律责任是指税收法律关系的权力主体因违反税收法律而必须依法承担的法律后果。由于税法对征纳双方具有普遍约束力,所以,不管是征税主体、纳税主体还是代理人违反的税法相关规定,都要承担相应的法律后果。

(二)税收法律责任的种类
根据承担税收法律责任的主体不同,法律责任可以分为征税主体的法律责任、纳税主体的法律责任。

根据税收违法行为的性质及程度来分类,法律责任可以分为税收民事责任、税收行政责任和税收刑事责任。

二、税收法律责任的具体内容

(一)纳税主体的相关法律责任
(1)纳税人有下列行为之一的,由税务机关责令限期改正,可以处两千元以下的罚款;情节严重的,处两千元以上一万元以下的罚款:

① 未按照规定的期限申报办理税务登记、变更或者注销登记的;

② 未按照规定设置、保管账簿或者保管记账凭证和有关资料的;

③ 未按照规定将财务会计制度或者财务会计处理办法和会计核算软件报送税务机关备查的;

④ 未按照规定将其全部银行账号向税务机关报告的;

⑤ 未按照规定安装、使用税控装置，或者损毁或者擅自改动税控装置的。

（2）纳税人不办理税务登记的，由税务机关责令限期改正；逾期不改正的，经税务机关提请，由市场监督管理机关吊销其营业执照。

纳税人未按照规定使用税务登记证件，或者转借、涂改、损毁、买卖、伪造税务登记证件的，处两千元以上一万元以下的罚款；情节严重的，处一万元以上五万元以下的罚款。

（3）扣缴义务人未按照规定设置、保管代扣代缴、代收代缴税款账簿或者保管代扣代缴、代收代缴税款记账凭证及有关资料的，由税务机关责令限期改正，可以处两千元以下的罚款；情节严重的，处两千元以上五千元以下的罚款。

（4）纳税人未按照规定的期限办理纳税申报和报送纳税资料的，或者扣缴义务人未按照规定的期限向税务机关报送代扣代缴、代收代缴税款报告表和有关资料的，由税务机关责令限期改正，可以处两千元以下的罚款；情节严重的，可以处两千元以上一万元以下的罚款。

（5）纳税人伪造、变造、隐匿、擅自销毁账簿、记账凭证，或者在账簿上多列支出或者不列、少列收入，或者经税务机关通知申报而拒不申报或者进行虚假的纳税申报，不缴或者少缴应纳税款的，属于偷税行为。对纳税人偷税的，由税务机关追缴其不缴或者少缴的税款、滞纳金，并处不缴或者少缴的税款百分之五十以上五倍以下的罚款；构成犯罪的，依法追究刑事责任。

扣缴义务人采取前款所列手段，不缴或者少缴已扣、已收税款，由税务机关追缴其不缴或者少缴的税款、滞纳金，并处不缴或者少缴的税款百分之五十以上五倍以下的罚款；构成犯罪的，依法追究刑事责任。

（6）纳税人、扣缴义务人编造虚假计税依据的，由税务机关责令限期改正，并处五万元以下的罚款。

纳税人不进行纳税申报，不缴或者少缴应纳税款的，由税务机关追缴其不缴或者少缴的税款、滞纳金，并处不缴或者少缴的税款百分之五十以上五倍以下的罚款。

（7）纳税人欠缴应纳税款，采取转移或者隐匿财产的手段，妨碍税务机关追缴欠缴的税款的，由税务机关追缴欠缴的税款、滞纳金，并处欠缴税款百分之五十以上五倍以下的罚款；构成犯罪的，依法追究刑事责任。

（8）以假报出口或者其他欺骗手段，骗取国家出口退税款，由税务机关追缴其骗取的退税款，并处骗取税款一倍以上五倍以下的罚款；构成犯罪的，依法追究刑事责任。

对骗取国家出口退税款的，税务机关可以在规定期间内停止为其办理出口退税。

（9）以暴力、威胁方法拒不缴纳税款的，属于抗税行为，除由税务机关追缴其拒缴的税款、滞纳金外，依法追究刑事责任。情节轻微，未构成犯罪的，由税务机关追缴其拒缴的税款、滞纳金，并处拒缴税款一倍以上五倍以下的罚款。

（10）纳税人、扣缴义务人在规定期限内不缴或者少缴应纳或者应解缴的税款，经税务机关责令限期缴纳，逾期仍未缴纳的，税务机关除依照《税收征管法》第四十条的规定采取强制执行措施追缴其不缴或者少缴的税款外，可以处不缴或者少缴的税款百分之五十以上五倍以下的罚款。

（11）扣缴义务人应扣未扣、应收而不收税款的，由税务机关向纳税人追缴税款，对扣缴义务人处应扣未扣、应收未收税款百分之五十以上三倍以下的罚款。

（12）纳税人、扣缴义务人逃避、拒绝或者以其他方式阻挠税务机关检查的，由税务机关责令改正，可以处一万元以下的罚款；情节严重的，处一万元以上五万元以下的罚款。

（13）非法印制发票的，由税务机关销毁非法印制的发票，没收违法所得和作案工具，并处一万元以上五万元以下的罚款；构成犯罪的，依法追究刑事责任。

（14）从事生产、经营的纳税人、扣缴义务人有《税收征管法》规定的税收违法行为，拒不接受税务机关处理的，税务机关可以收缴其发票或者停止向其发售发票。

（15）纳税人、扣缴义务人的开户银行或者其他金融机构拒绝接受税务机关依法检查纳税人、扣缴义务人存款账户，或者拒绝执行税务机关作出的冻结存款或者扣缴税款的决定，或者在接到税务机关的书面通知后帮助纳税人、扣缴义务人转移存款，造成税款流失的，由税务机关处十万元以上五十万元以下的罚款，对直接负责的主管人员和其他直接责任人员处一千元以上一万元以下的罚款。

（二）征税主体的相关法律责任

（1）税务机关违反规定擅自改变税收征收管理范围和税款入库预算级次的，责令限期改正，对直接负责的主管人员和其他直接责任人员依法给予降级或者撤职的行政处分。

纳税人、扣缴义务人的行为涉嫌犯罪的，税务机关应当依法移交司法机关追究刑事责任。

税务人员徇私舞弊，对依法应当移交司法机关追究刑事责任的不移交，情节严重的，依法追究刑事责任。

《税收征管法》第七十八条规定，未经税务机关依法委托征收税款的，责令退还收取的财物，依法给予行政处分或者行政处罚；致使他人合法权益受到损失的，依法承担赔偿责任；构成犯罪的，依法追究刑事责任。

（2）税务机关、税务人员查封、扣押纳税人个人及其所扶养家属维持生活必需的住房和用品的，责令退还，依法给予行政处分；构成犯罪的，依法追究刑事责任。

（3）税务人员与纳税人、扣缴义务人勾结，唆使或者协助纳税人、扣缴义务人违反税法的行为，构成犯罪的，依法追究刑事责任；尚不构成犯罪的，依法给予行政处分。

（4）税务人员利用职务上的便利，收受或者索取纳税人、扣缴义务人财物或者牟取其他不正当利益，构成犯罪的，依法追究刑事责任；尚不构成犯罪的，依法给予行政处分。

（5）税务人员徇私舞弊或者玩忽职守，不征或者少征应征税款，致使国家税收遭受重大损失，构成犯罪的，依法追究刑事责任；尚不构成犯罪的，依法给予行政处分。

（6）税务人员滥用职权，故意刁难纳税人、扣缴义务人的，调离税收工作岗位，并依法给予行政处分。

（7）税务人员对控告、检举税收违法违纪行为的纳税人、扣缴义务人以及其他检举人进行打击报复的，依法给予行政处分；构成犯罪的，依法追究刑事责任。

（8）税务人员违反法律、行政法规的规定，故意高估或者低估农业税计税产量，致使多征或者少征税款，侵犯农民合法权益或者损害国家利益，构成犯罪的，依法追究刑事责任；尚不构成犯罪的，依法给予行政处分。

（9）违反法律、行政和法规的规定提前征收、延缓征收或者摊派税款的，由其上级机关或者行政监察机关责令改正，对直接负责的主管人员和其他直接责任人员依法给予行政处分。

（10）违反法律、行政法规的规定，擅自作出税收的开征、停征或者减税、免税、退税、补税以及其他同税收法律、行政法规相抵触的决定的，除依照《税收征管法》规定撤销其擅自作出的决定外，补征应征未征税款，退还不应征收而征收的税款，并由上级机关追究直接负责的主管人员和其他直接责任人员的行政责任;构成犯罪的,依法追究刑事责任。

（11）税务人员在征收税款或者查处税收违法案件时,未按照《税收征管法》规定进行回避的,对直接负责的主管人员和其他直接责任人员,依法给予行政处分。

（12）违反税收法律、行政法规应当给予行政处罚的行为,在5年内未被发现的,不再给予行政处罚。

（13）未按照规定为纳税人、扣缴义务人、检举人保密的,对直接负责的主管人员和其他直接责任人员,由所在单位或者有关单位依法给予行政处分。

思考与练习

一、名词解释

税收管理制度 查账征收 查定征收 直接缴库 汇总缴库 纳税保证 税收保全 离境清税 欠税清缴 全查法 抽查法 顺查法 逆查法 现场检查法 调账检查法 比较分析法 控制计算法 审阅法 盘存法 税收法律责任

二、思考题

1. 简述税收管理制度的主要内容。

2. 简述税款征收的方式。

3. 我国税款缴库方式有哪几种?

4. 简述我国税款保障制度的主要内容。

5. 什么是税收强制执行措施? 简述税收强制执行措施的适用条件及措施。

6. 简述减免税管理的概念、种类。

7. 简述税务检查的内容及形式。

8. 简述税务检查的方法及程序。

9. 简述税务检查中税务机关与相对人各自的权力与义务。

10. 征税主体和纳税主体违反税法规定需要承担什么样的法律责任?